아주 똑똑하고 통찰력이 빛난다. 밝게 울려 퍼지는 자유의 나팔소리를 듣는 것 같다. 모든 여성이 이 책을 반드시 읽어야 한다. **_글로리아 스타이넘, 여성평화운동가**

신여성에게는 필독서이고, 글래머에게는 경고장이며, 페미니스트에게는 한 단계 높은 강좌이고, 거식증과 폭식증 환자에게는 엄중한 교정서다. 선명하고 열정적인 논쟁으로 여성에 대한 시각을 획기적으로 바꿀 이 책을 환영한다. **_페이 웰던, 《에덴의 악녀》 저자**

지난 10년 동안 본 책 가운데 가장 뛰어나다. 울프의 주장은 여성에 관한 이데올로기를 담당해온 여성지의 이야기에 혁명을 일으켰다. 연구 분야 전체를 날카롭게 꿰뚫고 수많은 통계를 모아 정리하여, 여성이 쉽게 다가갈 수 있는 책을 써내다니 정말 놀랍다. **_셰어 하이트, 하버드대학 교수**

이 책을 읽고 당장 바리케이드로 돌아가 여성해방을 위해 다시 싸우고 싶었다. '아름다움의 신화'가 여성을 옭아매는 현실을 낱낱이 조사하여 그 결과를 직설적으로 단호하게 이야기하는 이 책에는 삶을 바꾸는 힘이 있다. 전 세계의 모든 여성이 현실을 꿰뚫는 이 책을 읽어야 한다. **_킴 셔닌, 《굶주리는 자아》 저자**

이 책은 충격적일 정도로 우리가 당연시하는 것들을 상식의 눈으로 바라보며, 차마 말할 수 없었던 진실을 폭로한다. 톡 쏘는 신선한 공기를 마시는 느낌이다. **_루이스 버니코우, 《여자들 사이에서》 저자**

풍부한 지식을 토대로 단순히 외모로만 여성을 평가하는 사회를 가차 없이 공격하여 '포스트페미니즘의 시대'로 일컬어지는 작금의 시대에 이의를 제기하고 있다. **_E. M. 브로너, 《여자들이 엮은 공동체》 저자**

《무엇이 아름다움을 강요하는가》는 베티 프리단과 저메인 그리어가 멈춘 곳에서 새롭게 출발한다. **_데일 스펜더, 《보이지 않는 여성》 저자**

무엇이 아름다움을 강요하는가

무엇이 아름다움을 강요하는가

1판 1쇄 발행 2016. 10. 10.
1판 7쇄 발행 2020. 10. 26.

지은이 나오미 울프
옮긴이 윤길순
기획 이인식 지식융합연구소장

발행인 고세규
편집 임지숙 | 디자인 지은혜
발행처 김영사
등록 1979년 5월 17일(제406-2003-036호)
주소 경기도 파주시 문발로 197(문발동) 우편번호 10881
전화 마케팅부 031)955-3100, 편집부 031)955-3200 | 팩스 031)955-3111

값은 뒤표지에 있습니다.
ISBN 978-89-349-7323-2 03300

홈페이지 www.gimmyoung.com 블로그 blog.naver.com/gybook
페이스북 facebook.com/gybooks 이메일 bestbook@gimmyoung.com

좋은 독자가 좋은 책을 만듭니다.
김영사는 독자 여러분의 의견에 항상 귀 기울이고 있습니다.

이 도서의 국립중앙도서관 출판시도서목록(CIP)은 서지정보유통지원시스템 홈페이지
(http://seoji.nl.go.kr)와 국가자료공동목록시스템(http://www.nl.go.kr/kolisnet)에서
이용하실 수 있습니다.(CIP제어번호 : CIP2016022940)

나오미 울프의 '아름다움의 신화'

무엇이 아름다움을 강요하는가

The Beauty Myth

나오미 울프

윤길순 옮김

이인식 해제

김영사

여자의 아름다움은 왜 존재하는가

_이인식 (지식융합연구소 소장, 문화창조아카데미 총감독)

아름다움은 금본위제 같은 통화 체계이다. 이는 경제와 마찬가지로 정치의 영향을 받으며, 현대 서양에서 남성의 지배를 유지하는 최선의 마지막 신념 체계이다.
_나오미 울프

1

페미니즘의 시간표에서 21세기 초반은 '세 번째 물결 페미니즘third-wave feminism'의 시대로 간주된다. 19세기에 여성이 불공평한 대우를 받고 있다는 인식이 널리 공유되기 시작하면서 조직적인 움직임으로 발전한 페미니즘은 1920년 여성의 권리를 획기적으로 신장하는 성과를 올린다. 그해 8월 18일 미국에서 여성에게 투표권을 부여하는 법안이 비준된 것이다. 미국의 여성들이 마침내 참정권을 쟁취하는 데 성공한 1920년은 '첫 번째 물결 페미니즘first-wave feminism'의 마지막 해로 여겨진다.

1960년대 초에 미국에서 시작된 '두 번째 물결 페미니즘second-wave feminism'은 1980년대 초까지 지속된다. 첫 번째 물결 페미니즘이 여성의 법률적 권리 신장을 목표로 설정한 반면에 두 번째 물결 페미니즘은 여성에 대한 사회문화적 차별 문제를 해결하는 데 주력한다. 두 번째 물결 페미니즘의 대표적인 이론가는 미국의 베티 프리단 Betty Friedan(1921~2006)이다. 1963년에 그녀가 펴낸 《여성의 신비The Feminine Mystique》는 시몬느 드 보부아르Simone de Beauvoir(1908~1986)의 《제2의 성The Second Sex》에 영향을 받아 집필된 것으로 알려진다. 프랑스의 실존주의 철학자인 보부아르는 1949년에 출간된 이 책에서 남성이 가부장적 사회를 조직하기 위해 사용하는 가장 확실한 방편은 여성의 성이라고 주장한다. 《여성의 신비》에서 프리단은 가정에서 여성의 역할을 신비화해서 여성의 사회적 진출을 가로막고 있다고 비판한다. 프리단과 함께 활약한 페미니스트는 호주의 저메인 그리어Germaine Greer(1939~)이다. 1970년에 펴낸 《여자 내시The Female Eunuch》에서 그리어는 "주인의 명령을 잘 수행하기 위해 거세당한 짐승처럼, 혹은 살코기로 쓰이기 위한 가축처럼, 여자들은 행동하는 능력을 거세당했다"고 주장한다.

1990년대 초에 시작되어 오늘날까지 지속되는 '세 번째 물결 페미니즘'은 백인 이외의 여성이나 동성애 문제 등으로 관심의 폭을 넓힌다. 세 번째 물결을 선도하는 대표적 이론가가 다름 아닌 나오미 울프 Naomi Wolf(1962~)이다. 1991년에 펴낸 이 책《무엇이 아름다움을 강요하는가The Beauty Myth》가 베스트셀러가 되면서 울프는 세 번째 물결 페미니즘의 대변자로 자리매김한다.

울프는 이 책의 1장에서 "여성이 법적·물질적 장애를 돌파할수록 여성의 아름다움이라는 이미지는 더 엄격하고 무겁고 무자비하게 여성을 짓누른다"면서 "여성에게 통제력을 발휘하는 아름다움이라는 이데올로기는 여성에 관한 낡은 이데올로기 중 마지막으로 남은 것"이라고 강조하고, 이 책의 끄트머리에서 "아름다움의 신화는 1970년대에 여성이 중심이 된 정치적 행동주의activism의 전격적인 부활과 1990년대의 페미니즘의 세 번째 물결을 통해서만 영원히 물리칠 수 있다"고 결론을 내린다.

2

나오미 울프는 2002년에 새로 쓴 '들어가는 말'에서 "21세기 독자들이 믿기 어려울지 모르지만 1991년만 해도 아름다움의 이상형에 도전하거나 문제를 제기하는 것을 이단시했고, 그 이상형 또한 아주 엄격했다"고 집필 당시의 사회 분위기를 회고하면서 일, 문화, 종교, 섹스, 굶주림, 폭력 등 6대 영역에서 아름다움의 신화에 의해 여성의 삶이 파괴되는 실상을 섬뜩할 정도로 생생하게 묘사하고 있다.

일(2장)의 경우, "노동시장의 요구는 아름다움의 신화가 정치적인 것이지 성적인 것이 아님을 증명해준다. 노동시장은 아름다움의 신화를 다듬어 여성에 대한 고용 차별을 정당화하는 수단으로 삼았다"는 것이다. 특히 '직업에 필요한 아름다움이라는 자격 조건'을 뜻하는 PBQprofessional beauty qualification가 여성의 고용 및 승진 조건으로 널리 제도화되고 있다. 그래서 울프는 "PBQ는 여성이 녹초가 되게 만든다"고 고발한다.

문화(3장)는 "여성을 '아름다우면 지성이 없고 지성이 있으면 아름답지 않는 존재'로 단순화함으로써 아름다움의 신화에 맞게 여성을 정형화한다. 다시 말해 여성에게 정신과 육체 중 하나만 허락하고 둘을 모두 허락하지 않는다."

종교(4장)에서 "아름다움의 의식Rites of Beauty은 현대 여성에게 삶을 두려워하는 신경증neuroses을 불러일으키는 한편, 새로운 자유가 여성에게 의미하는 바도 무의미하게 만든다"고 비판한다.

섹스(5장)의 경우, 가령 아름다움의 포르노pornography와 사도마조히즘은 솔직하고 분명하게 드러내지 않는다. 아름다움의 포르노는 "여성의 성이 곧 아름다움인데 거꾸로 주장"한다. 아름다움의 사도마조히즘은 "여성이 강요당하고 강간당하는 것을 좋아한다고, 성폭행과 강간이 멋있고 우아하고 아름답다고 주장한다"는 것이다.

굶주림(6장)은 아름다움의 신화에 의해 거식증anorexia과 폭식증bulimic으로 고통을 받는 서구 여성들이 피할 수 없는 형벌인 것으로 밝혀진다. 그래서 울프는 "거식증은 포로수용소이다. 잘 교육받은 미국의 젊은 여성 중 5분의 1이 그곳에 갇혀 있다"고 개탄하면서 "거식증 혹은 폭식증 환자라는 것은 곧 정치범이라는 의미"라면서 섭식장애eating disorder로 고통 받는 여성이 기하급수적으로 늘어나는 실상을 증언한다.

울프는 성형수술하는 의사들이 여성의 몸에 칼을 대는 행위를 폭력(7장)에 버금가는 범죄로 간주하면서, 이를테면 "음핵의 위치를 바꾸고, 질을 꼭 맞게 꿰매어 붙이고, 목의 근육을 풀고, 구역질 반사 기능을 없애는 것은 시간문제"라고 전망한다. 그렇다. 1991년 울프의 예상은 적중해서 성기수술 산업은 의사들에게 괜찮은 돈벌이가 된 지 이미 오래이다.

끝으로 나오미 울프는 8장에서 아름다움의 신화를 넘어서기 위해서 "마음대로 입고 만지고 먹고 마시자"면서 "우리가 아름답다는 느낌이 확고해지면 그 아름다움을 노래하고 꾸미고 과시하고 한껏 즐기자. 감각의 정치학sensual politics에서는 여성이 아름답다"고 결론을 내린다.

이 책의 마지막 문장은 다음과 같다.

"여성 개인으로서, 전체 여성으로서, 이 행성에 사는 사람으로서, 우리가 나아가야 할 다음 단계는 우리가 거울을 볼 때 무엇을 볼 것인가에 달려 있다.

여성이여, 무엇을 보겠는가?"

3

첫 번째 출전자는 일본군 위안부 피해자인 김 아무개 할머니, 최고령자는 89세의 박 할머니, 최연소 출전자는 열 살짜리 여자 어린이. 속이 훤히 비치는 속곳 차림의 한의사에서부터 생고기를 가슴에 붙인 비키니 복장의 행위 예술가까지 출전자들은 모두 신나게 무대 위를 누빈다.

미스코리아 대회를 일주일 앞둔 1999년 5월 15일 서울에서 열린 '안티 미스코리아 페스티벌' 참가자의 면면이다.

기존의 미인대회가 여성의 성을 상품화한다고 생각하는 우리나라 페미니스트들이 주동이 되어 개최한 행사이다. 안티 미스코리아 페스티벌의 주최 측이나 참가자들은 아마도 '아름다움은 제 눈에 안경'이라는 옛말이 진리라고 주장하고 싶었는지 모른다.

이러한 페미니스트들은 나오미 울프처럼 여자의 아름다움이란 여성을 현재의 사회적 위치에 고착시키려고 가부장적 사회제도가 구축한 신화일 따름이며, 화장품과 옷 장수들이 돈벌이를 위해 만들어낸 허구라고 주장한다. 여성미를 사회적 구성물로 간주하는 이른바 문화적 상대주의는 이 책《무엇이 아름다움을 강요하는가》의 주제임은 물론이다.

페미니스트들의 문화적 상대주의에 이의를 제기한 인물은 미국 하버드대학교의 심리학자인 낸시 엣코프Nancy Etcoff이다. 그녀는 1999년에 여성미의 본질에 관한 생물학 이론을 집대성한 최초의 저술로 평가되는《미인 생존Survival of the Prettiest》을 펴낸다. 적자생존을 연상시키는 제목이다. 진화론에서는 환경에 잘 적응하는 개체가 생존경쟁에서 살아남아 자손을 더 많이 생산한다고 여긴다. 엣코프는 여성의 아름다움이 생존경쟁에서 여성 자신을 위해 진화된 적응adaptation의 산물이며, 결코 남성들에 의한 사회적 구성물일 수 없다고 주장한다.

문화적 상대주의는 여성미를 태생적인 것으로 보지 않기 때문에 진화론으로 남녀의 성차를 설명하는 생물학에 대해 노골적으로 반감을 드러낸다. 진화론에서는 수렵채집 사회를, 사내가 먹거리를 책임지고 계집은 음식을 얻어먹는 대가로 몸을 내맡기는 남성 중심 체제로 간주한다. 남자는 태생적으로 여자보다 공격적이며 성적으로 난잡하다. 이러한 논리 전개로 일부 페미니스트들이 생물학을 성차별 이데올로기라고 몰아세우는 빌미가 된다.

생물학을 문화의 하위에 두는 문화적 상대주의는 퓰리처 상을 받은 미국의 과학저술가인 나탈리 앤지어Natalie Angier(1958~)의 도전을 받는다. 그녀는 1999년에 펴낸《여자Woman》에서 진화론을 새로운 관점에서 해석하여 주목을 받는다. 이를테면 여자 역시 남자처럼 공격적이다. 러시아 카자흐 국경선 근처에서 발굴된 2500년 전의 무덤에서는 단검과 화살을 가진 여성의 유해가 나왔다. 필요에 따라서는 여자들도 얼마든지 공격적인 임무에 종사할 수 있었다는 뜻이다. 또한 여자들도 남자처럼 성적으로 문란할 수 있는 기질을 진화시켰다. 클리토리스(음핵)가 좋은 증거이다. 남자의 음경은 배뇨와 생식의 두 기능을 수행하지만 클리토리스는 오로지 오르가슴을 즐기기 위해 존재했다. 게다가 수렵채집 사회의 여인네들은 동성애를 즐기고 수음하는 기교를 터득했다. 요컨대 사내들만을 성적으로 난잡한 동물로 볼 수 없다는 것이다.

페미니스트들과는 달리 남녀의 생물학적 차이를 인정하는 한편으로, 진화론을 새롭게 해석하여 아득한 먼 옛날 인류의 암컷들이 수컷과 함께 수렵채집과 전쟁에 능동적으로 참여했다고 주장하는 입장을 피메일리스트femaleist라고 일컫는다. 페미니스트들은 생물학적 여자female보다 사회학적 여성woman에 관심이 많다. 생물학에 기반한 피메일리스트의 새로운 여성관은 나오미 울프의 세 번째 물결 페미니즘에 동조하는 독자들에게는 '불편한 진실'로 여겨질는지 모른다.

정녕 여자란 누구이며, 여성의 아름다움이란 무엇인가.

• **더 읽어볼 만한 관련 도서**(국내 출간 순)

《제2의 성The Second Sex》, 시몬느 드 보부아르, 을유문화사, 1993
《여성의 신비The Feminine Mystique》, 베티 프리단, 평민사, 1996
《미Survival of the Prettiest》, 낸시 엣코프, 살림, 2000
《미인The Symptom of Beauty》, 프란세트 팍토, 까치, 2000
《이인식의 성과학 탐사》, 이인식, 생각의나무, 2002
《여자, 그 내밀한 지리학Woman》, 나탈리 앤지어, 문예출판사, 2003
《아름다움의 발명Inventing Beauty》, 테레사 리오단, 마고북스, 2005
《여성, 거세당하다The Female Eunuch》, 저메인 그리어, 텍스트, 2012

| 차례 |

The Beauty Myth

《무엇이 아름다움을 강요하는가》(원제: 아름다움의 신화)가 처음 출간되었을 때 정말 수천 가지나 되는 이야기를 들을 기회가 있었다. 수많은 여성이 내게 편지로 또는 직접 자신이 '아름다움의 신화'에 빠진 것을 알고 그것에서 벗어나려고 얼마나 애썼는지 털어놓았다. 외모에서 이들을 하나로 묶어주는 공통된 끈은 없었다. 그런데 젊은 여성이나 늙은 여성이나 모두 나이 드는 것에 대한 두려움을 이야기하고, 호리호리한 여성이나 몸무게가 나가는 여성이나 모두 날씬한 이상형이 요구하는 조건에 맞추려다 고생한 이야기를 했다. 흑인이나 황인이나 백인 모두 처음 의식적으로 생각할 수 있을 때부터 이상형은 금발에 키가 크고 날씬하며 하얗고 얼굴에 구멍이나 비대칭, 흠이 없는 사람, 완전히 "완벽한" 사람, 이런저런 점에서 자신은 아니라는 사실을 알았다고 했다. 이는 패션모델처럼 생긴 사람도 마찬가지였다.

나는 고맙게도 내 경험을 모든 곳에 있는 여성, 아니 실은 전 세계 17개국에 있는 여성들의 경험과 연결시키는 책을 쓰는 행운을 누렸다. 더욱 고마운 것은 독자들이 이 책을 이용한 방식이다. "이 책이 섭식장애를 극복하는 데 도움이 되었다", "나는 이제 잡지를 다르게 읽는다", "나는 이제 눈가의 주름을 싫어하지 않는다" 등의 말을 자주 들었다. 많은 여성이 이 책을 통해 스스로 생각하고 행동할 수 있는 힘을 얻었다. 그들도 탐정이나 비평가처럼 저마다 가진 아름다움의 신화를 해체하고 있었다.

이 책은 아주 다양한 배경을 가진 독자들에게 아주 다양한 방식으로 받아들여졌지만, 한편으로는 공론의 장에서 아주 열띤 논쟁도 불러일으켰다. 여성 TV 해설자들은 TV에 나오는 여성들이 외모와 관련해 보상을 받는다는 것, 이중잣대가 존재해 그들의 남성 동료들은 그들만큼 직접 외모로 평가받지 않는다는 내 주장에 발끈했다. 우파 라디오 진행자들은 여성이 어떻게 보이도록 되어 있어 그런 이상형에 부응하려 노력해야 하는데 이에 동의하지 않는다면 내게 개인적으로 문제가 있는 게 틀림없다고 했다. 인터뷰를 하면 인터뷰 진행자들이 거식증(먹는 것을 거부하거나 두려워하는 병적 증상—옮긴이)에 대한 나의 우려를 특권을 누리는 백인 여성의 엉뚱한 사이코드라마로 치부했다. 낮 시간대에 방송되는 TV 프로그램에서도 갈수록 내게 던지는 질문이 적대적으로 변했다. 아마도 수십 억 달러 규모의 다이어트 산업에서, 지금은 불법이 된 근거 없는 주장을 하는 프로그램에 딸린 광고의 영향이었을 것이다. TV 해설자들이 의도적으로 또는 무심코, 그러나 언제나 부정확하게, 내가 여성이 다리털을 깎거나 립스틱을 바르는 것은 잘못된 일이라고 주장한다고 여기는 일도 빈번했다. 이는 정말 오해다. 내가 이 책에서 옹호하는 것은 여성이 시장의 힘이나 수십 억 달러 규모의 광고 산업에서 지시하는 대로 따르지 않고 자신이 어떻게 보이고 싶은지 어떤 사람이 되고 싶은지 스스로 결정할 권리가 있다는 것이다.

하지만 전반적으로는 시청자들이 아름다움의 이상형에 문제를 제기하는 것이 여성답지도 미국인답지도 않다고 생각하는 것 같았다(개인적으로 이야기할 때보다 공개적으로 이야기할 때 더욱 그랬다). 21세기 독자들은 믿기 어려울지 몰라도 1991년에만 해도 아름다움의 이상형에 도전하거나 문제를 제기하는 것을 아주 이단시했고, 그 이상형 또한 아주 엄격했다. 당시 우리는 내가 "사악한 80년대"라고 부르는 시대, 극심한 보수주의가 우리 문화의 강력한 반反페미니즘과 손잡고 아름다움의 이상형에 대해 왈가왈부하는 것이 무례하고 기이해 보이기까지 한 시대에서 막 벗어나고 있었다. 레이건이 장기 집권을 하다 막 물러났고, 그동안 남녀평등 헌법 수정안이 폐기 처분되었으며, 여성 활동가들이 퇴각하고, 여성이 "모든 것을" 가질 수는 없다는 말을 들었다. 수전 팔루디Susan Faludi가 《무엇이 아름다움을 강요하는가》와 거의 동시에 출간한 《반격The Backlash》에서 잘 보여주었듯이, 〈뉴스위크〉가 여성에게 여성이 직장생활을 하다 결혼할 확률이 테러리스트에게 살해당할 확률보다 낮다고 말하고 있었다. 페미니즘이 욕이 되었다. 아름다움의 신화에 대해 불평하는 여성은 개인적 단점이 있을 거라고들 했다. 그런 여성은 틀림없이 뚱뚱하거나 못생기거나 남자를 만족시키지 못하거나 "페미나치feminizi(feminism과 nazi의 합성어—옮긴이)"거나 끔찍하게도 레즈비언일 거라고들 했다. 이 시대의 이상형, 즉 자연 상태에서는 흔히 볼 수 없는 비쩍 말랐지만 가슴은 풍만한 백인을 대중매체에서는 시대를 초월해 영원한 것인 양 여겼고, 잡지를 읽는 독자와 영화를 보는 관객도 대개 그렇게 생각했다. 어떻게든 그러한 이상형에 부응하려고 노력하는 것이 의심할 여지없이 중요해 보였다.

예를 들어 내가 청중에게 유행병이 된 섭식장애나 실리콘 유방 보형물의 위험성을 말하면 영원히 변치 않는 이상을 이야기한 유명한 대화록《향연Symposium》에 나옴직한 "여성은 언제나 아름다움을 위해 고생했어" 같은 반응이 튀어나왔다. 요컨대 그때는 이상형이라는 것이 하늘에서 툭 떨어진 것이 아니라 사실은 어딘가에서 왔고 어떤 목적에 이바지한다는 사실을 일반적으로 이해하지 못했다. 그 목적은 그때도 내가 설명했듯이 대개는 금전적인 것, 즉 광고주의 이익 증대에 있었고, 광고비로 운영되는 대중매체가 그들 대신 이상형을 만들어냈다. 나는 그런 이상형이 정치적 목적에도 이바지한다고 주장했다. 여성이 정치적 힘이 강해질수록 아름다움의 이상형이 여성에게 더욱 강요될 것이고, 이는 무엇보다도 여성의 에너지를 딴 곳으로 돌려 여성의 진보를 가로막기 위한 것이라고 말이다.

그로부터 약 10년이 지난 지금, 무엇이 달라졌을까? 아름다움의 신화가 오늘날에는 어떻게 되었을까? 그동안 약간의 변형이 있었다. 그래서 이를 새로운 눈으로 볼 필요가 있다.

무엇보다 만족스러운 것은 이제는 열두 살짜리 여자아이에게도 "이상형"이 여성에게 너무 가혹하고 자연스럽지 않으며 그것을 노예처럼 따르는 것은 건강하지도 멋지지도 않다는 생각이 그다지 낯설지 않다는 사실이다. 지금은 아홉 살짜리들을 겨냥한 잡지 〈아메리칸걸American Girl〉에서도 자기 몸을 사랑하는 것이 왜 좋은지, 행복하기 위해 브리트니 스피어스처럼 보이려고 하는 것이 얼마나 잘못된 일인지 이야기한다. 중학교에서도 섭식장애에 관해 가르치는 강사를 두고, 파괴적인 아름다움의 이상형을 모아 복도에 게시한다. 처음에는 이방인의 주장이었던 것이 이제 걸스카우트 단원도 아는 통념이 되었다면, 이는 분명 의식에 진화가 일어났다는 말일 것이다. 그렇다. 이제는 아이나 성인이나 우리가 어떤 것이 억압적이라고 생각하면 그것에 대해 아니라고 말할 준비가 되었다. 이것은 진보다.

하지만 이렇게 대중매체에서 전하는 정보를 비판적으로 볼 수 있는 능력이 새롭게 생겼는데도, 성적으로 그려진 이상형을 갈수록 어린 여자아이들이 본보기로 삼기 시작했다는 것도 알게 되었다. 내가 10대였을 때는 악명 높은 캘빈클라인이 열여섯 살짜리를 에로틱하게 그린 광고를 대대적으로 선전했는데, 1990년대 초에는 열네 살짜리를 가지고 그랬고, 1990년대 말에는 열두 살짜리를 가지고 그랬다. 게스 청바지 광고에서는 이제 아홉 살짜리로 보이는 여자아이가 도발적인 환경에서 포즈를 취한다. 그리고 일고여덟 살짜리를 위한 최신 패션이 성노동자처럼 입는 팝스타들의 의상을 개조한 것이다. 이것이 진보일까? 나는 의심스럽다.

그동안 "완벽한 외모"에 관한 CD에서부터 머리카락과 관련해 아프리카계 미국인이 가진 아름다움의 신화를 다룬 졸업논문에 이르기까지, 많은 고등학교와 대학교 연구 프로젝트에서 대중매체에 나타난 여성의 이미지를 분석하고 이상형을 파헤쳤다. 이제는 대중문화에서도 여성의 우려에 부응했다. 한 예로 TLC의 노래 〈예쁘지 않아Unpretty〉 뮤직비디오에서는 한 여성이 그저 남자친구의 요구를 만족시키기 위해 유방 성형수술을 하고 싶은 유혹을 느끼지만 그런 유혹을 물리치기로 한 모습을 보여준다. 그렇지만 《무엇이 아름다움을 강요하는가》가 많은 여성에게 대중문화의 이상형을 어렵지 않게 비판할 수 있는 힘을 준 것은 분명해도, 많은 점에서 그러한 일보 전진이 다양한 뒷걸음질로 인해 효과가 반감된 것도 사실이다.

1991년에 이 책이 처음 출판되었을 때는 실리콘 유방 보형물이 여성의 몸에 일상적으로 삽입되었고, 여성이 느닷없이 유방의 크기와 모양에 관해 걱정할 정도로 포르노가 대중문화에 영향을 끼치고 있었다. 수백 만 명이나 되는 여성이 한꺼번에 어떤 걱정(예를 들면 유방의 모양에 관한 걱정)을 하기 시작하더니 그것이 유행처럼 번진 것이 이상해 보인다면, 성적 이미지가 얼마나 강력한지 생각해보라. 포르노가 패션에 새롭게 영향을 끼치자 수많은 여성이 갑자기 여기저기서 "완벽한 유방"을 보게 되었고, 그 결과 당연히 "완벽하지 않은" 자신의 유방을 걱정하기 시작했다. 이러한 현상은 아름다움의 신화의 초점이 다음 걱정거리로 넘어갈 때까지 지속되었다. 많은 여성이 이런 유방의 새로운 이상형에 부응해 유방 확대수술을 받을 계획을 세웠고, 그러면서 이런 수술을 선전하는 광고주들이 여성지의 새로운 광고시장이 되었으며, 그 결과 여성지들이 유방수술을 지나치게 미화하는 무비판적인 기사를 잇따라 실었다. 《무엇이 아름다움을 강요하는가》가 실리콘과 수술의 부작용을 경고했을 때는 그것의 위험성에 관한 일반적 자각이 거의 없었다.

그로부터 10년 남짓 지난 지금은 실리콘의 위험성이 그야말로 완벽하게 입증되었다. 유방 보형물 제조사들이 상당한 소송에 직면했고, 1990년대 중반부터 실리콘 보형물의 위험성을 폭로하는 기사가 수천 개 나왔다. 2000년에는 실리콘 유방 보형물 시판이 금지되었다. 당연히 요즘은 유방의 크기를 걱정하는 기사를 거의 읽을 수 없다. 왜? 유방수술에 관한 조사가 갈수록 정밀해져 소송이 일어났고, 그 결과 팽창하던 유방 보형물 시장이 사라졌기 때문이다. 이제는 잡지에 유방의 크기를 걱정하는 기사를 쓰도록 몰아붙이는 광고 예산도 없다. 그런 기사가 한때는 그런 걱정을 부추겨 제품의 수요를 더욱 많이 창출했는데 말이다.

이것은 사태의 긍정적 측면이다.

이제 부정적 측면을 보면, 내가 처음 이 책을 썼을 때 여성의 성적 자의식에 막 영향을 끼치기 시작한 포르노가 이제는 그 영향력이 막강해졌다. 젊은 여성들이 포르노의 영향으로 섹스에서 어떠해야 하고 어떻게 보여야 하고 어떻게 움직여야 한다고 생각하게 된 것과 자신이 본래 가진 성 정체성에 관한 생각을 거의 구분할 수 없을 정도다. 이것이 진보일까? 나는 그렇게 생각하지 않는다.

이 책이 처음 나왔을 때는 일반적 여론이 거식증과 폭식증을 기이한 주변적 행동으로 여겨, 사회가 이상형을 만들어내어 따르도록 압력을 가했음에도 불구하고 사회에 책임이 없다고 보았다. 오히려 이를 개인의 위기나 완벽주의, 부모의 잘못된 양육 등에서 비롯된 개인의 심리적 부적응 탓으로 돌렸다. 하지만 사실은 이러한 병을 특별할 것 없는 배경을 가진 여성이 널리 앓았다. 그들은 그저 결코 자연스럽지 않은 “이상적” 체형과 몸무게를 유지하려는 평범한 여자아이와 성인 여성이었다.

나는 고등학교와 대학교에서 내 주변을 보고 섭식장애가, 그것만 없으면 완벽하게 균형 잡힌 젊은 여성이었을 이들 사이에서 널리 퍼진 것을 알았다. 날씬해야 한다는 아주 단순한 사회적 압력이 이러한 병을 낳은 주요 원인이었다. 전국섭식장애협회도 미국 여성의 1~2퍼센트(150~300만 명)가 거식증이 있고 이들이 대개 청소년기에 거식증 환자가 되었다는 국립보건원NIH의 통계가 사실임을 보여준다. NIH는 15~24세 여성들 사이에서는 거식증으로 죽는 비율이 그 밖의 원인으로 죽는 비율을 모두 합한 것보다 약 12배 높아, 10년에 0.56퍼센트가 거식증으로 죽는다고 한다. 거식증은 미국 10대 여성을 가장 많이 죽이는 살인자다. 나는 내 경험을 통해 그리고 내 주변에 있는 여성을 보고 섭식장애가 악순환이라는 것을 알았다. 굶거나 토하는 행위는 한번 시작하면 중독성을 띤다. 나는 월경도 하기 힘들 정도로 날씬하기 바라는 사회적 기대는 병든 이상이고 그런 기대에 부응하려다가는 병들기 십상이라는 것을 알았다. 먹는 데 문제가 생긴 것은 문제가 있는 이상형에 맞추려다가 그런 것이다. 바로 그것이 이 병을 낳은 원인 가운데 하나이지, 당시 일반적으로 생각했듯이 밑바탕에 어떤 신경증이 있어 그것이 발현된 것이 아니었다.

물론 지금은 강박적 다이어트나 운동의 위험성을 널리 교육하고, 섭식장애와 그것의 중독성과 치료법에 관한 정보를 모든 서점뿐 아니라 중고등학교와 병원, 체육관, 여학생 클럽에서도 얻을 수 있다. 이것은 분명 진보다.

그런데 이면을 보면, 지금은 그런 장애가 아주 널리 퍼진 탓에 그런 대중성으로 인해 그것의 오명이 벗겨져 거의 정상이 되다시피 했다. 여학생 클럽 전체가 폭식증이 주류라는 것을 당연시할 뿐 아니라 지금은 모델들도 〈글래머Glamour〉 잡지에 거의 굶주리는 수준으로 먹는 그들의 기아식에 관해 공공연하게 이야기한다. 어떤 신문기사에서는 야심만만한 젊고 날씬한 여성들이 몸무게에 관해 이야기를 하는데 그중 하나가 "토하는 것이 뭐가 문제냐?"라고 했다고 한다. 인터넷에서는 "거식증을 지지하는pro-anorexia" 여자아이들의 하위문화를 가리키는 "프로아나pro-ana"라는 웹사이트가 등장했다. 그들은 거식증이 매력 있다고 보고 그것을 지지하고 받아들인다. 이것은 분명 진보가 아니다.

1990년대 초에 아름다움의 신화를 분석했을 때는 내가 지적한 대로 이상형이 아주 엄격했다. 나이 든 여성의 얼굴은 잡지에 거의 나오지 않았고, 나오더라도 에어브러시를 해 더 젊게 보이도록 했다. 유색인종 여성도 베벌리 존슨Beverly Johnson처럼 이목구비가 거의 백인에 가깝지 않으면 역할모델로 나오는 일이 거의 없었다. 하지만 이제는 아름다움의 신화도 다원성이 높아져, 아름다움의 신화가 하나가 아니라 많다고 할 수 있을 정도다. 아프리카인의 이목구비에 피부가 검은 열일곱 살짜리 아프리카계 미국인 모델이 〈뉴욕타임스〉에서 시대의 얼굴로 보도된다. 같은 맥락에서 베네통 광고에도 무지개처럼 다양한 색조의 피부와 수많은 인종과 민족의 이목구비를 지닌 모델이 나온다. 오십 줄에 들어선 시빌 셰퍼드Cybill Shepherd가 표지 모델로 나오고, 사랑받는 플러스 사이즈 모델 엠Emme이 채널 E의 〈패션이 달라졌어요Fashion Emergency〉를 진행한다. 유색인종 여성이 전보다 자유롭게 직장에서도 자기 민족의 전통적 옷차림과 머리모양을 하고, 1990년대 초와 달리 이제는 머리카락을 펴는 전기 기구가 반드시 갖추어야 할 필수품이 아니다. 바비인형도 훨씬 현실적 체형을 지닌 모습으로 다시 디자인되었고, 지금은 여러 색깔로도 나온다. 주변을 보면 오늘날에는 예전보다 자기 자신일 수 있는 여지가 조금 더 많아졌다.

이 책이 처음 나왔을 때보다 미용 산업의 터무니없는 주장에 맞서 소비자를 보호할 수 있는 장치도 많아졌다. 예를 들면 이제는 노화 방지 크림에 대해 전처럼 터무니없는 주장을 할 수 없다. 전에는 화장품 회사들이 젊음을 주는 크림이 나이의 흔적을 "지우고" 세포 수준에서 피부를 "재건하여", "안에서부터" 조직을 새롭게 만들어준다고 큰소리 치고는 했다. 그러나 이 모든 것이 물리적으로 불가능하다. 제품의 성분이 표피를 뚫고 들어갈 수 없는 탓이다. 이런 거짓말이 갈수록 심해지자 미국 식품의약품안전국FDA에서 결국 제재에 나섰다. 전에는 화장품 산업의 광고 압력으로 여성지에서 25세 넘은 여성의 얼굴은 좀처럼 싣지 않아 주름살의 흔적을 거의 찾아볼 수 없었다. 또 다른 전선에서는 연방통상위원회FTC가 1990년대 다이어트 프로그램의 과대 선전에 철퇴를 가했다. FTC는 효과를 입증해주는 충분한 연구 없이 영원한 체중 감량 효과를 약속해 소비자를 현혹해서는 안 된다고 경고했다. 소비자 단체에서도 심장에 치명적 결과를 가져올 수 있다는 이유로 체중 감량제 '펜-펜Fen-Phen'의 시판을 중지시켰다.

소비자운동과 FDA의 조치로 여성은 돈도 아낄 수 있었지만 노화 스트레스에서도 한층 자유로운 시대를 맞이했다. 이제는 광고 압력이 풍요로운 미국 소비자 가운데 가장 빠르게 성장하는 부문인 나이 든 여성의 소비력에서 오자, 여성지와 TV 프로그램뿐 아니라 할리우드 영화 제작자들까지 마흔 넘은 여성들 중에서도 매력적으로 만들 카리스마 넘치는 여성이 부족한 게 아니라 넘칠 정도로 많다는 것을 발견했다. 나이 든 역할모델들이 등장하니, 이제는 어떤 연령의 여성도 마흔 번째 생일이나 쉰 번째 생일이 다가와도 전처럼 겁에 질리지 않는 것 같다. 오늘날에는 여성이 나이가 들어도 생기 넘치는 관능적 여성이라는 정체성과 사랑받고 최신 패션을 누릴 가치가 있는 여성이라는 정체성이 당장 사라지는 것이 아니라고 생각하는 것도 우연이 아니다. 패션과 화장품 산업에서 "플러스 사이즈" 모델의 영향력과 지배력도 빠르게 증가하고 있다. 유색인종 여성도 가장 칭송받는 패션 아이콘으로 부상했다.

그럼 이제 아름다움의 신화도 다원주의가 대세가 되었을까? 결코 그렇지 않다. 아름다움의 신화도 여성성에 관한 많은 이데올로기처럼 새로운 환경에 맞게 변신해 더 큰 힘과 권력을 얻으려는 여성의 시도를 좌절시키고 있다. 케이트 베츠Kate Betts는 〈뉴욕타임스〉 스타일 섹션에서 아주 뛰어난 배우인 르네 젤위거가 〈브리짓 존스의 일기〉에서 맡은 역할 때문에 체중이 늘어난 뒤, 그러니까 평균적 여성 사이즈가 되었을 때 "너무 뚱뚱하다"는 이유로 〈보그〉 표지에서 그녀를 제외했다고 실토했다. 한 신문에서는 모델 엘리자베스 헐리가 에스티 로더 대변인 자리에서 해고된 것이 나이가 36세라 "너무 늙은" 탓이었을 거라고 추측했으며, 지금은 평균적인 패션모델이 1980~1990년대 여전사보다 훨씬 말랐다.

아름다움의 신화의 변신이 여성에게만 일어나는 것은 아니다. 남성의 경우도 마찬가지다. 이 경우에는 이를 부추기는 것이 문화적 반격보다 단순한 시장 잠재력이기는 해도 말이다. 내가 예측한 대로 지난 10년 동안 남성의 아름다움의 신화도 확고히 자리 잡아, 남성 동성애자 하위문화에 머물렀던 것이 전국의 신문 가판대로 나와 교외에 사는 아빠들까지 전에는 그냥 편안했던 뱃살을 새삼 걱정하게 되었다. 오늘날에는 미녹시딜(혈압 강하 및 모발 발육 촉진제—옮긴이)이 치약과 함께 교외에 사는 남성의 화장실 서랍장 한편을 차지하고 있다. 여성의 경제적·사회적 힘이 커지면서 양성 간 힘의 격차도 계속 줄어들어, 이제는 남성이 예로부터 성적 매력과 아름다움의 제공자가 아니라 심판자로서 차지했던 위치에서 끌려 내려오고 있다. 아니나 다를까 거대한 비아그라 시장도 열렸다. 남성 패션과 건강, 몸단장 잡지의 인기가 치솟았다. 남성의 미용성형수술 이용률이 계속 기록을 갱신했다. 이제는 미용성형수술 시장에서 남성이 3분의 1을 차지하고, 섭식장애가 있는 대학생 가운데 10퍼센트가 남성이다. 나이와 경제적 배경, 성적 취향에 관계없이 모든 남성이 불과 10년 전보다 훨씬 많은 걱정을 하고 있다. 양성이 모두 상품화되어 대상으로 평가받을 때, 그것이 진보일까? 그것은 진보라도 양날의 칼을 지닌 진보일 뿐이다.

여기서 한 가지 분명한 결론을 이끌어낼 수 있다면, 그것은 이제 여성들이 아름다움의 신화를 여성의 것으로 만들 수 있는 여지가 조금 더 많아졌다는 것이다. 오늘날에는 많은 여성이 여성으로서의 가치나 인간으로서의 진지함에 손상이 가지 않을까 하는 두려움 없이 어느 정도는 자유롭게 격식을 차려 입을지 간편하게 입을지, 립스틱을 바를지 지울지, 관능미를 과시할지 스웨터를 입을지, 때로는 몸무게를 줄일지 늘릴지를 결정할 수 있다. 얼마 전까지만 해도 여성은 이런 결정을 내리면서도 엄청난 두려움을 느꼈다. 지금 생각하면 믿기 힘들지만 10년 전에는 여성 가운데 많은 사람이 자신에게 물었다. "'너무 여성스럽게' 보이면 직장에서 가볍게 보지 않을까?", "'너무 평범해' 보이면 사람들이 내 말에 귀를 기울이지 않지 않을까?", "몸무게가 늘면 내가 '나쁜' 사람일까?", "몸무게를 계속 조금씩 줄여야 '좋은' 사람일까?" 그런데 이제는 여성이 이런 식으로 생각하지 않는다면, 적어도 여성에게 이런 식으로 생각하도록 강요하는 것이 말도 안 된다는 것을 안다면, 이는 많은 여성이 한꺼번에 어떤 생각을 하면 그게 얼마나 큰 힘을 발휘할 수 있는지 말해주며, 여성이 끊임없이 변화를 이끌어내어 한층 자유를 확대할 수 있는 능력이 있다는 증거다.

여러분에게는 그런 자유를 더욱 확대할 수 있는 힘이 있다. 나는 여러분이 이 책을 완전히 새로운 방식으로 여러분 말고는 아직 어느 누구도 생각해내지 못한 방식으로 이용했으면 좋겠다.

나오미 울프

2002년 4월 뉴욕에서

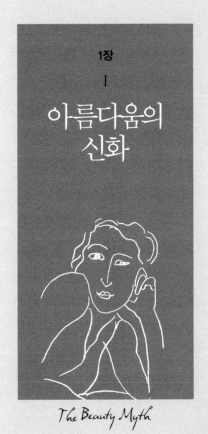

1장

아름다움의 신화

The Beauty Myth

아름다움에 짓눌린 여성

마침내 오랜 침묵 끝에 여성이 거리로 나섰다. 1970년대 초에 페미니즘이 부활해 20년 동안 급진적 행동에 나선 결과, 서양 여성들은 법적 권리와 임신 출산에 관한 권리를 얻고 고등교육을 받으며, 직업을 갖고 전문직에 진출하고, 아주 옛날부터 떠받들던 여성의 사회적 역할에 대한 믿음을 뒤집었다. 그렇다면 한 세대가 지난 지금, 여성이 자유롭다고 느낄까?

제1세계 여성들은 부유하고 교육받고 해방되어 과거에 어떤 여성도 누리지 못한 자유를 누릴 수 있는데도 원하는 만큼 자유롭다고 생각하지 않는다. 그리고 이렇게 자유롭지 않은 것이 어찌 보면 참 시시하고 하찮은 문제, 결코 중요해서는 안 되는 문제와 관계가 있다는 생각을 억누를 수 없다. 외모와 몸, 얼굴, 머리, 옷 같은 사소한 관심사가 그렇게 중요하다니, 그런 사실을 인정하기도 부끄러운 사람이 많다. 그러나 수치심과 죄책감, 거부감에도 불구하고 갈수록 많은 여성이 자기만 신경과민에 걸린 것이 아니라 사실은 그것에 어떤 중요한 문제가 걸려 있는 게 아닐까, 그것이 여성해방과 여성의 아름다움의 관계와 관련이 있지 않을까 하는 생각을 한다.

여성이 법적·물질적 장애를 돌파할수록 아름다움의 이미지가 더욱 엄격하고 무겁고 무자비하게 여성을 짓눌렀다. 많은 여성이 여성의 집단적 진보가 답보 상태에 빠졌다고 느끼고, 거침없이 나아갔던 이전에 비해 지금은 기운 빠지게도 혼란과 분열, 냉소, 탈진의 분위기가 팽배하다. 나이 든 여성은 그동안 투쟁은 많이 했는데 인정은 조금밖에 받지 못해 진이 빠진 사람이 많고, 젊은 여성은 오랫동안 달콤한 성과만 누리고 다시 횃불을 드는 데는 거의 관심이 없는 경우가 많다.

지난 10년 동안 여성은 권력구조에 균열을 냈지만 한편으로는 섭식장애가 기하급수적으로 증가하고, 미용성형외과[1]가 가장 빠르게 성장하는 의학 분과가 되었다. 지난 5년 동안 소비자 지출이 두 배 증가하고, 포르노가 주요 매체가 되어 합법적인 영화와 음반을 모두 합친 것보다도 많이 팔리고[2], 미국 여성 3만 3,000명이 연구자에게 다른 무엇보다도 몸무게를 5~7킬로그램 빼는 것을 목표로 삼겠다[3]고 말했다. 과거 어느 때보다 많은 여성이 그 어느 때보다 많은 돈과 권력과 기회를 누리고 법적으로 인정도 많이 받는데, 신체적으로는 해방되지 않았던 우리 할머니 세대보다 자부심을 느끼지 못한다. 최근 연구들은 서양의 일하는 여성 대부분이, 자제력 있고 매력적이며 성공적인 삶의 이면에 우리의 자유를 억압하는 비밀스러운 "보이지 않는 삶"이 있음을 일관되게 보여준다.[4] 아름다움에 관한 관념으로 가득 찬 그것은 자기혐오와 신체에 대한 집착, 노화에 대한 공포, 통제력 상실에 대한 두려움에 사로잡힌 어두운 이면이다.

잠재적으로는 큰 힘을 가진 많은 여성이 이렇게 느끼는 것도 사실은 우연이 아니다. 우리는 페미니즘에 거세게 반발해 아름다움의 이미지를 여성의 진보를 가로막는 정치적 무기로 사용하는 환경에서, 아름다움의 신화 속에서 살고 있다. 이는 산업혁명 이래 엄존하는 현대판 사회적 반사작용이다. 여성이 가정이라는 여성의 신비(1962년에 베티 프리단이 쓴 책《여성의 신비》의 제목. 이 책은 가정과 여성의 가정 내 역할을 신비화해 여성의 사회 진출을 가로막는 것을 비판했다—옮긴이)에서 벗어나자, 아름다움의 신화가 그 자리를 대신 차지해 영향력을 확대하고 있다.

오늘날 이렇게 반발이 거센 것은 아름다움이라는 이데올로기가 여성을 둘러싼 낡은 이데올로기 가운데 마지막으로 남아 지금도 강력한 통제력을 발휘하기 때문이다. 만일 그렇지 않았다면 페미니즘의 두 번째 물결로 여성을 지금처럼 통제할 수 없었을 것이다. 그런데 이제 그것이 모성과 가정, 순결, 수동성에 관한 신화가 더는 하지 못하는 사회적 강요라는 임무를 떠맡을 정도로 강력해졌다. 그리고 지금 페미니즘이 여성을 위해 물질적·공개적으로 한 모든 좋은 것들을 심리적으로 은밀하게 무력화하려고 한다.

이렇게 작동하는 힘은 여성의 삶 모든 층위에서 페미니즘의 유산을 좌절시키려고 한다. 페미니즘이 우리에게 성별에 기초한 고용 차별을 막는 법을 주자, 곧바로 여성의 외모에 기초한 고용 차별을 제도화하는 판례가 영국과 미국에서 나왔다. 가부장제적 종교가 쇠퇴하자, 나이와 몸무게를 둘러싼 새로운 종교적 도그마가 등장해 옛날에 광신적 사이비 종교 집단이나 종파에서 세뇌할 때 쓰던 기법을 쓰며 전통적 의례의 기능을 대신했다. 페미니스트가 베티 프리단에게 고무되어 여성지를 압박해 여성의 신비를 조장하던 가정용품 광고주들이 고안해낸 족쇄를 풀자, 곧바로 다이어트와 피부 관리 산업이 여성의 지적 공간에서 새로운 문화적 검열자가 되어 바짝 마른 앳된 모델이 성공한 여성의 기준이 되었다. 성 혁명이 여성의 성sexuality을 새롭게 발견하도록 하자, 여성의 역사에서 최초로 상품화된 "아름다움"을 성과 노골적으로 연결시킨 "아름다움의 포르노"가 주류 매체에 침입해 이제 막 생겨 상처받기 쉬운 여성의 성적 자부심을 무너뜨리려 했다. 임신과 출산에 관한 권리가 여성에게 자기 몸에 대한 결정권을 주자, 패션모델의 몸무게가 보통 여성의 몸무게보다 23퍼센트나 적어지고, 섭식장애가 기하급수적으로 증가하고, 음식과 몸무게를 이용해 집단 노이로제를 불러일으켜 여성에게 그런 결정권이 있다는 생각을 지워버리려 했다. 또 여성이 건강을 정치적 문제로 삼아야 한다고 주장하자, 칼을 대어 치명적일 수 있는 "미용성형" 수술이라는 새로운 기술이 발달해 또다시 예전처럼 의학이 여성에게 통제력을 가했다.

1830년경부터 모든 세대가 자기 세대의 아름다움의 신화와 싸워야 했다. 1855년에 여성 참정권론자 루시 스톤Lucy Stone은 "내게 내 몸과 이를 어떻게 사용할지 스스로 결정할 절대적 권리가 없다면, 투표를 하고 재산을 소유할 권리가 있어도 내게는 의미가 없다"[5]라고 했다. 80년 뒤에 여성이 투표권을 얻어 조직적인 여성운동의 첫 번째 물결이 잦아들었을 때, 버지니아 울프Virginia Woolf는 여성이 자기 몸에 대해 진실을 말할 수 있으려면 아직도 몇십 년은 더 있어야 할 것이라고 썼다. 1962년에는 베티 프리단이 여성의 신비에 사로잡힌 젊은 여성의 말을 인용했다. "최근에는 거울을 보면 내가 엄마를 닮아가는 것 같아 두렵다." 그로부터 8년 뒤에 저메인 그리어는 대격변을 가져올 페미니즘의 두 번째 물결을 예고하며 "고정관념"을 이야기했다. "아름다운 것은 모두 그녀의 것이다. 아름다움이라는 말 자체도 (…) 그녀는 인형이다. (…) 나는 그런 가장과 가식에 넌더리가 난다."[6] 대혁명이 일어난 두 번째 물결에도 우리는 고정관념에서 벗어나지 못했다. 지금 우리는 무너진 바리케이드 너머에 있다. 우리에게 혁명이 일어나 그 길에 있던 모든 것이 바뀌고 그로부터 아기가 자라 성인이 되었을 정도로 시간이 흘렀는데, 우리는 여전히 마지막 권리를 완전히 얻지 못했다.

여성을 둘러싼 수많은 허구의 등장

아름다움의 신화는 이렇게 말한다. "아름다움"이라는 특성이 객관적·보편적으로 존재한다. 당연히 여성은 그런 특성을 몸에 지니고 싶고, 남성은 그런 여성을 갖고 싶을 것이다. 아름다움이라는 특성을 지니는 것이 여성에게는 지상명령이지만 남성에게는 그렇지 않다. 이는 생물학적·성적·진화론적 현상이라 당연히 그럴 수밖에 없다. 강한 남성이 아름다운 여성을 차지하려고 싸우니 아름다운 여성이 임신과 출산에 성공할 확률이 높다. 여성의 아름다움은 생식력과 상관관계가 있으며, 이런 체계는 성선택에 따른 것이라 피할 수도 바꿀 수도 없다.[7]

그러나 이 가운데 어느 것도 사실이 아니다. "아름다움"은 금본위제 같은 통화 체계다. 모든 경제와 마찬가지로 이것도 정치에 의해 결정되며, 현대 서양에서는 그것이 남성의 지배를 온존시키는 마지막 남은 가장 좋은 신념 체계다. 문화적으로 강요된 신체 기준에 따라 여성의 가치를 매겨 수직으로 줄을 세운다는 점에서 이는 권력관계의 표현이며, 이러한 권력관계 속에서 여성은 그동안 남성이 전용해온 자원을 놓고 싸워야 하는 기이한 상황이 벌어진다.

"아름다움"은 보편적이거나 변함없는 것이 아니다. 서양에서는 여성의 아름다움 이미지가 모두 플라톤의 이데아 세계에나 있는 여성의 이데아에서 나온 척하지만,[8] 마오리족은 살찐 음부를 찬미하고 파동족은 축 늘어진 유방을 찬미한다. "아름다움"은 진화와 상관관계도 없다. 그것의 이상형은 종의 진화 속도보다 훨씬 빠르게 변화하여, 찰스 다윈도 "아름다움"이 자연선택이라는 규칙에서 나온 "성선택"의 결과라는 자신의 설명을 확신하지 못했다.[9] 여성이 "아름다움"을 통해 여성과 경쟁하는 것은 자연선택이 다른 모든 영장류에 영향을 미치는 방식과 거꾸로다. 인류학은 여성이 "아름다워야" 선택을 받아 짝짓기를 할 수 있다는 관념을 뒤집었다. 이블린 리드Evelyn Reed와 일레인 모건Elaine Morgan 등은 남성은 본래 일부다처이고 여성은 일부일처라는 사회학의 주장을 일고의 가치도 없는 것으로 일축했다. 고등 영장류는 암컷이 성관계에서 주도권을 발휘해, 많은 상대와의 섹스를 추구하고 즐길 뿐만 아니라 "임신하지 않은 암컷이 차례로 무리에서 가장 바람직한 존재가 된다. 이러한 순환은 살아 있는 한 계속된다." 남성 사회생물학자들이 영장류의 성기가 흥분하면 붉게 변하는 것을 흔히 여성의 "아름다움"과 관련해 인간에게서 나타나는 것과 유사한 것으로 들곤 하는데, 그것은 사실 수직적 위계질서와는 상관없는 암컷 영장류의 보편적 특징이다.

아름다움의 신화가 늘 이런 식이었던 것도 아니다. 지금은 나이 많고 부유한 남성과 젊고 "아름다운" 여성의 짝짓기를 어느 정도 불가피한 현상으로 받아들이지만, 기원전 2만 5000년경부터 기원전 700년경까지 지중해 세계를 지배한 여신을 숭배하는 모계 중심 종교에서는 상황이 반대였다.[10] "모든 문화에서 여신은 애인이 많다. (…) 나이 많은 여성과 아름답지만 쓰고 버려도 좋은 젊은이의 결합이 뚜렷한 패턴을 이룬다. 이슈타르와 타무즈, 비너스와 아도니스가 그렇고, 키벨레와 아티스, 이시스와 오시리스가 그렇다. (…) 그들의 유일한 기능은 신성한 '자궁'에 봉사하는 것이다." 여성은 꾸미고 남성은 보기만 하는 것도 아니다. 나이지리아의 우베다족은 여성이 경제권을 쥐고 있고 부족이 남성의 아름다움에 빠져 있다. 우베다족 남성은 몇 시간씩 모여 정성껏 화장을 하고, 여성이 심사하는 미인대회에 나가 우열을 가린다. 그들은 도발적으로 칠을 하고 옷을 차려입고 엉덩이를 흔들고 유혹하는 표정을 짓는다.[11] 아름다움의 신화를 정당화하는 역사적·생물학적 근거는 없다. 오늘날 아름다움의 신화가 여성을 제약하는 것은 권력구조와 경제, 문화가 여성에게 반격을 가할 필요에 의한 것이지 결코 그보다 숭고한 목적에서 온 것이 아니다.

아름다움의 신화가 진화[12]나 성, 성별, 미학, 신에 근거한 것이 아니라면 대체 어디에 근거한 것일까? 그것은 친밀한 관계와 성과 삶에 관한 것이라고, 여성을 찬미하는 것이라고 주장한다. 그러나 실제로는 감정적 거리와 정치, 돈, 성적 억압으로 구성되었다. 아름다움의 신화는 절대 여성에 관한 것이 아니다. 남성의 제도와 그에 따른 권력에 관한 것이다.

어느 시대에나 여성에게 아름답다고 하는 특성은 그 시대가 바람직하게 여기는 여성의 행동을 상징할 뿐이다. 아름다움의 신화는 언제나 외모가 아니라 실은 행동을 처방하려고 했다. 여성끼리의 경쟁이 신화의 일부가 된 것도 여성을 서로 분열시키기 위해서였다. 여성이 젊고 처녀라면 "아름다운" 것은 경험이 부족하고 성에 무지하기 때문이다. 반대로 여성이 나이 들면 "아름답지 않은" 것은 시간이 흐를수록 여성의 힘이 강해지기 때문이고, 그래서 여성의 세대 간 연결을 끊어야 하기 때문이다. 그로 인해 나이 든 여성은 젊은 여성을 두려워하고 젊은 여성은 나이 든 여성을 두려워해, 아름다움의 신화에서는 젊은 여성이나 나이 든 여성이나 수명이 짧다. 그리고 무엇보다도 시급히 여성의 정체성이 "아름다움"에 근거해야 하는 것은 그래야 우리가 계속 외부의 승인에 취약한 상태가 되어 삶에 아주 중요한 자부심이라는 민감한 기관이 비바람에 노출될 것이기 때문이다.

물론 가부장제가 존재하는 한 어떤 형태로든 아름다움의 신화가 늘 존재했지만, 현대적 형태의 아름다움의 신화는 아주 최근에 발명되었다. 아름다움의 신화는 여성에 대한 물질적 제약이 위험할 정도로 느슨해질 때 번성한다. 산업혁명 이전의 평범한 여성은 신체적 이상형과의 끊임없는 비교로 아름다움의 신화를 경험하는 현대의 여성과 같은 감정을 느낄 수 없었을 것이다. 대량생산 기술(은판 사진을 비롯한 다양한 사진)[13]이 발달하기 전에는 교회 밖에 있는 그런 이미지에 평범한 여성은 거의 노출되지 않았다. 가족이 생산 단위이고 여성의 일이 남성의 일을 보완했기에 귀족이나 창녀가 아닌 평범한 여성의 가치는 일하는 솜씨와 기민한 경제적 상황 판단, 신체적 힘, 생식력에 있었다. 물론 육체적 매력도 나름의 역할을 했지만, 우리가 이해하는 "아름다움"이 평범한 여성에게는 결혼시장에서 중요한 문제가 아니었다.

현대적 형태의 아름다움의 신화는 산업화라는 대격변이 일어나 노동 단위로서의 가족이 해체되고, 도시화와 새롭게 나타난 공장제도가 당대 사회공학자들이 "분리된 영역"이라 부른 가정을 요구하고, 그것이 집을 떠나 낮에 직장에서 밥벌이를 하는 "가장"이라는 새로운 노동의 범주를 뒷받침하면서 유행했다. 중산층이 확대되어 생활수준이 올라가고 문맹률이 떨어지고 가족의 크기가 줄자 읽고 쓸 줄 아는 게으른 여성이라는 새로운 계급이 생겼고, 이들이 강요된 가정생활에 복종하면서 여기에 기대어 새로운 산업자본주의 체제가 탄생했다. 우리는 여성이 언제나 "아름다움"에 대해 생각했을 거라고 가정하지만, 그러한 가정의 대부분은 아무리 멀리 잡아도 1830년대에 나온 것이다. 이때 처음 따뜻한 가정을 찬양하고 숭배하는 열풍이 일어났고 아름다움의 지표가 만들어졌다.

새로운 과학기술은 최초로 여성이 어떻게 보여야 하는지를 보여주는 이미지를 (유행복과 은판 사진, 광택 사진, 그라비어 사진으로) 복제할 수 있었다. 1840년대에 창녀의 누드사진을 처음 찍었고, 19세기 중엽에는 "아름다운" 여성의 이미지를 이용한 광고가 등장했다. 고전 예술작품의 복제품, 사교계의 꽃과 왕의 정부의 모습을 담은 엽서, 석판인쇄 회사 커리어앤아이브스Currier and Ives의 인쇄물, 조그만 자기 조각상이 중산층 여성이 갇혀 있는 분리된 영역에 넘쳐흘렀다.

산업혁명 이래 서양 중산층 여성은 물질적 제약만큼이나 이상형과 고정관념에도 통제를 받았다. 이러한 상황은 이 집단에만 독특하게 존재했고, 따라서 "문화적 음모"를 추적하는 분석이 이 집단에서는 가능할 수 있다. 아름다움의 신화는 원래 여성의 영역을 구성하는 요소인 양 가장하고 나타난, 다른 어떤 것들보다 여성을 가두기에 좋은 사회적 허구 가운데 하나였다. 물론 다른 사회적 허구도 동시대에 만들어졌다. 어린 시절은 어머니의 끊임없는 보호와 감독이 필요하다는 관념, 중산층 여성에게 히스테리 환자와 건강 염려증 환자 역할을 하게 하는 여성 생물학 개념, 존경할 만한 여성은 성적으로 무감각하다는 확신, 자수와 레이스 뜨기처럼 반복적이고 시간과 공을 많이 들여야 하는 일에 종사하도록 하는 여성의 일에 대한 정의가 그런 것이다. 빅토리아 시대(1837~1901년. 영국 역사상 가장 번영을 구가한 빅토리아 여왕 시대로 강력한 경제력과 군사력으로 세계를 지배했다—옮긴이)에 만들어진 이 같은 것들은 모두 이중의 기능을 담당했다. 한편에서는 이것들을 여성의 에너지와 지능을 무해한 방식으로 소모하는 수단으로 장려했고, 다른 한편에서는 많은 여성이 이를 이용해 진정한 창조성과 열정을 표출했다.

하지만 중산층 여성이 패션과 자수와 자녀 양육으로, 한 세기 뒤에는 그런 허구에서 나온 교외에 사는 주부 역할로 창조성을 발휘했어도 그런 허구의 주요 목적은 달성되었다. 한 세기 반에 걸쳐 유례없이 강력한 페미니즘 운동이 벌어지는 동안 이것들은 중산층 여성이 새롭게 얻은 위험한 여가와 읽고 쓰는 능력, 물질적 제약에서 어느 정도 자유로워진 것에 효과적으로 대응했다.

그렇지만 여성에게 타고난 역할이 있다며 그들의 시간과 마음을 빼앗은 허구가 변신해 전후에 "여성의 신비"로 모습을 바꾸었어도, 여성운동의 두 번째 물결이 여성지에서 집안 살림과 교외 가족생활의 "낭만", "과학", "모험"으로 그린 것을 분쇄하자 잠시 제 역할을 하지 못했다. "단란한 가정"이라는 넌더리나는 허구가 의미를 상실하고, 중산층 여성이 대거 현관에서 걸어 나왔다.

그러자 그런 허구들이 또다시 변신했다. 여성운동이 여성을 여성의 영역에 가두는 데 필요한 허구를 대부분 분쇄하자 한때는 그런 허구의 네트워크 전체가 담당한 사회적 통제라는 임무를 유일하게 상처입지 않고 남은 부분에서 도맡아야 했고, 그 결과 그 부분의 힘이 백배 강해졌다. 제약과 금기, 억압적인 법의 처벌, 종교적 명령, 임신과 출산의 노예화가 충분히 힘을 발휘하지 못하자, 대신 그것이 해방된 여성의 얼굴과 몸에 그 모든 것을 가했다. 아무리 해도 끝이 없고 해도 또다시 해야 하는 집안일, 역시 아무리 해도 끝이 없고 해도 또다시 해야 하는 아름다움을 위한 일이 대체했다. 경제와 법, 종교, 성, 교육, 문화를 개방해 여성이 더욱 공평하게 참여할 수 있도록 하자, 사적 현실이 여성의 의식을 식민지로 만들었다. "아름다움"에 관한 관념을 이용해 법과 경제, 종교, 성, 교육, 문화로 여성의 세계를 새롭게 재구성했고, 이런 요소들은 전에 사라진 것 못지않게 억압적이었다.

철의 여인이라는 환각

서양 중산층 여성을 아무리 심리적으로 약화시켜도 여성 스스로가 물질적으로 강해지자, 지난 세대에 새롭게 모습을 나타낸 아름다움의 신화는 그 어느 때보다 정교한 기술과 반동적 열정에 기대야 했다. 오늘날 이 신화의 무기는 현재의 이상형을 보여주는 이미지를 수없이 널리 퍼뜨리는 것이다. 흔히 이렇게 집중 살포되는 이미지를 집단적·성적 판타지로 보지만, 사실 그것에 성적인 것은 거의 없다. 그것은 남성이 지배하는 제도들이 여성의 자유로부터 위협을 받자 정치적 두려움을 느끼고 불러낸 것이고, 여성이 해방에서 느끼는 죄책감과 불안감(우리가 너무 멀리 갈지도 모른다는 잠재적 두려움)을 이용한 것이다. 이러한 미친 듯이 쏟아지는 이미지는 여성과 남성의 관계가 급속도로 변하자 화들짝 놀라 방향 감각을 잃은 남성과 여성이 불러낸, 집단적·반동적 환각이자 밀려오는 변화의 물결을 막으려는 방어벽이다. 현대 여성을 "아름다움"으로 그리는 것은 모순이다. 현대 여성은 성장하고 움직이며 자신의 개성을 표현하는데, 아름다움의 신화 속 "아름다움"은 정의상 고정된 것, 세월이 흘러도 변하지 않는 것, 독특하지 않고 일반적인 것이기 때문이다. 이런 환각이 필요해서 일부러 만들어낸 것이라는 사실은 "아름다움"이 여성의 실제 상황과 전적으로 모순된다는 점에서 명백하다.

이런 무의식적 환각이 갈수록 영향력을 발휘하며 널리 퍼지는 것은 의식적인 시장의 조작 때문이다. 강력한 산업들[14](1년 매출이 330억 달러에 이르는 다이어트 산업[15]과 200억 달러에 이르는 화장품 산업, 3억 달러에 이르는 미용성형수술 산업[16], 70억 달러에 이르는 포르노 산업[17])이 무의식적 불안을 밑천 삼아 나타나더니, 이제는 대중매체에 대한 영향력을 통해 그런 환각을 이용하고 자극하고 강화해 급성장하고 있다.

이것은 누군가의 음모가 아니다. 그럴 필요도 없다. 사회도 개인이나 가족과 마찬가지로 허구를 말한다. 헨리크 입센Henrik Ibsen은 그것을 "불가결한 거짓말"[18]이라 불렀고, 심리학자 대니얼 골먼Daniel Goleman은 그것이 사회적 수준에서도 가족 안에서와 같은 방식으로 작동한다고 밝혔다. "무시무시한 현실에 관심을 기울이지 못하게 하거나 그런 현실의 의미를 받아들일 수 있는 형태로 잘 포장해 공모가 유지되도록 한다." 그는 이런 사회적 사각지대의 대가는 파괴적인 공동의 환상이라고 말한다. 남성이 지배하는 문화를 지지하는 제도를 뒤흔들 수 있을 정도로 여성에게 무한한 가능성이 열리자, 남성과 여성 모두 공포에 사로잡혀 집단적으로 반발하면서 그것에 반대되는 이미지가 요구되었다.

그 결과 일어난 환각이 여성의 경우에는 너무나 현실적으로 구체화된다. 이제는 한낱 관념이 아니라 삼차원의 형태로 나타나, 여성이 어떻게 살고 어떻게 살면 안 되는지 말해주기 시작했다. 철의 여인이 된 것이다. 원래 철의 여인은 중세 독일의 고문 도구였다. 인체 형상의 관에 미소 짓는 젊고 사랑스러운 여성의 팔다리와 이목구비가 그려진 것인데, 불운한 희생자를 넣고 천천히 뚜껑을 닫으면 안에서 움직이지 못하고 굶어죽거나 그 안에 박힌 쇠못에 찔려 죽었다. 여성을 가두거나 여성 스스로 갇히는 현대의 환각도 똑같이 엄격하고 무자비하며, 완곡하게 채색되어 있다. 오늘날 문화는 철의 여인의 이미지에 관심을 돌리면서 현실에 있는 여성의 얼굴과 몸을 검열한다.

왜 사회질서는 현실에 있는 여성의 얼굴과 목소리, 몸을 외면하고 끊임없이 복제되는 정형화된 "아름다운" 이미지로 여성의 의미를 축소시켜 자신을 방어할까? 개인들이 느끼는 무의식적 불안이 불가결한 거짓말을 낳는 강력한 요인일 수 있지만, 사실은 경제적 필요 때문에 그럴 수밖에 없다. 노예제에 기댄 경제는 노예제도를 "정당화하는" 노예 이미지를 널리 선전할 필요가 있다. 지금 서양 경제는 여성의 저임금 구조에 완전히 기대고 있다. 그런데 페미니즘이 우리에게 훨씬 가치 있는 느낌이 들도록 하기 시작하자, 이에 대응해 여성에게 "훨씬 가치 없는" 느낌이 들도록 할 이데올로기가 시급히 필요했다. 여기에는 음모가 필요 없다. 분위기만 필요할 뿐이다. 오늘날의 경제는 바로 지금도 아름다움의 신화 속에 나타난 여성의 모습에 기대고 있다. 경제학자 존 케네스 갤브레이스John Kenneth Galbraith는 "집안 살림을 '숭고한 소명'으로 보는 시각이 존속하는 것"을 경제적으로 설명해준다. 여성은 원래 여성의 신비에 사로잡혀 있다는 생각을 "우리에게 강요한 것은 여성이 소비자 역할을 하는 것이 산업사회의 발전에 반드시 필요하다는 사실을 숨기려는 통속적 사회학과 잡지, 소설이다. (…) 경제적 이유에서 반드시 필요한 것이 사회적 미덕으로 탈바꿈했다."[19] 그런데 여성의 주요한 사회적 가치를 고귀한 가정을 이루는 것만으로 규정할 수 없게 되자, 아름다움의 신화가 그것을 곧바로 고귀한 아름다움을 얻는 것으로 재규정했다. 새롭게 해방된 여성을 장악할 수 없게 된 낡은 소비자의 책무와 직장에서의 불평등을 정당화하는 낡은 근거를 새로운 것으로 대체한 것이다.

철의 여인이라는 환각과 나란히 또 다른 환각도 일어났다. 못생긴 페미니스트[20]라는 캐리커처가 부활해 여성운동을 졸졸 따라다녔다. 이러한 캐리커처는 독창적인 것이 아니다. 19세기에 페미니스트를 조롱하려고 만들어낸 것이다. 지지자들에게 "우아한 여성의 전형 (…) 아침처럼 맑고 깨끗하다"는 찬사를 받은 루시 스톤도 페미니즘을 헐뜯는 사람들로부터 빅토리아 시대의 페미니스트에게 "흔히 하던 말("부츠를 신고 담배를 피우고 기병처럼 욕을 하는 사내 같은 큰 여성")"[21]로 조롱을 받았다. 저 낡은 캐리커처가 멋지게 바뀌기도 전인 1960년 베티 프리단이 선견지명 있게 말했듯이 "오늘날 페미니스트의 불쾌한 이미지는 그들 자신보다 이 나라 저 나라에서 여성 참정권에 맹렬히 반대한 세력들이 만들어낸 이미지와 더 닮았다."[22] 30년이 지난 지금 그녀의 결론은 그 어느 때보다도 맞다. 여성의 사적 자의식을 추적해 여성의 공적 행위를 처벌하려는 저 낡은 캐리커처가 부활해, 곳곳에서 야심 찬 여성에게 새로운 한계를 지우는 패러다임이 되었다. 여성운동의 두 번째 물결이 성공을 거두자, 아름다움의 신화가 여성 개인이 삶의 모든 영역에서 꼼짝도 할 수 없을 정도로 완벽해졌다. 여성의 몸으로 살면서 겪는 현대의 신경증이 전염병처럼 빠른 속도로 여성 사이에 퍼졌다. 아름다움의 신화가 여성이 오랫동안 명예롭게 싸워 얻은 지반을 무너뜨리고 있다. 서서히, 눈에 보이지 않게, 우리가 그것을 무너뜨리는 진짜 힘이 어떤 것인지도 모르게.

현재 아름다움의 신화는 어떤 여성의 신비보다도 음흉하다. 한 세기 전에는 노라가 인형의 집에서 문을 박차고 나오고, 한 세대 전에는 여성이 온갖 기기로 가득 찬 소비자 천국인 고립된 가정에 등을 돌렸는데, 오늘날에는 여성이 갇혀 있어도 박차고 나올 문이 없다. 오늘날 맹위를 떨치는 아름다움의 반격은 여성을 육체적으로 파괴하고 심리적으로 고갈시킨다. 우리가 여성이라면 반드시 어떠해야 한다는 무거운 짐에서 벗어나려면, 첫 번째로 필요한 것은 투표용지나 로비스트나 플래카드가 아니다. 바로 사물을 바라보는 새로운 방식, 새로운 시각이다.

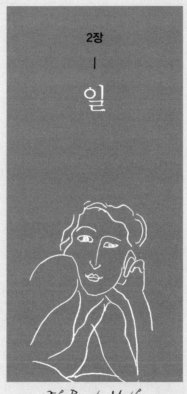

2장

|

일

The Beauty Myth

권력구조에 따른 경제적 불평등

남성이 여성의 "아름다움"을 남성 사이에 유통되는 일종의 통화로 사용하면서, 산업혁명 이후 "아름다움"에 대한 관념이 돈에 대한 관념과 나란히 진화해 두 가지 모두 소비경제에서 사실상 유사한 것이 되었다. 여성이 100만 달러처럼 보이고, 여성이 일등급 미인이고, 여성의 얼굴이 여성의 재산이다. 지난 세기의 부르주아 결혼시장에서 여성은 자신의 아름다움이 이 경제의 일부라는 것을 이해하게 되었다.

여성운동이 노동시장에 뚫고 들어갔을 때는 여성과 남성 모두 아름다움을 부로 평가하는 데 익숙해져 있었다. 둘 다 이후에 나타날 놀라운 사태를 맞이할 준비가 되어 있었다. 여성이 권력에 접근할 권리를 요구하자, 권력구조가 아름다움의 신화를 물질적으로 이용해 여성의 진출을 교묘히 막았다.

변압기는 플러그의 한쪽은 기계에 꽂고 한쪽은 전원에 꽂아 쓸 수 없는 전류를 기계에 맞는 전류로 바꾸어준다. 아름다움의 신화는 지난

20년 동안 여성과 공적생활을 잇는 변압기로 확고하게 자리 잡았다. 그것은 여성의 에너지를 권력이라는 기계와 연결시키지만, 여성을 수용할 수 있도록 기계를 바꾸는 일은 하지 않고, 변압기처럼 여성의 에너지만 약화시킨다. 바로 여성이 투입하는 에너지를 체로 걸러 권력구조에 맞는 것만 골라내기 위해서다.

프리단의 여성의 신비가 사라지자 여성 노동인구가 크게 늘어났다. 미국에서는 직업을 가진 여성의 비율이 제2차 세계대전 뒤에는 31.8퍼센트였는데 1984년에는 53.4퍼센트로 늘었고, 25~54세에서는 여성 3분의 2가 직업이 있었다.[1] 스웨덴에서는 77퍼센트, 프랑스는 55퍼센트가 직업이 있다. 1986년에는 영국 여성의 63퍼센트가 보수를 받는 일을 했다.[2] 그런데 여성이 현대 노동인구에 들어가자, 노동 경제가 결혼시장의 가치 체계를 넘겨받아 여성의 진입을 가로막았다. 노동시장이 결혼시장에서 넘겨받은 자격 조건에 금전적 가치를 부여하는 데 보인 열의는 아름다움의 신화의 용도가 성적이 아닌 정치적인 것임을 증명해준다. 노동시장은 아름다움의 신화를 다듬어 여성에 대한 고용 차별을 정당화하는 수단으로 삼았다.

1980년대에 여성이 권력구조에 균열을 내자, 두 경제가 마침내 하나가 되었다. 아름다움이 이제는 상징적 형태의 통화가 아니라 말 그대로 돈이 되었다. 결혼시장의 비공식적 통화 체계가 직장에서 공식적인 것이 되어 법의 보호를 받았다. 여성이 경제적 종속으로 결혼시장에 갇혀 성을 팔아야 하는 처지에서 벗어나자, 경제적 독립을 하려는 여성의 새로운 노력에 거의 동일한 교환 체계를 들이댔다. 여성이 직장의 위계질서에서 위로 올라갈수록, 아름다움의 신화가 더욱 열심히 그 한 걸음 한 걸음을 저지하려고 했다.

이제껏 공정하게 경쟁해 권력에 접근할 기회를 달라는 이민자 집단 가운데 그렇게 권력구조를 불안정하게 할 가능성이 있는 집단은 없었다. 권력에 새로 접근하려는 다른 대표적 집단의 경우에는 무엇이 권력구조에 위협이 되는지 생각해보라. 유대인은 그들의 교육 전통과 (서유럽 출신의 경우에는) 상층 부르주아의 기억 때문에 두려움의 대상이다. 미국과 영국의 아시아인, 프랑스의 알제리인, 독일의 터키인은 낮은 임금에도 녹초가 되도록 일하는 제3세계 노동 양식 때문에 두려움의 대상이다. 미국에서 최하층 계급인 아프리카계 미국인은 소수 집단 의식과 분노의 폭발적 결합 때문에 두려움의 대상이다. 그런데 여성은 지배 문화에 쉽게 익숙해질 수 있을 뿐만 아니라 중산층인 경우에는 부르주아적 기대가 있고, 제3세계형 노동 습관이 있는 데다 깨어난 최하층 계급의 분노와 자기 집단에 대한 충성심이 결합될 가능성까지 있다. 권력구조는 소수 집단에서 가장 두려운 것들을 복합적으로 지닌 프랑켄슈타인 같은 무시무시한 집단을 정확히 알아보았다. 아름다움을 토대로 한 차별이 필요해진 것은 여성이 일을 잘하지 못할 거라는 인식 때문이 아니라 지금처럼 두 배나 더 잘할 거라는 인식 때문이다.

그리고 '올드보이 네트워크(학연, 지연 등 여러 연줄로 얽혀 강고한 기득권층을 이루는 남성 집단—옮긴이)'는 이 집단에서 다른 소수 집단에서는 보지 못한 훨씬 큰 괴물을 본다. 여성은 소수 집단이 아니기 때문이다. 여성은 전체 인구의 52.4퍼센트로 다수 집단이다.

이는 아름다움의 반격이 왜 그렇게 거세고, 왜 그렇게나 빨리 전체주의적인 것으로 발전했는지를 분명하게 말해준다. 각성을 통해 자신에게 상당한 힘이 있음을 깨닫기 시작한 다수를 통치하는 소수의 지배자는 파워엘리트가 느끼는 이러한 압박을 누구나 이해할 수 있다. 명실상부한 실력주의 사회에서 사태가 걷잡을 수 없이 치달으면, 얼마 지나지 않아 권력자가 누구인지뿐만 아니라 권력 자체가 어떤 것일 수 있고 어떤 새로운 목표에 헌신할 수 있는지가 영원히 바뀔 수 있다.

고용주들이 그저 사무실을 아름답게 장식하고 싶어서 아름다움의 반격을 펼치는 것이 아니다. 이는 두려움에서 나왔다. 권력구조의 관점에서 보면 그 두려움에는 확고한 근거가 있다. 권력구조가 살아남으려면 아름다움의 반격이 그야말로 절대적으로 필요하다.

여성은 열심히 일한다. 남성보다 두 배나 더 열심히 일한다.

지금까지 전 세계에서 그랬고, 역사가 기록되기 훨씬 전부터 그랬다. 역사가 로잘린드 마일스Rosalind Miles는 이성애자 사회에서는 "여성의 노동이 몹시 힘들고 까다롭고 끊임없고 다양했다. 만일 원시시대에 한 노동을 목록으로 만들었다면, 남성이 한 가지를 할 때 여성은 다섯 가지를 한 것으로 나타났을 것이다"[3]라고 했다. 그녀는 덧붙여 현대 부족사회[4]에서도 "여성이 낮 동안 끊임없이 일해, 일반적으로 부족 전체가 먹는 식량의 80퍼센트를 생산한다. 그것도 날마다 (…) 과거나 현재나 남성 구성원들은 집단이 생존하는 데 필요한 일의 5분의 1밖에 하지 않아, 나머지 5분의 4를 모두 여성이 한다"라고 밝혔다. 17세기 영국 뉴캐슬의 한 공작부인은 "짐승처럼 일한다"[5]라고 썼다. 산업혁명 전에는 "어떤 일도 여성을 배제할 정도로 어렵지 않고, 그 정도로 힘들지 않았다."[6] 착취가 심했던 19세기 공장제도 아래서도 "여성이 일반적으로 더 열심히 일하고 (…) 보수는 더 적게 받았으며", "어디서나 고용주들이 여성은 '남성보다 극심하게 피로한[7] 노동을 하도록 설득하기가 쉽다'는 데 동의했다." 오늘날에는 "원시시대"에 5대 1이던 여성과 남성의 노동 비율이 2대 1로 낮아져 "문명화"되었다. 이러한 비율은 세계 어디서나 변함이 없다. 험프리 사회문제연구소에 따르면 "여성이 세계 인구의 50퍼센트인데, 노동시간은 전체의 3분의 2를 담당하고, 소득은 전체의 10분의 1밖에 안 되고, 재산은 전체의 1퍼센트도 안 된다."[8] 〈국제연합 여성을 위한 10개년 세계회의 보고서〉도 이에 동의해, 집에서 하는 일을 고려하면 "결국 전 세계적으로 여성이 남성보다 두 배나 많은 시간을 일한다"[9]라고 밝혔다.

여성은 동양인이든 서양인이든 주부든 직장인이든 남성보다 열심히 일한다. 파키스탄 여성은 가사노동에만 일주일에 63시간을 쓰고[10] 서양 주부들은 현대 가정용 기기를 이용하면서도 그들보다 겨우 6시간 적게 일한다. 그런데도 앤 오클리Ann Oakley는 "오늘날 집안일은 일이 아니다"[11]라고 말한다. 최근 한 연구에서는 결혼한 여성이 집에서 하는 일에 대가를 지불하면 가족의 소득이 60퍼센트 증가한다는 것을 보여준다.[12] 프랑스에서는 가사노동을 모두 합하면 400억 시간의 노동력이 나온다.[13] 미국에서는 여성이 1년에 180억 달러어치 자원봉사[14]를 한다. 만일 여성이 이러한 무료로 하는 일을 하지 않았다면, 산업화된 나라들의 경제가 무너졌을 것이다. 경제학자 매릴린 워링Marilyn Waring에 따르면, 서양 전체에서 여성의 무료 노동이 국민총생산의 25~40퍼센트를 만들어낸다.[15]

풀타임 정규직 신여성은 어떨까? 경제학자 낸시 배렛Nancy Barrett은 "여성의 노동 참여가 늘고 있지만 가정의 노동 분담에서 그에 상응하는 큰 변화가 있다는 증거는 없다"[16]라고 했다. 달리 말하면, 여성이 풀타임으로 보수를 받는 일을 해도 여전히 과거의 무보수 노동을 거의 모두 하고 있다는 것이다. 미국에서는 일하는 여성의 배우자가 주부의 배우자보다 더 돕지 않는다. 전업주부의 남편은 하루에 1시간 15분 돕는데, 정규직 여성의 남편은 그 반도 안 되는 36분밖에 돕지 않는다.[17] 미국에서는 아내의 90퍼센트와 남편의 85퍼센트가 여성이 집안의 허드렛일을 "모두 또는 대부분"[18] 한다고 말한다. 직장 여성도 사정이 거의 나을 게 없다. 사회학자 알리 혹스차일드Arlie Hochschild는 맞벌이를 하는 가정의 여성이 집에 와서 집안일의 75퍼센트를 한다는 것을 발견했다.[19] 결혼한 미국 남성은 20년 전보다 가사노동을 10퍼센트밖에 더 하지 않는다. 미국 여성은 미국 남성보다 일주일에 21시간 더 일한다.[20] 미국 여성정책연구소 대표 하이디 하르트만Heidi Hartmann은 "남성은 사실상 일주일에 자신이 기여하는 것보다 8시간이나 많은 서비스를 요구한다"[21]는 것을 증명했다. 이탈리아에서는 자식이 있고 풀타임으로 보수를 받는 일을 하는 어머니의 85퍼센트가 집에서 전혀 일을 분담하지 않는 남성과 결혼생활을 하고 있다.[22] 보수를 받는 일을 하는 유럽 여성은 남편보다 여가 시간이 33퍼센트가 적다.[23] 케냐에서는 농사에 필요한 자원이 동등하지 않을 때는 여성의 수확량이 남성의 수확량과 같고, 동등할 때는 여성이 더 많이 효과적으로 수확했다.[24]

체이스맨해튼 은행은 미국 여성이 일주일에 99.6시간 일하는 것으로 추정했다.[25] 보수를 받는 일을 하는 사람이 일주일에 대개 40시간 일하는 서양에서, 권력구조가 직면한 피할 수 없는 사실은 여성 신입자들이 남성보다 두 배 이상 열심히 오랫동안 일하는 데 익숙하다는 사실이다. 보수를 덜 받거나 전혀 받지 않으면서 말이다.

1960년대까지는 집에서 하는 무보수 노동을 "진짜 일이 아닌 일"로 말하는 관습이, 자기들이 옛날부터 열심히 일해온 전통이 있음을 아는 여성을 헷갈리게 하는 데 도움이 되었다. 그러나 남성이 남성의 일, 고용해서 할 가치가 있는 일을 여성이 하기 시작하자, 그런 전술도 무용지물이 되었다.

서양에서는 지난 세대에 이 열심히 일하는 사람들 가운데 많은 사람이 동등한 교육도 받았다. 1950년대에는 미국 대학생의 20퍼센트만 여성이었지만(그중 3분의 1만 학위를 마쳤지만), 오늘날에는 54퍼센트가 여성이다.[26] 1986년에는 영국 정규 대학생 5분의 2가 여성이었다.[27] 여성이 명목상 실력주의인 체제의 문을 두드릴 때, 그 체제는 무엇에 직면할까?

만일 세대와 세대를 가로질러 활기찬 네트워크를 이루었다면, 열심히 일하는 여성들이 몇 배나 더 뛰어난 역량을 발휘했을 것이다. 반발이 일어난 것은 그들이 퇴근하고도 가사노동이라는 "두 번째 근무"를 해야 하는 이중고에 시달렸을 때에도 권력구조에 뚫고 들어갔기 때문이고, 새롭게 생긴 여성의 자부심이 "두 번째 근무"에 대한 비용을 마침내 지불해야 하는 사태를 가져오면 고용주와 정부가 감당해야 할 비용이 엄청날 것이기 때문이다.

미국에서는 1960~1990년에 여성 변호사와 판사가 7,500명에서 18만 명으로 늘어났고, 여성 의사는 1만 5,672명에서 10만 8,200명으로, 여성 엔지니어는 7,404명에서 17만 4,000명으로 늘어났다. 지난 15년 동안 지역 선출직 여성은 세 배 증가해 1만 8,000명이 되었다. 오늘날 미국에서는 여성이 하급 관리직의 50퍼센트, 중간 관리직의 25퍼센트를 채우고, 졸업 예정인 회계사와 변호사는 반이 여성이고, 경영학 석사는 3분의 1, 의사는 4분의 1, 50대 상업 은행의 간부와 관리자 또한 반이 여성이다.[28] 〈포천Fortune〉에서 상위 기업들을 조사한 바에 따르면 여성 간부의 60퍼센트가 평균 연봉이 11만 7,000달러다. 아무리 직장과 가정에서 이중고에 시달려도 이 비율이라면 여성이 현 상황에 위협이 되었을 것이다. 누군가 빨리 세 번째로 할 일을 생각해내야 했다.

어떤 극심한 형태로 반격이 일어날 가능성이 과소평가된 것은 승리를 축하하면서 승자가 있으면 패자가 있고 승자가 얻는 것은 패자가 잃는 것이라는 당연한 사실을 외면하는 미국인의 태도 때문이다. 매릴린 워링도 "남성이 세계 인구의 반이 거의 무보수로 일하는 체제를 쉽게 포기하지 않을 것"이라며, "바로 그렇게 거의 대가도 받지 않고 일하는 까닭에 그 반이 다른 것을 위해 싸울 힘이 없을지도 모른다"[29]라고 했다. 미국의 전국여성조직NOW, National Organization for Women의 패트리샤 아일랜드Patricia Ireland도 이에 동의해, 명실상부한 실력주의 사회라면 남성이 "직장에서 더 경쟁하고, 가정에서 집안일을 더 많이 해야 한다"[30]라고 밝혔다. 이 열망의 메시지가 간과한 것은 실력으로 치면 여성에게 갔을 일자리를 꿰차고 있는 지배 엘리트층의 절반이 보인 반응이다. 만일 여성이 자유롭게 사다리를 오를 수 있었다면, 그들은 그 자리를 잃을 수밖에 없었을 것이다.

그래서 엄청난 잠재력을 지닌 이 이민자 집단을 좌절시키지 않으면 전통적 파워엘리트가 불리한 처지에 놓일 것이다. 상류 계급에서 태어난 백인 남성은 정의상 한 번에 두세 가지 일을 할 필요가 없고, 기록된 역사만큼이나 오래된 문맹의 유산이 낳은 교육에 대한 갈망이 없으며, 배제되는 것에 분노하지 않는 사람들이다.

권력구조는 무엇으로 이런 무시무시한 위협에 맞서 자신을 지킬 수 있을까? 먼저 두 번째 근무를 강화하려 할 수 있다. 미국에서는 18세가 안 된 자식이 있는 여성이 1960년에는 28퍼센트가 노동인구에 참여했는데, 지금은 60퍼센트로 그 비율이 껑충 올랐다.[31] 영국에서는 부양자녀가 있는 어머니 51퍼센트가 일해서 돈을 번다.[32] 일하는 미국 여성의 45퍼센트는 결혼하지 않거나 이혼하거나 사별하거나 별거해서 혼자 자식을 경제적으로 부양하고 있다.[33] 사정이 이런지라 미국과 유럽에서도 보육을 국가가 책임지지 않는 것이 탄력이 붙은 이 이민자 집단의 동력을 효과적으로 제어하는 역할을 한다. 그러나 여유가 있으면 가난한 여성을 고용해 가사노동과 육아를 맡길 수 있다. 그래서 보육을 책임지지 않음으로써 여성의 진출을 방해하는 전술이, 권력구조가 가장 두려워할 것이 많은 계급의 여성을 저지하는 데 불충분해졌다. 그래서 필요한 것이 그것을 대체하는 족쇄, 남는 에너지를 고갈시켜 자신감을 누를 새로운 물질적 부담, 자기들에게 필요한 여성 노동자를 자기들이 원하는 틀에 맞추어낼 수 있는 이데올로기였다.

서양에서는 제조업 기반이 전반적으로 붕괴되어 정보와 서비스 기술로 이동하면서 여성 고용이 촉진되었다. 전후에 출산율이 감소하고 그 결과 숙련 노동자가 부족해지자 여성이 예비 노동력으로 환영을 받았다. 쓰고 버릴 수 있고, 노동조합으로 조직되지 않고, 힘들고 단조로운 일을 장시간 하는 핑크칼라 저임금 노동자로 말이다. 경제학자 마빈 해리스Marvin Harris는 여성을 "읽고 쓸 줄 아는 유순한" 예비 노동자라며 "따라서 현대 서비스 산업이 토해낸 정보와 사람 다루는 일을 하기에 좋은 집단"이라고 했다.[34] 이런 노동시장에서 고용주에게 가장 도움이 되는 노동자의 특성은 낮은 자존감과 반복적인 따분한 일에 대한 참을성, 포부의 결여, 높은 순응성, 자기 옆에서 일하는 여성보다 자기를 관리하는 남성을 더 존경하는 마음, 자기 삶에 대한 통제력 부족이다. 더 높은 단계에 올라가도 여성 중간 관리자는 남성 같거나 유리천장을 너무 세게 밀어 올리지 않는 한에서만 받아들여지고, 상층에 있는 얼마 안 되는 여성도 여성으로서 물려받은 전통을 완전히 없애야 쓸모가 있다. 아름다움의 신화는 그런 노동력을 길러내는 최신 최상의 훈련 기법이다. 아름다움의 신화는 근무시간에 이 모든 것을 하고, 여가 시간에 세 번째 근무까지 하도록 한다.

슈퍼우먼들은 그것이 의미하는 바를 충분히 깨닫지 못하고, 자신이 전문적으로 다루어야 할 의제에 "아름다움"을 가꾸는 만만찮은 노동을 추가해야 했다. 더구나 이 새로운 임무는 갈수록 엄격해졌다. 투자해야 할 돈과 기술, 솜씨의 양이 여성이 권력구조에 균열을 내기 전에는 자신을 전시하는 직업에 종사하는 미인들에게나 기대한 수준 밑으로 떨어지는 일이 없었다. 여성이 전문적인 주부의 역할과 전문적인 직장인의 역할, 전문적인 미인의 역할까지 모두 해야 했다.

직업에 필요한 아름다움이라는 자격 조건

여성이 대거 노동시장에 들어가기 전에는 명백히 "아름다움"으로 대가를 받는 계급이 뚜렷이 존재했다. 자신을 전시하는 직업에 종사하는 사람들, 즉 패션모델과 배우, 무용수, 사교 모임에 동반해주는 여성처럼 보수가 높은 성 노동자 등이었다. 여성이 해방되기 전에는 이런 직업적 미인들이 대개 무명이고 지위가 낮고 존경도 받지 못했다. 그런데 지금은 여성의 힘이 강해질수록 자신을 전시하는 직업에 종사하는 사람들에게 더 많은 위신과 명성을 부여하고 돈도 더 많이 준다. 여성의 지위가 올라갈수록 그들을 더 높은 지위로 끌어올려, 여성이 그들을 모방하도록 한다.

오늘날의 현상은 여성이 성큼성큼 걸어 들어가는 직업들이 모두 빠르게 자신을 전시하는 직업으로 재분류되고 있는 것이다. 그 직업에 종사하는 여성과 관련해서만 말이다. 갈수록 "아름다움"이 원래 자신을 전시하는 직업과 거리가 먼 직업들에서도 미국 성차별 금지법에서는 BFOQ a bona fide occupational qualification라고 부르고 영국에서는 GOQ a genuine occupational qualification라고 부르는 것으로, 유모에게 여성인 것과 정자 기증자에게 남성인 것과 같은 것으로 분류되고 있다 (BFOQ나 GOQ나 '진정으로 직업에 필요한 자격 조건'이라는 뜻이다—옮긴이).

성 평등법에서는 BFOQ나 GOQ를 직업 자체가 특정한 성별을 요구해 고용에서 성차별이 공정한 예외적인 경우로 분명하게 규정하고, 기회 평등법의 원칙에 대한 의식적 예외로서 그 적용 범위를 아주 좁게 규정하고 있다. 그런데 작금의 사태를 보면, BFOQ를 서툴게 모방한 것(나는 이것을 더 구체적으로 PBQ professional beauty qualification, 즉 '직업에 필요한 아름다움이라는 자격 조건'이라고 부르겠다)이 여성의 고용과 승진의 조건으로 아주 널리 제도화되고 있다. BFOQ라는 선의의 언어를 악의적으로 받아들이면, 일을 제대로 하려면 반드시 필요한 자격 요건이라는 궤변으로 그것을 차별적이지 않은 것으로 옹호할 수 있다. 하지만 갈수록 범위가 넓어지는 PBQ를 지금껏 압도적일 정도로 여성에게만 적용하고 남성에게는 적용하지 않았다. 이를 이용해 고용하고 승진시키는 것(과 괴롭히고 해고하는 것은)은 사실상 성차별이므로, 미국에서 1964년에 제정된 시민의 권리에 관한 법 7장[35]과 영국에서 1975년에 제정된 성차별 금지법을 위반한 것으로 보아야 한다.[36] 그런데 이 기간에 "아름다움"의 이데올로기에서 새로운 세 가지 불가결한 거짓말이 나와 PBQ가 직장에서 실제로 하는 기능이 아무런 위험 없이, 소송당할 위험 없이 여성을 차별하는 길을 제공했지만 이를 감추려고 했다.

세 가지 불가결한 거짓말은 첫째는 "아름다움"을 여성이 권력의 자리에 오르는 데 필요한 정당한 자격 조건으로 규정해야 한다는 것이고, 둘째는 첫 번째 거짓말의 목적이 차별에 있음을 감추려고 (특히 평등하게 접근할 수 있는 기회라는 수사에 민감하게 반응하는 미국에서는 절대 아메리칸드림[37]에서 벗어나지 않도록) 열심히 진취적으로 노력하면 어떤 여성이나 "아름다움"을 얻을 수 있다고 한 것이다. 이 두 가지 거짓말은 고용주들이 PBQ를 이용하면서도 여성이 직장에서 해야 할 일을 얼마나 잘 폭넓게 할 수 있는지를 보는 정당한 테스트로 위장하게 해주었다. 셋째는 여성운동의 성공으로 여성의 사고방식이 바뀌자 그것을 야금야금 무너뜨리는 방식으로 "아름다움"을 생각하게 한 것이다. 이 마지막 거짓말은 여성의 개인적 삶에 아름다움의 신화라는 중심잣대를 들이대, 페미니즘이 어떤 조치를 취할 때마다 아름다움의 신화가 그것에 반대되는 조치를 취했다. 1980년대에는 분명 여성이 중요해질수록 아름다움도 똑같이 중요해졌다. 여성이 권력에 다가갈수록 더 육체적 자의식과 희생을 요구했다. "아름다움"이 여성이 다음 단계로 넘어가는 조건이 되었다. 이제 너무 부유하니, 아무리 말라도 지나치지 않았다.

1980년대 "아름다움"에 집착한 것은 여성이 권력의 자리에 들어가자 그것을 견제하고 균형을 이루려는 시도였다. 1980년대에 "아름다움"의 이데올로기가 승리를 거둔 것은 우리 사회의 중심 제도가 자유로운 여성이 자유로운 몸으로 자칭 실력주의 사회라는 체제를 통해 자유롭게 전진하면 무슨 일이 벌어질지 몰라 두려워한 결과였다. 다시 변압기에 비유하면, 이는 여성의 에너지를 변압기를 통해 약화시키지 않고 여성의 파장으로 흐르게 내버려두었다가는 체제의 허약한 불균형이 깨질 거라는 두려움이었다.

그래서 중간에서 변압기 역할을 하는 것이 여성지의 열망 어린 이데올로기다. 여성지들은 실력주의("마땅히 가질 자격이 있는 몸을 가져라", "멋진 몸매는 노력 없이 오지 않는다")와 기업가 정신("타고난 자산을 최대한 활용하라"), 신체 사이즈와 노화는 전적으로 개인의 책임이며("당신은 당신의 몸매를 완전히 바꿀 수 있다", "얼굴의 주름살도 이제는 당신의 통제 아래 있다") 나아가 누구나 원하는 것을 얻을 수 있다("마침내 당신도 오랫동안 아름다운 여성들이 감추어온 비밀을 알 수 있다") 같은 꿈의 언어를 제공해, 여성이 계속 광고주의 제품을 소비해 소비사회에서 남성에게는 돈의 형태로 주는 완전히 개인적인 신분 상승을 꾀하도록 했다. 한편으로는 그 모든 것을 혼자서 자력으로 할 수 있다는 여성지의 열망 어린 약속이 최근까지 혼자서는 아무것도 할 수 없을 거라는 말을 들은 여성들에게 호소력이 있었다. 그러나 또 한편으로는 사회학자 루스 시델Ruth Sidel이 지적한 대로, 아메리칸드림은 궁극적으로는 현재 상태를 보호한다. "그것은 밑바닥에 있는 사람들이 미국의 체제(말하자면 아름다움의 신화)를 정치경제적으로 분석하지 못하도록 가로막고, 대신 희생자를 비난하는 경향을 (…) 개인이 더욱 열심히 일하고 노력하면 '성공할 수 있다'는 믿음을 부추긴다." 그러나 기업가처럼 진취적으로 열심히 노력하면 아름다워질 수 있다는 신화, 여성에게 자연을 거스르게 하는 신화는 여성을 해친다. 기업가 정신을 가지고 열심히 노력하면 성공할 수 있다는 신화가 남성을 해치듯. "다른 모든 것이 같다면"이라는 말을 뺌으로써.

이런 꿈으로 설득해 여성이 자신의 욕망과 자부심 따위는 깨끗이 버리고 직장에서 요구하는 차별적 조건을 수용하고 체제의 실패를 자기 탓으로만 돌리면 변환은 마무리된다. 그래서 그것은 해롭다.

여성은 다른 노동인구가 부메랑이 되어 자신을 해칠 수도 있는 터무니없고 무조건적인 고용주의 요구에 대응해온 것보다 훨씬, 말없이 직업에 필요한 아름다움이라는 자격 조건을 받아들였다. PBQ는 그동안 배출할 시간이 없던 죄책감을 배출하게 해준다. 그것이 운 좋게 직업을 가진 여성에게는 권력을 휘두르거나 자기만 "이기적으로" 창조적 일에 헌신하는 즐거움을 누리는 데 대한 죄책감일 수 있고, 제대로 보수도 받지 못하고 혼자 또는 함께 자식을 부양하는 대다수 여성에게는 더 많이 제공하지 못하는 것에 대한 죄책감, 늘 가족을 위해 죽을힘을 다하고 싶은 마음일 수 있다. PBQ는 남은 두려움도 배출하게 해준다. 최근까지 기꺼이 집안의 고립에 순응해 칭찬받은 중산층 여성에게는 거리와 직장에서의 삶이 불안하고 두려운 미지의 세계이고, 그들의 어머니와 할머니들이 무슨 수를 써서라도 피하려고 한 사람들의 눈길에 자신을 노출시켜야 하는 세계다. 일하는 여성들은 오래전부터 "아름다움"이 직장의 무자비한 착취를 모면하게 해줄 수도 있다는 것을 알았다. 그리고 모든 계급의 여성이 무언가를 성취하면 추하게 여겨져 처벌받을 수 있다는 것을 알았고, 어떤 계급의 여성도 많은 돈을 관리하는 데 익숙하지 않았다.

아름다움을 재산으로 보는 데 익숙해지자, 여성은 결혼시장의 간접적 보상 체계 대신 돈으로 직접 보상해주는 체계를 순순히 받아들였다. 아름다움과 돈의 방정식을 면밀히 검토하지 않고 아름다움이 권력이 있는 듯한 느낌만 주는 것이 아니라, 돈이 남성에게 주는 그런 권력을 약속하는 것으로 새롭게 정의했다. 1970년대 주부들이 가사노동의 시장가치를 계산한 것과 비슷한 논리로, "실력주의" 체제가 고립된 여성이 도전하기에는 너무 한쪽으로 치우쳐 있다고 보았다. 어쩌면 자기 이미지를 구축하는 데 이미 요구된 일과 재능, 돈에 대해 인정받고 싶은 마음이 간절했을 수도 있고, 여성이 하는 일이 대부분 따분하고 매력이 없는데 PBQ가 일 자체에서는 찾기 힘든 창조성과 즐거움, 자부심을 조금이나마 일에 부여한다는 것을 알았을지도 모른다.

1980년대에는 출세에서 돈이 남성에게 하는 역할을 아름다움이 여성에게 했다. 공격적인 경쟁자들에게 여성다움이나 남성다움을 증명하는 도구가 되었다. 하지만 두 가치 체계 모두 환원적이라 어느 쪽도 늘 보상이 충분하지 않아, 금방 실제로 추구하려고 한 가치와의 연관성을 상실했다. 지난 10년 동안 편히 쉴 수 있는 시간을 돈으로 살 수 있는데도 무한정 부를 추구했고, "아름다움"을 위한 경쟁 또한 끝없이 치열해졌다. 출구 없는 경제에서 필사적으로 싸우다 보니 한때 그것의 목적이었던 구체적 즐거움(섹스와 사랑, 친밀함, 자기표현)이 실종되어 아주 먼 옛날의 추억이 되었다.

PBQ의 배경

PBQ는 어디서 시작되었을까? 아름다움의 신화와 마찬가지로 여성 해방과 함께 나타나 여성도 직업을 가질 수 있는 권리를 얻으면서 영향력이 확대되었다. 지금도 여성이 직업을 가지면서 아메리카와 서유럽의 대도시에서 소도시로, 제1세계에서 제3세계로, 서양에서 동양으로 퍼지고 있다. 진원지는 직업의 위계질서에서 가장 높이 올라간 여성이 많이 집중된 맨해튼이다.

1960년대에 교육받은 젊은 중산층 여성들이 졸업해서 결혼할 때까지 일을 하며 혼자 살기 시작했다. 그러자 여성 승무원과 모델, 간부의 비서를 상업적·성적으로 신비화하는 일이 동시에 일어났다. 아름다움을 이용해 그들이 하는 일의 진지함도 해치고 새롭게 얻은 독립의 의미도 해치는 정형화된 틀에 가두었다. 1962년에 베스트셀러가 된 헬렌 걸리 브라운Helen Gurley Brown의 《섹스와 독신 여성Sex and the Single Girl》은 이런 독립의 길을 무사히 잘 헤쳐 나가도록 안내하는 책이었다.[38] 그런데 책 제목이 캐치프레이즈가 되어 앞의 말이 뒤를 가려버렸다. 일하는 독신 여성이 "섹시하게" 보여 자신의 일과 독신인 것이 실제처럼 보이지 않게 해야 했다. 결코 만만치 않고 위험하고 곳곳에 지뢰가 있는데, 그렇지 않은 척해야 했다. 일하는 여성이 섹시하면, 그 섹시함을 이용해 그녀가 하는 일이 우스꽝스럽게 보이도록 해야 했다. 젊은 여성도 곧 여성이 될 것이기 때문이었다.

1966년 6월 미국에서 전국여성조직이 결성되고, 같은 해에 조직의 구성원들이 비행기 여승무원이 32세가 되거나 결혼하면 해고하는 것에 반대하는 시위를 벌였다.[39] 1967년에는 고용기회평등위원회에서 성차별에 관한 청문회를 열기 시작했다. 1969년 2월에는 뉴욕 여성들이 남성 전용이던 플라자 호텔의 오크룸에 쳐들어갔다. 1970년에는 〈타임〉과 〈뉴스위크〉가 성차별로 소송당하고, 트랜스월드 항공사의 여승무원 12명이 회사를 상대로 수백만 달러의 소송을 제기했다. 의식화 집단이 결성되기 시작했다. 학생 때 정치에 관심이 있거나 정치 활동에 참여한 여성들이 노동시장에 들어가 반전과 언론의 자유 같은 문제보다 여성 문제를 우선적으로 다루어야 할 사안으로 삼았다.

그런데 다른 한편에서는 그것을 통해 많은 정보를 얻어 조용히 법을 만들고 있었다. 1971년에 한 판사가 어떤 여성에게 몸무게 3파운드를 빼든지 아니면 감옥에 가든지 하라는 판결을 내렸다.[40] 1972년에는 "아름다움"이 여성에게 합법적으로 일자리를 얻게 할 수도 잃게 할 수도 있다는 판결이 내려졌다. 뉴욕주 인권항소위원회에서는 '세인트 크로스 대 뉴욕 플레이보이 클럽 사건'에서 사람들 눈에 띄도록 되어 있는 직업에서는 "아름다움"이 고용에 진정으로 필요한 자격 조건이라는 결정을 내렸다.

마가리타 세인트 크로스는 플레이보이 클럽 웨이트리스로 일하다가 "바니걸 이미지를 상실했다는 이유로"[41] 해고당했다. 이 클럽의 고용 기준은 웨이트리스들에게 다음의 등급을 매겼다.

1. (얼굴과 몸매, 차림새에) 흠이 없는 미인.

2. 남달리 아름다운 여성.

3. (나이가 들거나 외모에 고칠 수 있는 문제가 생겨) 경계선에 있는 여성.

4. (완전히 나이 들었거나 외모에 고칠 수 없는 문제가 생겨) 바니걸의 이미지를 상실한 여성.

하지만 세인트 크로스와 같은 곳에서 같은 일을 하는 남자 동료들은 "어떤 종류의 평가도 받지 않았다."

세인트 크로스는 위원회에 자신이 "생리적으로 젊고 싱싱한 예쁜 외모에서 성숙한 여성의 외모로 이행하는 단계"에 이르렀을 뿐 여전히 자신이 하던 일을 계속할 수 있을 만큼 아름답다는 결정을 내려달라고 했다. 고용주 헤프너의 대변인들은 위원회에 그렇지 않다고 했다. 위원회는 세인트 크로스의 말보다 헤프너의 말을 받아들여, 즉 여성의 아름다움은 여성 본인보다 고용주가 말하는 것이 훨씬 믿을 만하다고 가정해 플레이보이 클럽에 그런 평가를 할 수 있는 "권한이 충분히 있다"는 결정을 내렸다.

그들은 "바니걸의 이미지"는 무엇으로 이루어지는가에 대해 세인트 크로스가 가진 전문지식에는 무게를 두지 않았다. 일반적 고용 분쟁의 경우 고용주는 피고용인이 마땅히 해고되어야 함을 증명하려고 하고 피고용인은 자신이 계속 일할 자격이 있음을 증명하려고 한다. 그런데 "아름다움"이 BFOQ가 되면, 여성이 맡은 일을 하고 있어도 고용주가 그렇지 않다고 말할 수 있어 고용주가 자동으로 이기게 된다.

인권항소위원회는 이 판결에서 자신들이 "거의 완벽한 기준"이라고 부른 개념의 존재를 확인했다. 법정에서 가상을 말하면서 실제 존재하는 것처럼 하면 그것이 실제로 존재하는 것이 된다. 1971년부터는 법이 여성의 몸을 평가할 수 있는 완벽한 기준이 직장에 존재할 수 있다는 것을 인정했고, 따라서 그 기준에 미치지 못하면 해고할 수 있다는 것도 인정했다. 남성의 몸을 평가할 수 있는 "완벽한 기준"이 그처럼 법적으로 결정된 적은 없었다. 사실은 여성의 몸을 평가하는 기준도 구체적으로 존재한다고는 했어도 그것을 정의한 적은 없었다. 이 소송은 PBQ가 장차 법적 미로가 될 수 있는 토대를 놓았다. 여성을 해고할 수 있다는 '적절함의 기준'이 다양하게 해석될 여지가 있기 때문이다.

글로리아 스타이넘이 "여성은 모두 바니걸이다"[42]라고 말한 적이 있다. 세인트 크로스 사건은 미래의 알레고리로서 계속 반향을 불러일으켰다. 바니걸이 일을 잘하려면 "아름다움"이 필요하다고 주장할 수 있지만, 일을 잘하려면 아름다워야 한다는 발상을 일하는 여성 모두에 적용하는 일이 널리 퍼졌다. 스타이넘의 말이 다음 20년 동안 갈수록 사실이 되었다. 여성이 보수를 받는 일을 얻고 그 일을 계속하려는 곳에서는 어디서나 그랬다.

1971년 잡지 〈미즈Ms.〉의 원조가 등장했다. 1972년에는 미국에서 고용기회평등법이 통과되어, 교육에서의 성차별을 불법으로 만들었다. 1975년에는 미국에서 관리직의 20퍼센트를 여성이 차지했다.[43] 1975년에는 캐서린 맥더멋Catherine McDermott이 자신의 몸무게를 근거로 일자리 제안을 철회한 제록스 회사를 상대로 소송을 해야 했다.[44] 1970년대에는 여성이 대거 직업의 세계에 뛰어들면서 여성을 일차적으로는 아내와 어머니 역할을 하면서 부차적으로 일하는 사람으로 치부할 수 없게 되었다. 1978년에는 미국에서 경영학 석사 후보군 6분의 1과 졸업 예정인 회계사 4분의 1이 여성이었다.[45] 내셔널 항공사에서는 "너무 뚱뚱하다"는 이유로 (4파운드가 기준을 초과했다는 이유로) 스튜어디스 잉그리드 피를 해고했다. 1977년에는 로잘린 카터Rosalynn Carte와 전직 대통령 부인 둘이 NOW의 휴스턴 대회에서 연설을 했다. 1979년에는 전국여성기업정책이라는 단체가 설립되어 여성의 사업을 지원했다. 그런데 바로 그해 한 연방판사는 고용주가 외모의 기준을 정할 권리가 있다는 판결을 내렸다.[46] 1980년대가 시작되자 미국의 정부 정책은 일하는 여성을 진지하게 받아들여야 한다고 했고, 법은 그들의 외모를 진지하게 받아들여야 한다고 했다. 이런 판례법들이 나온 시기를 보면 아름다움의 신화가 정치적 기능을 한다는 것이 분명해진다. 여성이 대거 공적 영역에 들어가기 전에는 직장에서의 외모에 관한 법이 그렇게 쏟아져 나오지 않았다.

자신의 일을 진지하게 받아들이는 직장 여성이라는 이 새로운 존재는 어떻게 보여야 할까?

TV 저널리즘은 그 대답을 명확히 제시했다. 삼촌 같은 남성 앵커에 한참 어리고 직업적 미인 수준으로 예쁜 여성 뉴스캐스터를 붙여서.

이 한 쌍의 이미지, 주름 있고 기품 있는 나이 든 남성 옆에 성적 매력이 있는 젊은 여성이 진하게 화장하고 앉아 있는 모습이 직장에서 남성과 여성 관계의 패러다임이 되었다. 과거나 지금이나 그것이 알레고리로서 지닌 힘은 크다. 직업적 미인 수준이라는 자격 조건이 처음에는 여성에게 공적 권위가 있다는 불쾌한 사실을 받아들이기 좋게 중화하려던 것이었는데, 그것이 자체 생명력을 얻어 결국 직업적 미인을 고용해

TV 저널리스트로 만들기에 이르렀다. 1980년대에는 앵커를 스카우트 하는 해드헌터들이 "남성 앵커: 40~50세"[47] 같은 범주에 드는 사람들만 시험용 테이프를 찍었는데 여성에게는 그 같은 범주가 없었고, 여성 앵커는 뉴스 전달 능력이나 경험보다 외모를 우위에 놓았다.

그런 뉴스 팀이 주는 메시지는 읽기 어렵지 않다. 힘 있는 남성은 개성이 있는 개인이고 (그 개성이 비대칭 이목구비로 표현되든 주름살이나 흰머리, 부분 가발, 대머리, 둥글납작하거나 땅딸막한 모습, 안면 경련, 살이 늘어진 목으로 표현되든 상관없이) 나이 들어 원숙한 것도 그가 힘이 있는 이유 가운데 하나라는 것이다. 만일 기준이 하나만 있어 TV 저널리즘에 종사하는 여성에게 적용하는 기준을 남성에게 똑같이 적용했다면, TV 저널리즘에 종사하는 남성은 대부분 고용되지 않았을 것이다. 그러나 그들 옆에 있는 여성은 같은 방음 스튜디오에 들어가는 데 젊음과 아름다움이 필요하다. 게다가 젊음과 아름다움이 진한 화장에 덮여 여성 앵커들을 개성 없는 일반적 존재로 만든다. 이 업계의 은어로 말하면 "앵커클론"으로 복제품이 된다. 통칭으로 불리는 일반적인 것은 대체가 가능하다. 그래서 젊음과 아름다움이 있으면 눈에 보이지만 자신의 특성이 독특하다는 느낌이 들지 않아 불안하고, 젊음과 아름다움이 없으면 눈에 보이지 않아 말 그대로 "화면에서 사라진다."

TV에 나오는 여성의 처지는 직업에 필요한 아름다움이라는 자격 조건 일반을 상징하고 강화한다. 여성에게는 윗사람이라는 것이 특권이 아니라 지워짐을 뜻한다. 여성 앵커 크리스틴 크래프트Christine Craft는 40세가 넘은 TV 앵커 중 97퍼센트가 남성이고 "나머지 3퍼센트는 자기 나이 같지 않아 보이는 40세쯤 된 여성이다"[48]라고 주장한다. 그리고 나이 든 여성 앵커는 곧 "뉴스를 할 만큼 예쁘지" 않을 것이기에 "진짜 악몽"에 시달리고, 여성 앵커가 "아름다우면" 오로지 외모 덕분에 일자리를 얻은 사람으로 끊임없이 손가락질을 당한다고 한다.

결국 그것이 전하는 메시지는 분명하다. 서양에서 상징적인 직장 여성도 "아름다우면" 일을 못해도 눈에 보이지만, 일을 잘하는데 "아름다우면" 눈에 보여도 실력을 인정받을 수 없고, 일을 잘해도 아름답지 않으면 눈에 보이지 않아 실력이 있어도 소용없다는 말이다. 게다가 아무리 일을 잘하고 아름다워도 나이가 들면 사라질 수 있다. 그런데 이러한 상황이 지금은 노동인구 전체로 퍼졌다.

일하는 여성이 "그들의" 세계와 접속하려고 할 때마다 그렇게 남성의 외모와 여성의 외모에 다르게 적용되는 이중잣대가 밤낮없이 자신의 존재를 알렸다. 그들이 역사의 발전을 바라보는 창이 그들이 처한 딜레마에 의해 틀이 짜였다. 세상에 무슨 일이 일어나고 있는지 보려면, 늘 이런 일이 일어나고 있다고 일깨워준다.

1983년에 일하는 여성들은 PBQ가 얼마나 확고히 뿌리를 내리고 얼마나 법적으로 멀리 갈 수 있는지 보여주는 결정적인 판결을 받았다. 38세인 크리스틴 크래프트는 캔자스시티에서 전 고용주 메트로미디어를 상대로 성차별을 했다는 이유로 소송을 했다. 그러나 고용주가 그녀에게 말한 대로 "너무 늙고 매력이 없으며, 남성에게 공손하지 않다"는 근거로 소송이 기각되었다.

결국 기각되었지만 이 소송은 몇 개월 동안이나 PBQ를 요구받은 데 따른 것이었다. 이는 계약위반인데도 그녀는 시간을 내고 지갑을 축내야 했고, 자존심에 큰 상처를 입었다. 그녀는 한 시간마다 옷매무

새를 검사받고 고쳐야 했으며, 날마다 스스로는 선택하지 않았을 옷의 목록을 제시받고, 그것에 대한 지불을 요청받았다. 그녀의 남성 동료들은 아무도 그런 일을 할 필요가 없었다. 다른 여성 앵커들의 증언은 그들의 외모에 대한 메트로미디어의 "광적인 집착"으로 그들이 회사를 그만두지 않을 수 없을 정도로 큰 압박을 받았다는 것을 보여주었다.

매트로미디어는 다른 여성들에게 이 소송을 다루도록 했다. 크래프트는 TV에서 동료들에게 창피를 당했다. 한 동료는 그녀가 레즈비언인 듯 말했고, 다이앤 소여Diane Sawyer는 전국에 방송되는 뉴스 프로그램에서 크래프트에게 정말로 "'여성 가운데 유일하게' 외모가 부족하냐고" 물었다(다이앤 소여는 그로부터 6년 뒤 여섯 자리 숫자의 급여를 받았을 때 '그녀에게 그만한 값어치가 있는가?'[49]라는 헤드라인이 붙은 〈타임〉 표지 기사에서 외모를 평가받았다). 크래프트의 고용주들이 그런 차별을 하고도 도전받지 않을 거라고 믿은 것은 그런 차별이 피해자들에게 공통적으로 주입하는 반응 때문이다. 그것은 창피함이고, 창피함은 침묵을 보장한다. 그러나 "메트로미디어가 여성이 못생겼다는 말을 들은 사실을 인정하지 않을 거라고 생각했다면 그것은 오산이다"라고 그녀는 단호히 말했다.

그녀의 말은 그런 차별이 다른 것은 도달할 수 없는 깊은 곳까지 스며들어 자존심의 원천인 개인의 내면에 얼마나 큰 상처를 주는지 증명한다. "내가 너무 매력이 없다는 말을 머리로는 떨칠 수 있었는지 몰라도, 마음 저 깊은 곳에서는 내 얼굴이 괴물 같지는 않아도 참 보기 힘든 것이 있구나 하는 생각이 들었다. 그렇게 사람을 무력하게 하는 눈길에 시달리면, 누구에게 스스럼없이 다가가기 힘들다."[50] 고용주가 무능하다 말한다고 해서 피고용인의 무능이 증명되는 것은 아니다. 그러나 "아름다움"은 마음 저 깊은 곳, 성이 자존심과 어우러지는 곳에 살며 계속 외부에서 부여되는 것이다. 그래서 언제든 거두어갈 수 있는 것으로 편리하게 정의된 까닭에, 여성에게 못생겼다고 말하면 정말 못생긴 느낌이 들어 못생긴 것처럼 행동할 수 있고, 자신이 경험하는 한에서는 자신이 정말로 못생겼을 수 있다. 아름답다는 생각이 들면 상처받지 않았을 곳에서 말이다.

새로운 재판 절차는 어떤 여성도 그것을 견디고 살아남을 수 있다고 확신할 만큼 아름답지 않다. 여기서도 피해자들은 다른 재판을 받은 여성에게 낯익은 시련을 겪게 된다. 그녀에게 일어난 일이 그녀의 잘못인지를 보려고 위아래로 훑어보는 일을 당한다. 아름다움에는 "객관적인" 것이 없어 파워엘리트가 필요하면 언제든 의견일치를 통해 "아름다움"을 벗겨낼 수 있다. 증인석에서 여성에게 공개적으로 그러는 것은 모두 그녀가 못생긴 것을 눈으로 확인하라는 것이고, 그렇게 되면 그녀가 못생긴 것이 누구나 볼 수 있는 현실이 된다. 이런 법적 절차는 어떤 직업에 종사하는 여성이든 아름다움에 따른 차별에 항의하면 공개적으로 창피를 주는 장면을 연출하여 그녀를 희생시킬 수 있다.

크리스틴 크래프트의 재판이 주는 교훈은 그녀가 졌다는 것이다. 배심원 둘이 그녀의 손을 들어주었으나, 남자 판사가 그들의 판결을 뒤집었다. 게다가 법정 싸움을 벌인 결과 그녀가 종사하는 직종에서 블랙리스트에 올랐다. 그러니 그녀의 사례가 같은 업종에 종사하는 여성들에게 영향을 끼치지 않았을까? 한 여기자는 내게 "수천 명의 크리스틴 크래프트가 있다"라고 했다. "그러나 우리는 침묵을 지킨다. 누가 블랙리스트를 견뎌낼 수 있겠는가?"

스티븐스 판사의 판결을 옹호하는 사람들은 그것이 성차별이 아니라 시장 논리라는 근거로 정당화했다. 앵커가 시청자를 끌어들이지 않으면 일을 잘한 것이 아니다. 이것을 여성에 적용하면 여기에 숨은 메시지는 자신의 "아름다움"으로 시청자를 끌어들이거나 판매고를 올리라는 것이다. 이것이 크래프트 사건이 모든 곳에서 일하는 여성에게 남긴 유산이 되었다.

이 재판이 가져온 결과는 1980년대의 특징 가운데 하나로, 여성이 목을 조르는 것을 목격하고 목을 조르는 느낌을 받아도 침묵해야 한다는 것을 알았다는 것이다. 사건의 개요를 읽었을 때, 그들은 자신이 얼마나 크리스틴 크래프트와 같은지 알면서도 그것과 거리를 두어야 한다는 것을 알았다. 그래서 그에 대한 반응으로 새로운 다이어트를 시작하거나 값비싼 새 옷을 샀을 수도 있고 눈가 주름 제거술 일정을 잡았을 수도 있다. 그렇지만 의식했든 의식하지 않았든 여성은 그것에 반응했고, 지난 10년 동안 "이미지 컨설턴트"라는 직업이 여덟 배 늘어났다. 크래프트가 소송에서 진 날 섹스 산업 바깥에서 여성, 일, "아름다움"이 융합되어 한층 광범위한 질병의 순환이 일어나기 시작했다. 그때 여성들은 '그런 일이 내게는 일어나지 않을 거야' 하고 자신에게 말했을지도 모른다.

법이 아름다움의 반격을 떠받치다

PBQ를 한층 탄력적인 차별 도구로 쓸 수 있게 해주는 일련의 복잡

미묘한 판결로 법이 고용주들의 힘을 북돋우면서 그런 일이 일하는 여성에게 일어날 수 있었고, 실제로도 계속 일어났다. 법은 도무지 이해하기 어려운 비일관성을 드러내며 여성을 무력화했다. '밀러 대 뱅크오브아메리카 사건'[51]에서는 성적으로 끌리는 것과 성적으로 괴롭히는 것을 혼동해, 이를 둘러싼 고용 분쟁에서는 법이 할 역할이 없다는 판결을 내리고("끌리는 것"은 "자연스러운 성적 현상"이라 대부분의 인사 결정 과정에 미묘하게라도 영향을 미칠 수밖에 없어, "그런 문제"는 법이 파고들 문제가 아니라는 판결을 내렸다), '반스 대 코슬 사건'[52]에서는 여성의 독특한 신체적 특징(예를 들면, 붉은 머리카락이나 큰 유방)이 고용주가 성희롱을 한 원인이라면 그녀의 개인적 외모가 문제지 성별이 문제가 아니라는 결론을 내려, 이 경우에는 1964년에 제정된 시민의 권리에 관한 법 제7장의 보호를 기대할 수 없다고 했다. 이런 판결들로 여성이 아름다운 것은 여성의 잘못이고 여성이 책임져야 할 일이 되었다.

미국 법은 어떤 여성도 "올바로 보여" 재판에서 이기지 못하도록 법적 미로를 만들어 권력구조의 이익이 보호되도록 발전했다. 세인트 크로스는 너무 "늙고", "못생겨서" 직장을 잃었고, 크래프트는 너무 "늙고", "못생기고", "여성스럽지 않고" 옷을 올바로 입지 않아서 직장을 잃었다. 그래서 어쩌면 여성은 자신이 맡은 바 책임을 다하고 예쁘게 보이고 여성스럽게 입기만 하면 고용 분쟁이 벌어졌을 때 자신에게 공정할 거라고 생각했을지도 모른다.

이는 위험할 정도로 잘못된 판단이다. 일하는 여성이 옷장 앞에 서 있다고 치고, 그녀가 옷장에서 옷을 꺼낼 때마다 눈에 보이지 않는 변호사가 목소리로 그녀의 선택에 법적인 조언을 해준다고 상상해보자.

"크래프트 사건의 판결에 비추어보면, 이것은 여성스럽지요?" 하고 그녀가 묻는다.

"화를 자초하는군요. 1986년에 미셸 빈슨이 컬럼비아 특별구에서 고용주 매리터 저축은행을 상대로 상사의 성희롱으로 애무와 노출, 강간을 당했다는 근거로 성차별 소송을 했어요.[53] 빈슨은 젊고 '아름답고' 옷차림에도 신경 썼어요. 그런데 지방법원에서는 그녀의 외모가 그녀에게 불리하게 작용했다는 판결을 내렸어요. 그녀의 '도발적인' 옷차림에 대한 증언을 듣고 그녀가 성희롱을 '자초'했다고 결정했어요."

"그녀의 옷차림이 도발적이었나요?"

"그녀의 변호사가 격분해서 말했듯 '미셸 빈슨은 옷을 입었을 뿐이에요.' 그런데 그녀가 아름답게 옷을 입은 모습이 고용주가 강간하도록 자초했다는 증거로 채택되었어요."

"그럼 여성스럽되 너무 여성스럽지 않게 입어야겠네요."

"조심하세요. 홉킨스 대 프라이스-워터하우스 사건에서는 홉킨스 부인이 '더 여성스럽게 걷고, 더 여성스럽게 말하고, 더 여성스럽게 입고', '화장하는 것'을 배울 필요가 있다는 이유로 사업 파트너가 될 수 없었어요."[54]

"그녀가 사업 파트너가 될 만한 사람이 아니었을지도 모르지요."

"그녀는 어떤 동료의 일에나 대부분 참여했어요."

"흠, 그럼 조금만 더 여성스럽게 입겠어요."

"잠깐, 너무 성급하게 굴지 말아요. 경찰관이던 낸시 파들은 '너무 숙녀처럼' 보인다는 이유로 해고되었어요."[55]

"좋아요. 그럼 조금 덜 여성스럽게. 이제 볼연지를 지웠어요."

"그렇지만 화장하지 않으면 일자리를 잃을 수 있어요. 타미니 대 하워드 존슨 컴퍼니 사건[56]을 봐요."

"그럼 이건 어때요. 다소 (…) 여성처럼 입는 것은?"

"오, 미안해요. 여성처럼 입어도 일자리를 잃을 수 있어요. 안드레 대 벤딕스 코퍼레이션 사건[57]에서는 '여성 감독관'이 '여성'처럼 입는 것은 '적절하지 않다'는 판결을 내렸어요."

"그럼 대체 어쩌라는 거죠? 자루라도 뒤집어써야 하나요?"

"음, 뷰런 대 시티 오브 이스트 시카고 사건[58]에서는 직장에 있는 남자들이 '약간 지저분해서' 여성이 '목부터 발끝까지 모두 가리는 옷을 입어야' 했어요."

"복장 규정이 있으면 내가 이 문제에서 빠져나올 수 있지 않을까요?"

"아닐걸요. 디아스 대 콜먼 사건[59]에서는 고용주가 짧은 치마를 입도록 규정해서 여자 직원들이 규정에 따랐더니 성희롱을 했대요."

만일 이것이 사실이 아니라면 재미있었을 것이다. 그런데 영국에서도 법이 이와 유사하게 법적으로 결코 이길 수 없는 상황을 만들어놓은 것을 보면, 어떤 패턴이 보이기 시작한다.

영국 여성이 옷장 앞에서 그 같은 당혹스러운 안내를 받도록 할 필요도 없다. 상황이 더 나쁘지는 않아도 같기 때문이다. GOQ를 정의하면 "예를 들면, 모델이나 배우의 경우처럼" 일이 다른 무엇보다도 "어떤 체형이나 진짜 성별"을 요구할 때는 "성차별"을 허용한다는 것이다. 그러나 1977년부터 '슈미트 대 오스틱스 서점 사건'을 폭넓게 해석해 신체적 외모를 근거로 여성을 고용하거나 해고하는 것이 일반적으로 합법적인 것이 되었다.[60] 슈미트는 서점에서 바지를 입고 일한다는 이유로 일자리도 잃고 소송에서도 졌다. 고용항소법원은 복장 규정이 남성보다 여성에게 더 엄격하다는 사실에 근거해 그녀가 제기한 소송을 기각하면서 고용주는 "재량으로 자기 시설물의 이미지를 관리할 권한이 있을" 뿐만 아니라 사안 자체가 중요한 것이 아니라고 판결했다. 여성에게 어떻게 입으라고 말하는 것이 아주 사소한 일이라고 판결한 것이다. '제러마이어 대 국방부 사건'에서는 일이 지저분해 여성의 외모를 망칠 수 있다는 근거로 고용주들이 여성을 고임금 일자리에 고용하는 것을 피했다.[61] 데닝 경은 판결을 내리면서 생각에 잠겨 말했다. "여성의 머리 모양은 미모를 완성시킵니다. (…) 여성은 머리 모양이 흐트러지는 것을 좋아하지 않으며, 방금 머리를 손질했을 때는 특히 그렇습니다." 고용주들의 변호사들은 높은 급료를 주는 대신 여성이 머리 모양을 망치도록 했다가는 노동 분쟁이 일어날 거라고 주장했다.

댄 항공사는 1987년에 비행기 승무원으로 젊고 예쁜 여성만 고용해 소송을 당했으나, 승객들이 젊고 예쁜 여성을 선호한다는 근거로 차별을 옹호했다.[62] (2년 뒤에는 〈유에스투데이US Today〉 발행인이 사설에서 같은 논리를 이용해 젊고 예쁜 승무원을 고용해 나이가 들면 해고하던 때로 돌아가자고 했다.)

'모린 머피와 에일린 데이비슨 대 스타키스 레저 회사 사건'에서는 미래의 물결을 볼 수 있다. 이 사건에서는 웨이트리스들이 "더욱 노출이 심한" 유니폼에 화장을 하고 매니큐어를 바르도록 해 "이미지"를 바꾸는 것에 항의했다.[63] 한 웨이트리스는 그런 복장이 꼭 "《O의 이야기The Story O》(일정 장소에서 여성이 무조건 복종하도록 훈련시켜 색다른 성적 취향을 추구하는 내용—옮긴이)에서 금방 튀어나온 것" 같았다고 했다. 그들은 미니스커트에 가슴골이 움푹 파이도록 코르셋이나 바스크를 겨드랑이에서 피가 날 정도로 꽉 조여서 입어야 했다. 소송을 제기한 여성 가운데 하나는 그렇게 입도록 강요받았을 때 임신한 상태였다. 경영진도 남성 고객을 성적으로 끌어들이려고 그런 변화를 강요한 것을 인정했다. 그러나 웨이터들에게는 그런 요구를 하지 않았다. (덧붙이면, 웨이트리스에게 옷을 벗은 상태로 이성 앞에 나서게 하는 것은 시슬리 대 브리타니아 시큐어리티 시스템 사건[64]의 판결을 어기는 것이었다. 그 사건에서는 "옷을 벗은 상태"에 있을 때 이성으로부터 "체면이나 사생활을 지키기 위해" 1975년에 제정된 성차별 금지법을 쓸 수 있다고 판결했다.) 변호사들이 화장과 노출이 심한 복장, 매니큐어는 남성의 경우와는 비교할 수 없을 정도로 복장 규정을 성적으로 만든다고 지적했지만 소용없었다. 이 소송도 고려할 가치가 없는 사소한 것으로 치부되어 기각되었다. 두 여성은 소송에서 졌지만 일자리는 지켰다. 그러나 6주 동안이었다. 그들은 결국 둘 다 해고되어, 부당 해고로 소송을 제기했다.

따라서 영국에서는 성적 착취를 당하는 옷을 입고 일하기를 거부하면 일자리를 잃을 수 있다. 그러나 '스노볼 대 가드너 머천트 회사 사건'[65]과 '와일먼 대 미니렉 엔지니어링 회사 사건'[66]에서는 여성이 성적인 것으로 인지되면 성희롱으로 입은 피해를 최소한으로 산정하는 것이 타당하다는 판결을 내렸다. 그래서 후자의 경우에 와일먼은 "노출이 심한 도발적인 옷"을 입고 일했으니 감정이 많이 상했을 리 없다는 근거로 4년 반 동안 성희롱당한 것에 대해 50파운드(9만 원)라는 말도 안 되는 액수를 받았다. 법원은 "현장에서 일하는 젊은 여성이 도발적인 옷을 입고 보란 듯이 돌아다니면" 성희롱을 당할 가능성이 없지 않다는 판결을 내렸다. 법원은 와일먼의 옷을 성적으로 자극적이라고 규정한 남자들의 증언을 받아들였다. 와일먼은 결코 "노출이 심한 도발적인" 옷이 아니었다고 항의했지만, 미셸 빈슨의 변호사의 말을 떠올리게 하는 그녀의 애처로운 호소는 판결에서 무시되었다.

이런 판결들이 내려지자 PBQ가 트리클다운 효과trickle-down(넘쳐흐르는 물이 바닥을 적신다는 뜻으로 어떤 효과가 이전되는 현상을 말한다—옮긴이)를 내기 시작해 사회적으로 용인되었다. 그것이 접대원과 미술관과 경매장에서 일하는 여성들에게 퍼지더니, 광고와 상품 판매, 디자인, 부동산에서 일하는 여성들에게도 퍼지고, 음반과 영화 산업에서 일하는 여성들, 언론과 출판에서 일하는 여성들에게도 퍼졌다.

서비스 산업 전반에, 고급 웨이트리스와 바텐더, 호스티스, 출장 연회 서비스 종사자들에도 퍼졌다. 이는 시골과 지방에서 도심지로 흘러들어와 자신을 전시하는 직업에서 "성공하는" 데(이상적으로는 1억 5000만 미국 여성이 선망하는 엘리트 군단인 패션모델 450명 가운데 하나가 되는 데) 몰두하는 미인들의 야심에 토대를 마련해주는 아름다움 집약적인 일자리들이다. (모델 환상은 아마 온갖 사회적 배경을 가진 젊은 여성들 사이에 가장 널리 퍼져 있는 현대의 꿈일 것이다.)

다음에는 PBQ가 여성이 대중과 접촉하는 일자리에는 모두 적용되었다. 내가 아는 한 여성 관리자는 영국의 존 루이스 파트너십에서 운영하는 점포 하나에서 일하는데, 상사가 불러서 갔더니 자기 일에 "내 모든 것"을 투여한 그녀에게 일하는 것은 만족스러운데 "목 위로는 좀 개선할 필요가 있다"라고 했다. 그녀의 말을 빌리면, 그는 그녀가 화장이라는 "가면"을 한 꺼풀 쓰고 머리의 탈색과 손질을 원했다. 그녀는 친구에게 "내가 예쁘기만 하고 머리는 텅 빈 여자처럼 그럴싸하게 차려입고 왔다 갔다 하면 어떻게 보일까. 그런 말을 들으니 내가 하는 일이 모두 그만큼도 중요하지 않은 것 같았어. 내가 일을 잘해봤자 소용없다는 생각이 들었어"라고 했다. 그러고는 남자들은 그 같은 일을 전혀 할 필요가 없었다고 덧붙였다.

PBQ는 이어 한 여성이 한 남성을 대하는 일자리에도 적용되었다. 사회학자 데보라 셰퍼드Deborah Sheppard가 쓴 《조직의 성The Sexuality of Organization》에는 어느 날 상사에게 사전 경고도 없이 해고당한 54세 여성의 이야기가 나온다.[67] "그는 그녀에게 '기운 나게', '젊은 여성을 보고 싶다'고 했다. 그녀는 '그가 그렇게 말하기 전까지는 자기 나이가 자기에게 전혀 문제가 되지 않았다'고 했다." 이제는 PBQ가 완전히 여성 혼자 하는 일을 제외하곤 모든 영역에 퍼졌다.

그러나 안타깝게도 일하는 여성이 아침에 옷을 입을 때 법률적 조언을 받을 수도 없다. 하지만 그들은 그런 미로가 존재한다는 것을 직관으로 안다. 지난 20년 동안 직업에 필요한 아름다움이라는 자격 조건이 법률적으로 진화한 것을 보면, 일하는 여성들이 미친 듯이 외모에 신경을 쓰는 것도 전혀 놀라운 일이 아니다. 그들의 신경증은 정신 문제가 아니라 직장에서 빠뜨리려는 미궁을 피하기 위한 현명한 대응이다. 법률적으로는 여성들에게 입을 것이 없다.

사회학자들도 그런 법들의 합법화가 여성에게 미치는 영향을 이야기했다. 데보라 셰퍼드는 《조직의 성》에서 "어떤 외모가 적절한지 말해주는 비공식적인 규칙과 지침들이 계속 바뀌고 있다. 이는 여성에게 직장에서 어떻게 보이고 어떻게 행동해야 하는지를 말해주는 책과 잡지가 계속 나오는 현상을 설명하는 데 도움이 된다"[68]고 이야기했다. 그동안 조직사회학자들은 그런 규칙과 지침들이 계속 바뀌는 것이 원래 계속 그렇게 바뀌도록 되어 있기 때문이라는 사실을 다루지 않았다. 셰퍼드는 계속해서 "여성은 자신과 다른 여성들이 '여성스러우면서' 동시에 '사무적이어야' 하는 이중의 경험에 끊임없이 맞닥뜨린다고 보는데, 남성은 그 같은 모순을 겪지 않는다고 본다"[69]라고 했다. "사무적이면서도 여성스러운"이라는 말은 일하는 여성을 겨냥해 통신판매용 카탈로그에서 파는 옷을 설명할 때 가장 선호하는 말이고, 달성하기 어려운 이런 양면성은 사무복이 바람에 날리면서 레이스에 덮인 속살을 보여주는 일련의 란제리 회사 광고에 폭발적 반응을 불러일으켰다. 그러나 앞서 보았듯이 "사무적"이라는 말이나 "여성스럽다"는 말은 중간에 끼어 이러지도 저러지도 못하는 여성뿐 아니라 나머지 여성도 교묘하게 제멋대로 다루기 위해 쓰였다. "여성은 자신이 늘 예기치 않게 균형을 깨뜨릴 수 있는 위태로운 처지에 있음을 안다. (…) 외모야말로 여성이 자신이 불러일으킬 반응에 대해 가장 쉽게 어떤 통제력을 가할 수 있다고 보는 영역인 것 같다." 그러나 "여성은 균형이 깨졌을 때 대개 그런 일을 초래한 책임을 자신이 질 필요가 있다고 본다"라고 셰퍼드는 결론을 내렸다.[70]

여성은 자신이 균형을 "깨뜨렸다"라고 한다. 그런데 균형이 깨진다는 말은 무슨 말일까? 유명한 미국 여성지 〈레드북Redbook〉에서 조사한 바에 따르면, 응답자의 88퍼센트가 직장에서 성희롱을 당한 적이 있었다.[71] 영국에서는 관리자의 86퍼센트와 일반 직원의 66퍼센트가 성희롱을 경험했다. 영국 공무원들은 응답자의 70퍼센트가 성희롱을 당한 적이 있는 것으로 나타났다. 스웨덴에서는 노조 가입 여성 가운데 17퍼센트가 성희롱을 당했는데, 이 수치는 전국적으로 스웨덴 여성 30만 명이 성희롱을 당한 적이 있다는 말이다. 그런데 성희롱을 당한 적이 있는 여성들은 죄책감을 느끼는 것으로 나타났다. 자신이 "옷을 부적절하게 입어 그런 발언을 유발한 것은 아닐까" 하는 두려움 때문이었다.[72] 다른 연구에서는 성희롱을 당한 사람이 성희롱을 한 사람에게 하지 말라고 말할 위치에 있는 경우는 드문 것으로 나타났다.

그래서 여성이 사무적이면서도 여성스럽게 옷을 입지만 끊임없이 바뀌는 기준에 의해 실패할 수밖에 없는데도, 성희롱을 당하면 대부분이 그것을 자기 탓으로, 자신의 외모를 제대로 관리하지 않은 탓으로 돌린다. 그렇다면 여성이 직장에서 외모를 통해 자신의 의도를 전달할 수 있을까? 없다. 《조직의 성》에 따르면, 다섯 가지 연구에서 "여성의 (…) 행위가 성적인 것으로 의도되지 않았어도 성적인 것으로 인지되고 규정되는" 것으로 나타났다. 여성의 우호적 행동은 거의 언제나 성적인 것으로 해석되고, "비언어적 신호의 의미가 모호하거나 노출이 심한 옷을 입었을 때"[73] 특히 그랬다. 앞서 보았듯이 "노출이 심하다"라는 말도 여성의 정의와 남성의 정의가 다르다. 여성이 "옷을 통해 말하려고" 할 때 그것을 통제할 수 없는 느낌이 드는 것도 당연하다.

PBQ나 여성의 복장이 성희롱을 자초한다는 법률적 판단은 모두 같은 직장에서도 남성은 유니폼을 입는데 여성은 입지 않는 데서 온다. 1977년 여성이 직업의 세계에서 아직 새로운 존재일 때 존 몰로이John Molloy[74]가 베스트셀러 《성공하는 여성의 옷차림The Woman's Dress for Success Book》[75]을 썼다. 몰로이는 조사 결과 누가 봐도 직장에 어울리는 옷을 입지 않으면 여성이 존경과 권위를 이끌어내기가 힘들다는 것을 발견했다. 몰로이의 시험 집단이 "유니폼"을 채택하고 1년이 지났을 때는 상사들이 그들을 대하는 일반적 태도가 "극적으로 개선되고", 승진에서도 전보다 두 배나 많이 여성을 추천했다. 대조 집단에서는 아무런 변화가 없었다. 몰로이는 "유니폼"을 널리 시험하여 스커트 정장이 "성공을 부르는 옷"임을 발견하고, 직장 여성들에게 무조건 그것을 입으라고 추천했다. 그는 "유니폼이 없으면 이미지의 평등도 없다"라고 밝혔다. 분명 여성의 진보에 헌신한 몰로이는 여성에게 서로 연대해서 유니폼을 입으라고 강력히 권유하고, 직장 여성들이 서명한 한 서약서를 인용했다. "나는 여성도 남성 못지않게 효율적으로 일할 수 있는 유니폼을 입고 동등한 기반[76]에서 더욱 잘 경쟁할 수 있도록 하겠다."

몰로이는 여성이 유니폼을 채택하면 무슨 일이 일어날지도 경고했다. "패션업계 전체가 불안해할 것이다. (…) 여성에 대한 그들의 지배력이 위협받을 거라고 볼 것이다. 맞는 말이다. 이윤이 줄어들까 봐 터무니없는 말을 해대는 패션업계를 무시하면, 그들이 여성을 마음대로 주무를 수 없을 것이다." 계속해서 그는 여성이 직장에서 유니폼을 채택하는 것을 막으려고 패션업계에서 어떤 전략을 쓸지도 예측했다.

결국 〈뉴욕타임스매거진〉은 몰로이의 전략은 시대에 뒤떨어진 낡은 것이라며 이제는 여성이 정장을 버리고 다시 한 번 자신의 "여성다움"을 표현할 수 있을 거라고 선언했다.[77] 광고 예산의 상당량을 패션산업에 기대고 있는 많은 매체도 뒤따라 같은 목소리를 냈다. 이제 직장에서 입는 유니폼은 여성에게 권위를 제공할 수 없으므로 아름다움과 날씬함, 최신 유행의 고급 여성복, 독특한 취향이 여성의 권위를 이루어야 했다. 그러나 슬프게도 몰로이에 따르면, 여성의 성이 감지되면 그것이 다른 특성을 모두 "가려버리는" 까닭에 비즈니스의 성공을 가져오는 옷과 성적 매력을 주는 옷은 사실상 서로 배타적이라는 것이다. 오늘날에는 직장 여성도 패션모델을 열심히 모방하고 싶어 하고, 이를 당연한 일로 요구한다. 그러나 몰로이가 남녀 직장인 100명을 연구했을 때는 그중 94명이 직장인의 유능함을 보여주는 예로 패션모델보다 직장인답게 입은 여성을 꼽았다.[78]

1980년대는 여성에게 남자처럼 입도록 강요한다고 몰로이의 운동을 매도했다. 몰로이가 제안한 모습이 스타킹과 뾰족구두, 다양한 색깔과 화장, 보석으로 치장하고 있어 여성에게 직장인의 옷차림이랄 수 있는 것을 마련해주었다는 의미에서만 남성적이었는데도 그랬다. 그러나 패션업계에서 여성용 비즈니스웨어를 새롭게 만들려는 실험을 방해했고, 결국 여성은 입기만 해도 바로 직장인의 지위를 얻고 성적인 것도 가릴 수 있는 유니폼을 포기해야 했다. 이로써 패션산업은 어려움을 겪지 않아도 되었지만, 여성은 "아름답기" 위해 더욱 열심히 노력하고 진지하게 받아들여지기 위해 더욱 열심히 일해야 했다.

아름다움이 성희롱을 유발한다고 법은 말하지만, 무엇이 성희롱을 유발하는지를 결정할 때 법은 남성의 눈으로 본다. 여성 고용주도 맵시 있는 유럽 오늬무늬 능직천이 근육질 남성의 옆구리에 아무렇게나 걸쳐 있는 것을 보고 미치게 도발적이라고 생각할 수 있다. 특히 그것이 미국 문화에서 에로틱하게 여겨지는 남성의 힘과 지위를 암시하니 말이다. 그러나 그녀가 그런 도발적인 모습의 남성에게 성적으로 봉사하지 않으면 일자리를 잃을 거라고 말한다면, 법은 결코 새빌로Savile Row(영국 런던의 고급 양복점이 많은 거리—옮긴이)에서 그녀의 취향에 맞게 옷을 짓는 것을 좋게 보지 않을 것이다.

만일 여성이 직장에서 변호사의 가는 세로줄무늬 정장이나 은행가의 개버딘 옷을 입은 단정하고 말쑥한 남성 동료들보다 장식적이어야 한다는 압력을 많이 받지 않았다면, 직장에서 얻는 즐거움이 줄었을 수도 있지만, 차별하기 좋은 기름진 텃밭도 줄었을 것이다. 여성의 외모가 해고와 성희롱을 정당화하는 데 쓰이는 탓에, 여성이 옷으로 말하는 것이 지속적·의도적으로 잘못 읽히는 것이다. 여성이 일할 때 입는 옷(머리와 유방, 다리, 엉덩이는 물론이고 하이힐과 스타킹, 화장, 보석까지)이 이미 포르노의 액세서리로 전용된 탓에, 판사가 어떤 여성이든 젊은 여성은 희롱해도 좋은 방종한 여성이라고 믿고, 나이 든 여성을 보면 해고해도 좋은 보기 흉한 노파라고 믿을 수 있는 것이다.

여성에게는 남성의 유니폼을 모방하는 일도 쉽지 않다. 여성이 전통적으로 남성적 공간을 덜 칙칙하고 덜 남성적이고 덜 따분하지 않게 만들고 싶은 충동을 느끼는 것도 이해가 간다. 충분히 호소력 있는 바람이다. 그러나 여성의 기여도 규칙을 완화하지 못했다. 남성이 그들만의 기발함이나 의상, 색깔로 그것에 부응하지 않았다. 남성은 유니폼을 입고 여성은 유니폼을 입지 않은 결과, 여성이 직장에서 육체적 매력으로 즐거움을 주는 일뿐만 아니라 그에 따른 처벌도 온전히 떠맡아 합법적으로 처벌받거나 승진할 수도 있고, 모욕을 당하거나 강간을 당할 수도 있게 되었다.

그런데도 아직 여성은 이런 옷차림에서의 불평등이 주는 "이점"을 포기하지 못한다. 사람들은 시스템의 공정한 보상을 확신할 때만 자발적으로 유니폼을 입는다. 따라서 여성도 당연히 보상 체계가 제대로 작동한다는 확신이 들 때까지는 "아름다움"이 주는 보호를 포기하지 않을 것이고, 직장도 여성이 직업에 필요한 아름다움이라는 자격 조건의 통제적 기능에 사기가 꺾여 일이 이루어지는 방식에 어떤 실질적 위협도 제기하지 않으리라는 확신이 들 때까지는 그런 통제적 기능을 포기하지 않을 것이다. 이것은 쉽지 않은 휴전 상태로, 서로 시간만 끌고 있다. 하지만 아름다움의 신화 아래서 시간을 끌면 여성이 진다.

여성이 "아름다움"을 이용해 출세하려 한다는 공통된 인식은 어떨까? 사회학자 바버라 구텍Barbara Gutek은 여성이 가끔이라도 성적 매력을 이용해 조직에서 어떤 보상을 받으려 한다는 증거는 거의 없음을 보여준다. 오히려 구텍은 성적 매력을 이용해 출세하려는 것은 남자들임을 발견했다. "남성은 소수이기는 해도 상당히 많은 사람이 유혹적인 옷차림을 한다고 말한" 반면, 여성은 성적 매력을 이용해 출세하려 한 적이 있다는 사람이 800명 가운데 한 명밖에 없었다.[79] 또 한 연구에서도 직장에서 외모를 이용해 보상을 받으려 한다고 말한 사람이 남성은 35퍼센트였는데 여성은 15퍼센트밖에 되지 않았다.[80]

물론 자신을 드러내는 전시에는 공모가 존재한다. 그렇다면 여성이 그것으로 비난을 받아야 할까? 나는 아이비리그의 행정 관리, 여성 변호사를 논하는 판사, 장학생 선발관 등 우리 사회에서 공정성이라는 것을 믿고 강화하라고 고용한 사람들이 "여성의 간계(아름다움을 여성에게 유리하게 이용하는 것을 완곡하게 이르는 말)"에 대해 별로 개의치 않는 듯이 말하는 것을 들은 적이 있다. 힘 있는 남성은 그것에 대해 억울해하면서도 감탄스러운 듯 말한다. 마치 "아름다움의" 힘이 높은 명성을 지닌 남성도 꼼짝 못하게 할 만큼 저항할 수 없는 힘인 것처럼, 그래서 그런 매력의 소유자에게 놀아날 수밖에 없는 것처럼. 이런 태도는 여성이 좀처럼 얻기 힘든 것을 얻으려고 때로 쓰는 방법을 계속 쓰지 않을 수 없게 한다.

언뜻 정중해 보이는 이런 관습적 언사들은 게임의 규칙을 정하는 것은 강자라는 움직일 수 없는 사실을 가리는 베일일 뿐이다. 어른들은 아이와 장난으로 씨름하면서 일부러 져주고는 아이가 이긴 줄 알고 즐거워하는 모습을 보고 즐긴다.

아름다움이 여성과 제도를 잇는 다리가 되는 기회를 잡도록 여성에게 가르치고는, 그것을 결국 비난받아야 할 사람은 여성이라는 증거로 삼는다. 그러나 이 지푸라기라도 잡으려면, 여성은 자신이 아는 것을 눌러야 한다. 강자가 여성에게 이런 식으로 자신을 전시하도록 요청한다는 것을. 권력이 아름다움을 가지고 놀 때는 여성이 평가받을 방에 들어갈 기회를 얻어도, 그 전에 이미 그들에게 자신을 어떻게 전시해야 할지가 정해져 있다.

권력은 이렇게 여성에게 자신을 전시하도록 요청하지만, 그것을 말로 하지 않는다. 여성이 확실히 희롱이라고 말할 수 없게 교묘하게 한다(확실히 희롱이라고 말할 수 있으려면 여성이 희롱당할 만해 보여야 하는데, 그러면 여성의 말의 신빙성이 떨어진다). 그래서 보통은 "아름다움"을 가지고 놀아도 어떤 불쾌감을 줄 정도로 분명하지 않는 한 동조할 수밖에 없다. 어쩌면 뜻밖의 칭찬에 애써 긴장을 풀어 몸이 뻣뻣해지지 않도록 해야 할 수도 있고, 허리를 더욱 곧게 펴고 앉아 몸이 더욱 분명하게 보이도록 하거나 자기가 아는 방식으로 얼굴이 더욱 돋보이도록 흘러내린 머리카락을 쓸어 올려야 할 수도 있다. 어찌 되었든 여성은 말하지 않아도 힘 있는 남성의 표정과 몸짓으로 어떻게 해야 할지 안다. 그의 눈에 자신의 미래가 걸려 있기 때문이다.

뛰어난 비평가이자 아름다운 여성이 붉은 입술에 검은 스웨이드 스파이크힐을 신고 영향력 있는 교수에게 논문 지도교수가 되어달라고 하면, 그녀는 헤픈 여성일까? (나는 뛰어난 비평가를 아름다운 여성보다 앞세웠지만, 그녀를 가르치는 남성도 꼭 그러는 것은 아니다.) 아니면 자신을 둘러싼 환경이 적대적이거나 무관심하다는 것을 분명히 알고, 자신의 부수적 재능의 보호 아래 자신의 진정한 재능을 키울 수 있도록 최선을 다하는 것일까? 그녀의 손이 자유의지에 따라 립스틱을 큐피드의 화살로 만드는 것일까?

그러나 그녀는 그럴 필요가 없다. 그것은 아름다움의 신화가 여성에게 원하는 반응이다. 아름다움의 신화에서는 다른 여성이 적이기 때문이다. 그녀가 실제로 그럴 필요가 있을까?

만일 선택의 여지가 있다면 여성은 그럴 필요가 없을 것이다. 자기 분야에 여성이 이끄는 교수진이 있고 몇 세대에 걸쳐 여성 거물과 벼락부자들에게 기부를 받아 넘칠 정도로 풍부한 교수진이 자신에게 문호를 개방할 때, 여성이 이끄는 다국적기업들이 젊은 여자 대학 졸업자들의 재능을 강력히 요구할 때, 고전 학문의 5000년 역사를 빛낸 여성 영웅들의 청동 흉상이 있는 다른 대학이 있을 때, 여성 발명가들의 소득이 마련해주는 풍부한 재원으로 유지되는 다른 연구기금지원위원회가 있고 그 의석의 반을 여성 과학자가 차지하고 있을 때, 그녀에게 선택의 여지가 있을 것이다. 그녀의 신청서를 눈을 감고 평가할 때, 그녀에게 선택의 여지가 있을 것이다.

공정하게 자기 몫을 기대할 수 있다는 것을 아는 순간, 가장 높은 업적을 쌓은 사람에게 돌아가는 의석의 52퍼센트가 자신에게 열려 있다는 것을 아는 순간, 여성은 결코 비굴해지지 않을 선택의 여지가 있을 것이다. 그리고 "아름다움"에 대한 권력자의 요구가 어떤 것일지를 고려하면, 비굴하게 굴 경우 그에 대한 비난을 온전히 감수해야 할 것이다. 인생 최고의 꿈이 짓밟히거나 유리천장에 막혀 내동댕이쳐지거나 숨 막힐 것 같은 핑크칼라 게토(흑인 또는 소수민족이 사는 빈민가 — 옮긴이)에 처박히거나 완전히 막다른 골목으로 밀려나지 않으리라는 것을 아는 순간, 이제는 어떤 식으로든 자신이 받는 비난을 감수해야 할 것이다.

PBQ의 사회적 결과

직업에 필요한 아름다움이라는 자격 조건은 최근에 기회평등법으로 위협받게 된 착취의 근거를 다시 고용 관계 속에 슬그머니 밀어 넣는 작용을 한다. 그것은 여러 영역에서 여성에게 심리적 영향을 끼쳐 고용주들에게 경제적으로 필요한 것을 제공한다.

PBQ는 이중잣대를 강화한다. 여성은 언제나 똑같이 일하고도 남성보다 적게 받았는데, 예전에 그 근거로 제시된 것이 불법이 되자 PBQ가 그런 이중잣대에 새로운 근거를 제공한다.

남성의 몸과 여성의 몸이 대비되는 방식은 양자에게 모두 남성의 직업과 여성의 직업의 대비를 상징한다. 남성도 당연히 직장에 어울리는 외모를 유지하도록 되어 있지 않느냐고? 물론 그렇다. 남성도 상황에 맞게 대개는 일률적으로 잘 차려입도록 되어 있다. 그러나 남성에게 따라야 할 기준이 있다고 해서 그것으로 남성과 여성을 똑같이 대우하는 척하는 것은 고용과 승진에서 남성의 외모와 여성의 외모를 다르게 평가한다는 사실을, 아름다움의 신화가 복장 규정을 넘어 다른 영역에까지 영향을 미친다는 사실을 외면하는 것이다. 법 이론가 수전 레빗Suzanne Levitt이 인용한 TV 고용주의 지침에 따르면, 남성 앵커는 "직업에 어울리는 이미지"에 유념하도록 되어 있는 반면 여성 앵커는 "직업에 어울리는 우아함"[81]에 유념하도록 되어 있다. 외모에 대한 이중잣대는 늘 남성이 여성보다 가치가 있어 여성만큼 애쓸 필요가 없다는 것을 상기시킨다.

로잘린드 마일스는 "일하는 사람들의 보수에 관한 기록이 남아 있는 곳에서는 어디서나 여성이 남성보다 적게 받거나 아무것도 받지 않는 것으로 나타난다"[82]라고 했다. 지금도 마찬가지다. 1984년 미국에서는 연중 풀타임으로 일하는 여성이 아직도 평균 1만 4,780달러밖에 벌지 못해, 풀타임으로 일하는 남성이 버는 2만 3,220달러의 64퍼센트에 불과했다.[83] 지금도 여성은 남성이 1달러 벌 때 54~66센트밖에 벌지 못하는 것으로 추정된다.[84] 가장 높게 잡아도 지난 20년 동안 남녀 임금 격차가 10퍼센트밖에 줄지 않은 것이다. 영국에서는 여성이 남성의 주급 총액의 65.7퍼센트를 번다.[85] 미국에서는 임금 격차가 같은 일자리 안에서는 사회구조 전체에서 유지된다. 그래서 평균하면 25~34세 남성 변호사는 2만 7,563달러를 버는데 같은 나이대의 여성 변호사는 2만 573달러를 벌고, 소매점의 남성 판매원은 1만 3,002달러를 버는데 여성 판매원은 7,479달러를 벌고, 남성 버스 운전사는 1만

5,611달러를 버는데 여성 버스 운전사는 9,903달러를 벌고, 여성 미용사는 남성 미용사보다 적은 7,603달러를 번다.[86] 여성에게 자신이 남성보다 가치가 없거나 자기 외모만큼만 가치 있다고 느끼게 하는 수많은 이미지는 이런 사태를 더욱 강화한다.[87]

이는 다시 한 번 아름다움의 신화가 정치적인 것이지 성적인 것이 아님을 증명해준다. 돈은 성보다 역사의 임무를 훨씬 효과적으로 수행한다. 여성의 자부심이 낮은 것이 어떤 남성 개인에게는 성적 가치가 있을지 몰라도, 사회 전체에는 금전적 가치가 있다. 오늘날 여성의 신체적 자아상이 부정적인 것은 성별 경쟁의 결과라기보다는 오히려 시장의 요구에 따른 결과다.

여성이 승진이나 임금 인상을 기대하지 않는 것은 직장 경험을 통해 지위 향상을 기대하지 않도록 길들여진 탓이라는 데 많은 경제학자가 동의한다. 루스 시델은 여성이 대개 "시장에서 자신의 본질적 가치를 확신하지 못한다"[88]라고 했다. 1984~1985년에 예일대학에서 조합원의 85퍼센트가 여성인 사무직 노동자 조합이 파업했을 때, 한 파업 주도자는 기본 이슈가 여성들에게 "우리는 어떤 가치가 있을까?" 하고 자문하도록 하는 것이었다고 말했다. 가장 큰 장애물은 "기본적인 확신의 부재"였다. 아름다움의 신화는 여성의 자존감을 낮추고, 그 결과 기업에 높은 이윤을 가져다준다.

아름다움의 이데올로기는 여성에게 여성은 결정권과 선택의 여지가 거의 없다고 가르친다. 아름다움의 신화 속 여성의 이미지는 환원적이고 정형화되어 있다. 언제나 "아름답다"라고 볼 수 있는 얼굴의 수는 제한되어 있을 수밖에 없다. 여성은 자신에 대한 그런 제한된 인식을 통해 자신의 선택 방안도 제한되어 있다고 생각하게 된다. 미국에서는 여성이 노동통계국에서 열거한 420개 직종 가운데 20개 직종에 몰려 있다.[89] 미국 여성의 75퍼센트는 여전히 전통적인 "여성의 일자리"에 고용되어 있고, 그런 직종은 대부분 보수가 좋지 않다. 알리 혹스차일드는 여성이 "육체적 매력을 강조하는 일자리에" 집중되어 있음을 발견했다.[90]

미국 여성은 자신을 비추어볼 역할이 거의 없는 탓에 무려 3분의 2가 서비스업이나 소매업 또는 지역의 공무원 조직에서, 임금도 낮고 승진의 기회도 거의 없는 일자리에서 일한다. 여성의 일자리로 여겨지는 얼마 안 되는 직종은 보수도 형편없다.

여성은 기술보다 몸을 팔아서 더 많은 돈을 번다. "이런 상황에서는 '여성이 선택할 수 있는 가장 좋은 방안은 무엇일까?'라고 묻는 것이 낫다"[91]라고 법률학자 캐서린 매키넌Catharine Mackinnon은 말한다. 그녀는 위에서 언급한 "남부끄럽지 않은" 여성들의 봉급과는 대조적으로 맨해튼 거리에서 몸을 파는 여성들은 일주일에 평균 500~1,000달러를 번다는 것을 증거로 든다. 그녀의 또 다른 연구는 표본 집단에 있는 매춘부들과 비슷한 배경을 가진 다른 여성들의 차이는 전자가 후자보다 두 배 더 번다는 것밖에 없음을 보여주고, 또 한 연구는 패션모델과 매춘이 여성이 남성보다 일관되게 돈을 더 버는 유일한 직업임을 보여준다.[92] 여성의 넷 가운데 하나는 풀타임으로 일해도 1년에 1만 달러를 벌지 못하는데, 1989년 미스아메리카는 상금 15만 달러와 장학금 4만 2,000달러, 3만 달러의 차를 벌었다.[93]

이 같은 현실에서 어떻게 여성이 실력을 믿을 수 있을까? 마치 여성이 몸을 파는 양 여성에게 간접적으로 보상하는 일자리 시장은 전통적으로 여성이 주로 선택한 고용 형태(강제 결혼이나 매춘)를 좀 더 점잖게 반값으로 영속시킬 뿐이다. 자신을 전시하는 직업의 상층이 받는 보수와 그들이 기울이는 노력의 비율은 (여성은 늘 이들에 대한 정보를 상세히 제공받는다. "그런 뜨거운 불빛 아래 있으면 정말 힘들다") 현실에서 여성이 하는 일과 그들이 받는 보수의 관계를 희화할 뿐이다. 직업적 미인들이 받는 엄청난 보수는 여성의 실제 경제 상황을 가리는 번지르르한 연막일 뿐이다. 지배 문화는 과도한 보수를 받는 전시 직업에서 발견되는 환상적인 것들을 과대 선전해, 고용주들이 현실의 여성들이 실제로 하는 일의 반복성과 낮은 보수에 대한 조직적 저항에 부딪히지 않도록 돕는다. 그리고 그 사이에 헛된 열망을 불어넣는 여성지가 끼어들면서 여성은 무가치함을 배운다. 그리하여 노동자가 일을 잘하면 당연히 공정한 보상을 기대할 수 있을 때 얻게 되는 권리의식을 일하는 여성은 기대할 수 없게 한다.

고용주들도 "어떤 일자리에 여성이 지원했을 때 그들을 제외시키는 방법 하나가 급여 수준을 높여 다시 공고하는 것"이라고 인정한다. 한 연구에서는 "우리의 가치를 금전적으로 따지는 문제에 이르면, 지나칠 정도로 자신이 없어진다"[94]라고 한다. 여성이 육체에 대한 자기인식을 연구한 것들에서는 대체로 자기 신체 사이즈를 과대평가하는데, 경제적 자기인식을 연구한 것에서는 대체로 자기 몸값을 과소평가한다. 중요한 것은 두 가지 잘못된 인식이 인과관계에 있다는 사실이다. 시장은 여성의 기술을 인위적으로 낮게 평가하고 직장에서 여성의 신체적 가치만 따짐으로써 풍부하고 값싼 여성 노동인구를 유지한다.

이런 상황이 낳는 직업적 불안정은 PBQ가 세우는 생물학적 카스트 제도 전체에서 발견된다. 그것이 "아름다운" 여성에게서 발견되는 것은 아무리 직업적으로 성공해도 대개는 "아름다움"이 아니라 실력으로 그런 위치를 얻었다고 확신할 수 없기 때문이고, 그것이 "못생긴" 여성에게서 발견되는 것은 자신의 가치를 낮게 평가하도록 배운 탓이다.

직장에서 볼 수 있는 핀업(핀으로 벽에 붙여놓는 미인 사진—옮긴이)은 어떻게 철의 여인 이미지가 여성을 억압하는 데 쓰이는가 하는 더 큰 문제를 상징적으로 보여준다. 미국의 슈메이커 광산에서는 여성 광부들이 등장하자 여성의 유방과 생식기를 조롱할 목적으로 지저분한 낙서들이 나타났고, 일례로 가슴이 작은 여성은 "젖꼭지가 함몰된 여성"로 불렸다.[95] 그렇게 유심히 바라보는 수많은 눈길에 노출되자 "여성 광부들은 자부심을 유지하기가 갈수록 어려워져, 개인생활과 직장생활이 나빠지기 시작했다"라고 법률학자 로즈머리 통Rosemarie Tong은 보고한다. 그런데도 1986년 미국 법원은 '라비두 대 오세올라 정유회사 사건' 판결에서 남성 노동자들이 직장에서 포르노를 내걸 권리를 인정했다. 그것이 여성 노동자들에게 얼마나 불쾌하든 상관없이, 어차피 광산 전체가 그런 종류의 이미지에 젖어 있다는 근거에서.[96]

영국에서는 전국인권위원회가 핀업이 성희롱에 해당된다고 인정한다. 그것이 "자신과 자기 업무 능력에 대한 여성 개인의 견해에 직접 부정적 영향을 끼칠 수 있기" 때문이다. 노동조합들에서 핀업을 주제로 토론하는 집단을 꾸렸을 때도 54개 토론 집단 가운데 47개 토론 집단에서 핀업을 여성에게 불쾌감을 주는 성희롱 사례로 들었다. 영국 공무원협회는 핀업뿐 아니라 외모를 성적으로 평가하는 것도 성희롱으로 판단한다. 내가 인터뷰를 했을 때 여성은 핀업이 벽에 걸려 있으면 "직접 비교당하는"[97] 느낌이 든다고 했다. 핀업은 여성의 인격을 직접 침해하는 데도 쓰인다. '스트래스클라이드 지방위원회 대 포첼리 사건'에서 포첼리 부인은 자신을 희롱한 사람들이 "그림에 있는 벌거벗은 여성의 신체적 외모와 비교해 내 신체적 외모를 말하곤 했다"[98]라고 증언했다. 그러나 미국과 영국 사법체계는 이런 종류의 희롱이 직장에서 여성이 육체적으로 무가치하게 느끼게 (특히 남성과 비교해서) 할 의도로 이루어진다는 사실에 대한 통찰은 보여주지 않았다. 이는 그런 직장에 여성이 들어감으로써 사라진 불평등을 원래대로 되돌려놓으려는 의도에서 나온 것이다. 여성에게 못생겼다는 느낌을 (또는 그들의 "아름다움"이 표적이라면, 벌거벗겨져 바보가 된 느낌을) 불러일으킨다는 점에서, 핀업은 지금 법이 규정하는 차별로 또 다른 상처를 줄 필요가 없다. 그것 자체가 이미 모욕이기 때문이다.

PBQ는 여성을 물질적·심리적으로 빈곤하게 만든다. 그것은 경제적 안정이 주는 권리의식을 길렀다면 권력구조에 가장 큰 위협이 되었을 여성에게서 돈을 고갈시킨다. PBQ는 부유한 여성들조차 남성들이 경험하는 부에 접근하지 못하게 한다. 이중잣대로 남성 임원의 소득보다 여성 임원의 소득에서 더 많은 몫을 떼어감으로써 그런 여성들이 남성 동료보다 실제로 가난하게 만들었다. 이것이 PBQ의 목적 가운데 하나이기도 하다. 아이러니하게도 〈보그〉의 전직 미용 담당 편집자는 "여성은 외모 때문에 처벌받는데, 남성은 회색 플란넬 양복만으로도 잘나갈 수 있다"[99]라고 투덜거린다. 그녀는 자신의 유지비가 연간 8,000달러에 이를 거라고 한다. 도시의 직장 여성들은 "아름다움을 유지하는 데" 소득의 3분의 1까지도 할애하며, 그것을 필요한 투자로 여긴다. 고용계약서에서 보수의 일정 부분을 최신 유행의 고급 의류와 값비싼 미용술에 배정하기도 한다. 〈뉴욕여성New York Woman〉은 한 전형적인 커리어우먼(집에 머물러 가족을 보살피기보다는 일과 성취에 관심을 기울이는 직장 여성—옮긴이)에 관해 말하며, 32세인 그녀는 "6만 달러의 소득 중 거의 4분의 1을 (…) 자기 보존에" 쓴다고 한다. 또 한 여성은 "추종 집단을 거느린 트레이너"와 몸매 관리 운동을 하는 데 "1년에 기꺼이 2만 달러 이상을 쓴다." PBQ는 마침내 남성만큼 버는 얼마 안 되는 여성이 그들의 남성 동료들이 집에 가져가는 돈보다는 적지만 그래도 상당히 많은 돈을 자신에게 쓰도록 만든다. PBQ가 스스로 소득 차별을 낳도록 수작을 부린 것이다.[100]

PBQ는 새롭게 등장한 부유한 여성들에게 사용될 경우 최상층에서 차별을 강화하고 합리화하는 데 도움이 된다. 1987년 미국 상공회의소 보고서는 기업에서 부사장 이상의 지위에 있는 여성들이 남성 동료들보다 42퍼센트 적게 번다는 것을 발견했다.[101] 루스 시델은 가장 보수가 높은 20개 직종에 있는 남성들은 여성보다 훨씬 많은 돈을 번다고 말한다. 이러한 차이는 PBQ가 이 떠오르는 계급에게서 돈과 여가 시간과 확신을 거머리처럼 빨아먹음으로써, 기업이 보수가 높은 여성들의 전문지식과 기술에 의지하면서도 남성 지배적인 조직구조가 그들 여성에게 박살날 가능성을 차단해줌으로써 유지되고 보호된다.

PBQ는 여성을 녹초로 만든다. 지금 일하는 여성들은 진이 빠졌다. 남성이 상상도 할 수 없을 정도로 완전히. 최근에 이루어진 일련의 연구 조사 결과들이 여성 언론에 소개된 것을 보면 "모든 것이 한 가지를 말해주는데, 그것은 현대 여성이 지쳤다는 것이다." 미국에서는 여성 고위 임원의 70퍼센트가 자신의 주요 문제로 피곤함을 들고, 18~35세 미국 여성의 거의 반이 "거의 늘 피곤한" 느낌이고, 덴마크 여성 100명에게 물었더니 41퍼센트가 "현재 피곤함을 느낀다"라고 했다. 영국에서는 일하는 여성의 95퍼센트가 자신의 여러 문제 가운데 "유달리 피곤한 것"을 가장 큰 문제로 꼽았다.[102] 어쩌면 이렇게 탈진해버려 장차 여성의 집단적 지위 향상이 중지될지도 모른다. 그래서 이것이 중요하다. PBQ에 시달려 여성이 더욱 피곤해지고, PBQ의 채워지지 않는 갈증에 의해 피곤함이 유지되고, 도무지 멈출 줄 모르는 PBQ의 요구에 피곤함이 연장되면, PBQ가 결국은 직접 차별도 얻지 못한 놀라운 성취를 이뤄낼지 모른다. 그렇기에 직장에서 높은 성과를 올리는 여성들은 일을 아주 잘해낼 수 있는 에너지와 집중력과 시간은 있어도, 구조 자체에 문제를 제기하고 변화시킬 사회적 행동이나 자유분방한 사고를 할 시간은 없다. 만일 여성이 PBQ에 시달리다 못해 신체적으로 한계에 이르면, 그저 집으로 돌아가고 싶은 마음만 들지도 모른다. 이미 미국에서는 지친 커리어우먼들 사이에서 다람쥐 쳇바퀴 같은 삶을 그리워하는 목소리가 흘러나오고 있다.

노동자들에게 나쁜 조건과 불공정한 보상을 받아들이도록 강요하는 노동 체계는, 노동자들을 계속 지치게 하는 것이 문제를 일으키지 못하게 막는 효과적인 방법이라는 것을 안다.

PBQ는 여성의 직장생활에 남성의 직장생활과는 정반대의 양상을 낳는다. PBQ는 여성에게 시각적으로 남성이 권력을 얻는 속도로 권력을 넘겨주어야 한다고 가르친다. 미국에서 가장 빠르게 증가하는 인구 집단인 65세 이상 여성은 다섯 가운데 하나가 빈곤층이다. 미국에서 혼자 사는 사람들 가운데 3분의 1이 여성 노인이고, 그중 반이 저축액이 1,000달러가 안 된다. 한 경제학자는 만일 당신이 여성이라면 "노년에 가난할 확률이 60퍼센트다"[103]라고 한다. 미국 여성 노인의 평균 소득은 남성 노인의 평균 소득의 58퍼센트였다.[104] 영국에서도 외로운 여성 노인이 외로운 남성 노인보다 네 배 많고, 이 가운데 소득 보조금이 필요한 여성은 남성보다 두 배 많다.[105] 서독에서도 은퇴한 여성들이 거의 연금을 반밖에 받지 못한다.[106] 미국에서는 은퇴한 여성의 20퍼센트만 개인연금이 있다.[107] 전 세계적으로도 여성 임금노동자의 6퍼센트만 2000년에 연금을 받는다.[108] 우리 문화에서 여성 노인이 되는 것이 두렵다면, 그저 안색이 나빠지는 탓만이 아니다. 여성이 PBQ에 매달리는 것은 그것의 위협이 사실이기 때문이다. 어쩌면 평생 열심히 일하느니 젊어서 교환가치가 가장 높을 때 자신의 성적 매력에 투자하는 편이 훨씬 나을지도 모른다.

"아름다움"은 젊을 때 가능성이 최고조로 열리고, 경제에서도 여성이 젊을 때 가능성이 최고조에 이른다. PBQ는 경제에서 "아름다움"이 여성의 가치를 전도시키는 양상을 재생산한다. 두 번째 물결의 여성운동이 20년 동안 펼쳐졌는데도 여성의 직장생활은 아직도 남성처럼 중년과 만년에 최고조에 이르지 않는다. 1970년대 초에 기업에서 여성을 모집하기 시작해 상당히 승진할 시간이 충분히 있었는데도, 미국 고위 경영진의 1~2퍼센트만이 여성이다.[109] 법학대학원 졸업자의 반이 여성이고 개인 회사에서 동료의 30퍼센트가 여성이지만, 동업자는 5퍼센트만이 여성이다. 미국과 캐나다의 일류 대학에서도 여성 정교수가

5퍼센트 정도밖에 안 된다. 유리천장은 전통적인 엘리트층에 유리하게 작용하고, 아름다움의 신화는 그것이 더욱 순조롭게 작동하도록 한다.

이에 대한 반응으로 어떤 직업에서나 승진한 미국 여성은 (남성에게는 승진의 부가물인) 나이를 성형수술할 "필요"가 있다는 신호로 볼 수밖에 없다. 그들도 성형수술이 개인적으로 필요한 것이 아니라 직업상 필요하다는 것을 인정한다. 남성 동료들에게는 나이 든 성공한 남성이 나이에 걸맞게 보이는 증거가 위로 한 세대나 있지만, 오늘날 여성에게는 그런 역할모델이 거의 없다.

이렇게 고용관계에서 미용성형수술을 요구하면서, 여성은 노예제가 붕괴된 뒤 남성에게는 적용되지 않은 관념에 기초한 새로운 노동 현실에 들어가게 된다. 물론 수술을 요구하는 경제가 노예경제는 아니다. 그러나 갈수록 영구적으로 고통스럽게 위험을 무릅쓰고 몸을 고치라고 요구한다는 점에서 노예경제와 자유경제 사이 어디쯤에 있는 경제다. 노예 소유주가 통제에 저항하는 노예의 발을 자를 수 있었다면, 현대 고용주는 사실상 여성의 얼굴 일부를 잘라낼 수 있게 되었다. 자유경제에서 노동자는 고용주에게 **노동**을 팔지만, 그녀의 **몸**은 그녀의 것이다.

어쩌면 미용성형수술과 자기 개선 이데올로기로 법에 호소해 정의를 구현하고 싶은 여성의 바람은 시대에 뒤떨어진 것이 되었을지 모른다. 인종차별 소송이 아주 고통스럽게 백인이 아닌 사람을 좀 더 백인처럼 보이도록 가공하는 강력한 기술에 직면했다고 상상해보면, 이런 사태가 얼마나 간교한지 훨씬 잘 이해할 수 있을 것이다. 그러나 이제 흑인 노동자는 좀 더 백인처럼 보이고 싶지 **않다고** 말할 수 있고, 일자리를 유지하려고 좀 더 백인처럼 보일 필요도 없다. 그런데 여성은 스스로에게 어떤 낯선 젊고 "아름다운" 여성이 아니라 자기 자신처럼 보이고 싶다고 말할 수 있는 권리를 주기 위한 노력을, 여성 민권운동을 아직 시작도 하지 않았다. PBQ가 노예제와 비슷한 생물학적 카스트 제도로 여성을 평가하는데도, 여성의 정체성이 아직 인종적 정체성만큼 정당한 것으로 인정받지 못했다(희미하게는 인정받았어도). 지배 문화에는 여성이 자신의 나이, 모습, 자아, 삶에 충실하겠다고 하는 것을, 어떤 민족적·인종적 자부심 못지않게 진지한 정치적 헌신으로 존중하는 것은 상상도 할 수 없는 일이다.

PBQ는 여성을 고립시킨다. 직장에서 여성이 집단적으로 연대하면 권력구조도 지금은 많은 경제학자가 여성이 진정으로 평등한 기회를 누리려면 반드시 필요하다고 믿는 값비싼 양보(탁아, 근무시간 자유선택제, 출산 뒤 일자리 보장, 육아휴직)를 하지 않을 수 없을 것이다. 그렇게 되면 일의 초점이 달라져 조직의 구조 자체가 달라질지도 모른다. 사무직과 판매직에 있는 여성들이 노조를 결성하면, 서양 경제가 여성 노동인구가 기여하는 바를 진정으로 인정하지 않을 수 없을 것이다. 영국 기회균등위원회에 따르면, 영국에서는 일하는 여성의 50퍼센트가 노조에 가입하지 않았다. 미국은 그 비율이 86퍼센트에 이른다. 많은 경제학자가 노조의 미래는 여성이고, 노조가 지난 20년 동안 진행된 "빈곤의 여성화"를 해결하는 길이라고 믿는다. "노조에 가입한 여성이 가입하지 않은 여성보다 평균 30퍼센트 더 번다는 사실이 그것을 말해준다. 집단적인 여성 노동자가 훨씬 낫다"라고 어떤 이는 말한다. 그런데 전체 여성 임금노동자 3분의 1인 사무직 노동자와 4분의 1이 넘는 판매직과 서비스직 노동자가 그동안 가장 노조를 조직하기 어려운 집단 가운데 하나였다. 여성이 서로를 볼 때 무엇보다도 먼저 아름다움으로 보면 연대를 찾기 힘들다. 아름다움의 신화는 여성에게 누구나 제 앞가림이 먼저라며 그렇게 믿도록 다그친다.

PBQ는 여성의 몸을 이용해 여성의 경제적 역할을 전달한다. "내가 그들의 규칙을 따르더라도 이것은 절대 공정하지 않을 거야"라고 말할 때, 여성은 아름다움의 신화가 실제로 어떻게 작동하는지 통찰하게 된다. 아무리 열심히 일해도 적절한 보상은 이루어지지 않을 것이고, 아무리 열심히 노력해도 절대 진정으로 "성공하지" 못할 것이다. 그녀의 탄생은 아름다운 귀족의 탄생이 아니다. 그것은 신화에나 나오는 것이다. 그것은 공정하지 않다. 이것이 아름다움의 신화가 존재하는 이유다.

여성이 아름다움을 위해 엄청난 노력을 기울이는 것이나 여성을 노동자가 아니라 아름다움으로 평가하는 것은 날마다 직장에서 여성에게 가해지는 경제적 불의를 은유적으로 보여줄 뿐이다. 선별적 혜택, 편파적 승진, 일자리 보장의 결여, 노동자가 투입한 자금의 일부만 지불하는 연금제도, 투자자의 손실로 이익을 보려는 부도덕한 투자 자문들이 관리하는 불안한 증권 투자, 경영진의 말뿐인 약속과 지켜지지 않는 계약, 먼저 고용된 사람을 먼저 해고하는 정책, 무노조와 가혹한 노조 파괴, 기꺼이 부름에 응할 준비가 되어 있는 많은 비조합원을 말이다.

캐서린 매키넌이 인용한 행동 실험에서 병아리를 세 무리로 나누어 한 무리는 부리로 쫄 때마다 먹이를 주고, 한 무리는 부리로 쪼면 한 번씩 건너서 먹이를 주고, 한 무리는 두 번씩 건너서 먹이를 주었더니,

먹이를 주지 않았을 때 첫 번째 무리는 바로 노력을 멈추고, 두 번째 무리는 조금 있다가 멈추고, 세 번째 무리는 "노력을 멈추지 않았다"[110]고 한다.

여성은 아름다움과 일이 보상도 해주고 처벌도 하자 전혀 일관성을 기대하지 않게 되었지만, 그들은 계속 노력할 것이다. 아름다움을 위한 노력과 직업에 필요한 아름다움이라는 자격 조건은 모든 여성에게 여성과 관련해서는 정의가 구현되지 않을 거라고 가르친다. 그러한 불공정함을 여성에게 변함없고 영원하며 적절하고 여성 자신에게서 연유하는 것으로 보여준다. 그들의 키와 머리카락 색깔, 성별, 얼굴 모양만큼이나 그들에 속한 것으로 제시하는 것이다.

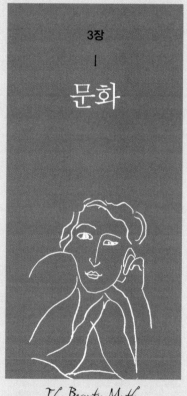

3장

문화

The Beauty Myth

세상과 격리되고 서로 고립된 중산층 여성은 세대마다 물려받은 유산도 물속에 잠겨버려 문화적 모델에 의존적이며 그것에 큰 영향을 받는다. 마리나 워너Marina Warner의 《기념비와 처녀들Monuments and Maidens》은 어떻게 남성 개인의 이름과 얼굴은 기념비를 만들어 소중히 간직하는데 그것을 떠받치는 석조 여성은 모두 동일하고 무명인지(그리고 "아름다운지")[1] 설명해준다. 이러한 상황은 문화에서 일반적으로 발견된다. 여성은 세상에 본받을 만한 역할모델이 거의 없어, 이를 영화와 화려한 잡지에서 찾는다.

개인으로서의 여성을 배제하는 이런 양상은 고급문화에서 대중적 신화에 이르기까지 곳곳에서 널리 발견된다. "남성은 여성을 보고, 여성은 자신이 어떻게 보이는지를 본다. 이는 남성과 여성의 관계뿐 아니라 여성과 여성의 관계도 해친다." 비평가 존 버거John Berger가 인용한 이 유명한 말은 서양 문화 전반에 해당되고, 지금은 그 양상이 어느 때보다도 심하다.[2]

남성도 남성 패션모델에 노출되지만, 그들을 역할모델로는 보지 않는다. 그런데 왜 여성은 정말 아무것도 아닌 이미지, 종잇조각에 그렇게 강하게 반응할까? 그들의 정체성은 그렇게 약할까? 왜 여성은 "모델"을, 마네킹을 마치 본보기라도 되는 양 대해야 한다고 생각할까? 왜 여성은 "이상형"이 어떤 형태를 취하든 무조건 따라야 할 율법이라도 되는 양 반응할까?

여성 영웅의 모순적 이미지

여성의 정체성이 본래 약한 것은 아니다. "이상적인" 이미지가 여성에게 강박적일 정도로 중요해진 것은 그렇게 만들었기 때문이다. 여성이 남성의 문화에서 "아름다움"일 뿐인 것은 그래야 문화가 계속 남성의 문화일 수 있기 때문이다. 그런 문화에서 여성이 개성을 보이면 바람직하지 못한 것이다. 바람직한 여성인 꾸밈없는 순진한 처녀와 대립되는 바람직하지 않은 여성이다. 아름다운 여성 영웅은 형용 모순이다. 영웅은 개성 있고 흥미롭고 끊임없이 변하는데 "아름다움"은 일반적이고 따분하고 고정된 것이기 때문이다. 문화는 도덕적 딜레마를 풀어나가는 데 "아름다움"은 도덕과 전혀 관계가 없다. 여성이 예술품처럼 아름답게 태어나는 것은 자연에서 우연히 일어나는 일이고 대중 인식의 변덕스러운 합의일 뿐이지, 도덕적 행위가 아니다. 남성의 문화 속 "아름다움"에서 여성은 도덕과 상관없는 쓰라린 교훈을 얻는다. 남성 문화의 도덕적 교훈들이 여성과는 아무 상관이 없다는 것이다.

14세기부터 남성의 문화는 여성을 아름답게 분해함으로써 여성을 침묵시켰다. 음유시인들이 개발한 이목구비의 목록이 먼저 사랑하는 여성을 마비시켜 아름다움의 침묵에 빠뜨렸다. 시인 에드먼드 스펜서 Edmund Spenser는 그의 시 〈결혼 축가Epithalamion〉에서 이 목록을 완성했고, 우리는 자신의 장점을 열거하라는 여성지 기사부터 대중문화가 조합한 완벽한 여성의 환상까지 다양한 형태로 그것을 물려받았다.

문화는 여성을 아름다우면 지성이 없고 지성이 있으면 아름답지 않은 존재로 단순화함으로써 아름다움의 신화에 맞게 여성을 정형화한다. 여성에게 정신과 육체 가운데 하나만 허락하고 둘을 모두 허락하지 않는다. 여성에게 이런 교훈을 가르치는 일반적 알레고리는 예쁜 여성과 못생긴 여성을 짝짓는 것이다. 《구약성서》의 레아와 라헬, 《신약성서》의 마리아와 마르타, 《한여름 밤의 꿈A Midsummer Night's Dream》의 헬레나와 허미아, 안톤 체호프Anton Chekhov가 쓴 《벚꽃 동산The Cherry Orchard》의 아냐와 두냐샤, 도그패치Dogpatch의 데이지 메이와 세이디 호킨스, 오즈의 글린다와 서쪽의 사악한 마녀, 리버데일 Riverdale의 베로니카와 에설, 〈길리건의 섬Gilligan's Island〉의 진저와 메리 앤, 시트콤 〈스리스 컴퍼니Three's Company〉의 재닛과 크리시, 〈메리 테일러 무어 쇼The Mary Tyler Moore Show〉의 메리와 로다처럼. 남성의 문화는 아름다움의 신화에서 하나는 승자가 되고 하나는 패자가 되는 여성 둘을 상상하는 게 가장 행복한 모양이다.

반면에 여성의 글쓰기에서는 아름다움의 신화가 완전히 뒤집어진다. 여성의 문화에서 가장 위대한 작가들은 공통적으로 환하게 밝은 빛을, 의미가 있는 아름다움을 추구한다. 과대평가된 미인과 과소평가된 매혹적이지는 않지만 생기 넘치는 여자 주인공의 투쟁이 여성 소설의 근간을 이룬다. 《제인 에어Jane Eyre》에서 오늘날의 삼류 로맨스 소설에 이르기까지 널리 그러하며, 여기서 아주 멋지지만 못된 경쟁자는 탐스러운 머리카락과 감탄스러울 정도로 깊은 가슴골이 있지만, 여자 주인공은 생기 있는 눈망울밖에 없다. 그래서 여자 주인공의 참된 아름다움을 볼 줄 아는 것이 남자 주인공이 치러야 할 가장 큰 시험이다.

이러한 전통은 제인 오스틴Jane Austen의 《에마Emma》에서 아름답지만 따분한 제인 페어팩스("나는 페어팩스 양을 그녀의 얼굴빛과 분리할 수 없어")와 섬세하고 예민한 에마 우드하우스를 대립시키고, 조지 엘리엇George Eliot의 《미들마치Middlemarch》에서 경솔한 금발의 로저먼드 빈시("가장 훌륭한 재판관들에게 보일 수 없다면, 더할 나위 없이 우아하고 아름다운들 무슨 소용이 있을까?")와 "수녀 같은" 도로시아 카소본과 대립시키고, 제인 오스틴의 《맨스필드 파크Mansfield Park》에서 교활하고 "놀라울 정도로 어여쁜" 메리 크로포드와 자신을 내세우지 않는 패니 프라이스를 대립시키고, 《노생거 사원Northanger Abbey》에서는 유행의 첨단을 걷는 영혼 없는 이사벨라 소프와 "자신이 속한 성의 아름다움이 관심거리일 때"는 자신이 없는 캐서린 몰런드를 대립시키고, 샬롯 브론테Charlotte Bronte의 《빌레트Villette》에서 자아도취에 빠진 지네브라 팬샤("오늘밤은 내가 어때? (…) 나는 내가 아름답다는 것을 알아")와 눈에 띄지 않는 루시 스노("거울을 보았어. (…) 나는 그런 창백하고 지친 모습도 대수롭지 않게 생각해")를 대립시키고, 루이자 메이 알코트Louisa May Alcott의 《작은 아씨들Little Women》에서 "우아한 조각상" 같은 허영심 많은 에이미 마치를 가족을 도우려고 자신의 "아름다움의 하나"인 머리카락을 파는 선머슴 같은 조와 대립시킨다.[3] 이런 전통은 오늘날에도 전해져, 앨리슨

루리Alison Lurie와 페이 웰던Fay Weldon, 애니타 브루크너Anita Brookner의 소설에서도 발견된다. 여성이 쓴 글은 가슴이 아플 정도로 아름다움이, 그것의 부재뿐 아니라 존재가 저지르는 불의로 가득 차 있다.

그러나 여자아이들이 남성적인 문화의 책을 읽으면, 아름다움의 신화가 그런 이야기에서 말하는 것을 뒤집어버린다. 아름다움의 신화가 작동하기 시작하면, 아이들에게 참된 가치를 가르쳐주는 우화가 의미를 상실한다. 미국 3학년 아이들을 위한 설리번 리더Sullivan Reader 만화책에 나오는 프로메테우스의 이야기를 예로 들어보자. 서양 문화에 편입되도록 사회화되고 있는 아이에게 그것은 위대한 남성은 지적 모험, 진보, 공공선을 위해 온갖 위험을 무릅쓴다고 가르친다. 그러나 미래의 여성인 여자아이들은 세상에서 가장 아름다운 여성은 남성이 만들었고 그녀의 지적 모험으로 남성이 처음으로 질병과 죽음을 맞이했다고 배운다. 아름다움의 신화는 이야기를 읽는 여자아이들에게 자기 문화의 도덕적 일관성에 회의를 느끼게 한다.

아이가 자라면서 복시 현상은 더욱 심해진다. 제임스 조이스James Joyce의 《젊은 예술가의 초상A Portrait of the Artist as a Young Man》을 읽으면 왜 스티븐 디덜러스가 이야기의 주인공인지 의문을 품을 필요가 없다. 그런데 토머스 하디Thomas Hardy의 《테스Tess of the D'Urbervilles》에서는 왜 이야기가 테스에게 집중되었을까? 오월의 그날 아침 원을 그리며 춤을 추던 건강하고 교육받지 않은 웨식스의 농장 처녀들 가운데 다름 아닌 그녀에게 말이다. 테스는 아름다웠고, 그녀에게 일이 일어났다. 부와 궁핍, 매춘, 진실한 사랑, 교수형이. 그래서 적어도 그녀의 삶은 흥미로워졌지만, 그녀의 주변에서 타작을 하던 손이 거친 여자아이들, 아름다움의 축복이나 저주를 받지 않은 그녀의 친구들은 평범하게 진창인 지방에 남아 힘들고 단조로운 농사를 지었다. 그것은 이야깃거리가 아니다. 스티븐이 주인공인 것은 그가 널리 알려져야 할 예외적인 인물이기 때문이다. 그러나 테스는? 아마 아름답지 않았다면 큰 사건의 소용돌이에 휘말려 공포에 시달리지 않아도 되었을 것이다. 그래서 여자아이들은 흥미롭든 흥미롭지 않든 이야깃거리는 "아름다운" 여성에게 일어난다고 배운다. "아름답지" 않은 여성에게는 그런 일이 생기지 않는다.

여성지

풍자잡지 〈사설탐정Private Eye〉에서처럼 사람들은 대부분 여성지의 "사소하고 하찮은" 관심사와 편집 기조를 조롱한다. "여성지들은 진부하게도 (…) 오럴 섹스에 관해 다 안다는 듯이 떠들면서도 무궁무진한 감상주의를 자랑한다."[4] 여성도 여성지가 아름다움의 신화의 가장 나쁜 측면들을 전달한다고 믿는다. 독자들도 그것에 즐거움과 불안이라는 엇갈린 애증의 반응을 보인다. 한 젊은 여성은 내게 이렇게 말했다. "여성지를 사는 것은 일종의 자학이다. 그것은 내게 기대와 두려움이 묘하게 뒤섞인, 약간 어지럽고 혼란스러운 희열을 준다. 그래! 맞아! 다시 한 번 시작해보는 거야! 저 여성을 봐! 저 여성을! 그러고는 바로 내 옷과 냉장고에 있는 것을 모두 버리고 남자친구에게 다시는 전화하지 말라고 선포하고 내 삶 전체를 불살라버리고 싶다. 내가 매달 그것을 읽는다는 걸 인정하기가 부끄럽다."

여성지는 여성의 진출과 함께 등장했고, 동시에 아름다움의 신화도 진화했다. 1860년대와 1870년대에 거튼과 뉴넘, 바사, 래드클리프 등 여성 고등교육 기관이 세워져 역사가 피터 게이Peter Gay가 쓴 대로 "여성해방이 걷잡을 수 없게 되었다."[5] 그러나 한편으로는 여성을 겨냥해 아름다움의 이미지를 대량생산할 수 있는 체계도 완비되어 〈퀸The Queen〉과 〈하퍼스바자Harper's Bazaar〉가 창간되고, 〈영국 여성의 가정잡지English Women's Domestic Magazine〉의 발행 부수가 두 배 증가해 5만 부가 되었다.[6] 여성지의 성장과 발전은 대규모 자본 투자 덕분이기도 했지만, 문맹률이 낮아지고 중하층 여성과 노동자 계급 여성의 구매력이 증가한 덕분이기도 했다. 아름다움의 민주화가 시작된 것이다.

잡지는 19세기 전환기에 처음 광고주를 잡았다. 여성 참정권론자들이 백악관과 의회 정문에 쇠사슬로 자신을 묶으려고 하자, 여성지의 발행 부수가 다시 두 배 증가했다. 몇십 년이 지나 신여성의 시대가 되었을 때는 잡지 스타일이 오늘날과 비슷해져 아늑하고 편안하고 친밀해졌다.

여성지가 여성의 지위 변화를 반영한다는 것을 보여준 저자들도 있었다. 빅토리아 시대의 잡지들은 "사실상 가정에 속박된 여성의 욕구를 충족시켜주었다." 그러나 제1차 세계대전이 일어나 여성이 전쟁에 참여하자 잡지들이 "재빨리 그만큼의 사회적 각성을 드러냈다." 그러나 남성이 참호에서 돌아오자 여성은 다시 가정으로 돌아갔고, 1940년대에는 다시 전쟁 물자를 생산하는 임금노동과 전쟁을 지원하는 자원봉사의 세계를 미화했다. 존 코스텔로John Costelloe는

《1939~1945년의 사랑과 섹스, 전쟁Love, Sex and War, 1939~1945》에서 "전시인력관리위원회가 (…) 신참 여성 노동자를 끌어들이려고 매디슨가(뉴욕에 있는 미국 광고업의 중심지—옮긴이)에 기대어 전국 캠페인을 벌였을 때 언론도 협력했다"라고 밝혔다.[7] 그는 또 오늘날 아름다움의 신화가 정부와 경제에 봉사하듯이 그 당시 모병 캠페인의 주요 수단도 글래머(육체가 풍만하여 성적 매력이 있는 여성—옮긴이)였다고 주장한다.

그런데 여성이 그런 선전에 부응해 남성의 고임금노동을 떠맡으면서 새롭게 생긴 자신감과 확신으로 대담해졌다. 그러자 동시에 광고가 "사회적으로 받아들일 수 있는, 여성 전쟁 노동자의 여성스러운 이미지를 보존하려고 했다"라고 코스텔로는 말한다. 당시 폰즈 콜드크림 광고는 "우리는 남자들이 하는 일을 하고 있어도 여성스럽게 보이고 싶다. (…) 그래서 머리에 꽃도 꽂고 리본도 달아 얼굴이 계속 예뻐 보이게 하려고 한다"라고 했다. 코스텔로는 립스틱으로 전쟁에서 이길 수는 없다는 것을 인정하는 화장품 회사의 광고도 인용한다. "그러나 그것은 우리가 싸우는 이유 가운데 하나를 상징적으로 보여준다. (…) 여성이 여성답게 아름답고 사랑스러울 수 있는 권리." 여성에게 책임과 자율권, 국영 탁아소, 좋은 벌이를 주는 큰 사회적 변동이 일어나자, 광고주들은 제품을 팔 시장을 남겨놓을 필요가 있었다. 그러나 "잡지 기사들이 여성에게 FQ(여성 지수)를 높게 유지할 필요성에 관심을 기울이도록 한 것은 (…) 광고만이 아니었다"라고 코스텔로는 말한다. 잡지도 독자들이 여성지에 대한 관심을 버리지 않도록 할 필요가 있었다.

남자들의 동원이 해제되면서 서양 경제는 위기를 맞았다. 미국에서는 정부가 "군인들이 여성으로 포화 상태가 된 고용시장에 돌아오는 두려운 상황에 대처할" 필요가 있었다. 인력관리위원회는 당혹스럽게도 여성의 노동을 임시변통으로 활용할 수 있을 거라는 바람이 잘못되었음을 깨달았다. "막후에서 남성 지배적 관료 사회가 여성이 대부분 그녀들의 영원한 임무인 어머니와 아내로 돌아갈 거라는 가정 아래 전후 계획을 짜기 시작했다. 그러나 예상은 빗나갔다." 그것도 아주 많이. 실제로 1944년 조사에서 61~85퍼센트의 여성이 "당연히 전후에 집안일로 돌아가고 싶지 않다"라고 답했다. 위원회가 여성들의 단호한 대답에서 본 것은 돌아온 퇴역 군인들이 저임금 여성 노동자들에 밀려 일자리를 구하지 못할 수 있다는 위험이었고, 이는 정치적 혼란을 낳아 또다시 대공황이 일어날 수도 있었다. 전쟁이 끝난 다음 해에 잡지들이 갑자기 전보다 더 과도하게 다시 가정으로 돌아갔고, 미국 여성 300만 명과 영국 여성 100만 명이 일자리에서 쫓겨나거나 일을 그만두었다.

그동안 여성지가 역사의 변화를 반영한다는 사실을 지적한 사람은 많지만, 거꾸로 여성지가 역사의 변화를 결정할 수도 있다는 것을 조사한 사람은 많지 않다. 편집자는 시대정신을 읽어야 일을 잘할 수 있지만, 여성지 편집자는 (주류 언론 역시 갈수록) 여성에게 요구되는 역할에 늘 주의를 기울여야 잡지 발행을 지원해주는 사람들의 이익에 봉사할 수 있다. 여성지는 1세기 넘게 여성의 역할을 변화시킨 가장 강력한 동인 가운데 하나였고, 그동안 줄곧 (오늘날에는 그 어느 때보다도 더욱) 경제와 광고주, 전시 정부가 여성에게 요구하는 것은 무엇이든 일관되게 미화했다.

1950년대에는 전통적인 여성지의 역할이 확립되었다. 앤 오클리는

〈주부Housewife〉에서 "심리학적으로 말하면, 여성지는 녹초가 된 어머니와 과중한 부담에 시달리는 주부가 이상적 자아와 접촉할 수 있게 해준다. 그것은 좋은 아내, 좋은 어머니, 유능한 주부가 되기를 열망하는 자아다. (…) 사회가 여성에게 기대하는 것은 이 세 가지 역할에서 모두 완벽을 기하는 것이다"[8]라고 했다. 하지만 완벽의 정의는 고용주와 정치인의 필요에 따라, 급증하는 소비에 기댄 전후 경제에서는 광고주의 필요에 따라 달라졌다.

1950년대에는 광고 수입이 치솟아 편집부와 광고부의 균형추가 이동했다. 여성지들이 "이제 곧 전쟁이 끝나면 소비자 판매가 전쟁 계약을 대신하게 해야 할 회사들"에 관심을 기울였다. 여성의 신비를 낳은 여성지의 주요 광고주들은 가정용품을 팔려고 했다.

베티 프리단은 《여성의 신비》의 '성적 판매술'이라는 장에서 미국 주부의 "정체성 결여"와 "목적 부재"가 어떻게 "교묘히 달러로 환산되는지" 추적했다.[9] 그녀는 마케팅 업무를 파헤쳐, 세 범주의 여성 가운데 커리어우먼은 광고주 관점에서 보면 "건전하지 못해", "이 집단이 더 이상 커지지 않도록 하는 게 유리하다. (…) 커리어우먼은 이상적인 소비자 유형이 아니다. 그들은 너무 비판적이다"라는 것을 발견했다.

마케팅 담당자들의 보고서도 어떻게 하면 주부들이 가정용품 소비자가 되도록 조종할 수 있는지를 이야기했다. 그것은 "죄책감의 전이가 일어나도록 해야 한다"라고 했다. "'숨어 있는 먼지에 대한 죄책감'을 (…) 이용하라." 빵 굽는 것의 "치료적 가치"를 강조하라고도 했다. "집에 X믹스가 있으면 다른 여성이 될 것이다." 주부들에게 "성취감"을 주어 아무리 해도 "끝이 없고", "시간도 오래 걸리는" 일을 보상해주라고도 했다. 제조업자들에게는 일을 전문화해 "전문화된 일에 맞는 전문화된 제품"을 주어, "집안일이 근력과 끝없이 따분한 노력의 문제가 아니라 지식과 기술의 문제가 되도록 하라"고 다그쳤다. 제품을 "정신적 보상", "거의 종교적인 느낌"과 동일시하라고 했다. 그 보고서는 제품에 "심리적 부가가치"가 더해지면 "가격 자체는 거의 문제가 되지 않는다"라는 결론을 내렸다. 오늘날 광고주들은 가정용품보다 다이어트 제품과 "전문" 화장품과 노화 방지 크림을 판다. 1989년에는 "세면용품 · 화장품" 광고 수입이 여성지에 6억 5000만 달러를 안겨주었는데, "비누와 세제, 광택제"는 그 금액의 10분의 1밖에 가져다주지 않았다.[10] 그래서 이제 현대 여성지들은 집안일보다 아름다움을 위한 일에 중점을 둔다. 우리는 위에서 인용한 1950년대 문구들을 오늘날 아름다움의 신화에서 말하는 문구들로 모두 쉽게 대체할 수 있다.

광고가 "매수자 위험 부담 원칙(매수자가 구매 물품의 하자 여부를 확인할 책임이 있다는 원칙—옮긴이)이 분명하게 적용되는 경우", 프리단은 이렇게 결론을 내렸다.

> 똑같은 성적 판매술도 편집 내용으로 위장한 것은 훨씬 더 음흉하다. (…) 편집회의 때 전혀 메모를 할 필요가 없고, 문장을 말할 필요도 없다. 편집상 결정을 내리는 남성과 여성이 광고 수입을 위해 자신의 높은 기준을 양보하는 일이 허다하다.

이는 지금도 마찬가지다. 꿈의 세부 내용은 달라졌어도 구조는 동일하다. 베티 프리단은 물었다.

여성이 주부로서 하는 정말 중대한 역할이 가정을 위해 더 많은 것을 사는 것이라고 왜 아무도 말하지 않을까? (…) 어딘가에서 누군가가 여성을 주부라는 충분히 시간적 여유가 있고, 이름 모를 것을 갈망하고, 남아도는 에너지가 있는 상태에 가두어두면 더 많은 것을 살 거라는 것을 알아낸 게 틀림없다. (…) 주부시장이 줄어들기 시작하면 무엇이 우리의 풍요로운 경제가 무너지지 않도록 지탱해줄지를 알아내기 위해 꽤 똑똑한 경제학자가 필요할 것이다.

지루하고 따분해 어쩔 줄 모르는 불안하고 고립된 주부들이 여성의 신비를 버리고 직장으로 향했을 때, 광고주들은 주요 고객을 잃을 위기에 처했다. 고무되어 바쁘게 일하느라 하루 종일 다른 데 신경 쓸 여유가 없는 여성들이 어떻게 하면 예전과 같은 소비 수준을 유지하게 할 수 있을까? 예전처럼 불안해서 소비하게 만들 새로운 이데올로기가 필요했다. 그리고 그런 이데올로기는 여성의 신비 이데올로기와는 달리, 일하는 여성들이 사무실로 가져갈 수 있게 서류가방 크기의 신경증이어야 했다. 프리단의 말을 바꿔 말하면, 일하는 여성이 야심 찬 미인으로서 해야 할 정말 중요한 기능은 몸을 위해 더 많은 것을 사는 것이라고 왜 아무도 말하지 않을까? 아무래도 어딘가에서 누군가가 일하는 여성을 스스로를 싫어하고 늘 실패하며 배고프고 성적으로 불안한 야심 찬 "미인"이라는 상태에 가두면 더 많은 것을 살 거라는 생각을 해낸 게 틀림없다.

"똑똑한 경제학자들"은 프리단의 책이 기폭제가 되어 여성의 사회 진출이라는 두 번째 물결이 일어난 뒤 주부시장의 규모가 줄어들기 시작하자 무엇이 우리의 풍요로운 경제가 무너지지 않도록 지탱해줄지 알아냈다. 그것이 바로 현대적 형태의 아름다움의 신화였고 그 결과 날씬함을 파는 산업 규모가 330억 달러, 젊음을 파는 산업 규모가 200억 달러에 이르렀다.

여성의 신비가 벗겨지고 여성운동이 부활하자, 이제는 한물간 종교를 팔던 잡지와 광고주들도 무용지물이 될 위기에 처했다. **현대적 형태의 아름다움의 신화는 여성의 신비를 대신하기 위해, 여성 혁명으로 경제적 위기에 처한 잡지와 광고주들을 구하기 위해 생겨났다.**

아름다움의 신화는 프리단이 말한 가정이라는 "종교"를 대체했을 뿐이다. 용어는 바뀌었지만, 그 효과는 같았다. 프리단은 1950년대 여성 문화를 보고 "여성은 계속 아이를 낳는 것 말고는 달리 주인공이 될 길이 없다"라고 한탄했는데, 오늘날에는 주인공이 되려면 "계속 아름다워야 한다."

여성운동은 잡지에서 선전하는 여성성이 떠받치던 경제를 무너뜨리는 데 거의 성공했다. 여성운동의 두 번째 물결이 밀려왔을 때, 의류 제조업자들은 여성이 더는 옷에 많은 돈을 쓰지 않는 것을 알고 깜짝 놀랐다.[11] 중산층 여성이 소비하는 주부 역할을 버리고 노동시장에 들어가 바깥세상 일에 참여하면 여성지에서 다루는 분리된 여성 현실에 완전히 흥미를 잃으리라는 것도 충분히 예상할 수 있었다. 게다가 1960년대 말에 패션의 세계에 격변이 일어나기 시작했다. 소수만을 위한 고급 여성복 시대가 끝나고 패션 역사가 엘리자베스 윌슨Elizabeth Wilson과 루 테일러Lou Taylor가 "모두를 위한 스타일"[12]이라고 부른 것이 등장하면서 여성지의 권위는 더욱 흔들렸다. 해방된 여성들이 여성지를 읽을까? 뭐 하러 읽어? 정말로 1965~1981년에 영국의 여성지 판매부수가 1년에 5억 5530만 부에서 4억 740만 부로 뚝 떨어졌다.[13] 잡지 편집자들과 발행자들은 사회에 부는 변화의 바람으로 여성에 대한 그들의 전통적 지배력이 약해질 거라고 예견할 수 있었다.

하이패션 문화가 끝나자 여성지의 전통적 지식이 갑자기 무의미해졌다. 여성의 신비가 사라지니, 남은 것은 몸뿐이었다. 여성운동이 부활하자 〈보그〉가 1969년에 (희망을 가지고, 그러나 마지막 지푸라기라도 잡는 심정으로) 누드룩[14]을 선보였다.

패션의 족쇄에서 풀려나 해방감을 느끼던 여성은 몸과 새로운 관계에 부딪혔다. "〈보그〉가 옷만큼이나 몸에 중점을 두기 시작한 것은 제멋대로 명령할 수 있는 것이 거의 없는 탓이기도 했다"라고 역사가 로버타 폴락 세이드Roberta Pollack Seid는 말한다. 예전에 뽐내던 지식과 목적, 광고할 거리가 사라지자, 잡지가 거의 완전히 인위적으로 새로운 것을 발명했다. 놀랍게도 이전에는 거의 문제가 없던 곳에 "문제"가 있다고 하고, 그 문제를 여성의 자연 상태에 집중시키고, 그것을 여성의 실존적 딜레마로까지 격상시켜, 이전 것을 완전히 대체하는 문화를 만들어냈다. 1968~1972년에 다이어트 관련 기사 수가 70퍼센트 증가했다.[15] 대중 신문과 잡지에서 다이어트를 다룬 기사도 폭증해, 1979년에는 한 해에 60건이었는데 1980년에는 1월 한 달 동안에만 66건이 되었다.[16] 1983~1984년에는 《정기간행물 독자 안내서Reader's Guide to Periodical Literature》에서 다이어트 기사로 열거한 것이 102개였는데, 1984년에는 다이어트 책이 300권이나 쏟아져 나왔다.[17] 적시에 또다시 돈벌이가 되는 "죄책감의 전이"가 일어난 것이다.

여성지를 위기에서 구한 "죄책감의 전이"는 다시 활발해진 여성운동의 영웅들에 대한 주류 언론의 희화화에서 힘을 얻었다. 한 세기 넘게 지겹도록 해온 희화화는 언제나 같은 종류의 역풍에 이바지했다. 1848년에 여성 권리장전을 위해 세니커폴스 대회가 열렸을 때도 "거세된 여성"에 관한 사설들이 나와, 마치 그들이 "너무 혐오스러운 나머지 남편을 찾지 못해" 활동가가 된 듯이 말하고, "이 여성은 개인적 매력이 전혀 없다"라고 했다고 피터 게이는 말한다. 그가 인용한, 페미니즘에 반대하는 또 한 정치 평론가는 그들을 가리켜 "남성에도 여성에도 속하지 않는, 반은 남성이고 반은 여성인 잡종"[18]이라고 했다. 페미니즘을 지지한 캔자스주 상원의원 레인이 "124명의 아름답고 총명하며 교양 있는 여성"을 대신해 투표권 청원서를 제출했을 때는, 한 사설에서 "그런 속임수는 통하지 않을 것이다. 우리는 그 여성이 언급한 사과에는 '아름다움'이나 교양이 없을 거라는 데 건다. 그들 중 열에 아홉은 의심할 여지없이 한물갔을 것이다. 그들은 매부리코에 눈이 푹 꺼지고 눈 아래 주름이 자글자글하다"[19]라며 반대했다. 한 의사는 페미니즘 운동에 반발해 그런 "타락한 여성"은 "목소리가 낮고 몸에 털이 많고 유방이 작은 것"[20]이 특징이라고 했다. 피터 게이에 따르면 "페미니스트들을 실패한 여성, 반 남자, 시끄러운 암탉이라고 헐뜯었고 (…) 여기저기서 유머 잡지를 비롯 적대적인 의원들이 남자같이 생긴 무시무시한 마귀할멈이 하원에서 장광설을 늘어놓는 무서운 그림을 살포했다"[21]라고 했다.

1960년대 여성이 목소리를 높이자마자, 언론은 이를 반대하는 시류에 편승하여 아름다움의 신화가 여성의 외모를 겨냥하도록 했다. 1969년 미스아메리카 선발대회 반대 시위에 대한 반응이 계기가 되었다. 언론 보도가 "미스아메리카에게 잘못이 있다면 단 하나 아름답다는 것뿐이다", "질투는 아무런 도움이 안 된다"[22]라고 쓴 플래카드에 집중되었다. 곧이어 〈에스콰이어Esquire〉가 글로리아 스타이넘을 "지식인의 핀업"으로 소개했고, 〈코멘터리Commentary〉가 페미니즘을 "못생긴 여성이 떼거리로 TV에서 서로 고함을 지르는 것"[23]으로 치부했다. 〈뉴욕타임스〉는 전통적인 여성 지도자가 "그들 가운데는 매력 없는 여성이 너무 많다"라고 한 말을 인용했다. 1970년에 5번가에서 벌인 행진을 〈워싱턴스타Washington Star〉는 "여성해방론자들은 못생겼다는 헛소문을 잠재운" 중요한 사건으로 해석했다. 피트 해밀Pete Hamill 기자는 "몇 년 동안 한곳에서 아름다운 여성을 그렇게 많이 본 적이"[24] 없었다. 소설가 노먼 메일러Norman Mailer는 저메인 그리어와 시청에서 그 유명한 논쟁을 벌이기 전 그리어에게 "당신은 내가 생각했던 것보다 훨씬 보기 좋다"[25]라고 했다. 헤드라인은 "여성이 반란을 일으키고 있다"[26]였다. 여성은 운동이 어떤 식으로 그려지는지 눈여겨보았고, 희화화는 소기의 목적을 달성했다.

새 물결의 여성지

많은 여성이 언론이 외모에만 관심을 집중하도록 유도한다는 것을 깨달았지만, 그런 식의 유도가 얼마나 철저하게 정치적으로 작동하는지 완전히 이해한 여성은 훨씬 적었다. 여성 지도자의 신체적 특징에 관심을 집중시키면, 그들을 너무 예쁘거나 너무 못생긴 것으로 치부할 수 있고, 그러면 결국 여성이 여성운동에 동조하는 것을 막을 수 있다. 대중적인 여성이 너무 "예쁘다"는 낙인이 찍히면 그녀는 위협, 경쟁자가 되거나 그냥 진지하지 않은 것이 되고, 너무 "못생겼다"는 조롱을 받으면 그녀가 제기하는 의제에 동조했다가는 똑같이 못생긴 여성이 될 위험이 있다. 주부든 매춘부든 우주비행사든 정치가든 페미니스트든 아름다움의 신화에 걸리면 어떤 여성, 어떤 여성 집단도 무사히 살아남지 못한다는 것이 정치적으로 어떤 의미가 있는지 아직 완전히 인식되지 않아, 분할 통치라는 꿈같은 일이 효과가 있었다. "아름다움"은 유행을 따르는데 신화는 여성적인 것이 성숙하면 유행에 뒤떨어진다고 하여, 페미니즘의 성숙을 신화의 렌즈로 조잡하지만 효과적으로 왜곡했다.

여성운동이 부활한 뒤에 나온 새로운 물결의 여성지들은 그런 희화화로 잘나가는 여성들에게 불러일으킨 불안을 먹고 자랐다. 그래도 1965년에 쇄신한 〈코즈모폴리턴Cosmopolitan〉이 불러일으킨 새로운 물결은 프리단이 공격한 이전의 여성지에 비하면 사실 혁명적이었다. 새로운 여성지들은 최선을 다해야 한다고, 당신의 길을 가로막는 것은 아무것도 없다고 말하는 고무적이고 개인주의적이고 할 수 있다는 긍정적 어조도 사용했다. 또한 여성의 포부와 성적 욕망을 긍정하는 개인적이고 성적인 관계에 초점을 맞추기도 하고, 남성지보다 조금 덜 노골적일 뿐이지만 여성의 성 해방을 알릴 의도로 여성 모델을 성적으로 그린 이미지도 있었다. 그러나 전반적으로 친여성적인 메뉴와 모순되는 요소들도 있었다. 다이어트와 피부 관리, 성형수술을 다룬 부분에서는 여성에게 돈으로 살 수 있는 가장 치명적인 종류의 아름다움의 신화를 팔았다.

잡지들이 의무적으로 제공하는 이런 일정량의 아름다움의 신화는 독자들에게 미칠 듯한 제품에 대한 강렬한 욕망과 함께, 아주 오래된 환상인 소원을 들어주는 동화 속 요정이 찾아와 잠들게 해주었으면 하는 간절한 소망을 불러일으켰다. 잠들었다가 깨면 침실이 단계별 지시사항과 함께 자기에게 딱 맞는 피부 관리 제품과 꼭 필요한 온갖 색조 화장품으로 가득 차 있는 것 말이다. 친절한 도깨비가 잠자는 독자의 머리카락을 완벽하게 염색해서 자르고, 얼굴을 손질하고, 피부도 전혀 아프지 않게 고쳐줄 것이다. 옷장에는 옷이 계절별로 때와 장소에 맞게 완벽하게 구비되어 있고, 액세서리에 색깔까지 맞추어서 신발과 모자도 준비되어 있을 것이다. 냉장고는 고급 요리가 베이비 채소로 아름답게 장식되어 가득 차 있을 것이며, 페리에와 에비앙 생수도 깔끔하게 준비되어 있을 것이다. 그녀는 식욕도 나지 않을 정도로 여성 소비자를 신으로 모시는 환상의 세계에 들어가 있을 것이다.

잡지들이 전하는 메시지의 긍정적·부정적 요소의 극단적 대립과 모순은 여성에게 큰 반항을 불러일으켰다(1970년에 〈레이디스홈저널The Ladies' Home Journal〉을 상대로 성난 여성들이 연좌 농성을 벌였다). 여성은 잡지들이 말하고 보여주는 것에 왜 그렇게 신경을 쓸까?

흔히 잡지를 폄하하지만 잡지가 아주 중요한 것을 보여주기 때문이다. 여성의 대중문화다. 여성지는 그냥 잡지가 아니다. 여성 독자와 여성지의 관계는 남성 독자와 남성지의 관계와 사뭇 다르다. 둘을 하나의 범주에 넣을 수 없을 정도다. 〈파퓰러메카닉스Popular Mechanics〉나 〈뉴스위크〉를 읽는 남성은 어디서나 볼 수 있는 일반적인 문화, 일반적으로 남성 지향적인 그런 문화가 가진 수많은 시각 가운데 하나를 그냥 가볍게 볼 뿐이다. 그러나 〈글래머〉를 읽는 여성은 손에 여성 지향적인 대중문화를 들고 있다.

여성이 여성지에서 말하는 것(또는 자기에게 말한다고 믿는 것)에 깊게 영향을 받는 것은 그것이 여성 자신의 대중적 감성을 볼 수 있는 거의 유일한 창이기 때문이다. 일반적인 문화는 남성의 관점에서 무엇이 뉴스 가치가 있는지 본다. 그래서 슈퍼볼(매년 미국 프로 미식축구의 우승팀을 가리는 경기—옮긴이)은 1면을 장식하는데, 보육 관련법이 바뀌는 것은 속지에 있는 사진에 묻혀버린다. 일반적인 문화는 누가 볼 가치가 있는지도 남성의 시각에서 본다. 50년 동안 〈라이프Life〉 표지에 많은 여성이 실렸지만, 그 가운데 19명만 배우나 모델이 아니었다. 물론 그들이 "아름다움" 때문에 표지에 실린 것은 아니다(그야말로 아름다움의 신화에 충실하게도, 엘리너 루스벨트Eleanor Roosevelt는 인터뷰를 할 때마다 인터뷰 진행자가 그녀가 "못생긴 것"을 언급했다). 신문들도 여성의 문제는 "여성란"으로 밀어버리고, TV 뉴스 프로그램을 편성할 때도 "여성 이야기"는 낮 시간대에 배치한다. 그러나 이와 대조적으로 여성지는 (로맨스와 달리) 여성의 현실과 함께 변화하고, 거의 대부분 여성이 여성을 위해 여성의 문제를 쓴다. 여성의 관심사를 진지하게 받아들이는 유일한 대중문화의 산물인 것이다.

여성이 여성지의 비일관성에 강하게 반응하는 것은 아마 잡지의 모순을 자신의 모순으로 인식하기 때문일 것이다. 여성지의 경제적 현실은 크게 보면 여성 개인의 경제적 현실이다. 여성지에는 여성이 기회와 권력을 누리는 대신 아름다움의 사고로 대가를 치르는 불안정한 휴

전이 반영되어 있다. 여성지도 내용에서 PBQ를 갖추어야 한다. 여성지도 그것을 읽는 독자들과 마찬가지로 진지하고 친여성적인 내용을 다루는 대신 장식으로 아름다움의 반격도 다루어야 한다. 여성 언론이 지나치게 훌륭할 경우 그것이 여성의 마음에 끼칠 영향에 위협을 느끼는 광고주들을 안심시키려면 그럴 수밖에 없다. 잡지의 인격도 그것을 읽는 독자들의 인격과 마찬가지로 분열되어, 아름다움의 신화와 페미니즘 사이에서 왔다 갔다 한다.

여성지가 하찮고 저급하고 반페미니즘적일까? 아름다움의 신화는 그렇지만, 편집 내용은 이제 아름다움의 신화를 피할 수 있는 곳에서는 어디서나 결단코 그렇지 않다. 그래서 여성 문화에 신경 쓰는 많은 여성이 편집자로든 작가로든 독자로든 여성의 집단의식의 이런 한 흐름에 접근하게 되었다. 여성지의 편집 내용은 특히 페미니즘이 부활한 뒤에 더 나은 쪽으로 몰라보게 달라졌다. 20년 전에 〈레이디스홈저널〉 사무실 앞에서 시위한 활동가들이 이상적인 기사 목록을 제안하며 "자자 가보의 침대" 대신 "낙태하는 법", "여성은 어떻게, 왜 고립되어 있는가?", "이혼하는 법", "보육의 발전", "우리의 세제가 우리의 강과 시내에 하는 것"[27]을 썼으면 좋겠다고 했는데, 현실에서 이루어질 것 같지 않던 그런 일이 이루어졌다. 이제 한때는 극단적이던 이런 제안들이 모두 새로운 흐름의 여성지들의 일반적 메뉴가 되었다.

좀처럼 인정받지 못하는 사실이지만, 여성지는 다른 어떤 매체보다 페미니즘 사상을 널리 대중화했다. 페미니즘을 표방하는 신문과 잡지보다는 분명히 그랬다. 여성운동이 제기한 문제들이 바리케이드를 넘고 상아탑 밖으로 퍼져 노동계급 여성과 농촌 여성, 고등교육을 받지 않은 여성의 삶에 파고든 것은 이 화려한 여성지를 통해서였다. 이렇게 보면 여성지는 사회 변화를 일으킬 수 있는 아주 강력한 도구다.

이들 잡지의 페미니즘적 내용은 세실 비튼Cecil Beaton의 〈보그〉나 베티 프리단이 표적으로 삼은 〈레드북〉에서는 상상도 할 수 없는 수준에 있다. 정기적으로 낙태와 강간, 매 맞는 여성, 성적 자기표현, 경제적 독립을 다룬 기사들이 실릴 정도다. 사실 아름다움의 신화에 대한 비판도 다른 어느 곳보다 여성지에서 훨씬 자주 발견된다. 예를 들면 〈글래머〉의 "당신이 가진 몸과 화해하는 법", 〈쉬〉의 "뚱뚱한 것은 죄가 아니다", 〈코즈모폴리턴〉의 "우리는 포르노에 대해 무엇을 해야 하는가?", 〈글래머〉의 "현실 여성의 호소("아주 멋지게 생기지 않았어도 여성의 마음을 사로잡는 똑똑하게 말 잘하는 여배우들에게도 길을 열어라. (…) 그들의 성적 매력은 조각 같은 몸매나 화려한 외모보다 에너지와 톡톡 튀는 농담과 재치, 똑똑한 머리에서 나온다")" 등이 있다. 감정적인 상태와 사적인 관계를 다루는 기사를 흔히들 조롱하지만, 여성이 날 때부터 당연히 알 거라고 생각하는 "감정적인 가사노동"을 통해 공동체가 어떻게 단단해지는지를 고려하면 이것이 터무니없는 것도 아니다.

"대중적" 호소력에 중점을 둘 경우 여성지의 정치적 중요성은 더욱 분명해진다. 그동안은 많은 책과 잡지가 여성운동이 제기하는 문제들을 소수에게만, 교육받은 중산층 여성에게만 제공했다. 그러나 새롭게 탄생한 잡지들은 역사상 최초로 경제적으로 힘들게 사는 대다수 여성에게 다가가 누구보다도 먼저 자신이 자신을 규정할 권리가 있다고 말한 메신저다. 이들은 여성에게 권력을 얻고, 무술을 연마하고, 주식시장에 투자하고, 건강을 돌보는 법을 알려준다. 여성이 쓴 소설을 싣고,

크게 성공한 여성을 소개하고, 여성과 관련된 법률을 논의한다. 여성의 정치적·문화적 경험을 다루기에 충분한 공간을 만들고 있다는 점만으로도 가장 가벼운 여성지가 가장 무거운 일반 정기간행물보다 여성의 지위 향상에 훨씬 큰 힘이 된다.

새로운 물결의 여성지들은 편지와 연재물, 계속 바뀌는 기고자들을 통해 여성과 여성이 논쟁을 벌이는 보기 드문 장도 마련해준다. 여성지가 여성이 바깥세상에서 무슨 일이 일어나는지 알 수 있는 유일한 창구인 까닭에("진지한" 신문과 잡지에서는 어쩌다 잠시만 인정하는 여성의 현실) 여성이 그것에 극심한 애증을 보이는 것도 무리가 아니다. 이런 점에서 우리는 여성지의 역할을 결코 얕잡아 보아서는 안 된다. 역사의 변화에 반응하는 대중 여성 문화로는 그것이 여성이 가진 전부다.

여성이 여성지의 전체 구성에서 반복적 공식을 따르는 요소들에 분개하는 것도 당연하다. 그들의 잡지가 경제적 손익만 따지는 저급한 아름다움의 신화에 굴종하는 듯이 보일 때 불안하고 속상한 것도 당연하다. 여성지가 그저 현실도피적인 오락거리에 불과했다면 그렇게 강렬한 감정을 불러일으키지 않았을 것이다. 여성의 문제를 조금이라도 문제의 무거움에 걸맞게 진지하게 다루는 주류 언론이 없기 때문에, 그렇지 않았다면 시장에 나오는 "진지한" 정기간행물의 반 이상이 나누어가졌을 의미를 (그리고 책임을) 여성지가 떠맡고 있다.

그러나 여성지가 새로운 기회와 권력을 누리는 대신 아름다움을 요구받는 우리의 딜레마를 그대로 반영하기만 하는 것은 아니다. 오히려 심화하기도 한다. 여성지의 편집자들조차 많은 독자가 아직도 잡지에서 친여성적 내용과 아름다움의 신화를 분리할 줄 모른다고 걱정한다.

후자는 잡지에서 무엇보다도 경제적 부분을 담당하는데 말이다.

유감스럽게도 화려한 잡지에 실린 광고와 사진, 아름다움에 관한 기사가 불러일으키는 자기혐오의 순환으로 아름다움의 반격이 한층 널리 거세게 일어나고 있다. 그런 것들이 아름다움의 지표가 되어, 여성이 주식 기사를 들여다보는 남성 못지않게 걱정스러운 눈길로 그것들을 들여다본다. 그것들은 여성에게 남성이 진정으로 원하는 것이 무엇인지, 어떤 얼굴과 몸이 남성의 변덕스러운 관심을 불러일으킬 수 있는지 말해주겠다고 한다. 남성과 여성이 함께 공개적으로 각자 정말 원하는 것이 무엇인지 솔직하게 말하는 일이 드문 환경에서는 마음을 끄는 약속이 아닐 수 없다. 그러나 그것들이 제안하는 철의 여인이 남성의 욕망을 있는 그대로 보여주지 않듯이, 근육질의 남성 또한 여성의 욕망을 있는 그대로 보여주지 않는다. 여성지는 남성을 대변하는 신탁이 아니다. 한 연구에서 발견했듯이 "우리의 자료는 여성이 잘못된 정보를 받아 남성이 바라는 날씬함의 정도를 과장한다는 것을 보여준다. (…) 이처럼 잘못된 정보를 받는 것은 아마 다이어트 산업이 광고를 통해 여성에게 날씬함을 장려한 결과일 것이다."[28] 편집자가 남성이 여성에게 바라는 것을 대변해주는 것처럼 되어 있지만, 사실은 광고주가 여성에게 바라는 것이다.

여성지에서 아름다움의 신화에 관한 메시지를 결정하는 것은 광고주들이다. 그러나 독자와 잡지의 관계가 독자에게 그런 메시지가 어떻게 광고주의 필요에 영향을 받는지 분석하도록 장려하는 환경에서 이루어지지 않는다. 독자와 잡지의 관계는 감정적이고 은밀하며 방어적이고 불평등하다. "독자와 잡지를 묶는 끈, 누구 말대로 둘을 잇는 거대한 탯줄은 신뢰다."[29]

신화는 여성을 세대별로 분리하고 잡지는 여성에게 존경할 만한 나이 든 여성이 들려주는 현명한 조언을 해주는 것 같다. 현대 여성은 그런 역할모델을 찾을 수 있는 곳이 잡지 말고는 거의 없다. 그들은 어머니가 아름다움과 장식, 유혹에 관해 가르쳐주는 것은 묵살하라는 가르침을 받는다. 어머니는 실패했기 때문이다. 늙어가고 있기 때문이다. 현대 여성은 운 좋게 가르침을 구할 수 있는 멘토가 있어도 직장 관계에 있을 것이며, 그런 관계에서는 이런 친밀한 관계에서나 주고받을 수 있는 기술이 교육과 훈련의 대상이 아니다. 잡지의 목소리는 여성에게 존경하고 따를 수 있는 보이지 않는 여성 권위자를 제공해준다. 많은 남성이 학교와 직장에서 구축하라고 권고받는 선후배 관계에 비견되는 이런 관계를 여성은 화려한 잡지 말고 다른 곳에서는 거의 제공받지 못한다.

잡지의 목소리는 그런 신뢰를 부추긴다. 잡지는 독자에게 충실한 어조, 마치 여성이 운영하는 사회복지기관처럼 독자보다 훨씬 훌륭한 노하우와 자원을 가지고 독자 편에 서서 말하는 듯한 목소리를 개발했다. "많은 화장품 회사가 곁에서 늘 도와줍니다", "우리는 변화를 가져오는 법을 압니다. 우리 미용 전문가들이 여러분을 한 걸음 한 걸음 안내할 수 있게 해주세요." 잡지는 실질적인 서비스도 제공한다. 전화 상담을 받을 수 있는 곳도 열거하고, 독자 여론조사 결과나 예산을 짤 수 있는 도구와 금융 정보도 알려준다. 이런 것들은 잡지가 잡지 이상의 것처럼 보이게 한다. 잡지가 확대가족과 공제조합, 정당, 길드의 혼합체처럼 보이게 한다. 늘 독자에게 가장 이익이 되는 것을 생각하는 이익 단체처럼 보이게 한다. 한 편집자는 "잡지는 클럽과 같다. 잡지의 기능은 독자에게 공동체라는 편안한 느낌과 자신의 정체성에 대한 자부심을 제공하는 것이다"[30]라고 말한다.

그래서 사람들이 이 클럽을 신뢰하는 까닭에, 이 목소리가 아주 매혹적인 까닭에, 잡지를 읽을 때 광고 수입이 기사에 얼마나 철저히 영향을 끼치는지를 날카로운 눈으로 보기 힘들다. 그저 잡지 전체가 여성에게 전하는 일관된 메시지인 양 읽기 쉽다. 그것들이 "여러분은 이와 같아야 한다"라고 말한다고 잘못 읽는다. 잡지가 여성에게 끼치는 해는 이런 오해에서도 일부 비롯된다. 우리가 더 올바른 정보를 바탕으로 잡지를 읽을 수 있다면, 즐거움은 취하고 고통은 버릴 수 있을 것이다. 잡지도 광고주가 달라지면 현재 여성에게 유일하게 진지한 대량 판매 시장의 여성 언론을 제공한다는 점에서 마땅히 받아야 할 정당한 평가를 받을 수 있을 것이다.

여성이 잡지에서 아름다움의 신화 측면에 반응하는 것은 꾸미기가 여성 문화에서 큰 비중을 차지하고 그것이 대개는 기분 좋은 일이기 때문이기도 하다. 그리고 잡지 말고는 여성이 여성의 문화에 그렇게 폭넓게 참여할 수 있는 곳도 거의 없다. 아름다움의 신화는 여성을 세대별로만 고립시키는 것이 아니라 외모를 토대로도 서로 경계하도록 하여, 개인적으로 모르거나 좋아하지 않는 모든 여성으로부터 자신을 고립시키게 한다. 여성에게 절친한 친구들의 네트워크가 있지만, 신화와 최근까지 여성이 처한 상황이 여성을 남성과 마찬가지로 사회에서 대인관계에 익숙해지도록 만들지 않았다. 즉, 여성이 개인적으로 모르는 여성과 동질감을 느낄 줄 모르게 했다.

아름다움의 신화는 여성이 낯선 여성에게 다가가면 안 된다고, 상대 여성이 입을 열 때까지는 의심해야 한다고 믿기 바라고, 아름다움의 사고는 여성이 서로 접근하더라도 상대가 친구임을 알 때까지는 잠재적 적으로 간주해야 한다고 다그친다. 때로 낯선 여성이 서로를 살필 때의 표정은 그 모든 것을 말해준다. 재빨리 위아래를 훑어보며 경계하는 무뚝뚝한 표정은 그림은 눈여겨보지만 사람은 흘려 본다. 구두와 피부의 탄력 상태, 화장은 정확히 기록하지만 눈길은 서로 빗나간다. 여성은 너무 보기 "좋으면" 서로 기분 나빠하고, 너무 보기 "안 좋으면" 서로 간단히 무시해버리는 경향이 있을 수 있다. 그래서 남성이 클럽이나 조직으로 뭉쳤을 때 경험하는 것에서 (구성원들이 밖에서는 서로 친한 친구가 아닐지 몰라도 관심사나 의제, 세계관으로 결합된 집단에 속했을 때 생기는 연대와 결속으로) 혜택을 보는 일이 너무 드물다.

잡지의 위기와 포르노의 위력

아이러니하게도 아름다움의 신화는 여성을 서로 떼어놓기도 하지만 결합시키기도 한다. 낯선 여성에 대한 경계심을 무너뜨리는 데는 신화에 대한 연민과 동정이 중요한 역할을 한다. 칼로리에 쓴웃음 짓고 머리 모양을 두고 투덜거리다 보면, 여성 화장실의 형광등 불빛에서 경쟁자를 언짢게 바라보던 눈길이 한순간에 풀릴 수 있다. 여성이 한편으로는 "아름다움"을 위해 모든 여성에 대해 경쟁자가 되도록 길들여졌지만, 다른 한편으로는 큰 행사를 위해 한 여성(신부나 부티크에 온

손님)을 아름답게 꾸밀 필요가 있을 때는 다른 여성들이 달려들어 그녀를 둘러싸고 법석을 떨며 마치 축구를 할 때처럼 자연스럽게 팀을 이루어 정성을 다한다. 모두 같은 편이 되는 이런 달콤하고 만족스러운 의식, 공유하는 여성성을 (따라서 그들의 사랑스러움과 힘을) 그야말로 드물게 찬미하는 이러한 의식은 여성이 함께하는 얼마 남지 않은 의식 가운데 하나다. 그러나 여성이 공적 공간에 들어가 다시 고립되고 불평등하고 서로 위협이 되어 잔뜩 경계하는 "아름다움"의 지위를 갖게 되면, 이런 즐거운 유대도 물거품이 되어버린다.

여성지는 여성운동의 두 번째 물결이 절정에 이르렀을 때에 비하면 지금은 아주 드물게만 맛볼 수 있는, 개인적 관계를 넘어선 여성끼리의 달콤한 연대 의식을 느낄 수 있게 해준다. 수다를 떨고 싶은 여성의 욕망을 벽장에서 꺼내 잠재적 질투심과 예단이라는 장벽을 뛰어넘어 분출하게 해준다. 남성의 눈길과 문화에서 벗어나면, 다른 여성은 정말로 무엇을 생각하고 느끼고 경험할까? 잡지는 여성에게는 좀처럼 주어지지 않지만 남성은 집단에서 빈번하게 느끼는 짜릿한 느낌, 비슷한 생각을 가진 수많은 동성과 적대감 없이 연결되어 있다는 느낌을 제공한다. 슬프게도 잡지가 주는 그런 느낌은 희석된 것인데도, 그것을 심히 박탈당한 여성에게는 그마저도 강렬하다. 독자는 사는 곳도 하는 일도 제각각이지만, 모두 같은 욕조에 담긴 이미지를 들여다본다. 모두 이런 한 가지 방식으로 전 세계적인 여성 문화에 참여할 수 있다. 그것은 불충분하고 궁극적으로는 해롭지만, 그래도 여성이 연대해 여성의 성을 찬양할 수 있는 얼마 안 되는 통로 가운데 하나다.

이것을 염두에 두면 "완벽한" 얼굴도 다르게 보인다. 그것이 위력을 떨치는 것은 본래 특별한 무언가가 있어서가 아니다. 그런데 왜 그 얼굴일까? 그것의 위력은 오로지 "그런 얼굴"로 지명되었기 때문이다. 그래서 수많은 여성이 보고 알기 때문이다. 크리스챤 디올의 한 화장품 광고에서는 미의 화신이 버스에서 할머니가 마드리드의 한 발코니에서 밀크커피를 마시는 것을 바라본다. 같은 이미지를 크게 확대한 사진에서는 청소년 직업 훈련을 받는 10대 노동자가 영국의 도시에 있는 어느 마을 약국에 그 모습이 담긴 광고물을 세우는 것을 바라본다. 그것은 알렉산드리아에 있는 시장에서도 빛난다. 〈코즈모폴리턴〉은 17개국에서 발행되고, 클라란스 제품을 사면서 여성은 "전 세계에 있는 수백만 여성 가운데 하나가 되고", 체중 감량을 돕는 웨이트 워처스Weight Watchers(체중 관리 서비스 회사—옮긴이) 제품은 "친구. 더 많은 친구. 더욱더 많은 친구"를 제공해준다.

아름다움의 신화는 아니러니하게도 연대 운동을, 인터내셔널을 약속한다. 여성이 달리 어디서 긍정적으로, 아니 부정적으로라도 전 세계 수백만 여성과 연결된 느낌을 얻겠는가? 여성지에 있는 이미지들은 여성끼리 폭넓은 연대를, 인류의 반만큼이나 폭넓은 연대를 이룰 수 있는 가능성을 타진해볼 수 있는 유일한 문화적 경험을 제공한다. 그것은 불충분한 에스페란토어지만, 그보다 좋은 그들만의 언어가 없으니 남성이 만들고 시장이 이끌어 결국은 그들에게 해가 되는 그것으로 만족할 수밖에 없다.

잡지에는 우리의 딜레마가 고스란히 반영되어 있다. 그것이 전하는 메시지 가운데 여성의 지위 향상에 관한 것이 많으니, 아름다움의 신화도 그만큼 많이 전해져 전자가 끼치는 영향을 순화해야 한다. 잡지가 아주 진지하니, 그만큼 가볍기도 해야 한다. 여성에게 권력을 주니 마조히즘도 선전해야 한다. 페미니스트 시인 마지 피어시Marge Piercy가 〈신여성New Woman〉에서 다이어트 열풍을 공격하면, 맞은편에서 비만에 관한 무시무시한 기사도 실어야 한다. 편집자들이 자신과 독자를 위해 한 걸음 나아가면, 광고주를 위해서도 한 걸음 뒤로 물러나야 한다.

광고주는 서양의 정중한 검열관이다. 그들은 편집의 자유와 시장의 요구를 가르는 경계를 흐린다. 잡지는 클럽이나 길드, 확대가족 같은 친밀한 분위기를 풍길 수는 있어도 행동은 비즈니스처럼 해야 한다. 잡지의 광고 면을 사는 광고주를 위해 말없이 체로 걸러버리는 일이 일어난다. 그것은 의식적인 정책이 아니다. 그러자고 메모를 돌리지도 않고, 그것에 대해 생각하거나 말할 필요도 없다. 물론 "아름다움"에 대한 어떤 종류의 사고는 광고주가 멀어지게 하지만, 어떤 종류의 사고는 그들의 제품 판매를 촉진한다. 편집자들은 잡지를 계속 발행하려면 광고 수입을 유지할 필요가 있다는 것을 알기에, 마치 신화가 청구서를 처리해주지 않는 양 특집을 짜고 제품을 시험할 수 없다. 여성지 수익은 표지에 기입한 가격에서 오지 않으며, 따라서 내용이 광고주의 제품에서 너무 동떨어질 수는 없다. 〈컬럼비아저널리즘리뷰Columbia Journalism Review〉에 실린 '잡지의 위기: 광고를 위한 훼절'이라는 기사에서 마이클 호이트Michael Hoyt는 여성지가 늘 광고주들에게 특정한 압력을 받으며 그 요구의 강도만 좀 다를 뿐이라고 밝혔다.

여성지만 이렇게 편집에서 경제적 손익을 따져야 하는 것은 아니다. 여성지 밖에서도 그런 일이 증가해, 갈수록 모든 매체가 아름다움의 신화에 의존한다. 1980년대 잡지가 급증하여 저마다 광고 파이에서 자기 몫을 차지하려고 경쟁이 치열했다. 지금은 신문과 시사 잡지도 그런 압력을 받는다. "편집자들이 순결을 지키기가 더욱 어려운 시기를 맞이하고 있다"라고 〈크리스천사이언스모니터Christian Science Monitor〉의 편집자는 말했다. 〈하퍼스바자〉의 편집자 루이스 래펌은 뉴욕의 편집자들이 "말의 허약함"을 이야기하고 "큰 광고 지면을 사는 사람들을 불안하게 할 소지가 있는 주제에 접근할 때는 신중하라고 조언한다"[31]라고 했다. "미국 언론은 사설에서 돈을 받고 싣는 광고 문구와 같은 주장을 펼치는 것이 특징인 후원자 언론이고, 이것은 늘 그랬다." 〈타임〉에 따르면, 현대 매체의 경영진은 이제 "독자를 시장으로 본다."[32] 그래서 발행자가 돈 많은 소비자의 마음에 드는 광고주를 찾고 돈 많은 소비자의 마음에 드는 이야기를 하도록 압력을 넣어야 한다. "오늘날에는 워터게이트 같은 큰 건이 있어도 마케팅 부서와 상의해야 한다"[33]라고 편집자 토머스 윈십Thomas Winship은 말한다. 〈컬럼비아저널리즘리뷰〉는 〈보스턴글로브The Boston Globe〉의 전 편집자 말을 인용해 "'잡지는 상품이고 상품은 팔기 위해 있는 것이라, 요즘은 경쟁이 치열하다.'[34] 그는 이제 자신도 패션 광고에 크게 의존하는 게 사실이라고 한다. '예전에는 광고와 사설 사이에 부드럽지만 엄격한 실크 커튼이 있었는데, 지금은 아니다.' 일부 발행자들이 정도에서 벗어나 광고주가 선호하는 편집을 고수함으로써 광고주를 끌어들이려 한 지도 벌써 몇 년째다"[35]라고 했다. 〈하퍼스바자〉의 편집자 존 맥아서John MacArthur는 호이트가 "광고주를 위한 편집"이 잡지를 가치 있게 만드는 '질과 신뢰를 소중히 여기는 분위기'를 무너뜨릴 거라 믿는다고 말했다. 이런 경향에 계속 손 놓고 있으면 머지않아 광고에 미칠 영향을 걱정하지 않고 자유롭게 아름다움의 신화에 대해 조사하거나 문제 제기를 하고 대안을 제시하는 매체가 거의 남지 않을 것이다.

그런 분위기가 지금 어느 때보다도 많은 종류의 철의 여인으로 혼탁해진 것도 최근 미디어 조직에서 일어난 변화로 시각적 경쟁이 치열해진 탓이다. 1988년에는 미국에서 일반 사람들이 2년 전보다 TV 광고를 14퍼센트 더 많이 보았다. 이는 날마다 모두 합쳐 광고 메시지가 1,000개 이상 나오는데, 그중 TV 광고 메시지를 일주일에 650개 보았다는 말이다.[36] 이 산업에서는 이러한 상황을 "시청자 혼돈"이라고 부른다. 1983년에는 650개 메시지 가운데 1.7개를 기억했는데 이제는 1.2개밖에 기억하지 못해 광고 사업이 갈수록 공포에 사로잡히고 있다.

그래서 여성과 "아름다움"의 이미지도 더욱 극단으로 치닫는다. 광고 기획자들이 〈보스턴글로브〉에 말한 대로 "더 세게 (…) 거칠게 밀고 나가 충격을 주어 돌파해야 한다. 이제는 경쟁이 더욱 치열해져 전보다 대단히 거친 거래가 일어난다. ('거친 거래rough trade'는 남성 동성애자 사이에서 사디스트적인 이성애자 파트너를 가리키는 말이다.) 오늘날에는 비즈니스를 하려면 더욱 필사적으로 유혹해야 한다. (…) 저항을 무력화해야 한다."[37] 강간이 요즘 광고에서 쓰는 은유다.

더구나 영화와 TV, 잡지가 포르노와 경쟁해야 하는 처지에 있다. 포르노가 이제는 매체의 범주에서 가장 큰 규모를 자랑한다. 전 세계적으로 1년에 약 70억 달러를 낳고, 놀랍게도 이것은 합법적인 영화와 음악 산업에서 낳는 것을 합한 것보다도 많은 액수다.[38] 포르노 영화도 다른 영화보다 3대 1로 많아, 미국에서만 1년에 총 3억 6500만 달러를 낳는다. 하루에 100만 달러씩 낳는 셈이다.[39] 영국 포르노 잡지는

1년에 한 부에 2~3파운드씩 2000만 부가 팔려, 1년이면 모두 합쳐 5억 파운드어치가 팔린다.[40] 스웨덴에서는 포르노가 1년에 3~4억 크로나를 벌어들이고, 성인용품점에는 포르노가 500여 가지 나와 있고, 길모퉁이 담배 가게에도 20~30가지가 있다.[41] 1981년에는 스웨덴 남성 50만 명이 매주 포르노 잡지를 샀고, 1983년에는 스웨덴에서 빌린 비디오 4분의 1이 포르노였으며, 1985년에는 가장 큰 유통업체가 길모퉁이 매점에서 포르노 잡지를 1360만 부 팔았다. 미국에서는 한 달에 1800만 명이 총 165가지에 이르는 포르노 잡지를 사 1년에 약 5억 달러를 낳고[42] 미국 남성 열에 하나는 매달 〈플레이보이Playboy〉, 〈펜트하우스Penthouse〉, 〈허슬러Hustler〉를 읽는다.[43] 〈플레이보이〉와 〈펜트하우스〉는 캐나다에서 가장 널리 읽히는 잡지다.[44] 이탈리아 남성은 포르노에 1년에 6000억 리라를 써, 포르노가 이탈리아에서 팔리는 비디오의 30~40퍼센트를 차지한다.[45] 연구자들에 따르면, 전 세계적으로 포르노가 갈수록 폭력적이 되고 있다. (마구 베고 죽이는 슬래셔 영화 제작자인 허셸 고든 루이스가 말했듯 "내가 우리 영화에서 여성의 사지를 절단하는 것은 그래야 흥행이 잘된다고 생각하기 때문이다."[46])

전 세계적으로 방송에 대한 규제가 완화되는 가운데 한층 강력한 이미지 경쟁이 벌어지고 있다.[47] 그 여파로 아름다움의 신화가 서양에서 동양으로, 부자에게서 가난한 사람들에게로 수출되고 있다. 미국의 프로그램 편성이 유럽으로, 제1세계 프로그램이 제3세계로 물밀 듯이 흘러들어 벨기에와 네덜란드, 프랑스에서는 TV 프로그램의 30퍼센트가 미국에서 제작되고[48] 개발도상국에서는 TV 프로그램의 71퍼센트가 부자 나라들에서 수입된다.[49] 인도에서는 5년 만에 TV 소유가 두 배 증가하고, 1984년부터 광고주들이 프로그램을 후원했다.[50] 10년 전만 해도 유럽의 TV는 대부분 국영이었다. 그런데 민영화와 케이블, 위성 방송이 이 모든 것을 바꾸어, 1995년에는 120개에 이르는 채널 가운데 소수를 제외하고는 모두 광고로 재원을 마련할 수 있었고, 2000년에는 광고 수입이 90억 달러에서 250억 달러로 올라갈 것으로 기대된다.[51]

미국도 예외가 아니다. "방송망들이 겁을 먹고 어쩔 줄 모른다"라고 런던의 〈가디언The Guardian〉은 말한다. 10년(1979~1989년) 만에 지상파 방송이 케이블과 독립 방송, 비디오에 시장의 16퍼센트를 잃었다. "결과는 야함과 화려함의 극치다."[52]

글라스노스트로 아름다움의 신화는 철의 장막 너머로도 수입되어, 그것이 거의 존재하지 않는 곳에서 소비자들을 자극하고 있을 뿐만 아니라 그만큼 페미니즘의 부활 가능성도 억제하고 있다. 소련의 사회비평가 나탈리아 자카로바Natalia Zakharova는 "글라스노스트와 페레스트로이카(소련의 개혁 개방 정책—옮긴이)가 소련 여성에게 모순되는 자유[53]를 가져다줄 것 같다. 글래머[54]가 그중 하나가 될 것이다"라고 말했다. 그녀의 발언은 선견지명이 있었다. 헝가리 사람 열에 하나가 읽는 헝가리 최초의 타블로이드판 신문 〈개혁Reform〉[55]은 이름답게 지면마다 윗도리를 입지 않거나 완전히 벗은 모델이 나온다. 〈플레이보이〉는 소련의 나탈리아 네고다[56]를 "소련 최초의 섹스 스타"라고 불렀다. 민족주의적인 중국도 1988년에 미스유니버스 대회에 참가했고, 쿠바와 불가리아에 뒤이어 그해 처음 미스모스크바 대회도 열렸다.[57] 1990년에는 철 지난 〈플레이보이〉와 화려한 여성지가 소비에트 블록으로 실려 가기 시작해, 그곳에서도 아름다움의 신화가 탄생하는 것을 볼 수 있다. 소련 페미니스트 타티아나 마마노바Tatiana Mamanova는 서방과 러시아의 차이를 묻는 질문에 답하면서 "포르노가 (…) 이제 모든 곳에 있다. 옥외 광고판에도 있다. (…) 그것은 다른 종류의 폭행이다. 그것이 내게는 자유 같지 않다"[58]라고 밝혔다.

검열

자유로운 서방에도 여성지에서 말하지 못하는 것이 많다. 1956년 첫 번째 "합의"가 이루어졌을 때, 나일론 제조업 연합회는 〈여성Woman〉에 1만 2,000달러어치 지면을 예약하고, 편집자는 천연섬유를 돋보이게 하는 기사는 아무것도 싣지 않겠다고 했다. "그런 침묵은 의식적이든 아니든 흔해질 것이다"라고 재니스 윈십Janice Winship은 말한다.[59]

우리가 그런 침묵을 물려받으면, 그것이 표현의 자유를 저해한다. 글로리아 스타이넘은 〈미즈〉가 주요 화장품 회사 고객을 잃은 것은 표지에 소련 여성을 실은 탓이라고 말했다. 광고주들에게는 그들이 화장을 충분히 하고 있지 않았다. 한 영국 잡지는 편집자 캐럴 살러Carol Sarler가 화장으로 떡칠을 하면 여성이 지적으로 보이기 힘들다는 말을 한 것으로 드러나자 바로 그다음 날 3만 5,000달러어치 광고가 떨어져 나갔다.[60] 한 유력한 여성지의 백발 편집자는 백발을 찬양하는 백발의 작가 매리 케이 블레이클리Mary Kay Blakely의 기사를 실었다가 6개월치 클레롤 광고를 대가로 치렀다고 말했다.[61] 〈뉴욕여성〉의 편집자는 소개하고 싶은 주목할 만한 여성 대신 모델을 표지에 실어야 한다는 통보를 받았다고 한 직원이 내게 말했다. 글로리아 스타이넘은 아름다움의 신화를 넘어서 잡지를 운영하려고 해도 자금을 대기가 어렵다고 한다.[62]

> "여성과 관련된" 광고 중심으로 설계된 전통적인 지면들(식품 광고를 늘려주는 조리법 소개 면, 미용 제품에 관해 언급하는 미용 특집란 같은 것)을 그대로 따라 할 생각이 없었기에, 우리는 경제적으로 어려우리라는 것을 알았다. (다행히 얼마나 어려울지는 몰랐다.) 알고 보니 자동차와 음향기구, 맥주 등 전통적으로 여성을 대상으로 하지 않는 제품의 광고를 받는 것은 면도하는 법을 알려주는 기사가 없어도 남성이 면도 제품 광고를 보듯이, 여성도 머리 감는 법을 알려주는 기사가 딸리지 않아도 샴푸 광고를 본다는 것을 광고주에게 납득시키는 것보다 쉬운 것으로 드러났다.

그녀가 나중에 〈신여성〉과 인터뷰하면서 한층 힘 빠진 목소리로 말했듯 "광고주들은 여성 여론 주도자를 믿지 않는다." 스타이넘은 바뀌어야 할 것은 광고주라고 믿는다. 그리고 변할 거라고 믿는다. 아마도 자기 생전에는 아니겠지만.[63] 하지만 여성도 바뀔 필요가 있다. 여성이 대중매체를 진지하게 받아들이고, 앞으로도 계속 "머리 감는 법"을 지시해도 지시에 따를 거라는 기대에 저항할 때만, 광고주들도 여성지도 남성지 못지않게 폭넓은 표현의 자유를 누릴 자격이 있다고 인정할 것이다.

더 직접적인 검열도 있다. 여성지는 자기 검열이 심한 매체에서 미용 제품에 관한 "정보"를 전달한다. 우리는 스킨로션과 성유holy oil(가톨릭 전례나 의식에 사용하는 거룩한 기름. 여기서는 오일 제품을 뜻함—옮긴이)에 관해 읽을 때 자유롭게 말하는 것을 읽는 것이 아니다. 미용 담당 편집자는 광고주의 제품에 관해 온전한 진실을 말할 수 없다. 〈하퍼스바자〉의 기사 '날마다 젊어지는'에서는 다양한 노화 방지 크림에 관한 의견을 모두 10개 화장품 회사 사장들에게만 구했다.[64] 비율로 따지면 화장품과 세면용품 제조사들은 어떤 산업보다도 광고에 많은 돈을 쓴다.[65] 이 분야 산업이 경제적으로 건강할수록, 여성 소비자의 권리와 시민의 권리는 병이 든다. 화장품 회사 주가는 해마다 15퍼센트씩 오르고, 아름다움에 관한 기사는 거의 광고나 다름없다.[66] 페니 촐튼Penny Chorlton은 《은폐Cover-up》에서 "미용 담당 편집자들은 화장품에 관해 좀처럼 자유롭게 쓸 수 없다"[67]라고 말한다. 광고주가 광고를 내는 조건으로 기사를 통한 선전을 요구하기 때문이다. 미용 기사의 추천에 따라 제품을 사는 여성은 양쪽의 거짓말을 모두 들을 수 있는 특권에 대가를 지불하는 셈이다.

이런 시장은 더 심각한 형태의 검열에도 기대고 있다. 두 여성지의 편집자 달마 헤인Dalma Heyn은 에어브러시로 여성의 얼굴에서 나이를 지우는 일이 일상적이라고 말한다.[68] 그녀는 여성지들이 "나이 든 여성을 무시하거나 그들이 존재하지 않는 척한다"는 것을 알았다. "잡지들이 나이 든 여성의 사진은 피하려 하고, 60세가 넘은 유명인을 실을 때는 '보정의 명수들'이 공모해 아름다운 여성이 더욱 아름답게 보이도록, 즉 나이보다 젊게 보이도록 한다."

이런 검열이 여성지에서만 일어나는 것은 아니다. 나이 든 여성의 이미지는 어떤 것이든 이런 검열을 받는다. 한때 〈라이프〉의 미술 책임자였던 밥 치아노Bob Ciano는 "여성의 사진은 보정하지 않고 지나가는 법이 없다. (…) 보정을 원하지 않는 유명한 (나이 든) 여성도 마찬가지다. (…) 우리는 그래도 그녀가 50대처럼 보이게 하려고 한다"[69]라고 밝혔다. 달마 헤인은 이런 검열이 중년 이후의 여성 삶에 큰 영향을 미칠 거라고 봤다. "이제 출판물에서는 독자들이 예순 살 된 여성의 실제 얼굴이 어떤지 알 수 없다. 예순 살 된 여성의 얼굴이 마흔다섯 살 된 여성의 얼굴로 보이게 하기 때문이다. 더 나쁜 것은 예순 살 된 독자들이 거울을 보고 자신이 너무 늙어 보인다고 생각하는 것이다. 자신을 잡지에서 자신에게 미소를 보내는 보정된 얼굴과 비교하기 때문이다." 모델의 몸을 찍은 사진에 가위질을 하는 일도 흔하다. "컴퓨터 이미징(사진에 나타난 현실에 손을 대는, 논란의 여지가 많은 새로운 기술)"이 여성지의 미용 광고에서는 오래전부터 이용되었다. 여성 문화는 순수하고 자연스러운 매체가 아니다. 여기에 검열을 혐오하고 생각의 자유로운 교환을 신봉하는 서양의 가치관이 들어갈 공간이 있을까?

이것은 사소한 문제가 아니다. 가장 기본적인 자유, 자신의 미래를 상상하고 자신의 삶을 자랑스럽게 생각할 수 있는 자유에 관한 문제다. 에어브러시로 여성의 얼굴에서 나이를 지우는 일은 흑인의 긍정적 이미지를 위해 피부색을 옅게 할 때와 같은 정치적 반향을 불러일으킬 것이다. 그렇게 손질했을 때 검은 피부색에 내리게 되는 가치 판단을 여성 삶의 가치에도 내리게 될 것이다. 그것은 적을수록 좋다는 말일 것이다. 에어브러시로 여성의 얼굴에서 나이를 지우는 것은 여성의 정체성과 힘, 역사를 지우는 것이다.

그러나 편집자들은 광고주의 처방을 따를 수밖에 없다. 많은 독자가 주장하는 것(그들이 포함된 이미지, 그들을 얕잡아 보는 투로 말하지 않는 기사, 신뢰할 수 있는 소비자의 의견)을 제공하는 위험을 무릅쓸 수 없다. 그럴 수 없는 것은 독자들이 아직 그런 것을 충분히 원치 않기 때문이라고 많은 편집자가 주장하지만 말이다.

통통한 모델, 키 작은 모델, 늙은 모델을 긍정적으로 싣는, 아니 모델은 전혀 싣지 않고 현실에서 흔히 보는 여성 개인을 싣는 여성지를 상상해보자. 여성을 학대하는 일은 피한다고 해보자. 지금 일부에서 동물 학대 없이 만든 제품을 홍보하는 정책을 쓰듯이. 그리고 속성 다이어트와 자신을 혐오하게 하는 주문, 건강한 여성의 몸을 절개하는 직업을 선전하는 기사는 배제한다고 해보자. 눈에 보이는 나이의 기품을 칭송하는 기사를 싣고, 온갖 형태와 크기의 여성 몸에 관한 애정 어린 포토 에세이를 싣고, 출산과 수유 뒤 몸의 변화를 적당한 호기심을 가지고 살피고, 처벌하거나 죄책감을 주지 않고 처방을 해주고, 매혹적인 남성의 초상을 싣는다고 해보자.

만일 그랬다가는 광고주를 거의 잃고 좌초할 것이다. 잡지는 의식적으로든 아니든 나이가 보이는 것은 나쁘다는 태도를 보여야 한다. 만약 '늙음'과 '비만'이 좋아 보인다면 6억 5000만 달러의 광고 수입을 안겨주는 기업은 폐업할 수밖에 없다.[70] 이 사람들은 여성이 굶주릴 정도로 자기 몸을 싫어하도록 부추길 필요가 있다. 전 국민의 식비 3분의 1에 해당하는 광고 예산이 여성이 다이어트를 함으로써 자기 몸을 싫어하는 데 달려 있기 때문이다.[71] 여성의 대중문화를 가능하게 하는 사람들은 여성이 아름답게 태어났다고 생각하기보다 자기 얼굴과 몸을 유감스럽게 생각하기 바란다. 그래야 아무 짝에도 쓸모없거나 고통을 유발하는 제품에 더 많은 돈을 쓸 테고, 그래야 살아남을 수 있기 때문이다.

더욱 중요한 것은 그런 잡지가 좌초한다면 여성이 아름다움의 신화를 내면화할 정도로 그것에 길들여졌기 때문이라는 것이다. 여성조차 여성이 "아름다움" 없이도 흥미롭다고 확신하지 못한다. 여성 문제만으로도 충분히 여성이 그것을 읽기 위해 큰돈을 지불할 것인지도 마찬가지다. 거기에 아름다움의 사고를 섞지 않아도 과연 여성이 잡지를 읽을까?

자기혐오가 인위적으로 수요와 가격을 부풀리는 까닭에 여성지가 여성에게 전하는 메시지가 여전히 긍정적이지 않고 부정적이어야 하는 것이다. 아름다움의 반격을 건들지 않는 한 말이다. 그래서 어떤 잡지에서도 호주머니에 돈이 있는 성인에게 쓰지 않는 호통치고 위협하는 어조를 쓰고, 꾸짖고 어르고 잘난 체하며 하라 마라 하는 것이다. 남성지에서는 그 같은 어조(비과세 채권에 투자하라, 공화당에 투표하지 마라)를 상상도 할 수 없다. 광고주들이 위협과 강요를 통해서만 여성에게 불러일으킬 수 있는 소비자의 태도에 기대고 있는 까닭에, 위협과 강요가 그렇지 않았으면 가치 있었을 잡지의 편집 내용을 무겁게 짓누른다.

여성이 지금 사방에서 "아름다운" 얼굴과 몸을 보는 것은 문화가 마법을 부려 투명한 남성의 환상을 드러내 보여주기 때문이 아니라, 광고주들이 무차별적 이미지 폭탄 투여로 여성의 자부심을 꺾어 제품을 팔 필요가 있기 때문이다. 따라서 성적 이유가 아니라 정치적 이유로 남성과 여성 모두 얼굴과 몸의 이미지에 관심을 기울이는 것이다. 그래서 앞으로 경쟁이 더 치열해지면, 의식의 변화가 일어나지 않는 한 신화가 지금보다 몇 배나 더 강력해질 것이다. 여성 자신이 여성이 더 흥미롭다는 것을 믿을 때까지는 여성지가 더 흥미로워질 수 없으니 말이다.

잡지가 독자를 긍정적인 지적 여행의 길로 인도할수록, 다른 한편으로는 아름다움에 중독되는 고통스러운 길로 치닫게 할 것이다. 그리고 그 길에서의 경험이 극단으로 치달을수록, 여성이 우리 문화가 이중인격임을 더욱 분명히 깨닫고 분노할 것이다. 이것이 잡지가 눈부시게 화려한 표지 사이에서 매혹적이면서도 당혹스럽고 도전적이면서도 죄책감에 시달리도록 하는 내용을 통해 우리에게 전달하려는 것이다.

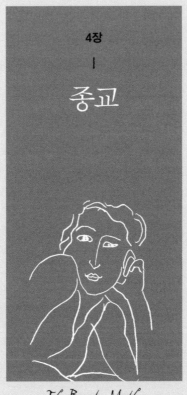

4장

종교

The Beauty Myth

아름다움의 의식

여성지가 전도하는 아름다움의 신화는 새로운 종교의 복음이다. 잡지를 읽으며 여성은 한때 그들을 쥐고 흔들던 힘이 아주 빠르게 느슨해진 교회의 어떤 믿음 체계 못지않게 강력한 믿음 체계를 재창조하는 데 참여한다.

'아름다움의 교회'도 철의 여인과 마찬가지로 양면을 지닌 상징이다. 여성은 종교적 권위와 맺은 전통적 관계가 무너지면서 정신적 공백이 커지자 이를 메우는 수단으로 아름다움의 교회를 열렬히 받아들였고, 사회질서는 위에서부터 그것을 강요해 종교적 권위 대신 여성의 삶을 감시하고 통제하려 한다.

아름다움의 의식은 중세적 미신으로 여성이 세속적이고 공적인 세계에 진출해 새롭게 얻은 자유에 맞서, 그렇지 않았으면 한층 불안정했을 권력의 불평등을 한층 안전하게 유지한다. 오늘날 여성은 새로운 세계와 투쟁하면서 그들의 의식 중 일부는 남성의 세계가 암흑시대와 함께 내버린 사고방식에 가둬두려는 강력한 믿음 체계에 짓눌리고 있다. 만일 한 의식은 중세의 믿음 체계에 중심을 두는데 한 의식은 완전히 현대적이라면, 오늘날 세계와 권력은 후자일 것이다. 아름다움의 의식은 여성 의식의 핵심 중 일부가 낡고 원시적인 상태에서 벗어나지 못하게 할 정도로 낡고 원시적이다.

남성도 이런 여성의 종교에 경외심을 느낀다. "아름다움"에 토대를 둔 카스트 제도가 마치 영원한 진리에서 비롯된 것인 양 그것을 옹호한다. 다른 것에서는 이런 종류의 무조건적 믿음을 가지고 접근하지 않는 사람들이 그것은 당연하게 여긴다. 20세기 들어 진리가 상대적이고 인식이 주관적이라는 것을 이해하면서 다른 분야의 생각들은 대부분 크게 바뀌었다. 그러나 "아름다움"의 카스트 제도는 양자물리학을 연구하고 민족학을 연구하고 시민의 권리에 관한 법을 연구하는 사람들도 당연히 옳고 영원할 거라고 믿는다. 무신론자도, TV 뉴스에 회의적인 사람도, 지구가 일주일 만에 창조되었다고 믿지 않는 사람도 마찬가지다. 그것을 신조처럼 무비판적으로 믿는다.

현대의 회의적 시각도 여성의 아름다움에 이르면 증기처럼 사라진다. 지금도, 아니 사실은 그 어느 때보다도 더 그것을 유한한 존재인 인간이 결정하고 정치와 역사, 시장이 만들어내지 않는 것처럼, 여성을 보기 좋게 만드는 것이 무엇인지에 대해 만고불변의 진리를 말해주는 지고의 권위를 가진 존재가 있는 것처럼 말한다.

이러한 "진리"를 예전에 신을 바라보듯 한다. 그것의 권위가 명령계통의 정점에 있고, 지상에서 그것을 대변하는 사람들, 즉 미인대회 심사위원과 사진작가, 마지막으로 거리의 남성에게까지 그 권위가 부여된 듯이 한다. 거리의 남성은 그런 위계질서의 맨 밑에 있지만, 그래도 여성에 대한 이런 신성한 권리를 일부 가지고 있다. 밀턴의 아담이 이브에게 그랬듯이 "아담은 신을 위해, 이브는 아담 안에 있는 신을 위해" 존재하듯이. 남성은 어떤 여성이든 그 아름다움에 대해 판단을 내리지만 자신에게는 판단받지 않을 권리가 있다고 생각하며 그것을 신이 내린 권리로 여긴다. 그리고 그런 권리가 남성 문화에 그렇게 중요한 권리가 된 것은, 예전에 존재하던 남성의 특권 가운데 지금도 검토되지 않고 온전히 남은 유일한 권리이기 때문이다. 신이나 자연 또는 어떤 절대적 권위자가 모든 여성에게 행사하도록 모든 남성에게 주었다고 일반적으로 믿는 권리이기 때문이다. 그래서 여성에게 행사한 다른 권리, 즉 여성을 통제하는 다른 길을 영원히 잃은 지금, 그에 대한 보상으로 그런 권리를 한층 가혹하게 날마다 행사하는 것이다.

그동안 많은 저자가 아름다움의 의식과 종교의식의 형이상학적 유사성에 주목했다. 역사가 조안 제이콥스 브룸버그Joan Jacobs Brumberg는 가장 초기에 나온 다이어트 서적의 언어도 "유혹과 죄라는 종교적 관념에 대한 언급으로 가득 차 있고", "칼뱅주의의 분투를 흉내 냈다"라고 하고, 수전 보르도Susan Bordo는 "날씬함과 영혼"을 이야기하고, 역사가 로버타 폴락 세이드는 "복음주의에서 영감을 얻은 체중 감량 집단과 서적의 놀라운 증가"에서 기독교 복음주의가 "체중 감량 십자군 전쟁"에 끼친 영향을 본다(예수 체중 관리 체계, 《지방에 대한 신의 대답: 줄여라God's Answer to Fat-Lose It》, 《몸무게를 빼달라고 빌어라Pray Your Weight Away》[1], 《예수는 더 많이, 나는 더 적게More of Jesus and Less of Me》, 《주님 도와주세요: 악마가 내가 살찌기를 원해요!Help Lord-The Devil Wants Me Fat!》). 그녀는 몸무게 히스테리에 대해 "우리의 새로운 종교는 죄와 위태로운 구원의 영원한 악순환을 제공할 뿐 어떤 구원도 주지 않는다"라고 했다.

우리가 아직 인식하지 못하는 것은 그러한 비교가 결코 비유가 아니라는 사실이다. 아름다움의 반격 의식은 전통적인 종교와 광신적 신흥종교를 그저 흉내 내고 있는 것이 아니라 그 기능을 대신하고 있다.[2] 말 그대로 그것이 낡은 신앙을 새로운 신앙으로 재구성하고, 말 그대로 신비화하여 사고를 통제하는 전통적 기법에 기대어 여성의 마음을 과거의 어느 복음주의 물결 못지않게 확 바꾸고 있다.

아름다움의 의식은 다양한 종교와 광신적 신흥종교의 영리한 혼합물이다. 이것은 종교치고는 대부분의 종교보다 살아 있음으로써, 변화하는 신도들의 정신적 요구에 빠르게 대응한다. 이런저런 믿음 체계를 대충 꿰맞춰 놓았다가 더 이상 도움이 되지 않으면 버리고, 아름다움의 신화처럼 융통성 있게 변신해 여성의 자율권이 제기하는 다양한 도전을 무산시킨다.

그것의 이미지와 방법은 중세 가톨릭을 거칠게 모방했다. 여성의 삶에 미치는 영향은 교황 못지않게 절대적이다. 그것이 현대 여성에게 미치는 영향은 중세 교회가 기독교 세계에 미친 영향만큼이나 폭넓어, 개인의 영혼을 넘어 시대의 철학과 정치, 성, 경제를 구성할 정도다. 교회가 신앙생활뿐 아니라 공동체의 모든 일에 영향을 미치고 의미를 부여해 세속적인 것과 종교적인 것의 구분을 용납하지 않았듯, 아름다움의 의식도 여성의 일상에 속속들이 스며든다. 사람들은 중세 교회처럼 아름다움의 의식도 바티칸의 반석처럼 분명한 신조에 토대를 두고 있다고 믿는다. 아름다움이라는 것이 있고, 그것이 성스러우며, 여성은 그것을 얻으려고 해야 한다고 믿는다. 두 종교 모두 십일조를 받아 부유하고, 어느 쪽도 뉘우치지 않는 일탈과 이단을 용서하지 않는다. 두 교회의 신도들 또한 요람에서부터 교리문답을 배우고, 두 종교 모두 자신을 유지하려면 신봉자들의 의심 없는 믿음이 필요하다.

아름다움의 의식은 중세 가톨릭을 모방한 이런 뿌리 위에 여러 가지 새로운 요소를 쌓아올렸다. 패션모델은 선택받은 사람들이고 나머지는 저주받은 사람들인 루터교, 여성이 (교회에 돈벌이가 되는) 선행을 통해 천국에 갈 수 있다는 열망을 품도록 소비주의의 요구에 순응한 영국 성공회, 수백 가지 율법을 상세히 풀이해 무엇을 언제 먹고 입고 하라고 말해주는 순결 강박의 정통 유대교, 죽음과 부활 의식이 중심을 이루는 엘레우시스 제전 등. 이 모든 것 위에서 광신적 신흥종교에서 쓰는 최고의 세뇌 기법들도 용도에 맞게 충실히 각색했다. 이런 노골적 심리 조작은 자발적인 신앙 고백을 잘 하지 않는 나이에 있는 개종자들을 얻는 데 도움이 된다.

아름다움의 의식이 여성을 그렇게 잘 고립시킬 수 있는 것은 아직 신봉자들이 패션보다 심각하고, 개인의 자아상 왜곡보다 널리 퍼진 사회적 인식에 사로잡혀 있음을 깨닫지 못한 탓이다. 아름다움의 의식이 사실은 무엇을 대변하는지가 이야기되지 않은 탓이다. 그것이 서양의 세속적 삶을 완전히 바꾸는 새로운 근본주의라는 것, 동양의 그것 못지않게 억압적이고 교조적인 근본주의라는 것이 이야기되지 않은 탓이다. 여성이 최근에야 현대를 넘어선 하이퍼모더니티hypermodernity 세계에 받아들여져 이에 대처하고 있는데, 사실상 집단 최면을 걸어 중세의 세계관으로 돌아가게 하는 힘이 그들을 거세게 몰아붙이고 있다. 그런데도 그들의 삶을 지배하는 대성당에 대해 언급하는 사람이 없다. 다른 여성들이 (자조적으로, 소리 죽여) 언급해도, 구체적 현실이 아니라 마치 아무도 인정하지 않은 환영을 말하듯 이야기할 뿐이다.

여성운동이 부활하자 아름다움의 의식이 여성의 마음을 사로잡은 것은 억압이 공백을 싫어하기 때문이다. 그것은 여성에게 서양에서 신이 죽었을 때 잃은 것을 돌려주었다. 지난 세대에 성 풍속이 바뀌어 여성의 성적 행동에 대한 종교의 억제력이 약해지고, 전후 교회에 가는 사람이 줄고 전통적 가족이 붕괴되면서 종교가 여성에게 도덕률을 강요하던 힘이 약해졌다. 종교적 권위의 일시적 공백으로, 여성이 캐럴 길리건Carol Gilligan이 《다른 목소리로In a Different Voice》에서 연구한 여성끼리 서로 융화하는 공동체적 전통에 권위를 부여할 위험이 생겼다. 그래서 도덕적 권위를 되찾으면 여성이 급기야 돌이킬 수 없는 사회 변화를 가져와 이를 신의 뜻이라고 부르는 믿음을 가질지도 모를 일이었다. 연민이 위계를 대체하고, 인명을 중시하는 여성의 전통이 군사주의에 토대를 둔 경제와 사람을 쓰고 버려도 좋은 자원으로 보는 일자리 시장에 심대한 타격을 줄지도 모를 일이었다. 여성이 인간의 성을 육체가 죄가 많은 증거가 아니라 신성한 증거로 내세울지도 모르고, 예전부터 여성을 타락과 동일시하던 편리한 믿음이 진부한 것이 될지도 모를 일이었다. 이 모든 것을 미연에 방지하려고 아름다움의 의식이 최근에 전통적인 종교적 권위가 더는 잘해낼 자신이 없는 일을 떠맡았다. 이 새로운 종교는 여성의 내면에 스스로를 감시하고 통제하는 경찰을 집어넣어, 대개는 옛 종교들보다 여성을 단속하는 일을 잘 해냈다.

새로운 종교는 여성이 잠시 도덕적 목적을 상실한 느낌에 빠진 틈을 타 빠르게 퍼져, 그들이 예전에 "좋은 여성"으로 평가받은 사회적 역할(자신을 부정하는 순결한 어머니와 딸, 아내의 역할)을 육체적으로 다시 할 수 있게 해주었다. 예전에 적절한 상태fitness를 지키고 적절한 것과 부적절한 것을 구분하던 일도 의식의 형태로 복원했다. 지난 사반세기 동안 사회 전반이 전통적인 종교적 도덕의 제약에서 벗어나자 옛 도덕률이 여성의 몸을 옥죄었고, 그 도덕률은 범위가 줄어 어느 때보다도 제한적이지만 기능은 변함이 없다.

여성 쪽에서도 많은 사람이 불안감을 없애주는 제약을 여러 층위에서 환영했다. 새로운 종교가 사회적 혼란과 함께 퍼지면서 여성이 옛 진리를 파괴한 세상에서 규칙을 만들어내고 있다. 이번 종교는 그들에게 사회적으로 중요한 느낌과 여성끼리의 유대감, 옛 종교와 함께 잃어버린, 위안을 주는 도덕 체계를 되돌려주었다. 경쟁적인 공적 영역은 도덕관념을 버려야 보상을 얻으므로 여성도 성공하려면 그에 적응해야 하는데, 아름다움의 의식은 일하는 여성의 내면에 출세에 지장이 되는 개인적 도덕 질서가 들어올 길을 열어준다. 여성이 세속적 출세를 피하면 대개 고립되지만, 종교적 추종자로 남으면 서로 편안한 유대감을 느낀다.

사회는 이제 더 이상 여성의 처녀성이나 혼전 순결에 종교적으로 중요한 의미를 부여하지 않는다. 여성에게 지은 죄를 고백하라거나 부엌을 유대교의 율법에 따라 티끌 하나 없이 정갈하게 만들라고 하지도 않는다. "좋은" 여성의 토대는 무너졌고 여성은 진짜 권력과 권위에는 접근할 수 없을 때 자신에게 중요한 의미를 부여하고 자신을 칭찬해주던 상황도 잃어버렸다. 그때는 독실한 여성은 정말 "좋은" 여성이라고 했다(독실할 때만 "좋은" 여성라고 했지만). 그러나 여성운동이 벌어지는 세속적 시대에는 일요일마다 여성은 저주받았다는 말은 듣지 않아도 "성스럽다"는 말을 듣는 일도 아주 드물었다. 성모마리아는 "여성 사이에서 (…) 축복을 받고"[3] 용기 있는 유대교 여성은 "루비보다 값지다"[4]라는 말을 들었는데, 현대 여성들이 기대할 수 있는 것은 성스럽게 생겼다는 말뿐이다.

아름다움의 의식은 색채와 우아함에 대한 갈증을 풀어줌으로써 여성을 유혹하기도 한다. 여성이 대체로 따분하고 감정적으로 메마른 남성의 공적 공간에 진출하면서 지금은 아름다움의 성례가 그 어느 때보다도 광채를 발한다. 아름다움의 성례는 많은 시간을 요구하지만, 의식에 쓰이는 제품들은 자신을 위해 시간을 내도 좋은 알리바이를 제공해준다. 기껏해야 차가운 불빛의 직장에서 보내는 시간에 대한 보상으로 신비로움과 관능적 쾌감을 조금 맛볼 수 있게 해줄 뿐이지만.

여성은 교회와의 역사적 관계를 봐도 이미 아름다움의 의식을 받아들일 준비가 되어 있었다. 산업혁명 뒤 여성이 "분리된 영역"으로 쫓겨나면서 종교적·영적인 것은 여성적인 것이 되었다. 이는 다시 중산층 여성이 공적생활과 분리된 것을 정당화했다. 여성을 "순수한 성"이라고 하자 여성은 어쩔 수 없이 세속의 경쟁에서 물러나 그런 순수함을 유지하는 일에 열중했다. 마찬가지로 오늘날에는 여성을 "아름다운 성"이라고 하여, 여성이 "아름다움"을 지키는 데 몰두하게 한다.

하지만 산업혁명 뒤 종교의 여성화도 여성에게 종교적 권위를 주지 않았다. "청교도는 (…) 가부장적 신을 숭배했지만 (…) 뉴잉글랜드 교회에는 여성이 남성보다 수가 많았다"[5]라고 역사가 낸시 코트Nancy Cott는 《여성의 유대The Bonds of Womanhood》에서 말하며, 19세기 내내 다수인 여성의 수가 증가했지만 위계질서는 여전히 "완전히 남성적이었다"라고 했다. 종교의 여성화는 동시에 남성의 세계를 더욱 세속화했다. "남북전쟁 뒤에 미국에서 일어난 프로테스탄트의 세력 확장에 연료를 공급한 것도 언제나 남성보다 여성이었다"라고 조안 제이콥스 브룸버그도 말한다. 여성은 현 세대에 이르러서야 목사나 랍비로 받아들여졌다.[6] 최근까지도 여성은 신이 여성에게 무엇을 하기 바라는지 남성 성직자가 해석해주면 그것을 의문의 여지없이 받아들이도록 교육받았다. 산업혁명 뒤에는 여성의 역할에 종교적 복종뿐 아니라 교회 활동을 겸허히 지원하는 것도 포함되었다. 앤 더글러스Ann Douglas가 《미국 문화의 여성화The Feminization of American Culture》에서 말한 바에 따르면, 교회에 상주하는 신부나 목사에 대한 개인숭배를 지지하는 것도 그런 일 가운데 하나였다. 간단히 말해, 여성이 종교적 권위에 참여한 전통은 아주 짧고 그것에 복종한 전통은 아주 길었다. 이익도 보지 못하면서 군소리 없이 가난한 과부의 정성 어린 헌금만 낸 것이다.

빅토리아 시대의 여성 신앙심도 아름다움의 의식과 마찬가지로 이중의 요구를 충족시켰다. 그것은 남성 지배적 사회의 관점에서 보면 교육받은 한가한 중산층 여성이 반란에 에너지를 쓰지 못하도록 하여 오히려 이익이 되게 해주었다. 그리고 여성의 관점에서 그것은 경제적으로 생산적이지 않은 그들의 삶에 의미를 주었다. 영국의 경제학자 해리엇 마티노Harriet Martineau[7]는 미국 중산층 여성을 관찰한 결과 그들이 "종교를 업으로 삼는 것은 그들의 도덕적·지적·육체적 힘을 다른 데 온전히 쏟지 못하게 하기 때문"[8]임을 알았다. 낸시 코트는 "종교에 귀의하는 형태는 여성에게 기대되는 자기 체념과 순종을 닮았지만, 종교적 귀의는 귀의하는 사람에게 대단히 만족스러운 자신감을 준다"라고 밝혔다. 그 같은 매혹적 배출구는 오늘날에도 똑같은 기능을 하고 있다.

반여성적 편견이 있는 유대-기독교 전통은 새로운 종교가 자랄 수 있는 기름진 토양을 남겼다. 그것이 지닌 여성 혐오증은 여성이 신자가 되려면 남성보다 비판적 사고를 훨씬 많이 유보해야 함을 뜻했다. 그것은 여성이 지적으로 겸손한 것에 보상하고, 여성에게 죄와 성적 죄책감을 덮어씌우는 한편, 남성 매개자에게 순종함으로써 구원받게 해 새롭게 부상하는 종교를 잘 믿는 습성을 유산으로 물려주었다.

여성을 세뇌해 믿게 하는, 이 새롭게 요구하는 바가 많은 종교는 정확히 어떤 것일까?

새로운 종교의 구조

창조

유대-기독교의 창조 설화[9]는 새롭게 나타나는 종교의 핵심이다. "그래서 주 하느님이 그 남자를 깊이 잠들게 하셨다. 그가 잠든 사이에 주 하느님이 그 남자의 갈빗대 하나를 뽑고"로 시작되는 세 절(〈창세기〉 2장 21~23절) 때문에, 아름다움의 의식이 다루는 신도는 여성이다. 서양 여성은 이 구절에서 자기 몸이 이류라는 느낌을 받는다. 알고 보니 여성은 신이 뒤늦게 생각해낸 것이다. 신이 아담은 진흙으로 자기 모습을 본떠 만들었는데, 이브는 필요 없으면 버려도 되는 갈비뼈다. 신이 아담의 코에 직접 생명을 불어넣어 그의 몸에는 신성을 부여했으나, 이브의 몸은 조물주의 손에서 두 번이나 떨어져 나온 물질에서 태어난 불완전한 것이다.

〈창세기〉는 왜 여성이 자기 몸을 어떤 남성의 눈길에나 제공해 합법적인 것으로 인정받을 필요가 있는지 설명해준다. 지금은 "아름다움"이 여성의 몸에 신이 주지 않은 합법성을 제공해준다. 우리 문화에서 남성의 몸은 《성경》에서 하느님 아버지처럼 생겼다고 한다는 이유만으로 그런 승인을 받는다. 반면 여성은 남성 권위자에게서, 하느님 아버지의 대리자인 외과 의사나 사진작가, 판사에게서 그런 승인을 사거나 얻어야 한다. 여성이 남성과 달리 유난히 육체의 완벽함을 걱정하는 이유는 〈창세기〉에서 남성은 모두 완벽하게 창조되었는데 여성은 처음에 생명 없는 고기 조각이었다고 말하기 때문이다. 두드려 펼 수 있는 것, 조각되지 않은 것, 승인되지 않은 것, 다듬어지지 않은 것, 즉 완벽하지 않은 것이라고 말하기 때문이다.

"그러므로 하늘에 계신 너희 아버지께서 완전하신 것 같이 너희도 완전하여라"[10]라고 예수는 남성에게 충고한다. "과거를 용서받고 현재를 개선하면 미래에 완벽하리라"라고 엘리자베스 아덴Elizabeth Arden은 여성에게 약속한다. 모델 폴리나 포리스코바Paulina Poriskova가 완벽한 것처럼 말이다. "완벽"에 대한 여성의 갈망에 불을 붙인 것은 여성의 몸은 남성의 몸보다 열등하다는(나이가 빨리 드는 이류 물질이라는) 널리 퍼진 믿음이다. "물론 남성은 나이가 들수록 나아진다"[11]라고 미용사 샐리 윌슨Sally Wilson은 주장한다. "내게 열등하다는 것은 계속 가치가 떨어진다는 말이다"[12]라고 오스카 와일드Oscar Wilde는 《미술 강의Lecture on Art》에서 말한다. 물론 남성이 나이가 들면 육체적으로 나아지는 것이 아니다. 사회적 지위만 그럴 뿐이다. 그런데 우리가 그런 식으로 오인하는 것은 우리 눈이 여성의 얼굴에서는 시간을 흠으로 보고 남성의 얼굴에서는 시간을 품위와 인격으로 보도록 길들여졌기 때문이다. 만일 남성의 주요 기능을 장식으로 보고 남성의 청소년기를 그 가치가 절정에 이르는 시기로 보았다면, "저명한" 중년 남성도 충격적일 정도로 흠이 있는 것처럼 보였을 것이다.

이류로 태어난 여성의 몸은 언제나 완벽해질 필요가 있고, 그래서 완벽하게 만들 인위적 수단이 필요하다. 아름다움의 의식은 여성의 몸을 아름다움의 가마에 넣고 불을 지펴 불순물을 제거해주겠다고, "마무리"를 해주겠다고 한다. 기독교가 죽음에 약속한 것을 아름다움의 의식은 고통에 약속한다. 기독교를 믿으면 죽어서 이승의 오점을 깨끗이 씻어낸 빛의 몸으로 맞은편 해안에서 깨어나듯, 아름다움의 종교에서는 고통을 참고 견디면 여성의 오점을 깨끗이 씻어낸 빛의 몸으로 맞은편 해안에서 깨어날 거라고 한다. 기독교의 천국에서는 육체가 정화되어 "남성도 여성도 없다."[13] 아름다움의 의식에서는 여성이 스스로 자기 성의 오점을 씻어낸다. 아름다운 여성이라는 새로운 오점은 존재가 여성이라는 예전의 오점을 대체했을 뿐이다. 여성은 흔히 자기혐오에 사로잡히면 화가 난다. 낡아빠진 것이라고 생각하면서도 더러 충동이 이는 탓이다. 하지만 아름다움의 의식이 어떻게 창조설에 토대를 두고 있는지 보면 자신을 용서할 수 있다. 3500년 동안 여성은 어디서 왔고 무엇으로 만들어졌다고 가르치는 이야기에 짓눌렸는데, 그것을 20년 만에 가볍게 떨칠 수는 없을 것이다.

이에 반해 남성은 자신이 신의 모습과 닮았다고 여기기에 본질적으로 문제가 없다고 생각한다. 여러 연구 결과는 여성의 경우 자기 몸을 터무니없이 부정적으로 곡해하는데 남성은 자기 몸을 터무니없이 긍정적으로 곡해한다는 것을 보여준다.[14] 남성이 신을 닮았다는 발상에 토대를 둔 종교가 서양에 남긴 유산은, 자기 몸에 흠이 있다는 생각이 여성에게는 현실을 반영할 필요가 없는 신조라는 것이다. 남성은 열에 하나만 자기 몸에 "강한 불만"이 있는데, 여성은 셋에 하나가 자기 몸에 "강한 불만"이 있다.[15] 남녀가 같은 비율로(셋에 하나가) 과체중인데, 체중 감량 프로그램에 등록하는 사람은 95퍼센트가 여성이다.[16] 여성은 전국 평균보다 15파운드(약 6.8킬로그램)가 많으면 자신에게 심각한 문제가 있다고 생각하는데, 남성은 35파운드(약 16킬로그램)가 많을 때까지 걱정하지 않는다. 이러한 수치가 증명해주는 것은 남성은 신을 닮았는데 여성은 악마를 닮았다거나, 여성이 남성보다 열심히 노력해서 문화적 이상에 가깝다는 것이 아니다. 여기에는 뚱뚱한 남성은 뚱뚱한 신인데 여성의 육체는 천부적으로 잘못되었다는 유대-기독교 전통이 반영되었을 뿐이다.[17] 비만에 관한 인구통계도 여기서는 무의미하다. 이러한 종교는 누구의 몸이 뚱뚱한가가 문제가 아니라 누구의 몸이 잘못되었는가가 문제이기 때문이다.

아름다움의 의식은 외과 의사를 예술가-사제로 지명한다. 외과 의사가 어머니의 몸이나 "어머니인 대자연"보다 숙련된 창조자다. 여성은 어머니의 몸에서 태어났지만, 그것만으로는 부족하다. 여성은 외과 의사의 손에서 다시 한 번 태어나야 한다. 외과 문헌을 보면 많은 외과 의사가 자신을 그렇게 본다는 것을 알 수 있다. 월도프 호텔에서 열린 코성형학회의 로고는 돌로 조각한 여성의 얼굴인데, 거기에 금이 가 있었다. 모하메드 파흐디Mohammed Fahdy 박사는 미용성형외과 의사들을 위한 전문지에서 여성의 육체를 "점토 또는 고기"로 이야기한다. 〈뉴욕 타임스〉는 뉴욕 미술학교와 미국 성형외과협회가 공동 후원하는 미용 학술토론회를 보도하고, 또 한 기사에서는 (적절하게도 '미모의 성배'라는 제목 아래) 로널드 A. 프라겐Ronald A. Fragen 박사가 점토 얼굴로 연습하면 "실수해도 고칠 수 있어" 훨씬 좋다고 했다.[18] 토머스 리스Thomas Rees 박사는 《그저 예쁜 얼굴만이 아니다: 미용성형수술이 어떻게 당신의 외모와 삶을 개선하는가More Than Just a Pretty Face: How Cosmetic Surgery Can Improve Your Looks and Your Life》에서 "고금을 통틀어 역사상 가장 위대한 화가도 가끔은 그림의 일부를 고칠 필요가 있다"[19]라고 밝혔다. 미용성형외과 의사는 현대 여성의 신성한 섹스 심벌이다. 이들은 19세기에 여성이 신God인 남성을 숭배했듯이 자신을 숭배하라고 한다.

원죄

문: 저는 이제 겨우 스물하나예요. 니오솜 시스템 안티에이지[20]를 쓸 필요가 있을까요?

답: 물론이지요. 노화는 이미 시작되었어요. 아직 눈에 보이지 않을 뿐이지요.

문: 저는 마흔다섯이 넘었어요. 니오솜 시스템 안티에이지를 쓰기 시작하기

에는 너무 늦지 않았나요?

답: 너무 늦는 일이란 없답니다.

아름다움의 의식은 원죄를 인간으로 태어난 것이 아니라 여성으로 태어난 것으로 새롭게 정의한다. 아름다움의 반격이 일어나기 전에는 나이 어린 소녀와 나이 든 여성은 숭배에 참여하지 않아도 되었고, 따라서 잠재적 소비자층 바깥에 있었다. 그러나 아름다움의 의식은 원죄를 재구성해, 나이 어린 소녀도 여성이 추한 증거(나이나 비만)에 관해 일찍부터 걱정해도 지나치지 않다고 느끼도록 한다. 그것은 눈에 보이지 않을 뿐이지 태어날 때부터 그들 안에 있어, 드러나기만 기다리고 있다. 나이 든 여성도 마찬가지다. 그들도 이제는 아름다움의 의식을 외면할 수 없다. 스킨크림과 다이어트 책은 돌아온 탕아의 언어로 교훈을 준다. 죄인이 아무리 제멋대로 살았어도 결코 버림받지 않으니 늦게라도 뉘우치는 게 낫다고 한다. 아름다움의 의식을 잊기에 너무 이른 나이도 너무 늦은 나이도 없다면, 여성은 삶에서 어느 때든 죄책감에서 벗어날 수 없다. 그들은 언제라도 타락한 행동으로 다른 여성을 오염시킬 수 있다.

《성경》을 이용한 이런 꼼수를 보여주는 예가 크리니크Clinique의 "과학적인" 표이다. "얼굴의 주름살"이라는 제목 아래 아주 많음, 여러 개, 조금, 아주 조금이라는 범주를 열거한다. 없음이라는 개념적 범주는 존재하지 않는다. 손상되지 않은 것은 생각할 수도 없는 일이다. 여성으로 존재한다는 것은 손상되었다는 뜻이며, 청소년기 소녀도 예외가 아니다.

이러한 상황의 판매 효과는 기독교 교리의 판매 효과와 비슷하다. 죄책감을 느끼지 않는 신자가 교회를 후원할 리 없고, 손상되었다고 생각하지 않는 여성이 손상된 것을 "복구"하려고 돈을 쓸 리 없다. 원죄가 죄책감의 원천이다. 죄책감과 그에 따른 속죄가 새로운 종교의 경제를 움직이는 중심이다. 남성을 겨냥한 광고는 그들의 자아상을 추켜세워야 성공하지만, 여성을 겨냥한 광고는 여성에게 죄책감을 느끼게 해야 효과가 있다. 그래서 여성에게 자신의 노화나 몸매에 대한 도덕적 책임이 바로 여성 자신에게 있다고 말한다. "눈을 찡그리거나 깜박이고 미소를 짓는 가장 순수한 표정도 대가를 치른다"(클라란스). "1956년부터는 피부가 건조하면 변명할 여지가 없다"(레블론). "당신은 웃고 울고 찡그리고 걱정하고 말하나요?"(클라란스). "이제 당신의 피부를 위해 무엇을 해야 하는지 명백하지 않은가?"(테르메 디 사투르니아). "당신의 피부를 이제 그만 손상시켜라"(엘리자베스 아덴). "더 나은 가슴은 당신에게 달려 있다", "당신의 몸매를 관리하라"(클라란스).

섹스에서 음식으로

다른 저자들도 이러한 유사성을 언급했다. 킴 셔닌Kim Chernin은《강박관념The Obsession》에서 "그렇다면 여성 선조와 그들의 의사가 여성의 성을 걱정했듯이 오늘날 여성이 먹는 것과 몸무게를 걱정하는 것도 가능하지 않을까?" 하고 묻는다.[21] 그러나 그런 걱정의 근본 원인과 실제 기능은 추적하지 않았다. 빅토리아 시대의 문화가 의사를 통해 여성의 성욕을 억압했듯 현대 문화는 여성의 식욕을 억압한다. 권력구조의 꼭대기에서 정치적 목적으로 말이다. 여성의 성 활동을 권력구조에 유리하게 처벌할 수 없게 되자, 아름다움의 의식이 여성에게 늘 쾌락 뒤에 갖도록 가르친 두려움과 죄책감, 수치심을 다시 가져왔다.

원죄는 우리에게 성에 대한 죄책감을 남겼다. 그런데 성 혁명이 소비주의와 손잡고 성적으로 자유로운 새로운 여성을 낳자, 여성이 죄책감을 느끼는 장소를 몸으로 이동시킬 필요가 있었다. 아름다움의 의식은 유대-기독교에서 성욕을 금기시하던 것을 사실상 식욕을 금기시하는 것으로 바꿔놓았다. 갈망하다가 유혹에 굴복해 그게 "보일" 거라는 두려움에 싸여 몸에서 "증거"를 없애려고 필사적으로 노력하는 식욕의 시나리오 전체가 바로 한 세대 전에 낙태와 피임이 합법화하고 혼전 성교가 오명을 벗을 때까지, 그러니까 한 세대 전까지 젊은 이혼여성 대다수가 겪은 성적 현실과 거의 다름이 없다.

교회에서는 남성이 욕정에 사로잡혀도 여성이 그것의 사악한 화신인 양 이야기했다. 마찬가지로 남성도 식욕이 있어 뚱뚱해지는데 사회는 여성의 식욕이 더 부끄러운 일로 꼽았다.

로잘린드 마일스는 "월경에 대한 터부로 인해 앞선 시대의 여성은 성인 삶의 4분의 1, 즉 4주에 한 주는 정기적으로 낙인찍혀서 따로 분리되어 사회생활에 참여할 자격을 잃고 배제되었다"라고 말했다.[22] 여성은 생리 주기상 "좋지 않을 때"는 깨끗하지 않은, 다시 말해 성적으로 혐오스러운 존재이자 비이성적인 존재라서 공적생활에는 맞지 않는다는 대접을 받았다. 마찬가지로 여성은 몸무게 주기에서 "뚱뚱할 때"에는 자신이 작아지고 배제된 느낌을 받는다. 이는 여성을 도덕적으로 허약한 존재, 더럽혀진 존재, 성적으로 가치 없는 존재로 규정할 때 혹은 여성 스스로도 그렇게 여길 때 거두던 효과와 같은 효과를 낸다. 월경에 대한 터부가 여성을 공적생활에서 배제했다면, 오늘날에는 여성이 스스로 자신을 숨긴다. 정통 유대교에서는 여성이 니다niddah일 때, 즉 월경으로 불결할 때는 가족과 함께 식사하는 것도 금지하는데 뚱뚱한 것도 같은 일을 한다.

성적으로 불결한 것을 다루던 법들도 식욕을 불결하게 보고 금기시하는 것으로 바뀌었다. 예전에는 여성이 신을 위해 생식기를 순결하게 했는데, 지금은 아름다움의 신을 위해 입을 순결하게 한다. 예전에는 결혼제도 안에서 출산을 위한 성교가 아닌 쾌락을 위한 성교는 죄였는데, 오늘날에는 여성이 생명을 유지하려고 먹는 것과 즐기려고 먹는 것을 그같이 구분한다. 남성에게는 성을 누릴 자유를 주고 여성에게는 주지 않던 이중잣대는 남성에게 식욕을 충족시킬 자유를 더 많이 주는 이중잣대가 되었다. 예전에는 잘못된 길로 빠진 여성이 성적으로 불결한 여성이었는데, 지금은 식이요법을 지키지 않는 여성이 그런 대접을 받는다. 예전에는 여성이 남편을 속이는 "부정행위"를 했으나 지금은 식이요법을 어기는 "부정행위"를 한다. "금지된" 것을 먹는 여성은 "못된" 여성이다. 그녀는 "딱 오늘밤만"이라고 말할 것이다. "나는 욕정을 품은 적이 있어"가 "내가 해야 할 것은 보는 것뿐이야"가 되었다. "나는 도무지 아니라고 말하지 못하는 여성이에요"라고 젤오 젤라틴을 선전하는 모델은 말하고, 젤오 젤라틴은 "예라고 말해도 괜찮을 것 같은 느낌을 준다." 먹어도 살찌지 않는 휘트신 크래커가 있으면 "여러분은 아침에 자신을 미워할 필요가 없다." 묵주가 칼로리 계산기가 되고, 여성은 "나는 임신선이 있어요. 그것을 보면 내가 지은 죄가 보여요"라고 말한다. 한때는 여성이 진정으로 완전히 속죄하면 성찬식에 참여하게 해주었는데, 지금은 "진정으로 다이어트와 운동을 하겠다고 하면" 정해진 절차에 들어가게 해준다. 과거에 처녀막 상태가 공동체의 관심사였듯 지금은 그녀의 비만 상태가 공동체의 관심사다. "우리 자매를 위해 기도합시다"가 "우리 모두 당신이 체중을 줄이도록 격려해주겠다"가 되었다.

정화 주기

아름다운 것이 천국이고 은총이라면, 피부나 지방세포 수는 영혼이고 못생긴 것은 지옥이다. "천국에, 나는 천국에 있다"라고 체중 감량 스파, 애넌데일 헬스 하이드로Annandale Health Hydro는 광고한다. "지구상에 그 같은 곳은 없다. (…) 미용시술을 받으면 마치 날개를 단 것 같다. (…) 천국에는 어떻게 갈 수 있을까? 그냥 얌전히 쿠폰을 끊으면 된다." 후식이 유혹이라면, 다이어트 음료 70칼로리 알바Alba는 "구원"이고, 〈신여성〉에서 아이스크림의 칼로리를 자세히 다룬 기사는 제목이 "아이스크림선디(설탕을 넣고 조린 과일이나 초콜릿을 얹은 아이스크림—옮긴이) 숭배"다.

이들 광고가 겨냥하는 여성은 천국에 있지도 지옥에 있지도 않다. 그것을 초월할 만큼 아름답지도, 절망해 쓰러질 정도로 못생기지도 않았다. 그녀는 결코 선택받은 사람은 아니지만, 선행을 통해 자신을 구할 수 있다. 미용 제품은 그녀의 중개자다. 치료자나 천사, 영혼의 길잡이다.

그녀는 무절제와 참회의 달력을 따른다. 몸의 참회 화요일과 사순절에 따라 한겨울에 흥청망청한 것을 새해의 결심으로 속죄한다. 테르메 디 사투르니아Terme di Saturnia가 말하는 대로, "결정적 단계"에 숭배자는 공정한 신에게 평가를 받는다. 신에게는 아무것도 숨길 수 없다. 진정한 회개는 열흘 동안 가능하고 나머지 기간에는 생명의 책(영생을 얻을 사람들의 이름을 적은 책—옮긴이)이 봉인된다는 유대교 속죄일의 언어를 이용해, 한 화장품 회사의 광고는 "다음 열흘 동안 당신이 하는 것이 1년 중 나머지 기간에 당신의 피부가 어떻게 보일지를 결정할 것이다"라고 한다. "진실의 순간"은 최후의 심판일처럼 참회하는 자를 저울에 단다. "저울은 거짓말을 하지 않는다"라고 새로운 복음은 전한다. 여성에게 "당신이 입에 넣는 것이 모두 엉덩이에 보일 것이다"라고 하고, "당신의 피부가 당신이 안에 넣은 것을 보여준다"라고 한다. 그런 경고를 통해 여성은 "아무것도 숨길 수 없는 전지전능한 자를 두려워하게" 된다.

이렇게 끊임없이 감시받는 느낌은 여성에게 어떻게 작용할까? 《여성의 병: 1830~1980년의 여성과 광기, 영국 문화The Female Malady: Women, Madness and English Culture, 1830-1980》에서 일레인 쇼월터Elaine Showalter는 현대 정신병원에서 감시가 어떻게 여성 환자를 다루기 쉽게 길들이는 데 쓰이는지 이야기한다.[23] "정신병원에서는 (…) 여성에게 감시인이 되라고, '자신이 어떻게 보이는지 눈여겨보라고', 자신을 관찰해 매력적인 대상으로 만들라고 부추기고 설득하고 가르친다." 병실에 있는 상자에는 "립스틱"과 "꽃분홍색 콤팩트 상자"를 함께 넣어 둔다. 쇼월터는 "여성 (정신분열증 환자) 이야기에서 (…) 조롱하고 심판하고 명령하고 통제하고 위협하는 사람이 거의 언제나 남성인 것도 놀라운 일이 아니다"라고 말한다. "그는 여성이 성장하며 드러내는 모습과 행동을 계속 여성의 의식 흐름을 보여주는 것으로 평가하고 판단한다." 비슷한 이유로 끊임없는 감시는 정치범에게도 적용된다. 강요된 사생활 결여는 존엄성을 앗아가고 저항 의지를 무너뜨린다.

이런 감시는 아름다움의 신화가 진짜 노리는 것이 무엇인지 선명하게 보여준다. 이 문화에서는 여성이 젊고 날씬하다는 것이 결코 그 자체로 신성한 것이 아니다. 사실 사회는 여성의 외모 자체에 관심이 있는 것이 아니다. 진짜 중요한 것은 여성이 아직도 자신이 무엇을 가질 수 있고 무엇을 가질 수 없는지를 다른 사람들이 말하도록 내버려둔다는 것이다. 다시 말해 여성을 지켜보는 것은 "좋은 여성"이 되라고 그러는 것이 아니라 자신을 지켜보고 있다는 것을 알게 하려는 것이다.

이 신은 빅브라더big brother(조지 오웰의 소설 《1984년》에 나오는 감시자를 지칭하는 용어로, 정보 독점으로 사회를 감시하고 통제하는 관리 권력이나 사회체제를 일컫는 말—옮긴이)다. 반전 운동가 제인 폰다Jane Fonda는 "규율이 해방이다"라고 말하지만 '전쟁이 평화고 일이 자유인가'라는 말에는 귀를 닫는다. 많은 여성이 빅브라더의 눈을 내면화하고, 웨이트 워처스는 여성끼리 감시하는 것에 돈을 지불하게 하며, 잡지는 여성에게 "늘 화장을 하라. 개를 산책시킬 때도 누구를 만날지 모른다"라고 주장한다. 예수는 "그러므로 깨어 있어라. 집주인이 언제 올는지, 저녁녘일지, 한밤중일지, 닭이 울 무렵일지, 이른 아침녘일지, 너희가 알지 못하기 때문이다"라고 했다.[24] 《적극적으로 아름다운Positively Beautiful》에서는 "전신거울 앞에 벌거벗고 서서 자신의 앞, 뒤, 옆을 보라. 색안경을 벗고 진상을 보라"라고 다그친다.[25] "살이 흔들리고 잔물결이 이는가? 불룩불룩한 것이 보이는가? 허벅지가 너무 두꺼운가? 배가 나왔는가?" 이것은 자기 감시다. 예전에는 영혼을 스스로 감시하도록 했는데, 지금은 몸을 스스로 감시하게 한다.[26]

19세기에 영혼의 일기를 쓴 여성은 누구 말대로 "우리의 소중한 영혼의 구원은 우리의 노력과 별개로 이루어지지 않는다"라는 것을 알고서 모든 도덕적 동요를 기록했다. 심리학자 리처드 스튜어트Richard Stuart가 1967년에 "사랑의 여름(1967년 미국의 샌프란시스코에서 반전과 평화, 사랑을 외친 히피들의 축제—옮긴이)"이 펼쳐진 통제 불능의 해에 발명한 행동수정기법은 "언제, 어디서, 무엇을, 어떤 상황에서" 먹었는지 기록하게 해 여성이 몸의 구원을 위해 자신을 세세히 점검하는 짐을 지게 했다.[27]

정화 주기는 대개 계절을 따른다. "숨길 것"이 있다고 생각하는 여성은 여름이 다가오는 것을 두려워한다. 그래서 단식을 하고 자신을 채찍질해 나무랄 데 없이 완벽하게 준비되기 전에 날씨가 뜨거워져 모두 드러내야 하는 일이 생기지 않도록 전전긍긍한다. 중세 기독교도들은 영혼이 아직 죄에 물들어 있을 때 죽음이 찾아올까 봐 두려워했다. 잡지들은 교회의 신부가 쓰던 문구를 감춘 여성의 몸에, 회칠한 무덤에, 예쁘게 치장해 혐오스러움을 감춘 표면에 쓴다. "겨울 패션 아래 수많은 죄를 숨기기는 쉽다." 숭배자는 속죄를 위한 고행을 통해서만 "과감하게 모두 드러내고", "노출에 대한 두려움 없이" 일광욕을 즐기는 천사가 될 수 있다. 체중 감량 주기는 부활절 주기를 닮았다. 자기 감시는 고행을 낳고 고행은 환희를 낳는다.

그 중심에 있는 죽음과 부활 의식에서 여성은 인류학자들이 "임계 상태"라고 부르는 상태로 들어간다. 광신적 신흥종교 집단 전문가인 윌라 아펠Willa Appel에 따르면, 그런 "이도 저도 아닌" 상태에서, "신참자는 아무것도 아닌 것이 되어야 새로운 것이 될 수 있다." 낡은 정체성은 새로운 정체성을 얻을 때까지 유보된다. 이런 신비로운 이행은 은유적으로 일어나는 것이 아니라 실제로 변성이 일어나기 쉬운 상태를 야기하는 특수 효과 장치(어둠, 낮게 깔리는 음악, 눈가리개)에 둘러싸여 일어나고, 신참자는 이때 대개 만지고 씻긴 다음 향이나 온도 변화 같은 감각적 자극에 몰두하도록 한다. 스파와 미용실에서도 여성은 거리에서 입는 옷을 벗고 모두 똑같이 하얗거나 색깔이 있는 예복 같은 가운을 입는다. 보석 같은 장신구를 제거하면 그들의 지위도 잠시 유보된다. 그들은 마사지사나 미용사의 손길에 자신을 맡긴다. 그러면 그들이 눈에 패드를 대고 얼굴에 향기로운 액체를 바른다. 골든 도어 스파의 물은 프랑스 서남부에 있는 도시 루르드의 물과 같은 효과가 있다. 변신의 임계 순간은 화장을 지운 뒤와 새로운 화장을 하기 전에 오고, 수술에서는 환자가 환자복을 입고 누워서 마취가 될 때 온다. 랑콤 광고에서는 여성이 무덤 속처럼 음침한 빛 속에서 죽은 듯이 누워 있는데 신비한 손이 내려와 마치 예수처럼 여성의 얼굴을 만진다.

광신적 신흥종교 집단의 신참자들은 대개 방향감각을 잃고 아주 혼미한 상태에서 절개를 당하거나 인내력 시험을 받는다. 거기에는 실제로 또는 상징적으로 고통이나 굶주림, 피가 따른다. 여성은 그때 전자 충격을 주는 바늘에 찔리거나 절개되거나 산에 데거나 머리카락을 뿌리째 뽑히거나 속을 비운다. 임계 순간은 부활의 물을 연상시키는 액체에 또 한 번 잠기는 것으로 끝난다. 액체는 대개 피다. 기독교의 "양의 피"나 오시리스 숭배의 황소 피처럼. 이것은 십자가에 못 박혀 죽은 예수가 무덤에 있는 단계이고, 기독교도가 물에 잠겨 세례를 받는 단계, 환자가 마취 상태에서 피를 흘리는 단계, 스파 신봉자가 천에 싸이거나 증기 목욕을 하거나 약초 목욕을 하는 단계다.

끝에 오는 것은 승리와 새 생명이다. 사막에서 때 묻은 낡은 세대가 죽고 대신 약속의 땅에 들어갈지도 모를 새로운 세대가 태어난다. 세례를 받은 사람은 새로운 이름을 쓰고, 공동체에서 새로운 지위를 얻는다. 새롭게 화장을 하거나 머리를 하거나 날씬해진 여성, 수술로 "새 얼굴"을 얻은 여성도 자신의 새로운 정체성을 축하하고, 새로운 지위에 오르기 위해 돌아간다. 그것이 향상된 지위이기를 바라며. 그리고 그 전에 공동체에 다시 들어갈 준비를 하기 위해 옷도 사고 머리도 하고 바뀐 인격에 걸맞은 액세서리도 하라는 말을 듣는다. 체중 감량에 대한 보상으로 해주거나 수술을 위장하도록 해주는 그런 조언은 초보적인 마술이다.

이 새로운 종교는 구원이 오래가지 않는다는 점에서 다른 종교들보다 한발 앞서 있다. 다이어트 산업은 "격려하고 지원하는" 듯이 이야기하지만, 그런 수사는 명백한 것을 감추고 있다. 다이어트 산업이 가장 바라지 않는 것은 여성이 한번에 영원히 날씬해지는 것이라는 사실이다. 다이어트를 해도 98퍼센트는 다시 체중이 는다. "다이어트 산업은 기업가에게 큰 기쁨을 준다"라고 브룸버그는 말한다. "시장이 스스로 번식해, 계속 팽창하도록 되어 있기 때문이다. 실패할 수밖에 없는 탓에 (…) 다이어트 전략과 기법, 제품에 관한 관심은 끝이 없는 것 같다." 노화 방지 산업도 마찬가지다. 정말로 효과가 있는 제품이 있다면 (모든 여성이 자부심을 갖거나) 이 산업이 붕괴될 것이다. 그러나 이 산업에는 다행히도 수술한 사람들조차 100퍼센트 어김없이 계속 나이가 든다. "새로운 나"도 저녁 목욕물에 씻겨 가버린다. 그래서 다시 처음부터 그 과정을 반복해야 한다. 시간 속에서 사는 것이나 살려면 먹어야 하는 것이나 아름다움의 신에게는 모두 죄가 되기 때문이다. 물론 둘 다 피할 수 없는 일이다.

여성이 이들 산업의 제약에 너무 잘 적응해도 은총의 기준이 되는 몸무게나 나이를 쑥 내려버린다. 모델들이 10파운드(약 4.5킬로그램)를 더 빼고, 외과 의사들이 노화 방지를 위해 처음 얼굴 주름을 펴야 하는 나이를 열 살 더 낮춘다. 이들 산업의 관점에서 보면, 여성이 이렇게 부당하게 조작된 게임에서 이기는 것보다 나쁜 시나리오는 게임에 대한 관심을 아예 잃는 것밖에 없다. 하지만 계속 반복되는 정화 주기는 그것을 막아준다. 여성은 좀처럼 생각할 기회를 얻지 못한 채 또다시 짐을 짊어져야 하고, 그 여정은 갈수록 매번 힘들어진다.

메멘토 모리

아름다움의 의식은 여성을 예전처럼 병적으로 만들려는 의도에서 나왔다. 오늘날 여성이 아름다움의 수명에 대해 상상하도록 요구받듯이, 500년 전에는 사람들이 자신의 삶을 죽음과 관련지어 생각했다. 도처에서 설명할 수 없는 갑작스런 죽음을 목도하며 인간은 결국 죽을 수밖에 없는 존재임을 늘 의식해야 하는 상황을 이용해 중세 기독교는 사람들이 평생 그것에 집착하도록 했다. 출산의 위험으로 여성은 더욱 죽음을 의식하지 않을 수 없었다. 이는 여성이 출산할 때 〈시편〉 116절을 이용한 데서도 알 수 있다. "죽음의 끄나풀이 나를 두르고 저승의 사슬이 나를 묶어 불안과 슬픔이 나를 덮쳐누를 때 (…) 야훼여, 구하옵나니 이 목숨 살려주소서."[28] 한때는 일반적이던 이런 병적 집착은 19세기에 주로 여성에게 나타났다. 과학의 발달로 남성의 운명론적 사고는 잦아들었는데, 산업혁명 시대에 들어와서도 여성은 출산 때 떠도는 죽음의 유령 탓에 자신의 목숨이 얼마나 위태로운지 자주 깊이 생각하지 않을 수 없었다. 소독법의 발명으로 임산부의 사망률이 낮아진 뒤에는 여성을 어머니가 아니라 아름다움으로 평가하면서 이런 죽음에 대한 강박관념이 "아름다움"의 죽음에 대한 두려움으로 방향을 돌렸다. 지금도 아주 많은 여성이 언제든 들이닥쳐 그들에게 "죽음이나 다름없는 것"을 파괴하는 이름 모를 힘들에 둘러싸여 있다고 생각한다. 여성이 TV 카메라에 등을 돌리고 의사가 서툰 솜씨로 수술을 망친 이야기를 하며 "그가 나의 아름다움을 빼앗아갔어요. 한 방에 모든 것이 사라졌어요."라고 말할 때, 그녀는 무기력하게 체념할 수밖에 없는 느낌을 표현하는 것이다. 이는 산업혁명 이전 사회에서 천재지변에 반응하던 방식을 떠올리게 한다.

이 종교의 근본적 힘을 이해하려면 남성은 한 번 죽는데 여성은 두 번 죽는다는 점에 주목해야 한다.

여성은 몸이 죽기 전에 아름다움이 죽는다. 중세에는 "육체는 모두 풀이다"라는 죽음에 대한 의식, 메멘토 모리(죽음을 기억하라, 언젠가는 죽는다는 것을 기억하라는 뜻의 라틴어—옮긴이)가 사람들이 경제적으로 교회와 제휴하게 했다. 교회가 자연의 수명을 넘어 “새 생명”을 줄 수 있었으니까. 여성에게 아름다움이 손상되기 쉽고 영원하지 않다는 것을 늘 생각하도록 다그치는 것은 르네상스 이후 서양 남성의 사고에서는 사라진 운명론을 우리 속에 유지시킴으로써 우리가 늘 굴종하도록 만들려는 수작이다. 신이나 자연이 우리에게 “아름다움”을 (무작위로, 아무리 애원해도) 주거나 주지 않는다고 가르치는 바람에 우리는 마법과 기도, 미신이 말이 되는 세상에 살고 있다.

빛

이브의 죄는 여성이 신의 은총을 잃어버리게 한 데 있다. 이 “은총”이 르네상스 시대에는 세속적 용어로 새롭게 정의되어 “아름다운” 여성의 얼굴과 몸을 이야기하는 데 쓰였다.

스킨크림(새로운 종교의 “성유”)은 광고에서 “빛”을 약속한다. 많은 종교에서 빛은 신성을 은유하는 말이다. 모세는 시나이산에서 내려왔을 때 태양처럼 눈부시게 빛났고, 중세의 성상에서 성인은 후광에 둘러싸여 있다. 성유 산업은 여성에게 신의 은총인 빛을 다시 주겠다고, 그것을 튜브와 병으로 팔겠다고 한다. 처녀성과 모성 숭배가 빛이 바래 여성의 몸을 성스러운 빛으로 둘러싸이게 해주겠다고 할 수 없는 지금, 그들은 여성의 몸을 구원해주겠다고 한다.

사실 빛은 많은 여성과 남성이 본래 아름다움을 보는 방식에서 중심을 이룬다. 그런데 이렇게 보는 방식을 아름다움의 신화는 어떻게든 억누르려고 한다. 그래서 빛의 이런 특성을 이야기하거나 누가 그러는 것을 들으면 어색하고 불편해져 재빨리 그것을 감상주의나 신비주의로 치부해버린다. 나는 이렇게 부인하고 부정하는 것이 우리가 이러한 현상을 보지 못하기 때문이 아니라 오히려 아주 분명하게 보기 때문이라고 생각한다. 공개적으로 그것을 명명하면 우리 사회 조직의 어떤 기본 전제들을 위협하기 때문이라고 본다. 그것은 바로 사람은 물건이 아니라는 증거다. 사람은 "빛이 나고" 물건은 빛이 나지 않는다. 이에 동의하는 것은 어떤 사람들은 다른 사람들보다 물건 같고 모든 여성은 모든 남성보다 물건 같다고 함으로써 작동하는 사회체제에 도전이 될 것이다.

이런 빛은 사진에는 잘 안 나오고 1에서 10까지 등급을 매길 수 없으며, 실험실 보고서에서 양으로 나타낼 수도 없다. 하지만 사람들은 대부분 얼굴과 몸에서 빛이 날 수 있다는 것을 알고, 그것이 얼굴과 몸을 진정으로 아름답게 만든다는 것을 안다.

어떤 사람은 그런 빛을 사랑이나 친밀함과 분리될 수 없는 것, 그것과 분리된 시각으로는 포착할 수 없고 친밀한 사람의 움직임이나 따뜻함에서 발견되는 것으로 본다. 어떤 사람들은 몸이 성적 매력이 있거나 재치가 넘치거나 상처받기 쉬운 사람에게서 그런 빛을 볼 수도 있다. 그런 빛은 어떤 이야기를 하는 사람이나 어떤 이야기에 귀를 기울이는 사람에게서도 흔히 볼 수 있다. 창작 행위가 사람을 빛나게 하는 것 같다고 말하는 사람도 많고, (아직 아름답지 않다는 말을 들은 적이 없는) 아이들은 대부분 빛에 둘러싸여 있다고 말하는 사람도 많다. 우리가 흔히 어머니를 아름다운 모습으로 기억하는 것은 우리 눈에는 어머니가 환하게 빛나기 때문이다. 그것을 일반적으로 설명할 수 있다면, 그것에는 완전한 느낌이 있는 것 같고 신뢰도 있는 것 같다. 그리고 그것을 보려면 찾아야 하는 것 같다. 시인 메이 사튼은 그것을 "사랑하는 사람에게서 나는 순수한 빛"이라고 했다. 아마 이름은 달라도 누구에게나 그것을 부르는 이름이 있고 저마다 다르게 지각하겠지만, 사람들은 대부분 그것이 존재한다는 것을 안다. 중요한 것은 우리가 그것을 본 적이 있고(저마다 독특한 형태로) 아마도 그것에 눈이 부시거나 흥분되거나 매료된 적이 있을 텐데 신화에 따르면 그것은 중요하지 않다는 것이다.

사회는 이런 빛에 관해 이야기하는 것을 엄격히 제한한다. 그것이 사회적 현실이라는 힘을 얻지 못하게 막으려는 것이다. 예컨대 여성에게도 남성이나 아이에게 몸을 줄 때만 빛나라고 한다. "빛나는 신부"와 "빛나는 예비 엄마"처럼 말이다. 남성에게는 빛난다거나 눈부시다거나 환하다는 말을 거의 하지 않는다. 그런데 아름다움의 의식이 여성에게 이미 여성의 것인 빛의 모조품을 다시 주겠다고 한다. 우리가 본 것을 말하지도 못하게 하고서 가장 중요한 은총의 모조품을 팔겠다고 한다.

아름다움의 의식은 이를 위해 삼차원인 세상을 이차원의 규칙에 따라 헤쳐 나가라고 한다. 우리는 패션사진이 이렇게 빛나는 것을 흉내 내려고 전문가의 솜씨로 빛나게 한다는 것을 "안다." 그러나 패션사진을 여성의 값싼 모사품으로 보지 않고 여성 자신을 패션사진의 값싼 모사품으로 보도록 길들여져, 우리의 이목구비가 빛나게 할 방도를 연구하라는 다그침을 받는다. 아름다움의 의식은 여성에게 마치 자신이 움직이면 망치는 사진이라도 되는 양 스스로 조명 디자이너이자 스타일리스트이자 사진작가가 되어 자기 얼굴을 박물관의 유물처럼 다루라고 다그친다. 전문가의 솜씨로 하이라이트와 로우라이트, 라이트이팩트와 프로스트앤글로우, 라이트파우더, 이리데선스, 이리디언스로 빛나게 하라고 다그친다.

인조 빛에는 규칙이 따른다. 나이 든 여성은 성에 효과를 쓰면 안 된다. 그러면 여성이 어떤 빛에 있는 것으로 보일까? 사무실 불빛에 있는 것으로 보일까, 햇빛에 있는 것으로 보일까, 촛불 아래 있는 것으로 보일까? 여성의 거울에는 빛이 내장되어 있다. 그래서 예기치 못한 상황에서 포착되면 잘못된 빛에 망친 사진처럼 자신이 노출될 것이다. 이런 특수효과에 대한 압박은 여성이 심리적으로 안락한 실내조명, 전통적인 여성의 공간에 중독되게 한다. 여성이 자연스러움과 일탈을 두려워하게 한다. 아름다움의 자의식은 피부 수준에 머물도록 되어 있어, 여성이 성적 영역으로 깊이 들어가거나 공적 영역이라는 큰 공간으로 나아가지 못하게 한다. 여성이 스스로를 완전히 새로운 빛에서 보지 못하게 한다.

이밖에도 여성을 실내로 몰아넣는 것은 많다. 우리는 레틴에이 크림(비타민 A 합성 화합물로, 여드름을 치료하고 피부 노화를 방지하는 약—옮긴이)을 쓰면 영원히 햇빛을 포기해야 한다. 미용성형수술을 해도 6주에서 6개월 동안 햇빛을 피해 실내에 숨어 있어야 한다. 장시간 햇빛에 노출되면 피부 노화가 일어난다는 사실이 발견되면서 피부암에 걸릴 위험과는 전혀 관계없는 햇빛 공포증도 생겼다. 오존층이 얇아지고 있는 것은 사실이지만, 햇빛을 두려워하는 이런 심리 상태는 여성과 자연계의 유대를 끊고 자연을 적으로 만든다. 남성의 전통에서 본 그런 적으로 말이다. 여성의 전통이 포위공격을 당하지 않았더라면, 여성들이 밖으로 나가 오존층의 손상으로부터 자신을 지키는 환경 바리케이드를 쳤을 것이다. 그러나 아름다움의 신화는 여성이 늙어 보이는 것을 두려워하도록 만들어 우리를 반대 방향으로 몰아간다. 또다시 분리된 영역이자 여성의 신비의 장소인 실내로, 여성을 억압하는 문화에서는 언제나 여성에게 걸맞은 장소인 실내로 말이다.

여성이 실내나 실외에서 아름다움이 반짝반짝 빛나도록 해야 하는 이유는 어떻게든 남성의 눈길을 끌기 위해서다. 인색하게도 반짝이지 않으면 주지 않는 관심을 끌기 위해서다. 눈길을 끄는 빛에는 반사적으로 눈길이 끌리게 마련이다. 아직 발달하지 않은 아기 눈도 빛나는 것을 따라간다. 여성이 관심을 끌기 위해 소리칠 수 있는 방법은 그것밖에 없다. 반면에 반짝이는 남성은 지위가 낮거나 현실의 남성이 아니다. 금니와 번쩍거리는 보석, 빙상 스케이터와 리버라치(화려한 무대 매너와 라이프스타일로 유명한 세계적인 피아니스트로, 동성애자라는 소문에 시달렸다—옮긴이)를 생각해보라. 현실의 남성은 무광이다. 그들에게 중요한 것은 그들의 말이기 때문에 외모가 말을 가려서는 안 된다. 그러나 여성은 지위에 관계없이 모두 반짝거린다. 데일 스펜더Dale Spender의 《남성이 만든 언어Man Made Language》에 따르면 대화 중에 남성은 여성의 말을 자르고 끼어드는 경우가 압도적으로 많고 여성의 말에는 이따금 관심을 기울일 뿐임을 보여준다.[29] 그래서 여성의 연설에는 화려한 빛과 색깔이 따른다. 여성이 입을 여는 건 다른 데로 새는 관심을 끌기 위해서다. 여성이 어떻게 보이는가가 중요한 것은 우리가 말하는 것을 중요하게 여기지 않기 때문이다.

나이 공포 열풍

아름다움의 의식은 모조 빛과 덧없는 날씬함이라는 터무니없는 두 제품 라인을 팔기 위해 광신적 신흥종교 집단에서 흔히 쓰는 기법을 교묘히 차용해 여성을 세뇌한다.

다음은 미국 TV에 나오는 장면이다. 카리스마 있는 지도자가 흰옷을 입고 청중에게 연설을 한다. 그녀의 얼굴이 환하게 빛난다. 여성이 얼어붙은 듯 꼼짝도 하지 않고 그녀의 말에 귀를 기울인다. 이들은 완전히 혼자서 세 단계를 밟게 된다. 그녀가 "이 시간을 여러분 자신에게 주세요. (…) 집중하세요. 그것을 정말로 느끼세요. 경건하게 이 단계들을 따르세요" 하고 말한다. 그러자 여성이 증언한다. "나도 처음에는 신봉자가 아니었어요. 그러나 지금 나를 보세요." "나는 그것에 헌신하고 싶지 않았어요. 그동안 온갖 것을 시도했고, 그래서 어떤 것도 내게 그것을 줄 거라고 믿지 않았거든요. 그 같은 것은 처음 봐요. 내 인생이 바뀌었어요." 카메라가 그들의 얼굴에 초점을 맞춘다. 마침내 그들이 모두 흰옷을 입고 지도자의 주위에 모인다. 눈들을 반짝이며. 카메라가 뒤로 물러나고 찬가가 들려온다. 그들이 공유한 비결의 근원은 콜라겐 추출물이 함유된 피부 영양 크림이다. 한 달치가 39.95달러인.

이런 영상을 통한 개종은 백화점에서 본격적으로 펼쳐지는 신흥종교적 행태를 보충하는 것일 뿐이다. 백화점에서는 성유 판매량의 50퍼센트가 "구매 시점 광고"로 이루어지며, 그 책략이 순수 종교를 빰칠 정도로 아주 정교하다.

여성이 백화점으로 들어갈 때는 당연히 아주 인간적이다. 머리카락은 바람에 날려 흩어지고, 얼굴도 볼 수 있다. 그러나 화장품 판매대에 도달하려면 일부러 방향감각을 잃고 헷갈리게 하는 거울과 빛과 향의 프리즘을 지나야 한다. 이것들은 하나로 결합해 최면술사와 광신적 신흥종교 집단에서 쓰는 "감각 과부하"에 걸리게 함으로써 외부 영향에 쉽게 반응하도록 한다.

판매대로 가면 양옆으로 천사 같은 모델의 "완벽한" 얼굴들이 줄지어 전시되어 있다. 그 뒤로 이쪽과 저쪽을 가르는 판매대 너머에 수호천사가 서 있고, 밑에서 불을 밝힌 판매대에는 여성이 이쪽에서 저쪽으로 가게 해줄 마법의 도구들이 펼쳐져 있다. 여성 판매원이 인간임을 그녀도 안다. 하지만 주위에 있는 천사들처럼 여성 판매원도 "완벽하게 만들어져" 그들에게 감히 다가서지 못할 정도로 자신의 얼굴에 "흠"이 있다는 것을 보게 된다. 순간 그녀는 백화점이라는 인공 천국 안에서 방향감각을 잃고 무엇이 살아 있는 천사나 사진 속 천사가 "완벽하게" 보이도록 하는지에 주의를 기울일 수 없다. 그들 모두 광택제를 듬뿍 발라 흠이 보이지 않는다는 사실에 주목하지 못한다. 광택제는 바깥세상과는 관계가 없다. 도시의 거리에 있는 패션사진의 장소에 어울리지 않는 표정에서도 알 수 있듯이. 그러나 주위에 모두 천상의 것들만 있어, 자신이 그 자리에 어울리지 않다는 느낌이 들어 창피한 나머지 그녀의 기억에서 인간 세상이 해체되어 사라진다. 그리하여 그녀는 자신이 잘못되었다고 보고 이쪽에서 저쪽으로 넘어가고 싶은 마음이 간절해진다.

화장품 판매원은 광신적 신흥종교 집단의 개종 전문가나 최면술사가 쓰는 비법과 비슷한 것에 숙달되어 있다.[30] 윌라 아펠의 《천국에 가도록 계획된 미국의 광신적 신흥종교 집단들Cults in America: Programmed for Paradise》에서 한때 "하나님의 자녀파Children of God"에 있었던 한 사람은 쇼핑몰에서 "길을 잃고 당황해 유혹에 넘어가기 쉬워 보이는" 사람들을 찾았다고 한다. 그녀의 눈에는 여성이 신성한 것들이 줄지어 있는 곳을 걸어가면 "길을 잃고 당황해 유혹에 넘어가기 쉬워 보이는" 사람이 되었다. 자리에 앉아 "단장"을 하기로 결심하는 순간, 그녀는 광신적 신흥종교 집단에서와 같은 끈질긴 설득과 강매의 대상이 된다.

이때 화장품 판매원은 손님의 얼굴을 아주 가까이 들여다볼 것이다. 표면적으로는 화장품을 바르기 위해서지만, 실제로는 필요 이상으로 가까이 들여다보며 계속 속사포처럼 말을 내뱉는다. 피부의 잡티와 주름, 여성의 눈 밑 처진 살에 초점을 맞추어서 말이다. 광신적 신흥종교 집단에서 개종 전문가들은 개종시킬 사람에게 아주 가까이 다가가 "눈을 뚫어지게 바라보며 (…) 약점을 찾도록" 훈련받는다.[31] 이때 여성은 자신이 저지른 죄와 실수로 인해 스스로를 위험에 빠뜨리고 있다는 선고를 받는다. "얼굴에 무엇을 쓰세요?" "겨우 스물셋인데 이 주름살을 보세요." "저 뾰루지들에도 행복하다면, 뭐." "눈 밑의 연약한 피부를 망치고 있군요." "지금 멈추지 않으면, 10년 안에 얼굴 전체가 주름투성이가 될 거예요." 아펠이 인터뷰한 또 다른 광신적 신흥종교 집단 구성원은 이러한 과정에 대해 이렇게 말한다. "결국 흘러넘치는 확신을 보여주는 것, 직접 전도하면서 늘 한 치의 흔들림도 없이 확신에 찬 태도를 보여주는 것이 관건이었다. (…) 이런 사람들은 모두 현실에 안전하게 발을 딛고 있는 느낌이 없고, 앞으로 무슨 일이 일어날지 몰라 불안하며, 그냥 예전에 했던 실수를 계속 반복할 거라는 두려움이 있다. 이것을 잘 이용해야 한다."

쇼핑객은 아마 끈질긴 설득과 협박에 굴복해 랑콤을 자신의 구세주로 받아들일 것이다. 그렇지만 다시 거리로 나오는 순간 값비싼 튜브와 병도 금방 아우라를 잃는다. 광신적 신흥종교 집단에서 빠져나온 사람은 나중에야 자신이 무슨 일을 겪었는지 깨닫는다.

그래서 이제 지면 광고는 광신적 신흥종교 집단의 잠재 고객들에게 한층 세련되게 접근해야 한다. 지난 20년 동안 지면 광고는 라틴어를 쓰는 가톨릭이나 히브리어를 쓰는 유대교, 암호를 쓰는 프리메이슨처럼 수수께끼 같은 언어를 사용했다. 그것의 창시자에게 마법의 힘을 주는 권위 있는 하느님의 말씀으로 말이다. 그러나 평신도들에게 그것은 과학, 혹은 그 탈을 쓴 사이비 과학의 뜻 모를 지껄임일 뿐이다. 예를 들면 "파이톨레스틸", "파이토필라인", "플루리솜TM", "SEI 콤플렉스"와 "생물학적 활성 조직 펩티드 LMP"(라프레리), "흡습 성분과 천연 세라미드"(샤넬), "독특한 바이오데르미아TM의 병렬성 혼합", "콤플렉스 #3"과 "레티큘린과 뮤코다당"(알로겐), "트로포콜라겐과 히알루론산"(찰스 오브 더 리츠), "인설레이트TM"(테르메 디 사투르니아), "글리코스핑고리피드"(GSL, 글리셀), "니오솜과 마이크로솜과 프로텍티놀"(시세이도)처럼.

로잘린드 마일스는 "서양 사회는 모두 두 번째 밀레니엄 초기부터 '새로운 학식'이 여성이라는 거대한 최하층 계급에 침투하지 못하도록 막는 기법을 찾아냈다"라고 말했다. 이렇게 말도 안 되는 권위적인 말로 여성에게 겁을 주기 전에도 서양 사회는 오랜 지적 배제의 역사를 이어왔다.

광고는 이렇게 주눅 들게 하는 터무니없는 말을 세련되게 다듬어 스킨크림이 실제로는 아무것도 하지 않는다는 사실을 감추었다. 성유 산업은 지난 40년 동안 여성에게 아무것도 아닌 것을 판매한 거대한 산업이다. 제럴드 맥나이트의 폭로에 따르면, 성유 산업은 "거대한 사기꾼에 지나지 않는다. (…) 달콤한 말로 유혹해 돈을 빼앗는 날강도 같은 장사꾼일 뿐이다."[32] 그들은 50퍼센트가 넘는 마진으로 전 세계에서 200억 달러의 수익을 올린다. 1988년에 피부 관리 산업은 미국에서만 30억 달러를 벌어들였고, 영국에서는 3억 3700만 파운드, 이탈리아에서는 8.9조 리라를 벌었다. 네덜란드에서는 1978년 1830만 길더를 벌었는데 1988년에는 그것이 6920만 길더로 증가했다.

지난 40년 동안 이 산업은 줄곧 거짓 주장을 해왔다. 그런데도 미국 식품의약품안전국은 1987년 이전에 딱 두 번 가벼운 이의 제기를 했을 뿐이다. 지난 20년 동안 성유 제조업체들은 한발 더 나아가 어이없게도 노화 속도를 늦추고(레브론 안티에이징 퍼마젤), 손상된 피부를 치료해주고(나이트 리페어), 세포를 다시 만들어준다고(셀룰러 리커버리 콤플렉스, G. M. 콜린 인텐시브 셀룰러 리제너레이션, 엘란실 리스트럭처런트) 주장했다. 1980년대에 여성이 컴퓨터를 구비한 노동 현장을 접하게 되자, 광고는 뜬구름 잡는 "병 속에 희망이" 같은 얄팍한 말을 버리고 과학기술의 탈을 쓴 새로운 이미지, 그래프와 통계 자료 같은 것을 채택해 마이크로칩의 권위를 한껏 부풀렸다. 상상에만 존재하는 과학기술의 "획기적 발전"은 여성에게 아름다움의 지표가 걷잡을 수 없이 높아지고 있다는 느낌을 주었고, 성유 산업의 주장들이 인간의 뇌로는 제대로 따져보거나 검증할 수 없을 정도로 빠르게 보도되었다.

정보의 과부화는 새로운 에어브러시 기술 및 사진 조작 기술과 결합해 면밀히 따져보는 것 자체가 인간의 능력을 넘어선 느낌을 여성에게 주었다. 카메라의 눈은 마치 신의 눈처럼, 불완전한 인간의 눈으로는 내릴 수 없고 현미경으로 봐야만 내릴 수 있는 판단을 내리며 인간은 탐지할 수 없는 "흠"을 확대해 보여주었다. 1980년대 초 자신을 "사이비 과학자"로 칭했던 연구개발 회사 라보라투아 세로비올로지크의 모리스 허스타인은 말했다. "우리는 전에는 불가능하던 것을 보고 측정할 수 있게 되었다. 그러한 일은 우주 과학기술의 정교한 분석기술을 이용할 수 있게 되면서 일어났고, 생명공학의 발전은 우리가 분자 수준에서 사물을 볼 수 있게 해주었다. 전에는 일일이 만져봐야 했다."[33] 그의 말은 아름다움을 위한 투쟁이 육안으로는 볼 수 없고 "만져봐서는" 알 수 없는 조직을 측정하면서 아주 미세한 것에 초점을 두게 되어 투쟁 자체가 형이상학적으로 변질되었다는 것이다. 여성은 이제 인간의 눈에는 존재하지 않을 정도로 희미한 주름살을 없애는 것도 도덕적으로 타당한 명령이라는 믿음을 갖도록 요구받고 있다.

성유가 한다고 주장하는 것과 실제로 하는 것을 이어주던 희미한 고리가 마침내 끊겨 아무 의미도 없는 것이 되었다. 한 여성지에서는 "모든 테스트와 등급이 표준화될 때까지 숫자는 의미가 없다"는 이 산업의 대변인 그로브 박사의 말을 인용하면서 "소비자는 기계가 측정한 것을 육안으로는 볼 수 없다는 것을 늘 명심해야 한다"라고 덧붙였다.

"적"을 볼 수 없고 "장벽"을 볼 수 없고 "침식의 영향"을 볼 수 없고 성유의 효과를 "육안으로는 볼 수 없다"면, 우리는 순수한 신앙의 차원에 들어서게 된다. 거기서는 "그래프"가 치료 뒤에 바늘 끝에서 춤추는 천사의 수가 "눈에 띄게 증가한 것"을 보여주는 증거로 제시된다. 노화에 맞선 성유의 투쟁이라는 완전히 드라마틱한 소설이 1980년대 중반에는 완전히 가공의 무대에서 펼쳐지기 시작해, 초자연적인 치료제를 팔려고 초자연적인 흠을 만들어냈다. 이때부터 여성의 얼굴과 몸에서 그들을 불행하게 만드는 것을 다른 사람은 볼 수 없었다. 여성은 그 어느 때보다도 이성의 위로를 받을 수 없는 처지에 놓였다. 이제는 완벽하려면 예술가의 틀을 넘어 현미경으로 보아도 흠이 없을 정도가 되어야 했다.

그러나 성유 산업 내부에도 스킨크림이 효과가 없다는 것을 인정하는 사람이 많다.[34] 유니레버의 생화학자 버디 웨더번에 따르면 "피부에 콜라겐을 문질러서 발랐을 때 얻을 수 있는 효과는 무시해도 좋을 정도다. (…) 분명히 말하건대 주름을 멈출 수 있는 것은 없다." 미용 체인 업체인 더바디샵의 애니타 로딕은 "어떤 부분에 발라서 큰 슬픔이나 스트레스, 굵은 선을 지울 수 있는 것은 없다. (…) 우리가 어려 보이게 해줄 수 있는 것은 없다. 어디에도, 전혀"[35]라고 했다. 여기에 덧붙여 여성지 〈셀프〉의 편집자 앤시아 디즈니는 "우리가 어려 보이게 해줄 수 있는 것은 없음을 안다"[36]라고 밝혔다. 시세이도의 공동 책임자 수기야마가 결론 내린 대로 "나이 드는 것을 피하고 싶다면 우주에서 살아야 한다. 일단 자궁에서 나오면 주름이 지는 것을 달리 피할 도리가 없다."[37]

뒤늦게나마 성유 산업의 주장에 사기성이 있다는 사실을 비밀에 부치는 데 기여한 전문가들의 동료 의식을 깬 것은 펜실베이니아대학의 앨버트 클리그먼Albert Kligman 교수다.[38] 우리는 그의 내부 고발을 전후 사정을 감안해서 볼 필요가 있는데, 그가 바로 레틴에이 크림을 개발한 사람이기 때문이다. 피부에 염증과 햇빛 알레르기를 일으키고 지속적으로 심한 박피가 일어나게 하는 등 문제 앞에서 유일하게 무언가를 하는 듯이 보이는 그 물질 말이다. 그는 선견지명을 발휘해 "오늘날 이 산업에서는 사기가 과대광고를 대체하고 있다. (…) 소비자와 FDA[39]의 철퇴를 피할 수 없으며, 그로 인해 신뢰성에 큰 상처를 입을 것이다"라고 동료들에게 말했다. 나아가 인터뷰에서 "그들이 노화를 방지한다거나 피부 속까지 미치는 생물학적 효과가 있다고 주장할 때, 이를 멈추게 해야 한다. 그것은 완전히 허튼소리다. (…) 이성과 진리의 한계를 넘어선 소리다"라며, 이 새로운 제품이 "그것에 돈을 투자한 사람이나 그것을 만든 사람이 주장하는 기능을 전혀 하지 못하는 이유는 그것이 주름살에 지속적인 효과를 낼 만큼 피부 깊숙이 침투하기가 불가능하기 때문이다. 어떤 선이나 주름을 제거하는 것, 세포의 노화를 영원히 방지하는 것도 마찬가지다"라고 주장했다. 어떤 것이 그 같은 결과를 얻을 수 있는 가능성은 "사실 제로다."

클리그먼은 "내 동료 가운데 일부는 내게 '여성은 참 아둔해! 어떻게 저 기름 같은 것을 살 수 있지? 그것도 명문대를 나온 여성이 무엇에 홀린 거야? 왜 그들은 백화점에 가서 그런 말도 안 되는 것에 250달러를 지불할까?' 하고 말한다"는 사실도 인정한다.

여성이 "참 아둔한" 것은 기득권층과 그들의 감시자들이 여성이 참 "아둔하고" 앞으로도 계속 "참 아둔해야" 한다는 화장품업계의 결정을 공유하기 때문이다. 미국에서는 1987년 마침내 "철퇴"가 내려졌다. 1년에 200억 달러를 사기당하는 여성 소비자를 염려한 결과는 아니었지만 말이다. 그것은 심장 전문의 크리스티안 바너드 박사가 글리셀("100퍼센트 사기다"라고 클리그먼은 말한다)을 내놓으면서 시작되었다. 박사의 명성과 자기 제품에 대한 터무니없는 주장("이로써 우리는 역사상 처음으로 화장품에 자기 이름을 붙인 의사를 떠올릴 수 있게 되었다"라고 사노피 뷰티 프로덕스의 스탠리 콜렌베르크는 말했다)이 이 산업 종사자들 사이에 질투심을 불러일으켰다. 제럴드 맥나이트의 정보원에 따르면 "누군가가 FDA에 그 제품을 선반에서 끌어내리는 조치를 취하지 않으면 이 산업이 FDA의 명성에 먹칠을 할 것이라고 했다"라고 말했다 한다. 그러자 FDA에서 이 산업 전체를 타깃으로 삼았다. "왜냐하면 우리 모두 그러고 있었으니까. 터무니없는 주장을 하고 있었으니까." FDA는 23개 주요 화장품 회사 경영진에 "그들이 잡지와 영화 등 광고를 할 수 있는 모든 영역에서 뻔뻔하게 하고 있는 주장 (…) 제품에 노화를 막고 세포를 재생해주는 '신비로운' 성분을 넣었다는 주장"에 대해 설명을 해달라고 했다. FDA는 "주장을 즉각 철회하거나 약품으로서 효능이 있는지 테스트를 받으라고" 했다. FDA 책임자 대니얼 마이클스는 그들에게 "우리는 이들 제품이 안전하고 효과가 있다는 과학적 증거가 있는지 모르겠다. 게다가 이러한 제품이 원래 의도한 대로 안전하고 효과가 있다고 널리 인정받는지도 모르겠다"라고 했다. 다시 말해 FDA는 만일 그 크림이 그들의 주장대로 효과가 있다면 약품이므로 효능 검사를 받아야 하고, 그렇지 않다면 거짓 주장을 하는 셈이라고 말한 것이다.

그렇다면 이 모든 것이 누군가가 정말로 여성을 상대로 용의주도하게 사기를 치는 산업에 대해 우려한다는 증거일까? 모리스 허스타인은 "FDA는 '이봐, 우리는 당신들이 말하는 것에 관심이 있지 당신들이 하는 것에 관심이 있는 게 아니야'라고 말하고 있을 뿐이다. 그것은 사전적 문제, 어휘의 문제, 용어의 문제다"라고 했다. FDA의 수장이 하는 말도 그다지 적대적으로 들리지 않는다. 그는 "우리는 누군가를 처벌하려는 게 아니다"[40]라고 1988년에 〈뉴욕타임스〉 기자 데보라 블루멘탈에게 말했다. 그녀는 그 제품들은 계속 그대로 있고 일부 주장의 "초현실적 성격"만 사라질 거라고 믿었다. 그러나 3년 뒤에 그런 "초현실적" 주장들이 다시 나타났다.

얼마나 터무니없는 일인지 생각해보라. 지난 20년 동안 성유 산업은 믿을 수 없는 도표와 숫자를 이용해 "개선된 것이 증명되었다"느니 "눈에 보이는 차이"를 만들었다느니 하며 "과학적인" 주장을 내세웠지만, 그 어느 것도 외부의 검증을 받지 않았다. 미국 밖에서도 같은 제조업자들이 계속 거짓 주장을 하고 있다. 영국에서는 거의 모든 성유 광고가 "어떤 식으로도 다시 젊게 해준다는 주장, 즉 나이를 먹거나 그와 관련해서 생기는 생리적 변화나 퇴행성 질환을 막거나 지연시키거나 되돌릴 수 있다는 주장이 들어가서는"[41] 안 된다는 영국 광고 규정을 무시한다. 1989년 영국 통상산업부도 결국 미국의 선례를 따랐지만(영국 피부과 전문의 로널드 막스의 말대로 "이 모든 것은 한바탕 소동에 지나지 않았다"), 아직도 목적을 완수하기에 충분한 시간과 노력을 투여하지 않았다. 미국에서나 영국에서나 이 산업에 압력을 행사해 주장을 철회하거나 여성에게 사과하도록 하는 대중적 움직임도 없었고, 그동안 이루어진 규정의 변화에도 불구하고 그렇게 오랫동안 철저하게 사기당한 여성들이 금전적 보상을 받을 수 있는 가능성 또한 제기되지 않았다.

그런 사기 행위를 이렇게 심각하게 받아들이는 것이 과잉 반응일까? 여성과 성유의 관계가 흔히 하는 이야기에서 엿볼 수 있듯이 그렇게 시시한 것일까? 여성의 믿음의 파토스가 그렇게 무해하고 사랑스럽기까지 한 것일까? 여성이 1년에 200억 달러를 쓰는 것이 뭐 그리 중요하냐고? 그 돈이면 우리가 해마다 미국 정부에서 제공하는 보육 시설을 세 배 정도 늘릴 수 있다.[42] 그 돈이면 해마다 여성 진료소를 2,000개 세울 수도 있고, 여성 영화나 음악, 문학, 미술 축제를 7만 5,000번 열 수도 있고, 여자 대학을 50개 세우거나, 바깥출입을 하지 못하는 노인을 위해 고임금의 가정 방문 도우미를 100만 명 고용하거나, 매 맞는 여성을 위한 쉼터를 3만 3,000개 만들거나, 피임 크림을 20억 개 사거나, 늦은 밤 안전하게 이동할 수 있게 벤을 20만 대 사거나, 고등교육을 받지 못하는 젊은 여성 40만 명에게 4년 전액 장학금을 주거나, 세계 일주를 할 수 있는 비행기 표 2000만 장을 사거나, 별 네 개짜리 프랑스 식당에서 다섯 코스로 된 만찬을 2억 명이 즐기거나, 뵈브 클리코 샴페인을 4000만 상자 살 수 있다.

이게 그렇게 하찮은 돈인가? 여성은 가난하지만, 가난한 사람도 가끔은 사치를 할 필요가 있다. 물론 여성도 무엇이든 원하는 것을 자유롭게 살 수 있어야 하지만, 우리가 힘들게 번 돈을 쓰는 거라면 그런 사치품이 원래 약속한 것을 제공해주어야 한다. 죄책감을 느끼며 쓰는 돈을 거머리처럼 빨아먹지만 말고 말이다. 아무도 이런 사기 행위를 심각하게 받아들이지 않는 것은 그것의 대안이 사회에 정말 위협이 되기 때문이다. 처음에는 여성이 나이 드는 것을 받아들이고, 다음에는 찬양하고, 결국은 즐길 것이기 때문이다. 여성의 돈을 낭비하는 것은 계산할 수 있는 피해를 주지만, 이런 사기가 그것의 유산인 노화에 대한 공포를 통해 여성에게 주는 피해는 헤아릴 수 없을 정도다.

FDA가 철퇴랍시고 내린 것은 부패하고 타락한 상황이 바뀌어 여성이 나이를 보여주는 것을 사랑해도 될 가능성을 차단해버렸다. 광고언어가 금새 어조를 바꾸어 감정적으로 강요하는 수준이 되었고, 단어 하나하나가 시장조사 결과에 따라 정교하게 다듬어졌다. 여성의 내밀한 욕망과 두려움을 노래한 산문시는 이전의 과학적인 거짓말보다도 훨씬 설득력이 있다. 믿음 체계의 성공은 종교 지도자가 그것의 타깃이 되는 사람들의 감정 상태를 얼마나 잘 이해하느냐에 달려 있다. 성유 광고가 독자의 감정 맥을 놀라울 정도로 정확하게 짚기 시작했다.

그런 광고들을 분석해보면 여성이 스트레스에 엄청나게 시달리고 있다는 것을 알 수 있다. 많은 여성이 공개적으로는 자신감을 보이지만, 속으로는 상처받기 쉽고 지치고 압도되고 포위된 느낌에 휩싸여 있다. 새로운 시나리오에서는 보이지 않는 위험이 무방비 상태의 여성 피해자를 공격한다.

- 피부에 자극을 주는 환경 유해 물질을 (…) 차단하고 (…) 비바람을 막아주는 (…) 완충제 (…) 디펜스 크림. **엘리자베스 아덴**
- 여러분과 피부에 자극을 주는 환경 유해 물질 사이에 있는, 눈에 보이지 않는 장벽 (…) 눈에 보이지 않는 방패. **에스티 로더**
- 지켜주는 (…) 추가된 방어막 (…) 피부를 보호해주는 성분이 효과적으로 배합된 프로텍티놀 (…) 얼굴을 끊임없이 공격하는 것들 (…) 한층 오염된 오늘날 환경 (…) 피곤함, 스트레스 (…) 피부를 공격하는 환경과 생활양식

의 변화. 클라란스

- 스트레스와 긴장에 시달리게 하는 오늘날의 생활양식에 대응하라. 알메이
- 날마다 (…) 해로운 환경 조건에 노출되는 데다 스트레스와 피곤함까지 겹쳐 피부에 악영향을 끼치고 피부의 자연스러운 균형 상태를 해친다. RoC
- 천연 보호막을 강화해 (…) 낮 시간의 환경 스트레스에 대응하고 (…) 외부 공격을 막아주는 보호 장벽. 찰스 오브 더 리츠
- 피부에 자극을 주는 환경 유해 물질을 차단하고 (…) 비바람을 막아주는 (…) 완충제. 에스티 로더
- 나이와 자외선 노출의 공격 (…) 환경의 화학적·물리적 공격을 막아주는 보호 장벽 (…) 몸의 타고난 방어기제 (…) 적시에 당신을 가장 잘 (…) 보호해주는 것을 찾아라. 클라이엔텔
- 세포가 (…) 무더기로 떨어져 나가 상처받기 쉬운 연약한 주머니를 남긴다. (…) 일상적 환경에의 노출 (…) 형광등 불빛, 지나치게 더운 사무실이 (…) 주름살을 만든다. (…) 눈에 보이지 않는 적 (…) 여성의 70퍼센트가 눈에 보이지 않는 침식을 경험한다. 오리엔스
- 외적 요소의 공격을 받아 (…) 외부에서 공격하는 것들. 오키디아
- 피부를 지켜주는 것 (…) 과민 반응을 하지 않도록 보호해주는 것 (…) 피부에 자극을 주는 환경의 영향을 중화한다. (…) 또 하루 혹사당하기 전에 보호하라. (…) 오랜 세월의 부정적 영향을 완화시킨다. 에스티 로더
- 사는 동안 날마다 공격받아 (…) 반드시 필요한 장벽 (…) 스스로 자신을 지키도록 도와준다. 로레알

여성이 빠저리게 받아들이는 이 시나리오는 무엇일까? 그것은 일에

서는 잘 제어된 성공적 삶을 사는 여성도 말하지 않는 삶의 이면에 관한 것, 성폭력과 길거리 성희롱, 적대적인 직장에 관한 것이다. 이것들은 단어 하나하나가 노화나 제품의 특성과는 관계없는 여성의 합리적 두려움, 우리의 아픈 데를 건드린다. 여성에게 공적 영역은 새롭기도 하지만 보이지 않는 위험으로 가득 차 있다.

여성은 살면서 날마다 "보이지 않는 것"의 공격을 받는다. 여러 연구 결과가 되풀이해서 보여주듯이, 여성은 적어도 여섯 가운데 하나는 강간을 당한 적이 있고, 44퍼센트가 강간 미수를 겪었다.[43] 우리에게는 공격당하기 쉬운 "연약한 주머니"인 질이 있다. 여성이 에이즈 바이러스에 얼마나 감염되었는지는 아직 알려지지 않았지만, 우리에게는 "보호 장벽"인 콘돔과 질 좌약이 필요하다. 미국에서는 결혼한 여성의 21퍼센트가 배우자에게 신체적 학대를 당했다고 한다.[44] 해마다 미국 여성 150만 명이 배우자에게 폭행을 당하고, 영국 여성은 일곱에 하나가 남편에게 강간을 당한다.[45] 여성이 공격을 막아주고 보호해준다는 환상에 반응하는 것은 실제로 공격을 당하기 때문이다.

일하는 여성도 지위가 낮은 20개 일자리에 거의 모두 모여 있다. 제도적 차별이라는 "보이지 않는 적"에 둘러싸여 있는 것이다. 게다가 도시의 길거리에서 날마다 성적인 언어폭력을 당해 "환경 스트레스"에도 노출되어 있다. 여성은 자존감 테스트에서 남성보다 점수가 낮게 나왔는데 이는 "오랜 세월의 부정적 영향", 즉 내면화된 자기혐오를 극복해야 한다는 것을 의미한다. 미국에서는 결혼이 거의 셋 중 둘이 이혼으로 끝나는데, 이혼으로 여성의 생활수준은 73퍼센트 하락하고 남성의 생활수준은 42퍼센트 상승한다.[46] 여성은 "무방비 상태"에 있다.

800만 명이 넘는 미국 여성이 아이를 하나 이상 혼자서 기르는데, 그들 가운데 500만 명만 양육비를 받는다. 그것도 47퍼센트는 전액을 받지만, 37퍼센트는 반도 못 받고, 28퍼센트는 전혀 받지 못한다.[47] 여성이 "생활양식의 변화"로 무너지고 있다. 1983년 미국 여성의 중간 소득은 6,320달러였는데, 남성의 중간 소득은 그보다 두 배가 넘게 많았다.[48] 여성 3분의 2에서 4분의 3이 직장에서 성희롱을 당한 적이 있다.[49] 우리는 "피부에 자극을 주는 환경"에도 노출되어 있다. 너무 많은 일과 낮은 임금으로 "지나치게 더운 사무실"에서 "형광등 불빛" 아래 "스트레스를 받으며" 일한다. 남성이 1달러를 벌 때 여성은 59~66센트밖에 벌지 못한다.[50] 우리는 평등하게 해주는 이퀄라이저라는 성유를 살 수 있다. 바셀린 인텐시브 케어는 "마침내 (…) 동등한 대우 (…) 우리가 받아 마땅한 대우"를 받도록 해준다. 그러나 최고 경영자의 5퍼센트만이 여성이다. 존슨앤존슨은 퍼퍼스Purpose, 즉 목적을 만든다. 그러나 남녀평등 헌법 수정안이 미국 국회에서 통과되지 못해, 여성에게는 완충제가 필요하다. 우리는 더 좋은 방어물이 필요하다.

이제 성유는 남성에게 받을 수 없고 법으로부터도 아직 받을 수 없는 보호를 여성에게 해주겠다고 한다. 그것도 꿈의 수준에서 그러겠다고 한다. 환기되는 두려움에 따라 차도르나 정조대, 남편, 방사능 보호복이 되어, 거친 남성의 세계에서 여성을 안전하게 지켜주겠다고 한다.

광고 문구 가운데는 여성이 스트레스가 많은 새로운 역할에, 아니 그보다는 여성이 성차별적인 바깥세상에서 높은 스트레스에 시달리는 것을 페미니즘 탓으로 돌리는 차별적인 세계에 들어가는 것에 대해 느끼는 모순감정에 호소하는 것들도 있다. 많은 여성이 남성이 정의하는

"성공"을 얻기 위해 치러야 하는 비용과 아이를 돌보지 못하는 시간에 대해 복잡한 감정을 느낀다. 이것이 "포스트페미니즘 판" 피부 관리다.

- 스트레스 (…) 피부의 긴장(풀어준다). **알메이**
- 스트레스를 받은 피부를 위한 농축액 (…) 역경에도 승리를 거두고 (…) 20세기 피부 문제를 해결해준다. **엘리자베스 아덴**
- 스트레스와 긴장. **비오템**
- 성공이 당신의 피부에 해를 끼치는가? (…) 눈코 뜰 새 없이 바쁜 생활양식이 당신을 스트레스에 노출시킨다. (…) 피부에 정말 큰 해를 끼치는 일(우리 어머니들은 걱정하지 않았던 것). **올랑**
- 삶의 현실에 직면하라. 당신에게 일어나는 일이 당신의 피부에 일어나고 있다. (…) 놀라울 정도로 많은 것을 요구하는 생활양식을 가진 여성에게. **매트릭스**
- 현대 여성은 바쁘고 부산한 삶에 치여 자신의 다리를 돌보지 못한다. **G. M. 콜린**
- 당신의 피부가 혼란에 빠져 어쩔 줄 모를 때. **오리진스**

미국의 이혼율은 1970~1981년 사이에 거의 두 배 증가했다.[51] 유럽의 대부분 나라에서도 1960년부터 지금까지 이혼율이 두 배 증가했고, 네덜란드에서는 세 배, 영국에서는 네 배, 바베이도스에서는 열 배 증가했다. 방글라데시와 멕시코에서는 결혼한 여성 열에 하나가 이혼이나 별거를 했고, 콜롬비아에서는 다섯에 하나가, 인도네시아에서는 셋에 하나가 그랬다. 엘리자베스 아덴의 아이존 리페어젤은 "세포와 세포 사이에서 떠받쳐주는 중요한 구조가 무너져 피부가 약해지고 상처 받기 쉬운 상태가 된다"며 튜브로 여성사의 마지막 주기를 제공한다. 엘리자베스 아덴의 이뮤네이지Immunage는 "피부를 지탱해주는 구조를 약화시켜 무너뜨리는 광선"을 막아준다. 치료받지 않은 피부는 "응집력의 극적인 결핍"을 보인다. 이제 전통적으로 여성을 지탱해주던 체계는(가족, 남성의 경제적 지원, 심지어는 페미니즘의 두 번째 물결이 낳은 여성 집단마저도) 무너졌다. 크리니크는 "궁핍한 피부를 지탱하는 데 도움이 된다. 이것은 좋은 일이다." 누군가가 자신을 구원해줄 거라는 환상 속에서 독신 여성이나 힘들게 분투하는 여성들은 에스티 로더의 마이크로솜이 고성능 자석처럼 가장 도움이 필요한 피부 세포에 찰싹 달라붙어서 그것을 회복해주고 강화해주고 재건해준다는 광고를 읽는다. 이렇게 "지탱해주는 체계"를 핵가족과 입법부는 우리에게 주지 못했지만, 이제는 약국에서 살 수 있는 "역동적 조치"로 그것을 "보수하고 재건할" 수 있다.

표면적으로는 온당하지만 공격적인 뜻이 숨어 있는 이런 광고 문구는 여성의 무의식에 자리 잡은 불안과 공포에 따라 달라질 것이다. 그러나 여성이 이런 메시지를 통해 우리를 억압하려는 값비싼 믿음 체계에서 벗어나고 싶다면, 성유의 광고 문구가 그 제품에 관한 것이 아니라 우리 시대에 숨어 있는 악마를 인상적일 정도로 정확하게 표현한 것임을 알아야 한다.

성유 광고는 아주 개인적인 수준에서 여성에게 필요한 것도 건드린다. 그것은 여성이 때로는 퇴행해서 보살핌을 받을 필요를 느낀다는 것도 안다. 그래서 아름다움의 의식을 이용해 현재에서 벗어나 자꾸 과거를 떠올리도록 한다. 과거를 이상화하는 광신적 신흥종교를 부흥운동이라고 하며 그 대표적인 사례가 나치즘이다.

나이와 몸무게에 관한 신학으로 인해 여성에게는 에덴동산(티모타이 샴푸의 "비밀의 화원")과 그것의 상실에 관한 기억이 있다. 어려서는 여성이 모두 "흠 없는" 피부에 먹고 싶은 만큼 실컷 먹도록 보살핌을 받았다. 그러나 이제는 거의 모든 광고에서 볼 수 있는 두 단어가 "생기를 되찾아준다"와 "영양을 준다"이다. 알메이는 "새로운 삶을 준다". RoC는 "생기를 되찾아주고", 오라세바Aurasera는 "생기를 되찾아", "다시 태어나게" 해준다. 클라란스는 한 번 접은 광고지에서 "생기를 되찾아준다"는 말을 9번이나 쓴다. 엘리자베스 아덴을 쓰면 "다시 태어날" 수 있다. 겔랑은 리바이테놀을 준다. 한 광고에서 두 단어가 최면을 걸듯이 반복되기도 한다. 밀레니엄이라는 성유의 한 쪽짜리 광고지에서는 "부활"이라는 말이 28번 되풀이된다. 그리스도의 재림으로 도래하는 새천년은 죽은 사람이 되살아나는 때이고, 이때 여성은 아름다움의 의식에서 여성이 가장 생기 넘치는 어릴 때로 되돌아간다.

광고주는 여성이 신체적으로나 감정적으로 영양 부족을 느낀다는 것도 안다. 우리는 배고픈 것을 참는다. 그것을 인정하면 약점이 될 테니까. 그러나 우리의 영양 결핍이 성유 광고에는 나온다. 그것은 금지된 풍요로움과 달콤함, 성지의 꿀, 성모마리아의 모유를 강조한다. 밀크앤허니, 밀크플러스 6, 에스티 로더 리뉴트리브, 맥아와 꿀, 맥스팩터 2000칼로리 마스카라, 스킨푸드, 크림, 무스, 캐비아 등등. 여성은 육체적으로나 정신적으로나 죄책감이나 갈등 없이는 취할 수 없는 좋은 것을 피부에 먹인다. "생각의 양식"[52]이라는 〈뉴욕타임스〉 기사에서 린다 웰스는 "최근 피부 관리에 쓰는 재료들을 보면 (…) 화려한 식당 메뉴로 오해할 수도 있을 지경이다"라면서 메추라기 알과 꿀, 바나나, 올리브유, 땅콩, 캐비아, 시계꽃 열매를 열거한다. 굶주린 여성들이 안에서 정말 원하는 것을 바깥쪽에만 허락한다.

1990년 담배 회사 버지니아슬림에서 여성 3,000명을 조사해보니 절반이 "남성은 자신의 성적 만족에만 관심이 있다"라고 느꼈다. 가장 "집중적인 영양 공급"을 해주는 것은 밤 시간에 쓰는 크림이다. "당신의 피부가 더 많은 영양을 흡수할 수 있을 때. 이때는 (…) 특별한 영양을 (…) 섭취하는 시간이다"(알메이 인텐시브 나리싱 콤플렉스). 밤 시간은 여성들이 보살펴주는 주는 이가 없다는 것을 가장 깊이 느낄 때다. 그러나 피부에 "영양을 공급하는 것"은 과학적으로 불가능하다. 어떤 것도 각질층을 뚫고 들어갈 수 없기 때문이다. 여성은 많은 이가 받지 못하는 사랑을 자신에게 주는 방법의 하나로 자신의 피부에 영양을 공급한다.

광고는 여성에게 이러한 제품에 남성과의 관계에서 원하는 것을 투영하도록 다그친다. 첫 번째《하이트 보고서》는 여성이 더 많은 부드러움을 원한다는 것을 보여주었다. 거기에는 관능적이고 친밀한 기독교 신비주의 경향이 녹아 있다. 기독교 신비주의에서 그리스도는 낭만적인 순수한 결합을 맛보게 해주는 연인이다. 신랑 예수는 여성의 환상의 대들보였다. 화장품으로 나타난 신의 아들은 부드럽다. 그는 탄원자가 필요한 것을 정확히 안다. 오일은 "마음을 차분하게 가라앉히고", "달래주고", "편안하게 해주고", "자극을 받아", "민감한" 피부 또는 자아에 "위안"을 준다. 광고를 보면, 여성은 남성에게 지금보다 많은 보살핌과 관심을 받기 바라고("그들은 당신에게 어떤 개인적인 관심도 주지 않는다"—크리니크), 더 느린 손과 더 편안한 손길을 원한다. 오일은 "비단처럼 부드럽게 미끄러진다." 병 속의 정령은 현실의 남성이 분명 충분히 해주지 않는 것을 한다. 그녀를 부드럽게 만지고 영원히 헌신하며, 진정으로 공감하고 걱정해주며, 여성이 남성에게 해주는 것을 해준다. 그는 "당신이 영원한 관계를 가질 수 있는" 립스틱으로 온다. "더 많은 보살핌. 순수한 보살핌", "모든 것을 돌봐주는 크림", "특별한 보살핌", "집중적인 보살핌"(존슨앤존슨), "애정 어린 보살핌"(클레롤), "자연적인 보살핌"(클라란스)을 제공한다. 그녀의 성적 페이스도 알아 "부드럽게 다가와", 여성이 "갈망해온", "그런 종류의 사랑"을 해준다. 섹스에서 죄책감도 없애주어, 그녀가 "아주 자연스러운 감정을 되찾을 수 있게" 해준다. 그는 공감 샴푸이고 친절한 클렌저이고 애무해주는 비누이고 풍부한 컨디셔너다. 신기하게도 여성의 성적 욕구도 더는 갈등의 원천이 아니다. "당신의 피부가 민감한 순간들이 더 이상 문제일 필요 없다. (…) 당신은 곳곳에 세심한 보살핌을 받을 필요가 있다. (…) 그것은 몸에서 가장 복잡한 기관이다." "아주 기분 좋게 윤활유를 발라주고", "최대한 스며들게 해주고", "당신의 요구에 바로 응하고", "당신이 필요할 때 필요한 곳에서 특별한 보살핌"을 주겠다고 하는 것들도 있다. (가톨릭 기도서에서는 "당신은 내게 어떤 좋은 것이 필요한지 아십니다"라고 한다.) 여성의 성도 결국은 그와 같다. 그래서 "때로는 당신에게 기교가 조금 필요하고, 때로는 많이 필요하다."

다른 분위기에서는 무너진 권위에, 하느님 아버지에게 다시 복종하고 싶은 갈망에 몸부림치는 여성도 있을지 모른다. 그래서 어떤 판매 문구에서는 여성에게 기꺼이 회초리를 맞으라고 한다. 여성은 "길들일" 필요가 있다. 길들여서 자연스러운 충동에 휩쓸리지 않게 그것을 억누르도록 까다로운 지침을 내릴 필요가 있다. 그래서 자신을 억누를 수 있도록 공정하지만 자비롭고 부드럽지만 단호한 남성의 손을 제공하겠다고 한다. 그녀는 문제가 있는 피부는 문제아처럼 "추가로 관리할" 필요가 있다. "늙은 피부에 마지막으로 필요한 것은 아기처럼 다루는 것이다." 매를 아끼면 안색이 상한다. "피부에서 죽은 세포를 벗겨내라. 물에 담가라. 되도록 공격적으로"(크리니크). 그녀는 "바로잡고 예방하는"(에스티 로더) 조치를 살 수 있다. 바로잡고 예방한다는 말은 청소년을 교화할 때 쓰는 말이다. 그리고 "피부가 늘어진다고? 당신의 피부에 엄격하라"(클라란스).

여성은 다른 이들의 희생을 통해 아우라를 얻는 물질에 반응한다. 죽음이 들어간 물질은 기적을 일으킬 게 틀림없다. 스위스 스파 라프레리에서는 매주 "살아 있는 생생한 세포"를 위해 갓 유산한 양의 배아를 "희생시킨다"(한 고객은 이를 두고 "숭고한 경험"이라고 했다).[53] 태반은 얼굴에 바르는 크림에 공통으로 들어가는 재료이고, 돼지의 위 효소도 마찬가지다. 포유류의 태아 세포도 가공되어 얼굴에 바르는 크림에 들어갔고, 오르키데아에서는 "유방 추출물"을 제공한다. 제럴드 맥나이트에 따르면 영국과 프랑스, 캐나다에서는 인간 태아의 조직 세포가 스킨크림 제조업체에 팔린다고 한다.[54] 그는 가난한 나라 임신부들에게 7개월이나 된 아기를 유산해서 약 200달러에 화장품용 태아 조직으로 팔라고 설득한 기록을 예로 든다. 17세기 루마니아에서는 한 백작부인이 농노 출신 처녀들을 살해하고 그들의 피로 목욕을 해 젊음을 유지하려고 했다. 뱀파이어는 절대 나이를 먹지 않는다.

마법 같은 효능은 금전적 희생에서도 온다. 헬레나 루빈스타인과 〈보그〉에서 일한 적 있는 한 정보 제공자는 "실제로 쓰는 재료는 (여성이) 지불하는 비용의 10퍼센트나 그 이하밖에 안 된다"라고 맥나이트에게 말했다. "끔찍할 정도로 비싼 가격을 매기는 것"은 광고와 "연구조사"에 들어가는 비용을 충당하기 위해서다. 물론 비현실적인 가격이 사실은 성유가 여성을 꾀는 요인 가운데 하나이기도 하다. 린다 웰스는 〈뉴욕타임스〉에 쓴 "터무니없는 가격"[55]이라는 기사에서 에스티 로더가 "명성"을 위해 가격을 인상했다고 밝혔다. 레블론의 회장은 "이 산업 전체가 너무 비싸다"라고 말한다. "값이 치솟고 있다. (…) 어떤 회사들은 그러한 경향이 정점에 이르렀다고 믿는다. 그런데 하늘 높은 줄 모르고 가격을 더 올리는 회사들도 있다." 그런데 높은 가격이 여성에게 성유를 사게 만든다. 맥나이트는 묻는다. "가격을 대폭 내려도 (…) 그들이 똑같은 만족을 느낄까? 이러한 측면에 사회학자와 심리학자 모두 혼란을 느낀다." 그는 7.50달러짜리 제품의 재료비가 0.75달러에 불과하다는 것을 증명해주는 도표도 제시한다. 아무것도 아닌 것을 터무니없이 높은 가격에 파니 간접비는 당연히 낮을 수밖에 없다.[56]

높은 가격이 여성에게 호소력이 있는 게 "혼란스럽지만" 그렇게 당혹스러운 일도 아니다. 재료는 사실 중요하지 않다. 심지어 효능도 마찬가지다. 병 속에 있는 것이 진짜 양 기름인가 석유에서 나온 것인가는 누가 토리노의 수의(예수의 수의로 알려진 유물로 남성의 형상이 그려져 있는데, 그 진위가 논란 중이다—옮긴이)를 그렸는가만큼이나 상관이 없다. 적어도 제 기능을 명확히 하는 색조 화장품의 높은 가격과 달리, 성유의 높은 가격은 죄책감과 희생하고 싶은 충동을 달래줄 뿐이다. 사면과 면죄부를 판 중세의 거대 산업은 이렇게 오늘날 성유 산업으로 다시 나타난다.

면죄부의 가치는 그것에 대해 참회자가 치르는 비용이다. 면죄부의 심리학적 의미는 다른 무엇보다도 참회자가 용서받기 위해 얼마나 기꺼이 희생할 의지가 있는가에 있다. 판매원도 여성에게 지불하지 않으면 천벌을 내리겠다고 위협한다. 여성이 두려워하는 것은 지옥같이 못생긴 것이 아니라 지옥과 천국 사이에 있는 죄책감이다. 여성이 크림 없이 나이가 들면 화를 자초했다고, 마땅히 지불해야 할 금전적 희생을 치르려 하지 않은 탓이라고 말할 것이다. 그러나 크림을 사면, 그래도 나이는 들 수밖에 없지만 적어도 자신이 죄책감을 피하기 위해 얼마나 지불했는지는 알 것이다. 100달러라는 금액은 그녀가 그러려고 했다는 것을 보여주는 명백한 증거다. 죄책감에 대한 두려움이 동기지 나이에 대한 두려움은 동기가 아니다.

비만 공포 열풍

많은 여성이 나이와 몸무게에 겁을 먹고 불안해하는 것(이 종교에서 가장 두드러진 현상)은 "문제" 자체와도 관계가 있지만 아무래도 그들의 마음이 비이성에 사로잡힌 듯이 보이는 당혹스러운 현상과도 관계가 있다. 아름다움의 의식에서 나이 공포 측면은 기존의 광신적 신흥종교 집단에서 쓰던 방식을 교묘하게 차용한다.[57] 그러나 비만 공포 측면은 실제로 뇌가 작동하는 방식을 바꾼다. 비만 공포에 사로잡힌 여성은 아주 오래전부터 내려오는 고전적 형태의 사고 통제를 당하고 있다.

만일 여성이 몸무게 열풍에 자발적으로 뛰어들어 원하면 언제든지 빠져나올 수 있다면 사실 큰 문제는 아닐 것이다. 체중을 관리해야 한다는 사고방식이 무서운 것은 추종자들이 그 열풍에 중독되는 기법에 의존해 결국 현실 감각까지 왜곡되기 때문이다. 처음에는 스스로 선택해 그런 사고방식에 입문한 여성도 머지않아 자신이 멈출 수 없음을 발견한다. 여기에는 신체적 · 심리적으로 분명한 이유가 있다.

체중 관리 열풍은 미국의 현상으로 시작되었다. 그러다 미국에 기반을 둔 모르몬교와 통일교 같은 다른 광신적 신흥종교처럼 서유럽과 제3세계로 퍼졌고, 다른 많은 광신적 신흥종교와 함께 미국처럼 급격한 변화를 겪어 뿌리가 없는 곳에서 번성했다.

미국의 광신적 신흥종교 집단은 대부분 성인과 죄인의 투쟁이 중심을 이루는 천년왕국설을 믿는다. 그들의 활동도 심판의 날에 대비해 죄를 씻는 정화에 초점이 맞추어져 있다. 공통으로 하는 행위가 무아지경, 피해망상, 히스테리, 홀림이다.

광신적 신흥종교 집단도 여성의 최근 역사를 결정한 것과 같은 상황에서 적극적으로 반란을 일으켰다가 소극적으로 물러서는 상황에서 나온다. 행동주의가 좌절되면 행동주의자들이 안으로 고개를 돌린다. 윌라 아펠은 천년왕국설을 설파하는 광신적 신흥종교 집단을 따르는 사람들은 "기대치가 급격히 바뀐" 사람들, "좌절감과 혼란"을 느끼는 사람들이라고 말한다. 그들은 "현실을 재창조하려고 한다. 옛 세계관이 의미를 잃은 상황에서 개인적인 정체성을 수립하려고" 한다. 천년왕국설은 주변에 있는 사람들, "정치적 발언권이 없고, 효과적인 조직이 없고, 지속적으로 잘못된 것을 시정할 제도적 수단이 없는" 사람들에게 매력적이다. 광신적 신흥종교 집단은 "전통적인 제도가 제 역할을 하지 못하는 듯이 보이는 사회에서 통과의례 같은 중대한 전기를" 마련해준다.

이것은 오늘날 여성의 삶과 닮아 있다. 지난 20년 동안 많은 여성이 권력을 얻었지만, 그것은 이전에 여성이 거쳤던 통과의례와 달리 몸을 중심으로 한 게 아니었다. 그러나 여전히 여성에게는 조직과 제도, 집단적 목소리가 부족하다. 도시에서 일하는 여성들은 누구나 "좌절과 혼란", 바뀐 기대에 대해 장황하게 늘어놓을 것이다. 여성은 광신적 신흥종교 집단을 만들어내는 현실에 살고 있고, 그들에게 필요한 것은 광신적 신흥종교 집단뿐이다. 체중 관리를 해야 한다는 신학은 그러한 요구와 잘 맞아떨어졌다. 그것은 성공한 광신적 신흥종교 집단과 다음의 세 가지 요소를 공유한다.

광신적 신흥종교 집단은 권위적 구조를 따른다. 다이어트를 하는 사람은 절대 어겨서는 안 되는 "일련의 규칙"을 따른다. 로마 가톨릭 기도서에서는 "주님, 내 입 언저리에 파수꾼을 세우고, 내 입 앞에 문지기를 세워주십시오"[58]라고 한다. 다이어트 책이나 기사의 어조는 독단적 무·조건적이다. "전문가"들이 그러한 노력을 지도하고, 그들은 늘 가장 좋은 것을 알고 있다.

광신적 신흥종교 집단은 "세상을 버리라고" 설교한다. 다이어트를 하는 사람은 음식을 먹는 즐거움을 포기한다. 사회생활을 삼가고 외식을 피하며, 유혹에 직면할지도 모르는 상황에는 들어가지 않으려고 한다. 거식증 환자들은 금욕의 연장선상에서 영화와 장신구, 농담 같은 세속적 즐거움도 거의 모두 포기한다.

광신적 신흥종교 집단은 자기들만 "진리를 선물받았다"라고 믿는다. 몸무게에 사로잡힌 여성은 칭찬도 무시한다. 눈에 보이지 않는 몸이 얼마나 혐오스러운지 자기만 안다고 생각하는 탓이다. 거식증 환자들은 다른 사람은 봐도 이해할 수 없는 탐구를 하고 있다고 믿는다. 자기부정은 자기보다 독실하지 않은 여성을 깔보며 잘난 체하는 오만에 빠뜨릴 수 있다.

아펠에 따르면 광신적 신흥종교 집단에 있는 사람들은 이 세 가지 확신에서 "도덕적으로 우월한 태도와 세속의 법에 대한 경멸, 사고의 경직성, 개인에 대한 존중과 배려의 감소"를 드러낸다. 그들은 자기 집단을 따르면 치켜세우고 벗어나면 처벌한다. "아름다움"은 따라오는 것이고, 철의 여인을 따르는 것은 "아름다운" 일이다. 나이나 몸무게와 관련해 아름다움의 사고가 노리는 것은 여성의 경직된 사고다. 광신적 신흥종교 집단에 있는 사람들은 과거와의 유대를 모두 끊으라는 다그침을 받는다. "나는 뚱뚱한 사진은 모두 없앴어." "이제 나는 새로운 나야!"

마음을 바꾸는 활동은 광신적 신흥종교 집단이 구성원의 마음에 얼마나 통제력을 가할 수 있는지를 결정한다. 아름다움의 가르침에도 아펠이 광신적 신흥종교 집단에서 의식을 개조할 때 쓰는 것으로 확인한 다섯 가지 관행, 즉 기도와 명상, 주문, 집단의식, 심리극, 고해와 동일한 작용을 하는 것이 있다.

사소하지만 반복해서 경각심을 주는 이런 방법은 음식과 관련해 여성의 마음을 바꿀 때도 쓰인다. 이렇게 방심하지 않도록 반복해서 경각심을 주면 여성이 살짝 미친 듯한 느낌이 든다는 것은 널리 알려진 사실이다. 아직 인식하지 못하지만 그렇게 하면 실제로도 살짝 미친다.

음식에 관한 생각을 멈출 수 없을 때, 우리는 신경증에 걸린 것이 아니라 자기 상태를 아주 잘 자각하고 있는 것이다. 그러나 이런 형태의 반복이 이미 압력을 받고 있는 사람에게 강요되면, 실제로 뇌가 작동하는 방식이 바뀐다. 광신적 신흥종교 집단에서 주문을 욀 때 사람들은 비몽사몽인 "입면 상태"에 들어간다. 그런 상태에서 공격적이거나 자기파괴적인 충동의 희생자가 된다. 이렇게 무아지경에 빠지는 일은 여성에게 음식과 비만에 대해 어떻게 생각하도록 가르칠 때도 일어난다. 그 같은 비이성적 느낌이 들면 겁이 날 수 있다. 그러나 여성에게 그렇게 공격적이고 자기파괴적인 느낌이 자기 내부에서 생긴 것으로 믿게 하고 실재하는 느낌이 아닌 것처럼 생각하도록 유도하지만, 그것은 분명 외부에서 강요한 느낌이고 실재하는 느낌이다.

이런 종류의 사고에 사로잡힌 여성은 아침에 눈을 뜨면 저울에 기도 같은 것을 올린다. 뭔가에 홀린 듯이 주문도 외운다. 음식을 32번 씹고, 물을 하루에 10잔 마시고, 한 입 먹고 포크를 내려놓고 한 입 먹고 또 포크를 내려놓는다. "궁둥이 사이에 10센트짜리 동전을 끼우고 있다고 생각하라. (…) 가능하면 언제나, 걸을 때는 물론 TV를 보거나 책상에 앉아 있거나 운전할 때나 은행에 줄을 서 있을 때에도." 엘리베이터를 기다리는 동안 질 근육을 수축시키고, 빨래를 널 때 이를 악물라는 다그침도 받는다. 주문 중에서도 압권은 하루 종일, 끊임없이, 섭취한 칼로리와 소비한 칼로리를 계산하는 것이다. 낮게 웅얼거리며 칼로리를 되뇌는 게 어찌나 많은 여성에게 습관이 되었는지, 하레 크리슈나 교단에서 하루에 7시간 주문을 외우는 것도 그에 비하면 어린애 장난 같을 정도다. 칼로리 주문처럼 다른 활동으로 바쁠 때에도 마음 한편에서는 주문이 반복된다.

몸무게 열풍은 명상도 하라고 가르친다. "한 그릇" 다이어트라는 것이 있는데, 이것은 조용히 구석에 앉아 음식 한 그릇을 들고 무엇을 왜 먹고 싶은지 곰곰이 생각하는 것이다. 여성은 오렌지 하나도 20분 동안 만지고 쓰다듬고 느끼라는 가르침을 받는다. 정신을 위에 집중시켜 식욕이 정말로 배고파서 그런지 확인하라는 요청을 받는다. 여성이 하루 종일 음식에 관해 생각하는 것은 몸무게 열풍이 교묘히 그래야 한다고 우기기 때문이다. 여성이 건강을 해칠 정도로 뚱뚱하다면, 몸무게 열풍의 결과로 그럴 가능성이 높다.

집단의식도 많다. 에어로빅 교실에서 활기 넘치는 움직임을 로봇처럼 서툴게 따라 할 때 여성은 아주 기분 좋은 쾌감을 느낀다. 그같이 힘차고 생기 넘치는 춤은 하레 크리슈나 교단에서도 같은 효과를 얻기 위해 춘다. 킴 셔닌이 말했듯이 모여서 실컷 먹고 마신 뒤 토하거나 하제를 써서 속을 비우는 의식도 있다. 대학 캠퍼스에서 흔히 볼 수 있다. 여성이 함께 잡지를 훑어보고 널리 알려진 주문을 외우는 자기비하 의식도 있다. "나는 그녀가 싫어. 너무 날씬해", "너도 날씬해", "에이, 왜 그래. 내가? 말도 안 되는 소리 하지 마."

여성이 권위에 직면해서는 심리극도 펼쳐진다. 웨이트워처스[59]에서 모임 지도자가 헌신적인 추종자에게 "자, 말해 봐요. 정말로 무엇을 먹었는지" 하고 공개적으로 면박을 줄 때 일어난다. 가족에게도 그런 강압을 받을 수 있다. 아내에게 남 앞에서 같이 있기가 창피하다고 말하는 남편, 딸의 몸무게가 1파운드 줄 때마다 백화점에서 셔츠를 사주는 어머니에게도 말이다.

다이어트 모임에서는 고해도 일어나는데, 고도의 형식을 갖춘 이런 의례 조직도 아주 널리 퍼져 있다. 웨이트워처스에는 미국 여성 800만 명이 등록되어 있고, 매주 미국 전역에서 1만 2,000개 교실이 열려 광신적 신흥종교 집단 같은 행위를 세상에 널리 퍼뜨리고 강화한다. 네덜란드에서는 웨이트워처스에 고용된 직원 200명이 1년에 450개 과정을 1만 8,000명 회원에게 매주 17길더를 받고 제공한다. 지금은 이것이 전 세계로 퍼져, 지난 25년 동안 3700만 회원이 국제적인 24개 세포 조직에 들어갔다.

위에서 말한 여섯 가지 의식 개조 기법은 통일교와 심신 통일 훈련, 사이언톨로지, 라이프스프링 같은 유명한 광신적 신흥종교 집단에서도 쓰인다. 이것은 집단 압력을 통해 개인을 해체하는 일종의 길들이기 효과를 낸다. 몸무게 열풍은 무궁무진하게 공급되는 집단 압력에 기대고 있다. 이것은 집단 압력이 제도적 압력과 문화적 압력에 의해 배가되어 다른 광신적 신흥종교보다 유리한 위치에 있다. 통일교는 〈워싱턴타임스〉만 소유하고 있지만, 몸무게 열풍은 여성 매체 대부분에 수입을 제공한다.

윌라 아펠은 질서의 필요성이 지적인 것이기도 하지만 생리적인 것이기도 하다고 말한다.[60] 그녀는 양식 박탈 실험과 감각 박탈 연구를 통해 세뇌 시 광신적 신흥종교 집단에 있는 사람들에게 무슨 일이 일어나는지를 설명한다. 그들은 한편으로는 새롭게 마구 투입되는 고강도 감각 자극에 갈피를 잡지 못하고, 또 한편으로는 중요한 자극을 박탈당해 헷갈리면서 이성적 사고를 하기 어려워 설득에 넘어가기 쉽고 쉽게 영향을 받는 상태가 된다. 그래서 "선과 악이 만나 결전을 벌인다"는 시나리오를 기꺼이 받아들일 수 있다. 마구 쏟아지는 아름다움의 포르노도 최근에 일어난 사회적 격변과 결합해 갈피를 잡을 수 없을 정도로 혼란스러운 완전히 새로운 환경을 만들었다. 여성 대부분이 겪는 음식을 거부하는 현상도 일종의 감각 박탈이다. 그래서 선과 악이 날씬함과 뚱뚱함이 되어, 여성의 영혼을 놓고 싸우게 된다.

천년왕국설을 설파하는 광신적 신흥종교 집단들은 바깥세상을 위험하고 사악한 곳으로 그린다. 구원을 받는 사람도 미인처럼 개성이 없고 일반적인 경향이 있다. 통제력을 상실한 느낌은 신봉자들을 정화 의식으로 이끌고, 그동안 그들은 최후 심판의 날을 기다린다. 그들은 대개 스스로를 녹초가 되게 만든다. 아메리카 원주민들 사이에 퍼진 신흥종교 집단인 고스트댄서들은 쓰러질 때까지 춤을 추며 최후의 심판을 기다린다. 여성이 피트니스센터에서 하는 의식도 그들을 녹초로 만든다. 천년왕국이 도래한 세상도 똑같이 모호한 낙원이다. "내 몸무게가 줄었을 때" 오는 세상이다. 아펠은 천년왕국설을 믿는 사람들은 "아주 오랫동안 거부당한 권력만 얻으면 행복이 올 거라고 믿는다"라고 밝혔다.

아름다움을 따르는 여성과 마찬가지로 메시아주의자들도 "자기 안에서 자신의 새로운 정체성을 위협하는 부분을 거부한다." 전형적인 광신적 신흥종교 집단과 의식은 "희망도 주지만 멋진 새로운 정체성도 준다." 광신적 신흥종교에 빠지기 쉬운 사람들은 자신의 정체성에 대한 의식이 빈약해 "되도록 많은 점에서 다른 사람이 됨으로써" 정체성을 강화할 필요가 있다. 여성은 자기 신체에 대한 정체성이 확고한 사람이 거의 없어, 아름다움의 신화가 우리에게 얼굴과 몸보다 "아름다운" 가면을 더 좋게 보도록 몰아친다. 독립적이지 못해 타인의 인정을 받을 필요가 있는 것도 결정적 요인이다. 세뇌하기에 가장 좋은 대상은 "자신과 확고하게 동일시할 수 있는 조직이나 직업이 (…) 없는" 사람들이다. 그들은 "세상의 약자"에게, 운이 없거나 학대받는 사람들에게 동정심을 느낀다. 중국의 문화혁명은 "재교육" 지도자들에게 세뇌하기 가장 좋은 사람은 죄의식과 죄책감이 가장 발달한 사람, 자아비판에 가장 취약한 사람이라고 가르쳤다. 이런 것을 보면, 마음을 바꾸는 메시지에 가장 취약한 사람은 요동치는 세상에서 자기 자리를 만들려고 발버둥 치는 오늘날의 일하는 여성 같다.

통일교와의 일주일은 그런 여성의 일기처럼 읽힌다. 아펠은 이렇게 말한다.

> 필요한 응답을 받아 인정받으려는 노력이 수면 부족과 불충분한 영양, 휴식이나 반성이 전혀 허락되지 않는 끊임없는 활동과 결합해 타격을 주기 시작한다. 초대받은 사람들은 비판 능력을 상실한다. 지칠 대로 지치고 감정적으로도 과부하가 걸려, 그냥 조용히 엎드려 그 집단에서 받아들이라는 세계관에 대해 질문을 하거나 의문을 표시해 그들의 분노와 실망을 불러일으키지 않는 편이 더 편하다는 것을 깨닫는다.

이것은 오늘날 많은 여성이 경험하는 것과 판박이다. 일단 몸무게 열풍에 휩쓸리면 절대 외롭지 않다. 사람들이 남성의 몸에는 당연히 보이는 정중함을 여성의 몸에는 보이지 않는다. 여성은 몸에 관한 한 사생활이 거의 없다. 모든 변화, 모든 몸무게의 변동이 공개적으로 관찰되고 평가 및 논의된다.

광신적 신흥종교 집단의 엄격한 계획은, 운동이나 음식에 집착하는 여성의 마음에서 볼 수 있듯이 선택의 여지를 없앤다. 광신적 신흥종교 집단에 있는 사람들은 자유시간이 생겨도 지칠 대로 지쳐 생각하는 데 쓸 수 없다. 영양을 섭취하는 패턴이 바뀌어 지적·감정적 저항력이 떨어진다. 8사이즈 청바지에 쑥 들어가는 순간처럼 "'고양된 경험'을 하는 순간은 모든 고된 노력과 자기희생에 대한 분명한 보상이다"라고 아펠은 말한다.

다이어트를 하는 사람들이 다이어트 열풍에 휩싸인 사람들에게 받는 강력한 압력을 통일교에서는 "애정공세"라고 부른다. "태도를 바꾸어 새로운 것을 받아들이면" 주변에 있는 모든 사람이 인정을 해주는 것이다. 그러나 애정 공세에는 위험이 내포되어 있다. 그것을 거둘 위험이 있다. 광신적 신흥종교 집단은 복종하면 보상으로 사랑을 주지만, 그 사랑은 갈수록 얻기가 힘들어지고 더욱더 순종적 행동을 요구받는다.

"아름다움"을 숭배하는 집단에 들어가면 어느 순간 다이어트가 거식증이나 충동적 식사장애, 과식증이 된다. 보상과 처벌은 광신적 신흥종교 집단의 버팀목이다. 아펠에 따르면, "이제 사탄이 구석구석에 숨어 방심하는 순간을 기다렸다가 (…) 신성한 사람들을 유혹한다." 먹는 것에 집착하는 여성은 모든 곳에서 유혹을 본다. 식욕은 사탄과 같은 것이라, 여성은 이제 피할 길 없는 덫에 걸린 셈이다. 또한 "광신적 신흥종교 집단은 다른 사람들이 자연스럽고 인간적인 욕망과 생각이라 보는 것을 사탄의 것으로 돌려, 집단 구성원들이 끊임없이 감정적·지적 곤경에 처하게 한다. (…) 자기 안에 있는 '이기적' 감정을 모두 거부하라고 하지만 (…) 그런 감정이 끼어들 수밖에 없다"라고 말한다. 살아 있으면 허기를 채우고 싶은 것이 당연한데, 계속 긴장의 끈을 놓지 않고 자신이 본래 지닌 측면들을 거부해야 하면 지치지 않을 수 없다. 개종자 자신이 인간이라는 사실은 집단 구성원 자격과 자신의 '구원'을 위험에 빠뜨린다. 한때 광신적 신흥종교 집단에 있었던 한 사람은 "그냥 있어도 되는 수준에서 받아들여지는 일이 없다. (…) 모든 것이 궁극적이다. 맙소사, 똥을 눌 때도 마찬가지다. 그들은 실제로 화장실에 앉아 있을 때도 명상을 하라고 한다. 그래서 늘 궁극적인 것에 집중하지 못하면 엄청난 죄책감을 느낀다"라고 말했다. 여성은 음식과 신체 사이즈가 궁극적인 것이라고 배운다. 신흥종교 추종자가 때로 모멸적인 방식으로 명상을 강요당하는 것처럼 말이다.

미국에 기반을 둔 광신적 신흥종교 집단들은 신봉자들의 "수동성과 영적 굶주림, 질서에 대한 갈망을", "손쉽게 큰돈을 벌 수 있는 비즈니스 형태로 탈바꿈시켰다." 몸무게 열풍도 마찬가지다.

세뇌에서 벗어나게 하려면 광신적 신흥종교 집단에서 탈출한 사람들에게 그들이 겪은 것이 "현실이고 강력한 것임"을 말해주고, 광기가 외부에서 온 것이라는 확신을 주어야 한다. 이런 접근법은 몸무게 열풍에서 벗어나려는 사람들에게도 통한다. 덫에 걸린 여성에게 광기가 자기 내부에서 생긴 것이 아니라 외부에서 강요된 것이고, 그것이 낡은 삼류 심리학적 술책을 통해 그들에게 영향을 끼친다는 사실을 납득시켜야 그들이 세뇌에서 벗어날 수 있다. 탈출하고 싶어 하는 여성이 자신이 효과가 증명된 세뇌 기법을 쓰는 종교적 세뇌를 당했다는 사실을 믿을 수 있다면, 자신을 혐오하지 않고 오히려 연민을 느낄 수 있을 것이다. 어디서 어떻게 의식이 개조되었는지 비로소 바로 볼 수 있다.

새로운 종교의 사회적 영향

여성들을 세뇌해 아름다움의 의식을 따르도록 한 결과, 여성은 전 세계에서 정치적으로 조용해졌다. 아름다움의 의식이 사용하는 세 가지 요소인 굶주림과 혼란스러운 미래에 대한 두려움, 부채 의식은 전 세계에서 분노한 사람들이 조용히 엎드려 있게 하고 싶을 때 정치 지도자들이 썼던 수단이다.

아름다움의 의식은 날마다 영원한 유예라는 전제를 통해 여성이 조용히 있게 한다.

이 종교는 여성의 아름다움이 여성의 것이 아니라고 한다. 옛 종교가 여성의 성이 남의 것이라고 가르쳤듯이 말이다. 그래서 여성은 그런 아름다움을 순수하지 않은 물질이나 기름진 음식, 값싼 로션으로 훼손하면 죄책감을 느낀다. 여성의 몸에서 아름다운 것은 여성의 것이 아니라 신의 것이다. 그러나 아름답지 않은 것, 추한 것은 오로지 그녀의 것이고, 그녀가 죄를 지었다는 증거다. 따라서 어떤 모욕도 감수해야 한다. 여성은 자기 피부를 경건하게 만져야 한다. 앳되어 보이는 매끄러운 얼굴의 "아름다움"은 신이 준 것이다. 그러나 자신이 방탕했다는 증거인 허벅지는 비틀고 때리고 감전시킬 수도 있다.

이는 여성이 몸에 안주하지 못하게 한다. 결코 오지 않을 절정을 하염없이 기다리게 한다. 이는 우리가 육체에 또는 현재에 안주하지 못하게 하려는 것이다. 육체와 현재는 성적·정치적으로 여성이 존재하기에 위험한 곳이다. 그래서 과거를 애도하고 미래를 두려워하며 숨죽이고 있어야 한다.

유예는 순종적인 숭배자가 필요한 종교의 튼튼한 기반이다. 그런 숭배자는 어떤 불의와 억압, 학대, 배고픔도 참고 견딘다. 죽으면 하늘나라에서 보상받을 테니까. 유예의 종교가 줄곧 여성의 영역이었던 것은 그것이 여성에게 이승의 삶이 아닌 삶에 집착하도록 하고 권력의 축소판을 제공함으로써 진짜 권력을 건들지 못하게 하기 때문이다. 여성이 주축이 된 고대 로마의 엘레우시스 제전과 중세의 성모마리아 숭배에서 오늘날 아름다움의 의식에 이르기까지 국가도 여성에게 이런 활동을 장려했다.

아름다움의 반격이 시작되기 전에는 이런 유예 상태, 늘 준비된 상태가 적어도 언젠가는 끝나는 경향이 있었다. 언제나 자신을 구해줄 남성에게 보일 준비가 되어 있었기 때문이다. 결혼이 절정이었고, 결혼 뒤에는 남편과 자식을 통한 공동체에서의 지위가 절정이었다. 아무리 억압적이었어도 준비를 하는 목적을 적어도 이승에서 이승의 몸으로 이룰 수 있었다.

그런데 이승에서 유예 상태에서 풀려날 길이 없는 여성의 수가 크게 증가하고 있다. 새로운 종교가 어떤 점에서는 옛날 종교보다 훨씬 어둡다. 옛날 신자들은 죽음이 해방과 목표의 달성을 가져다준다는 것을 알았지만, 오늘날의 신자들은 이승이나 내세에서 자유를 상상하는 것이 금지되어 있다. 우리의 삶은 끝없이 영원한 시험이고, 영원히 투쟁해야 할 유혹과 시련의 늪이다. "일단 몸무게가 빠지면, 자신을 감시하는 것이 평생의 의무라는 사실을 받아들여라." 우리는 이승을 눈물의 계곡이라고 배운다. 그것은 삶의 의미도 손상시킨다. 가장 날씬하게 가장 주름 없이 죽는 여성이 이긴다.

《신약성서》에서 좋은 신부 들러리는 신랑을 위해 기름을 비축하고 나쁜 신부 들러리는 기름을 연료로 태운다. 여성은 아름다움을 위해 즐거움을 누리지 말고 비축해야 한다는 다그침을 받고, 거식증 환자들은 "정상" 체중 밑으로 어느 정도 만족을 얻을 수 있는 여지를 만들어 놓았어도 그 여지가 없어질까 봐 두렵다. 그래서 여성은 가게에서 사온 미용제품과 돈, 음식, 보상을 비축해둔다. 아름다움의 가르침은 우리에게 언제라도 해명을 요구받을 수 있고 그래서 부족한 것이 발견되면 암흑으로 내던져질 거라고, 가난한 노년을 보내고 외롭고 사랑받지 못할 거라고 믿게 한다.

역사학자 크리스토퍼 래시Christopher Lasch는 《나르시시즘의 문화The Culture of Narcissism》에서 미래에 대한 절망이 어떻게 젊음에 집착하게 만드는지 이야기한다.[61] 아름다움의 의식은 여성에게 자신의 미래를, 자신이 원하는 것을 두려워하도록 가르친다. 자기 몸과 자기 삶을 두려워하며 사는 것은 결코 사는 게 아니다. 그 결과 삶을 두려워하는 신경증이 도처에 있다. "이 몸무게가 빠지면" 애인을 만들고, 네팔에 가고, 스카이다이빙을 배우고, 벌거벗고 수영을 하고, 승진을 요구하겠다는 여성, 그러나 그동안 순결 서약이나 자신을 부정하겠다는 서약을 지키는 여성에게 있다. 절대 식사를 즐길 수 없는 여성, 결코 충분히 날씬하다고 느끼지 않는 여성, 감시의 눈길을 거두고 지금 이 순간과 하나가 되는 것이 충분히 특별하다고 느끼지 않는 여성에게 있다. 주름살에 대한 두려움이 너무 커서 파티를 할 때나 사랑을 나눌 때나 눈가의 주름이 성유로 반짝이는 여성에게 있다. 여성은 쓸모 있는 천사가 오기를, 노력을 고귀하게 만들고 비용을 보상해줄 신랑이 오기를 영원히 기다려야 한다. 그가 나타나면 그동안 "지켜온" 얼굴과 몸에 안주해 그것을 쓸 수 있을 것이다. 그러나 여성이 심지에 불을 붙이고 자신의 연료를 마지막 한 방울까지 모두 태워 자신의 빛으로 자신의 시간 속에서 살 수 없을 정도로 그 비용이 높다.

아름다움의 의식은 현대 여성에게 이렇게 삶을 두려워하는 신경증도 불러일으켰지만, 새로운 자유가 여성에게 의미하는 바도 무의미하게 만든다. 여성이 세상을 모두 얻어도 정작 스스로를 두려워한다면, 그것도 여성에게 거의 이득이 되지 않을 테니까.

5장 | 섹스

The Beauty Myth

종교적 죄책감은 여성의 성을 억압한다. 정치 분석가 데비 테일러Debbie Taylor에 따르면, 성 연구가 앨프리드 킨제이Alfred Kinsey는 "종교적 믿음이 남성의 성적 즐거움에는 거의 또는 전혀 영향을 끼치지 않았는데 여성의 즐거움에는 할례용 칼만큼이나 깊은 상처를 남겨, 여성은 죄책감과 수치심으로 어떤 즐거움도 제대로 누리지 못했다"[1]는 것을 발견했다. 이집트의 음핵 절제와 수단의 질을 막는 대나무 조각에서 독일의 정조대에 이르기까지 많은 사례에서 볼 수 있듯이, 예전의 가부장제적 종교들은 로잘린드 마일스가 비난한 대로 "의식적 결단을 통해 여성의 성이라는 '문제'를 다루지 못하도록 아예 그것을 파괴하는 수법으로 모든 여성을"[2] 통제하려고 했다. 새로운 아름다움의 종교는 이런 전통을 이어받았다.

엄밀히 말하면 예전 종교들은 여성의 성기를 "만족할 줄 모르는 구멍"이라며 두려워했다. 여성은 오르가슴을 여러 번 계속 느낄 수 있고, 음핵을 통해서도 숨 막힐 정도로 격렬한 오르가슴을 느낄 수 있으며, 질 중심인 것 같지만 감정적으로도 강렬한 오르가슴을 느낄 수 있고,

유방을 어루만져서도 오르가슴에 도달할 수 있다. 그리고 이 모든 반응이 결합해 무한히 다양한 오르가슴을 느낄 수 있어, 여성이 성기를 통해 얻을 수 있는 즐거움이 이론적으로는 무한하다.

그러나 현재 여성이 경험하는 성에는 이런 엄청난 역량이 반영되어 있지 않다. 조사 결과 나타난 수치들은 성 혁명에도 불구하고 일관되게 여전히 많은 여성이 즐거움을 느끼지 못한 채 곤경에 처해 있음을 보여준다. 페미니즘의 두 번째 물결이 밀려와 성 혁명이 일어나자 동시에 그에 대한 반격으로 아름다움의 신화가 여성을 강타했고, 그 결과 여성의 진정한 성에 대한 광범위한 억압이 일어났다. 피임 확산과 낙태 합법화, 성에 대한 이중잣대 소멸로 거의 해방된 성이 여성의 섹스 경험에 다시 죄책감과 수치심, 고통을 더하기 위해 생겨난 아름다움의 포르노와 사도마조히즘 같은 새로운 사회적 힘에 밀려 또다시 빠르게 위축되었다.

성욕은 사회에 의해 형성된다. 동물도 성적인 행위를 하는 방법을 배워야 한다.[3] 지금은 인류학자들이 그것이 본능이라기보다는 배우는 것이라고 믿으며, 따라서 배워야 성공적인 번식 행위에 이를 수 있다. 실험실에서 자란 원숭이는 섹스에 서툴며, 인간도 외부의 단서들을 통해 성적인 방식을 배워야 한다. 아름다움의 포르노와 사도마조히즘은 여성의 성을 훨씬 다루기 쉬운 형태로 개조한다.

아름다움의 포르노는 이런 것이다. 완벽한 여성이 골반을 내리누르는 자세로 엎드려 있다. 등은 활처럼 휘고 입은 열려 있으며, 눈은 감기고 젖꼭지는 발기되어 있다. 그녀의 황금 피부는 분무기로 물을 뿌려 놓은 듯 촉촉하게 젖어 있다. 자세는 여성 상위고, 상태는 흥분해 막 오르가슴에 도달하기 전의 고조기다. 다음 쪽에서도 역시 완벽한 여성이 입은 벌리고 눈은 감은 채 원통형 립스틱 용기 위로 올라온 분홍색 립스틱을 혀로 핥으려고 한다. 그다음 쪽에서도 역시 완벽한 여성이 모래 위에 무릎을 꿇고 엎드려 엉덩이를 하늘로 치켜든 자세로 입은 벌리고 눈은 감고서 수건에 얼굴을 파묻는다. 독자는 지금 평범한 여성지를 훑어보고 있다. 리복 신발 광고에서도 여성은 벌거벗은 여성의 몸통을 흘깃 본다. 프랑스 란제리 릴리 광고에서는 눈을 감은 벌거벗은 여성의 몸통을 보고, 오피엄 향수 광고에서는 벌거벗은 여성이 등과 엉덩이를 드러내고 침대 가장자리에서 고개를 숙이고 떨어지는 것을 보고, 트리톤 샤워기 광고에서는 벌거벗은 여성이 등을 활처럼 휘며 팔을 들어 올리는 것을 보고, 자그브라 스포츠브라 광고에서는 벌거벗은 여성의 몸통에서 목이 잘린 것을 본다. 이런 이미지들에서는 입을 벌린 황홀한 모습의 얼굴은 볼 수 있지만 표정은 볼 수 없다. 독자들은 그런 이미지를 보고 그처럼 느끼고 싶으면 그렇게 보여야 할 거라고 생각한다.

아름다움의 사도마조히즘은 다르다. 업세션 향수 광고에서는 근육질 남성이 벌거벗은 채 축 늘어진 여성의 몸을 어깨에 걸치고 있다. 에르메스 향수 광고에서는 금발 여성이 검은 가죽에 묶여 거꾸로 매달려서 비명을 지른다. 손목은 쇠사슬에 묶여 있고, 입도 묶여 있다. 후지 카세트 광고에서는 몸은 〈플레이보이〉 누드모델이지만 철로 된 여성 로봇이 성기를 드러낸 채 떠 있다. 발목은 볼트로 죄어놓았고, 얼굴은 철가면인데 눈과 입 대신 가느다란 구멍이 뚫려 있다. 에르노 라즐로 스킨케어 제품 광고에서는 여성이 일어나 앉아서 비는데 손목이 가죽끈에 묶여 있고, 그 가죽끈에 매여 있는 개 역시 같은 자세로 일어나

앉아서 빈다. 미국의 뉴포트 담배 광고에서는 두 남성이 한 여성은 붙잡아 쓰러뜨리고 한 여성은 머리카락을 잡아당겨 두 여성이 비명을 지른다. 또 다른 광고에서는 남성이 물을 뿜는 호스를 손에 쥐고 여성의 입에 넣어 강제로 물을 마시게 해, 여성의 입이 물의 압력에 의해 팽팽하게 부풀어 있다. 사브 자동차 광고에서는 패션모델의 허벅지를 밑에서 찍은 사진에 "걱정 마시라. 그것은 못생긴 아래쪽이니까"라는 설명이 붙어 있다. 영국 〈옵저버The Observer〉의 패션 특집란에서는 검은 옷을 입은 남자 다섯이 가위와 빨갛게 달군 쇠막대로 한 모델을 위협해, 모델의 얼굴이 충격에 휩싸여 있다. 〈태틀러Tatler〉와 〈하퍼스앤퀸Harper's and Queen〉에서는 "고급스러운 성폭행 장면들(여성이 맞고 결박당하고 납치당하지만 흠 잡을 데 없이 예술적으로 찍힌 사진들)"이 나온다. 크리스폰 방겐하임Chris von Wangenheim의 〈보그〉 레이아웃에서는 도베르만핀셰르라는 독일 개들이 모델을 공격한다. 패션 디자이너 제프리 빈Geoffrey Beene의 금속성 샌들은 사도마조히즘에 쓰이는 용품들을 배경으로 전시되어 있다. 여성은 이런 이미지들을 통해 세상에서는 적극적으로 자기주장을 하더라도 개인적으로는 통제에 따라야 바람직한 여성이 된다는 것을 배운다.

이런 이미지들도 역사와 함께 진화했다. 성은 유행을 따르고, 유행은 정치를 따른다. 플라워 파워Flower Power 시대였던 1960년대에는 대중문화가 사랑을 시대의 표어로 삼아 섹스가 그것의 표현이고, 관능적이고 가볍고 즐겁게 노는 것이 유행했다. 남자들이 머리를 길게 기르고 몸을 장식해 여성적 측면을 부각시켰다. 그때는 아직 여성이 자신의 자유에 대해 생각하지 않았기 때문이다. 하지만 여성의 즐거움을 전용했어도 여전히 남성의 파티였다.

1960년대 중반까지는 포르노가 주로 남성의 경험이었다. 여성은 신문 가판대에 놓인 남성지의 표지에서나 접할 수 있었다. 그러나 1970년대에는 아름다움의 포르노가 여성의 문화 영역에도 침투했다. 여성이 자유로워질수록 더욱 그랬다. 〈플레이보이〉가 1958년에 데뷔했다. 경구 피임약이 미국에서는 1960년 시장에서 판매되고, 영국에서는 1961년에 처방받을 수 있게 되었다. 1967년에 낙태법이 제정되고, 1973년에 미국에서 검열법이 완화되고, '로 대 웨이드 사건'에 대한 연방대법원의 판결로 합법적으로 낙태를 할 수 있는 권리를 얻었으며, 1975년에는 유럽 여성 대부분이 합법적으로 낙태를 할 수 있었다.

1970년대에는 여성이 권력의 자리에 대거 진입했다. 여성이 직업 전선에 뛰어들고 여성운동에 몰두하면서 여성이 욕망하는 것의 성격이 심각한 문제 및 위협이 되었다. 그러자 대중문화는 1960년대 여성의 성적 스타일을 버렸다. 여성이 그런 식으로 성적이면, 즉 발랄하고 관능적이고 재미있고 폭력이나 수치심, 결과에 대한 두려움이 없으면, 여성의 공적 역할을 바꾼 것만으로도 충분히 휘청거리고 있는 제도가 완전히 무너질 것이기 때문이었다.

여성이 여성의 성을 정치화한 이 시기에 대중문화는 부드럽고 친밀한 섹스를 따분한 것으로 재규정했다. 당시 익명성이 시대의 최음제가 되어 미스터 굿바Mr. Goodbar(영화 〈미스터 굿바를 찾아서〉에 나오는 말로 하룻밤의 거친 섹스 상대를 뜻함—옮긴이)와의 대담한 섹스, 낯모르는 사람끼리 하룻밤을 즐기는 것이 유행했다. 여성이 성적 자유가 있고 세속의 권력도 어느 정도 누리면 남성처럼 섹스하는 것을 배워도 좋을 터였다. 반복되는 백비트 위로 빠르게 질주해 절정에 이르는 무감각한 합성음으로 디스코는 낯모르는 사람과 섹스할 때 듣기에 완벽한 음악이 되었다. 패션 사진작가 헬무트 뉴턴Helmut Newton의 가죽 장식을 한 누드가 〈보그〉에 나타나고, 데이비드 해밀턴David Hamilton의 사춘기도 안 된 벌거벗은 아이들 사진이 서점에서 팔렸다. "이상적인" 여성의 몸이 발가벗겨져 사방에 전시되었다. 이로써 여성은 역사상 처음 자신을 비추어볼 완벽한 모습을 자세히 들여다볼 기회를 얻었고, 몸을 여성의 성적 즐거움과 복잡하게 연결된 것으로 바라보는 새로운 경험을 했다. 머지않아 "완벽함"은 여성의 "성적 갑옷"처럼 자리 잡았고, 1980년대 에이즈로 인해 비인간적인 아름다움만 남성이 섹스를 위해 목숨을 걸게 할 거라는 분위기가 강해지면서 이는 더욱 시급히 달성해야 할 목표가 되었다.

피부보다 깊숙이

1980년대에는 이미지들이 경계를 넘나들면서 〈플레이보이〉에서나 봄 직한 관습적인 포르노 사진이 여성에게 제품을 팔기 위한 용도로 널리 사용되기 시작했다. 이로써 아름다움에 관한 생각이 이전과 사뭇 달라졌다. 당장이라도 오르가슴에 이를 듯한 얼굴을 보이는 것이 설사 연출된 것이라도 물건을 파는 강력한 도구가 되었다. 다른 성적 이미지가 없는 탓에 많은 여성이 그런 황홀경을 얻으려면 그런 몸을 가져야 한다고 믿게 되었다.

소프트코어 포르노와 하드코어 포르노의 관습적 이미지들이 여성 문화에 들어왔다. 하나는 여성의 몸을 "그냥" 대상화할 뿐이지만, 하나는 그것에 폭력을 가한다. 외설에 관한 법은 부분적으로 무언가가 여성을 불쾌하게 한다면 그것을 피할 수 있다는 생각에 토대를 두고 있다. 그러나 포르노 논쟁에서 흔히 쓰는 용어는 이런 문제를 제대로 다룰 수 없다. 외설이나 노출, 공동체의 기준에 관한 논의는 이런 사태, 즉 여성과 어린이에게 큰 영향을 끼치는 광고와 패션사진, 케이블 TV, 심지어는 만화책에서 "아름다움"이 포르노의 관습적 이미지들과 결합되는 방식이 여성에게 끼치는 해악을 다루지 않는다. 남성은 성인 전용 서점에 들어가는 것을 선택할 수 있지만, 여성과 어린이는 성적으로 폭력적인 이미지나 아름다움과 포르노가 결합된 이미지가 집으로 따라 들어와도 그것을 피할 도리가 없다.

성을 "노골적으로 드러내는 것"이 문제가 아니다. 그것이 성을 숨김없이 솔직하게 드러내는 것이라면 여성이 그것을 많이 이용할 수도 있을 것이다. 아무런 강압도 없는 상태에서 현실의 남성과 여성이 보여줄 수 있는 성적인 모습을 모두 보여준다면, 아름다움의 포르노가 이론적으로는 아무에게도 해를 끼치지 않을 것이다. 포르노를 옹호하는 사람들은 언론의 자유를 근거로 듦으로써 포르노의 이미지를 언어로 규정한다. 그들은 여성의 몸을 재현한 것이 충격적이라고 해서 그것을 검열하는 것은 심하다고 주장한다. 우리가 다양한 유형의 벌거벗은 철의 여인을 본다는 것은 우리 문화가 여성의 성을 드러내도록 장려하는 것 아니겠느냐고 한다. 그러나 우리 문화는 사실 거의 아무것도 보여주지 않는다. 단지 여성의 몸을 재현하는 것들을 검열해, 오로지 공인된 것만 볼 수 있게 한다. 우리는 여성의 욕망을 보여주거나 여성의 욕망에 충실한 이미지가 아니라 뜨거운 불빛 아래서 움직이지도 못하는 불편한 상태에서 일부러 표정을 꾸미느라 얼굴을 일그러뜨리고 찡그린, 실물 크기의 살아 있는 마네킹을 볼 뿐이다. 그것은 여성의 성에 관해 거의 아무것도 드러내지 못하는, 틀에 박힌 전형적인 것에 불과하다. 미국과 영국에서는 공개적으로 노출을 하는 전통이 없어 다른 여성의 벗은 몸이 어떻게 생겼는지 볼 기회가 드물다. 미인대회 같은 상황 외에는 거의 없다. 우리는 여성의 몸에 어느 정도 토대를 두고 동일하게 만들어낸, 인간 비슷한 것을 볼 뿐이다.

아름다움의 포르노와 사도마조히즘은 솔직하고 분명하게 드러내지 않는다. 그것은 정직하지 않다. 전자는 여성의 성이 곧 아름다움인데 거꾸로 주장한다. 후자는 여성은 강요 및 강간당하는 것을 좋아한다고, 성폭행과 강간이 멋있고 우아하고 아름답다고 주장한다.

1970년대 중반에는 펑크록이 사도마조히즘을 찬양하기 시작하면서 여고생들이 귀에 옷핀을 꽂고 입술을 멍든 것처럼 파랗게 칠하고 옷을 찢어 성 전쟁을 암시했다. 1970년대 말에는 사도마조히즘이 장식용 금속 단추가 박힌 검은 가죽과 팔찌, 스파이크 슈즈의 형태로 길거리 패션에서 하이패션으로 격상되었다. 패션모델들이 폭력적인 포르노에서 폭행당한 여성이 잔뜩 화가 나서 입을 삐죽 내밀고 날카롭게 노려보는 모습을 채택했다. 특별할 것 없는 평범한 "바닐라" 스타일의 성, 다정하고 폭력적이지 않은 성은 한물간 것처럼 보이게 되었다.

많은 여성이 전문직에 종사할 수 있는 학위를 가지고 졸업하던 1980년대에는 여성에 대한 분노가 공중파를 탔다. 우리는 폭력적인 성 이미지가 급증하는 것을 보았고, 거기서 폭행당하는 것은 여성이었다. 1979년에 잭 설리번Jack Sullivan은 〈뉴욕타임스〉에서 "인기 있는 스릴러 장르는 여성의 시체를 쌓아올려 흥미와 관심을 불러일으키려고 한다"[4]고 했다. 현대를 성범죄 시대라고 부르는 제인 카푸티Jane Caputi에 따르면, 1970년대 말과 1980년대에는 영화에서 성폭행을 하는 사람을 토대로 이야기를 전개하는 일이 흔해졌다. 〈드레스드 투 킬Dressed to Kill〉, 〈욕망의 낮과 밤Tie Me Up! Tie Me Down!〉, 〈블루 벨벳Blue Velvet〉, 〈나인 하프 윅스9½ Weeks〉, 〈연쇄살인Tightrope〉, 〈침실의 표적Body Double〉 등 그 예는 끝이 없다. 이 시기에 살인자나 강간범과 자신을 동일시하도록 부추기는 "일인칭 시점" 또는 "주관적 시점"에서 찍는 기술이 완성되었다. 1981년에는 미국 영화비평가 진 시스켈Gene Siskel과 로저 에버트Roger Ebert가 "위험에 빠진 여성"을 다룬 영화를 페미니즘에 대한 반격이라고 비난했는데, 몇 년 뒤에는 여성을 폭행할 때 기분이 어떤지를 "우리"에게 알려준다고 그것을 칭찬했다.[5] 1970년대의 전위적인 만화 《잽Zap》은 총을 겨누고 어린아이를 성폭행하는 것을 그렸고, 1989년에는 〈뉴욕타임스〉에서 아이들 만화책에 나타난 새로운 사도마조히즘을 다룬 기사를 싣고, 영국 만화잡지 〈비즈Viz〉는 "뚱뚱한 갈보"라는 연재만화에서 여성을 성적으로 비하하기 시작했다. 폭력이 없는 섹스는 이제 섹스가 아니었다. 여성이 통제가 안 된다는 생각에 남성과 여성 모두 죄책감과 분노의 공포를 느끼는 세상에서 대중은 곧 평범한 노출, 손상되지 않은 노출에는 흥미를 잃었다. 그러자 더욱 강박적으로 남성의 관심을 끌고 결국에는 여성의 관심 또한 끌려고 하면서, 성 전쟁에서 오는 불안을 유발하는 이미지, 최근에 일어난 사회적 변화로 문제시되었던 권력의 불평등, 남성은 지배하고 여성은 복종하는 불평등한 관계를 재생산하는 이미지들이 쏟아져 나왔다. 벌거벗은 여성의 모습이 완전히 낯선 비인간적인 모습이 되었다. 기이하게 플라스틱으로 만든 조각 같고, 대개는 굴욕을 당하거나 폭행을 당한 모습이 되었다.

폭력적인 성 이미지의 폭증은 여성이 권력에 접근하는 것에 대한 남성의 분노와 여성의 죄책감에서 에너지를 얻었다. 1950년대 문화에서는 아름다운 여성이 결혼을 하거나 유혹을 받았는데, 현대 문화에서는 강간을 당한다. 굳이 포르노를 찾아 나서지 않아도 우리는 섹스가 있어야 할 곳에서 흔히 강간을 본다. 그러나 여성 대부분이 살아남기 위해 그런 사실을 알면서도 억눌러 굳이 떠올리려고 하지 않으면 떠오르지 않을 수도 있다. 1989년에 영화배우조합에서 연구한 바에 따르면, 그해 여성이 주연을 맡은 경우는 전체의 14퍼센트밖에 안 되고 갈수록 여성이 강간 피해자나 매춘부 역할을 맡는 경우가 많아졌다.[6] 프랑스에서는 TV 시청자들이 일주일에 15번 강간을 본다. 그것은 예컨대 살인을 보는 것과는 다른 영향을 시청자들에게 준다. 넷 중 하나가 살인을 당할 가능성은 없기 때문이다(이 말은 여성은 넷 중 하나가 강간을 당한다는 말을 내포한다. 즉 TV에서 살인을 당하는 장면은 강간을 당하는 장면만큼 그렇게 자주 많이 나오지 않는다는 뜻—옮긴이). 그러나 포르노를 피하더라도 여성은 그저 그런 주류 영화와 TV, 연극을 보고 자신이 어떤 식으로 강간당할 위험이 있는지를 자세하고 생생하게 배울 것이다.[7]

그런데 우리에게 강간 판타지가 문화에 투사되는 것이 해롭지 않다고 한다. 아니 캐서린 매키넌이 남성성의 "수압모델"이라고 풍자한 것을 통해 그것을 아무것도 아닌 것처럼 사람들이 치부할 때는 유익하기까지 하다(김을 빼주니까). 그래서 우리는 흔히 남성이 그런 판타지에 흥미를 느끼는 것이 해롭지 않다고 생각하고, 여성이 그런 판타지에 흥미를 느끼는 것도 해롭지 않다고 생각한다. 많은 여성에게 강간 판타지가 있는 것은 그런 이미지를 주로 보는 탓도 있지만 그에 못지않게 감지하기 어려운 심리적 이유 때문일 수도 있는데 말이다. 그러나 지금 일어나고 있는 것은 심리적 개인사를 보면 남성과 여성이 그런 장면을 통해 그것에 관심을 갖도록 학습되는 것이다. 달리 말해 우리 문화는 남성과 여성이 강간에 관심을 갖도록 섹스를 강간으로 그리고 있다.

아름다움의 포르노와 사도마조히즘

현재의 권력구조는 권력의 배분을 쇄도하는 적대적이고 폭력적인 성 이미지는 유지하고, 상호적 성애나 여성의 욕망을 그린 이미지에는 위협을 가한다. 권력구조의 엘리트들은 그에 따른 조치를 취할 정도로 그것을 분명히 아는 것 같다. 외설에 관한 법을 보면 아름다움의 포르노와 사도마조히즘이 위에서 강요하는 것임을 알 수 있다. 우리는 여성의 얼굴과 벗은 몸에 대해 말하는 언어가 검열을 받는다는 것을 보았다. 검열은 어떤 종류의 성적 이미지와 정보가 유통될 수 있는지도 결정한다. 그래서 여성에 대한 성폭력은 외설이 아니지만 여성의 성적 호기심은 외설이다. 영국과 캐나다 법은 발기한 음경이 나오는 것은 외설로 보지만 음부와 유방이 보이는 것은 외설로 보지 않는다. 수전 콜Susan Cole은 《포르노그래피와 섹스 위기Pornography and the Sex

Crisis》에서 발기는 "미국 관습에 따르면 (…) 유통회사가 신문 가판대에서 〈타임〉 옆에 놓을 수 있는 것이 아니다"[8]라고 말한다. 윌리엄 매스터스William Masters와 버지니아 존슨Virginia Johnson(세계적인 성 연구자들로, 매스터스앤존슨연구소를 설립했다—옮긴이)은 〈플레이보이〉가 음경의 평균 크기를 말해달라는 요청을 받자 자기들이 조사한 결과를 검열했다. 그것이 "〈플레이보이〉 독자들에게 부정적 영향을" 끼칠 것과 "다들 자를 들고 다닐 것"을 우려해 "딱 잘라 거절했다."

이런 형태의 검열이 포르노 산업이 유례없는 성장을 한 1980년대를 감시했다. 스웨덴에서는 끔찍하게 여성 혐오적인 포르노의 판매를 표현의 자유를 근거로 옹호하더니 "양면에 걸쳐 벌거벗은 남성이 나오는 잡지가 나오자, (당국이) 몇 시간 만에 가판대에서 치워버렸다."[9] 아일랜드에서는 여성에게 유방을 검사하는 법을 보여주었다는 이유로 여성지 〈스페어립Spare Lib〉이 판매금지를 당했다.[10] 미국에서는 헬레나 루빈스타인 재단이 여성지가 학교 안에서 "노골적인" 여성 이미지를 보여주었다는 이유로 바너드대학에서 열린 여성학회에 대한 지원을 철회했다. 여성의 역사에 등장하는 영웅들의 생식기를 일정한 양식으로 그렸다는 이유로 주디 시카고Judy Chicago의 공동 전시회 '디너파티'의 전시를 금지한 미술관도 여럿이다.[11] 미국에서는 국립예술기금위원회가 아주 큰 음경을 전시하는 전시회를 후원했다고 의회에 공격을 받았다. 캐나다 온타리오주 경찰 프로젝트 P는 벌거벗은 여성이 결박당하고 멍들고 피 흘리는 사진이 성적 목적을 위한 것이었는데도 발기한 음경이 없다는 이유로 외설이 아니라고 판결했다. 그런데 한 캐나다 여성 영화는 발기한 음경에 콘돔을 끼우는 장면이 5초 동안 나온다고 상영이 금지되었다.[12] 뉴욕 지하철에서는 글을 읽을 줄 모르는 사람들을 위해 발기한 음경에 콘돔을 키우는 법을 보여주는 에이즈 예방 포스터를 직접 그려 붙였더니 뉴욕시 경찰이 압수했고, 뉴욕시 교통 당국에서 붙인 〈펜트하우스〉 광고는 그대로 두었다. 폭력적 성 이미지가 무엇을 하는지는 차치하더라도 주류 문화에서 남성이 벌거벗은 것과 여성이 벌거벗은 것에 대해 공식적으로 이중잣대를 들이대는 것은 분명하며, 이는 권력의 불평등을 심화한다.

음경을 드러내는 일은 생각도 할 수 없는 상황에서 유방을 드러내는 일이 사소한 일로 치부되는 것은 유방은 음경이나 질만큼 "벌거벗은" 것이 아니기 때문이고, 마찬가지로 반쯤 노출한 남성을 생각도 할 수 없는 것은 남성에게는 유방과 비교할 만한 신체 기관이 없기 때문이다. 그러나 여성의 성기가 남성의 성기와 달리 어떻게 감추어지고 여성의 유방이 남성의 유방과 달리 어떻게 물리적으로 노출되는지를 생각하면, 그것이 달리 보일 수 있다. 여성의 유방은 상처받기 쉬운 "성의 꽃"으로 남성의 음경에 해당된다. 따라서 여성은 드러내고 남성은 감추는 것은 여성의 몸은 상처받기 쉽게 만들고 남성의 몸은 보호하는 것이다. 여러 문화를 두루 살펴보아도 불평등한 노출은 거의 언제나 불평등한 권력의 표현이다. 현대 교도소에서도 옷을 입은 간수 앞에서 남성 죄수의 옷을 벗기고, 남북전쟁 전의 남부에서는 젊은 흑인 남성 노예가 벌거벗고 옷을 입은 백인 주인의 식사 시중을 들었다. 여성은 일상적으로 벌거벗고 남성은 그렇지 않은 문화에서 살면 사소한 방식으로 하루 종일 불평등을 배우게 된다. 그래서 우리가 성 이미지가 사실은 언어라는 데 동의하더라도 그것은 분명 남성의 성적 자신감(과 따라서 사회적 자신감)은 보호하고 여성은 무너뜨리도록 이미 크게 손을 본 언어다.

그것은 어떤 작용을 하는가

이런 이미지들은 우리의 판타지 속 삶에 개입해 이성애의 소외를 제도화한다.[13] 데비 테일러는《여성: 세계 보고서Woman: A World Report》에서 "포르노가 어찌나 강력하고 제품 광고와 부드럽게 뒤섞이는지 (…) 많은 여성이 자신의 판타지와 자아상마저 왜곡되는 것을 발견할 정도다"라고 말한다. 그녀는 낭만적 연애 소설이 "좀처럼 성을 분명하게 드러내지 않고 (…) 사랑하는 두 사람이 처음 입을 맞추는 순간 (…) 희미해지는 경향이 있다"라고 지적한다. 이렇게 성을 얼버무리는 경향은 주류 문화에서 극으로 사랑 이야기를 할 때도 거의 언제나 발견된다. 화면에서 사랑과 친밀함을 그릴 때 성을 솔직하게 드러내는 일이 정말 드물어, 우리 문화가 부드러운 성을 일탈한 성이나 타락한 성처럼 다루고 폭력적이거나 모멸적인 섹스를 정상적이고 건강한 것으로 받아들이는 게 아닌가 싶을 정도다. "이렇게 되면" 남성이나 여성의 마음에서 "성의 무대가 텅 빈 상태로 남아 포르노의 이미지가 자유롭게 주역을 맡게 된다. 이러한 무대에서 두 주연 배우는 남성이 연기하는 사디스트와 여성이 연기하는 마조히스트다"라고 테일러는 말한다.

최근까지는 성적 판타지가 언뜻 본 이미지와 실제로 느낀 감각, 현실 세계에서 넌지시 말하는 것에서 혼자 상상해낸 것으로 가득 차 있었다.

현실 세계에서 온 무중력의 이미지들이 떠 있고 그것들이 상상력을 통해 변형되는 꿈의 우물이었다. 그래서 이렇게 다른 사람의 몸에 대해 말해주는 것들과 그것이 남긴 자취들로 아이들은 어른이 되어 성의 풍경 속으로 들어가 사랑하는 사람을 직접 만날 준비가 되었다. 운이 좋은 남성과 여성은 늘 그 꿈의 우물로 가는 길을 깨끗이 치워놓아 나이가 들면서 만나고 자기 몸과 다른 사람의 몸이 뒤섞이면서 만들어지는 장면들과 이미지들로 그것을 채울 수 있었다. 그들이 어떤 연인을 선택하는 것은 외투에서 나는 냄새, 걸음걸이, 입술 모양이 자신이 상상한 것들 속에 있고 시간을 거슬러 올라가 뼈 속 깊은 곳에서 어린 시절과 청소년기에 상상한 것들을 떠올리기 때문이다. 운이 좋은 남성의 판타지에는 로봇이 설 자리가 없고, 운이 좋은 여성의 판타지에는 약탈자가 들어설 자리가 없다. 그들은 아무런 폭력 없이 순조롭게 성인이 된다.

그런데 자신의 판타지 속 삶을 보호하기가 갈수록 어려워졌다. 젊은 이들은 특히 그렇다. 아름다움의 집중포화로 여성의 판타지가 벌거벗은 "아름다운" 유령들로 가득 차고, 이것들이 자리를 차지하는 바람에 희미한 사적 공간이 자신과는 아무런 관계도 없는 유명한 타인들이 자신을 전시하는 영화 세트장으로 변하고 있다. 1980년대 아름다움의 신화의 목적은 남성과 여성의 성 내면을 폭력으로 가득 채우고, 우아하게 폭행당하는 철의 여인을 모든 사람의 어두운 내면에 집어넣고, 기름진 토양을 가진 아이들의 상상력을 황폐해질 정도로 부식성 강한 환상들로 휩쓸어버리는 데 있었다. 지금은 아름다움의 신화가 우리의 성적 개성과 어린 시절, 어설픈 청소년기, 첫사랑을 떠올리기에 가장 감동적인 우리 개인의 이미지와 싸움을 벌이며 승리하고 있다. 남성과 여성이 이제 막 자유롭게 서로를 발견하고 있는데 서로 놓칠 수밖에 없게 한다.

포르노에 대한 논의는 대개 남성과 그것이 여성에 대한 남성의 태도에 무엇을 하는지에 중점을 둔다. 그러나 아름다움의 포르노가 여성에 대한 여성의 태도에 미치는 영향도 그에 못지않게 중요하다. 그런 이미지들은 여성에 대한 여성의 성적 태도에 무엇을 할까? 비폭력적인 주류 소프트코어 포르노가 남성이 강간 피해자의 말을 믿을 가능성을 떨어뜨린다면,[14] 그것이 오래도록 감각을 무디게 한다면,[15] 성적으로 폭력적인 영화가 남성이 여성에게 가하는 폭력의 심각성을 점차 사소한 일로 치부하게 만든다면,[16] 결국 그들이 여성에 대한 폭력만 에로틱한 것으로 인지한다면,[17] 여성을 대상으로 한 비슷한 이미지들도 여성에 대한 여성의 성적 태도에 그와 똑같이 할 가능성은 없을까? 증거는 그렇다는 것을 보여준다. 웬디 스탁Wendy Stock은 강간 이미지에 노출되면 여성이 강간에 성적으로 흥분하는 일이 늘어나고 강간 판타지가 증가한다는 것을 발견했다(그렇다고 그들이 섹스에서 폭력을 좋아하게 되지는 않았지만)[18]. 캐럴 크라프카Carol Krafka는 자신의 실험에 참여한 사람들이 "폭력(여성에 대한)을 많이 볼수록 그것에 화를 덜 내고" 그런 자료를 많이 보여줄수록 그것을 덜 폭력적으로 평가하는 것을 발견했다.[19]

미국에서 여성을 연구하면서 E. 해리턴 박사는 49퍼센트가 복종적인 성적 판타지가 있는 것을 발견했다. 강간 판타지가 문화 전반에 확산된 데 따른 판결도 내려지고 있다. 1989년 영국에서 물리치료사에게 강간당한 여성이 제기한 민사소송이 그녀에게 강간 판타지가 있고 그런 판타지가 여성에게서 흔히 발견된다는 의견이 제기되어 기각당했다. 폭력적인 성 이미지는 법에서 섹스도 새롭게 정의하게 한다. 영국에서 젊은 여성이 경찰관을 강간죄로 고소했을 때, 그녀의 몸에서 발견된 타박상과 멍, 경찰관이 경찰봉으로 그녀의 목을 눌러서 생긴 찰과상이 합의하에 "섹스를 하면서 벌인 몸싸움"과 일치한다는 판결을 받았다.

고전적인 포르노가 남성이 여성에게 폭력적이 되도록 하는가 하는 문제는 여전히 논쟁 중이다. 그러나 아름다움의 포르노가 여성이 자신에게 폭력적이 되도록 한다는 것은 분명하다. 증거는 주위에 많다. 여기서 외과 의사가 유방에 길게 베인 자국이 있는 것을 펴고, 저기서 체중을 모두 실어 여성의 가슴을 눌러 실리콘 덩어리를 부순다. 걸어 다니는 시체도 있다. 피를 토하는 여성도 있다.

성 전쟁: 이익과 글래머

왜 지금 이런 이미지가 넘쳐나는 걸까? 이를 이미 저 깊숙한 곳에 자리 잡은 타고난 욕망에 대한 시장의 반응으로만 설명할 수는 없다. 대개는 성적 의제를 상정하고 그것으로 대변되는 욕망을 만들어내기 위해 나타난다. 사회적 가치를 주입하는 길은 그것을 에로틱하게 그리는 것이라고 역사가 수전 콜은 말한다. 여성을 대상화하는 이미지나 여성에 대한 비하를 에로틱하게 그린 이미지는 최근에 여성의 주장이 강해지자 그것을 상쇄할 목적으로 나타났다. 그것이 환영받고 또한 필요한 것은 강자가 편치 않을 정도로 남성과 여성이 가까워졌기 때문이다. 성 전쟁이 계속 일어나게 할 수 없을 정도로 종교와 법, 경제 같은 규제 장치가 약해진 곳에서는 언제나 그것이 남성과 여성을 떼어두는 역할을 한다.

여성운동이 일어나기 전에는 남성에 대한 여성의 경제적 의존이 이성애의 기반을 무너뜨렸다. 동등한 사람끼리 자유롭게 주고받는 사랑은 여성운동의 산물이다. 따라서 그것은 최근에야 역사적으로 가능해진 탓에 기반이 아주 허약하다. 이 사회에서 가장 강력한 이해 집단의 일부에게는 적이기도 하다.

만일 다수의 여성과 남성이 동등하고 비폭력적이며 남성의 원칙만큼 여성의 원칙도 존중하는 성적 유대를 이루었다면, 그 결과는 기득권층에게 최대 악몽인 동성애로의 "개종"보다 훨씬 혁명적이었을 것이다. 이성애자들이 다정하게 서로 존중하는 쪽으로 대거 이탈했다면, 이성애자가 강력한 다수인 현 상태에 문제가 되었을 것이다. 권력구조는 충성의 방향이 크게 바뀌는 것을 보았을 것이다. 모든 관계에서 전통적으로 여성의 가치였던 것에 토대를 둔 사회로 변혁하려는 노력과 헌신이 두 배로 나타나, 남성 지배에서 벗어난 세상이 양성 모두에게 매력이 있음을 증명하고 복음이 거리에 울려 퍼졌을 것이다. 자유로운 여성이 한층 재미있고, 자유로운 남성 또한 그럴 거라는 기쁜 복음 말이다.

남성이 지배하는 기관들, 특히 회사 같은 이익집단은 사랑의 도피가 자기들에게 어떤 위험을 제기하는지 잘 안다. 자신을 사랑하는 여성은 위협적이다. 현실의 여성을 사랑하는 남성은 더욱 그렇다. 성별 역할에서 벗어난 여성은 관리가 가능한 것으로 드러났고, 권력을 가진 소수의 여성도 남성으로 다시 훈련받고 있다. 그러나 현실의 여성을 성적으로 열렬히 사랑하는 쪽으로 넘어가는 남성이 다수 출현한다면, 심각할 정도로 많은 돈과 권력이 이탈해 여성과 힘을 합칠 수 있을 것이다. 그런 사랑은 러시아 혁명보다 급진적이고 핵 시대의 종말보다 전 세계 세력 균형을 뒤흔드는 정치적 대격변일 것이다. 그것은 우리가 아는 문명의 몰락, 즉 남성 지배의 몰락일 것이며 이성애에는 새로운 시작일 것이다.

섹스를 한낱 "아름다움"으로 만들어버리는 이미지, 미인을 비인간적인 것으로 만드는 이미지, 그녀를 에로틱하게 포장해 고문하는 이미지가 정치적·사회경제적으로 환영받는 것은 그것이 여성의 성적 자부심을 무너뜨리고 여성과 남성이 서로 떨어져 적대시해야 굴러가는 사회질서에 그들이 함께 손잡고 맞설 가능성을 낮추기 때문이다.

바버라 에런라이크Barbara Ehrenreich와 엘리자베스 헤스Elizabeth Hess, 글로리아 제이콥스Gloria Jacobs는 《사랑 다시 만들기Remaking Love》에서 성 제품이라는 새로운 시장은 회전이 빠른 성 소비주의를 요구한다고 말한다.[20] 이는 성 액세서리 시장을 넘어 소비경제 전체가 마찬가지다. 소비자지수가 여성과 남성이 가장 하지 말았으면 하는 것은 서로 사랑하는 법을 알아내는 것이다. 1.5조 규모의 이 소매 산업은 남성과 여성이 성적으로 소원한 것에 기대고 있고, 성적 불만족에서 연료를 얻는다. 광고는 섹스를 팔지 않는다. 만일 그것이 이성애자인 여성과 남성이 서로에게 의지해 만족을 얻는 것을 뜻한다면, 광고가 역효과가 날 것이다. 그들이 파는 것은 성적 불만이다.

지구가 생존하려면 여성과 남성의 가치가 균형을 이루어야 하는데, 소비문화는 남성과 여성의 소통 단절과 성적으로 불안한 상태를 부추겨야 존속할 수 있다. 그래서 대형 오토바이 할리데이비슨과 주방가전 쿠진아트가 남성성과 여성성을 대신한다. 그런데 성적으로 만족하면 물질주의의 목을 조르기 쉽다. 성적으로 만족하면 지위를 상징하는 것들이 더 이상 성적인 것으로 보이지 않고 성과 무관해지기 때문이다. 감정적·성적 갈망이 강해지면 제품에 대한 갈망이 약해진다. 우리는 이 시장을 인위적으로 부양하기 위해 우리의 가슴속 욕망을 대가로 지불한다. 아름다움의 신화는 남녀 판타지의 차이를 지속시킨다. 이 차이는 거울로 만들어졌다. 그것을 지탱해주는 자연법칙은 없다. 그것은 우리에게 엄청난 돈을 쓰며 정신없이 두리번거리게 하지만, 그것이 피우는 연기와 그것에 비친 모습은 우리가 성적으로 우리 자신이 될 자유를 방해한다.

소비문화를 가장 잘 지탱해주는 것은 복제 가능한 성적 클론, 즉 물건 같은 대상을 원하는 남성과 그런 대상이 되고자 하는 여성, 그리고 변화하는 요구에 따라 계속 일회용 물건들을 공급하는 시장이다. 소비자 포르노의 아름다운 물건들은 진부해질 수밖에 없고, 그래서 되도록 한 여성과 오랫동안 또는 평생 유대를 이루는 남성이 소수가 되도록 하고, 여성도 시간이 지날수록 자신에 대한 불만이 줄기는커녕 오히려 늘어나도록 한다. 감정적으로 불안정한 관계와 높은 이혼율, 성 시장에 내던져진 많은 사람이 소비경제에서는 비즈니스하기에 좋다. 아름다움의 포르노는 현대의 성을 야만적이고 따분한 것, 거울의 수은만큼이나 얄팍하고 에로틱하지 않은 것으로 만들려고 한다.

그러나 소비자지수보다 훨씬 강력한 이익집단도 그들의 소원한 관계에 기대고 있고, 그들의 화합이 위협이 된다. 군은 미국 정부 예산의 약 3분의 1을 지원받는데, 군사주의는 남성이 여성이나 아이와의 유대보다 남성끼리의 유대를 선택하는 데 기대고 있다. 남성이 된다는 것은 가족과 공동체에서 벗어나는 하나의 긴 여정이다. 그러나 남성이 여성을 사랑하면 충성의 방향이 다시 가족과 공동체로 향할 것이다. 진정으로 아내와 자식을 사랑하는 남성은 아내와 자식이 자신의 영웅적 죽음으로 혜택을 볼 거라는 군사주의의 일반적 선전을 믿으려 하지 않을 것이다. 남성이 여성을 사랑하고 자식을 사랑하면 자신을 무엇보다도 애인과 아버지로 규정할 테니 전쟁을 선전하는 말이 쇠귀에 경 읽기가 될 것이다. 이성애는 경제에 피해를 줄 위험이 있다. 사랑하는 남녀 간의 평화와 신뢰는 세계 평화가 군산복합체에 나쁜 만큼이나 소비경제와 권력구조에 나쁠 것이다.

이성애는 정치적 변화로 이어질 위험이 있다. 지배와 고통보다 비폭력적인 상호관계에 토대를 둔 에로틱한 삶은 침실 너머에서도 자신이 매력 있다는 것을 몸소 가르쳐주기 때문이다. 여성이 자신을 사랑하면 자신의 사회적 가치를 확신하게 된다. 그러면 자기 몸을 무조건 사랑할 것이고, 이는 자신의 존재를 발견하고 확인하는 토대가 된다. 여성이 자기 몸을 사랑하면 다른 여성이 그들 몸으로 하는 것을 못마땅해하지 않고, 여성이 여성이라는 것을 사랑하면 여성의 권리를 옹호할 것이다. 여성에 관한 많은 이야기가 사실이다. 여성은 만족할 줄 모르고 탐욕스럽다. 현 상황을 유지하려면 여성의 탐욕을 통제할 필요가 있다. 세상이 여성의 것이기도 했다면, 여성이 그래도 괜찮다고 믿었다면 더 많은 사랑, 섹스, 돈, 아이에 대한 헌신, 식량, 보살핌을 요구했을 것이다. 이런 성적 · 감정적 · 신체적 요구가 사회적 요구로 확산되어, 노인 돌봄과 육아휴직, 양육비를 요구했을 것이다. 여성 욕망의 힘이 커져 여성이 침대에서 세상에서 요구하는 것을 사회가 진정으로 고려해야 했을 것이다.

소비경제는 가족을 거부하는 남성의 일 구조에도 기대고 있다. 남성은 서로의 성을 감시해, 성애와 가족을 삶의 중심에 놓지 못하게 한다. 여성은 성적으로 사랑하는 관계를 유지할 수 있는 능력으로 성공을 정의하는데 말이다. 말 많은 남성과 여성이 공동전선을 형성했다면, 그런 성공의 정의가 남성에게도 호소력이 있어 경쟁적인 남성성을 강요하는 터널에서 벗어날 수 있었을 것이다. 아름다움의 포르노는 그런 사태의 발생을 막는 데 유용하다. 남성을 겨냥할 경우, 그것은 그들이 성애에서 평화를 찾지 못하도록 하는 효과가 있다. 에어브러시로 수정된 신문과 잡지 속 미녀들은 잠시 보이는 환영처럼 늘 눈앞에서 멀어져 그것을 좇다 불안정해진 남성이 매일 아침 자신에게 신문을 건네는, 흠도 있고 주름도 있는 낯익은 여성의 아름다움에 관심을 기울이지 못하게 한다.

아름다움의 신화는 성 혁명을 얼어붙게 해 우리가 제자리로 돌아가도록 한다. 성애에 경제적으로 비싼 가격표를 붙여 그것을 회피하도록 한다. 19세기에는 중매결혼으로 이성애를 제약했는데, 오늘날 도시에서는 표준 이상의 성취를 한 사람들이 자신의 성적 운명을 데이트 서비스업체에 맡기고 리비도Libido(사람이 내재적으로 가진 성욕 또는 성적 충동으로, 프로이트 정신분석학의 기초 개념. 특히 성적 에너지를 가리키는데, 융은 이를 생명의 에너지로 해석함—옮긴이)를 일에 쏟는다. 한 조사에서는 많은 여피족 커플이 성교가 불가능한 것으로 나타났다. 지난 세기에는 엄격한 성별 고정관념으로 남녀를 떼어놓았는데, 지금은 엄격한 신체 고정관념으로 남녀가 소원하다. 빅토리아 시대의 결혼시장에서도 남성이 판단하고 선택했고, 아름다움의 시장에서도 남성이 판단하고 선택한다. 여성이 법적 권리가 없는 것을 알면서 간수를 사랑하기란 어렵다. 판사를 사랑하기란 더욱 어렵다. 아름다움의 포르노는 이성애가 급증하면 위험한 사회제도를 안정시키는 전쟁유지군이다.

실례

멋진 강간 장면은 말할 필요도 없이 성 전쟁을 에로틱하게 보도록 한다. 그렇다면 폭력적이지 않은 아름다움의 포르노는 어떨까? 그런 이미지는 섹스를 "아름다움"만이 풀 수 있는 정조대에 갇힌 것으로 그려 여성의 성을 억압하고 성적 자부심을 떨어뜨린다는 점에서 역시 해롭다. 아름다움의 신화가 여성의 성을 이용해(그것을 반복적으로 "아름다움"의 이미지와 짝을 지음으로써) 자신의 정치적 과업을 수행하기 시작하면서 과거 어느 때보다도 여성을 강하게 지배하고 있다. 섹스를 "아름다움"의 볼모로 잡아, 아름다움의 신화가 이제는 피부에 머물지 않고 피부 속까지 들어간다.

아름다움의 신화로 서양 여성의 성 또한 훨씬 무자비하고 터무니없는 관행으로 위협받는 동양 여성의 성 못지않게 위험에 처해 있다. 킨제이의 1953년 연구는 70~77퍼센트의 여성만이 자위나 성교를 통해 오르가슴에 도달한 적이 있음을 보여주었다. 여성의 성적 만족은 "성 혁명"이라는 표면상의 진보와 나란히 가지 않았다. 성 연구가 셰어 하이트Shere Hite가 1976년에 조사한 수치는 30퍼센트의 여성만 손으로 음핵을 자극하지 않고 성교만으로 거의 언제나 오르가슴에 이르고, 19퍼센트는 음핵을 자극해서 오르가슴에 이르고, 29퍼센트는 성교하는 동안 오르가슴을 느끼지 못하고, 15퍼센트는 자위를 전혀 하지 않으며, 11.6퍼센트는 오르가슴을 느껴본 적이 없다는 것을 보여주었다.[21] 헬렌 카플란Helen Kaplan의 1974년 조사는 8~10퍼센트의 여성이 한 번도 오르가슴을 느낀 적이 없고 45퍼센트에 이르는 여성이 성교하는 동안 음핵을 자극해야만 오르가슴에 이른다는 것을 보여주었다.[22] 시모어 피셔Seymour Fishcher의 1973년 연구에서는 30퍼센트의 여성만 성교하는 동안 거의 언제나 오르가슴을 느꼈다.[23]

1980년대도 놀라울 정도로 거의 변화를 보이지 않았다. 1980년에 웬디 포크너Wendy Faulkner는 40세까지 자위를 해본 적 있는 영국 여성이 40퍼센트밖에 안 된다는 것을 발견했다.[24] 40세까지 자위를 해본 적 있는 영국 남성은 90퍼센트였다. 1981년 연구에서는 자위로 오르가슴에 이른 적 있는 덴마크 여성이 47퍼센트밖에 안 된다는 것이 발견되었다.[25] 영국에서 1989년에 여성 1만 명을 연구한 것에서는 36퍼센트가 성교 중에 오르가슴을 "좀처럼" 또는 "전혀" 경험하지 못했고, "대부분이 남편을 즐겁게 해주려고 오르가슴을 느끼는 척한다고 시인했다." 서양 여성의 성은 할례를 받은 동양 여성보다 더 아름다움의 신화로 위험에 처해 있다. 놀랍게도 할례를 받은 수단 여성 4,024명(이슬람교의 전통 율법인 수나에 따라 그들은 음핵이 절제되었다)을 조사한 연구에서는 88퍼센트가 오르가슴을 경험한 것으로 나타났다.[26]

성교를 여성이 성적 즐거움을 얻을 수 있는 주요 행위로 상정하고 그에 맞추어 자신의 즐거움을 조정할 필요는 없지만, 즐거움을 얻을 수 있는 많은 행위 가운데 하나인 성교와 자위가 지금 여성에게 그렇게 조금밖에 만족을 주지 못하는 것은 무엇 때문인지 물을 수는 있을 것이다. 여성은 자기 몸이나 남성의 몸에서 마땅히 즐거움을 얻어야 하고 얻을 수 있는데도 그러지 못하고 있다. 그렇다면 남성과 여성에게 성교를 문화적으로 가르치는 방식에 뭔가 문제가 있고, 여성에게 자기 몸을 어떤 식으로 경험하라고 가르치는 방식에 문제가 있는 것은 아닐까? 아름다움의 신화는 그런 불만족과 관련해 많은 것을 설명해준다.

아름다움의 신화는 여성이 의심 없이 자신을 성적으로 아름다운 존재로 보는 것을 막는다. 아름다움의 포르노가 여성에게 끼치는 해도 흔히 포르노가 끼친다는 해만큼 바로 눈에 들어오지 않는다. 다른 여성이 정육점에 걸려 있는 것은 왜 보기 싫은지 알고 그것에 대해서 분명하게 반대 의견을 말할 수 있는 여성도 "말랑말랑한" 아름다움의 포르노가 왜 불편한지는 설명하지 못한다.

딱히 뭐라 말할 수 없는 포르노에 대한 이런 두려움은 말없는 당혹감으로 정치적 스펙트럼 전반에 퍼져 있다. 그것은 "언론의 자유"를 외치며 포르노 반대운동에 반대하는 페미니스트, 페미니즘 논쟁에 관심 없는 여성, 노골적인 포르노나 말랑말랑한 포르노에 등장하는 "나쁜" 여성에 동조하지 않는 여성, 종교적 여성과 세속적 여성, 문란한 여성과 숫처녀, 동성애자 여성과 이성애자 여성 안에서도 볼 수 있다. 여성은 그것에 상처를 받아 "진짜" 포르노와 성폭력의 연관성을 꼭 확신하지 않아도 이러한 피해에 대해 수치심 없이 말할 수가 없다. 자신의 세계관에서 벌거벗은 "아름다운" 여성의 이미지에 반대하는 타당한 이유를 발견할 수 없을 때, 그런 여성이 눈에 보이게 나쁜 짓을 당하는 것도 아닌데 안에서 느껴지는 피해를 설명해줄 수 있는 것은 무엇일까?

그런데 그들의 침묵도 사실은 신화에서 왔다. 여성이 못생겼다고 느끼면 그것은 여성의 잘못이고 여성에게는 성적으로 아름답다고 느낄 권리가 없다는 신화에서. 여성이 아름다움의 포르노에 반대한다면 그런 신화를 받아들여서는 안 된다. 그것은 여성이 성적으로 사랑스럽지 않다고 느끼게 함으로써 여성의 성을 뿌리째 뒤흔들기 때문이다. 남성이든 여성이든 성적 소통에 개방적이려면 모두 반갑고 바람직하고 소중하다는 의미에서 "아름다운" 존재라고 느낄 필요가 있다. 그렇지 않으면 우리는 자신을 보호하기 위해 자신이나 타인을 대상화하게 된다.

언젠가 젊은 여학생들과 우리 대학 휴게실에서 시청한 소프트코어 포르노에 관해 이야기한 적이 있다. 그때 나는 완전히 헛다리를 짚었다. 나는 정치와 상징, 남성적 문화 공간, 사회적 배제, 상품화를 들먹였다. 생각이 깊은 한 학생이 한동안 잘 수긍이 안 간다는 눈빛으로 내 말에 귀를 기울이더니 마침내 입을 열었다. "당신 생각을 지지한다. 그렇지만 지금 무슨 말을 하는지 모르겠다. 내가 아는 것은 그것을 보면 믿을 수 없을 정도로 기분이 나쁘다는 것뿐이다."

소프트코어 잡지의 표지들은 영화와 TV, 여성지에 나오는 이미지들로 구성되는, 우리의 판타지에서 볼 때 낯설지 않은 모델들을 보여줌으로써 여성의 심리에 다가간다. 하드코어 포르노의 "생경한" 창녀들과 달리(이들의 경우에는 "아름다움"보다 이들에게 무엇을 하도록 할 수 있는가가 중요하다) 이런 모델들은 여성에게 교훈을 준다. 그들은 여성이 따라야 할 옷 벗은 모델이다. 〈스크루Screw〉 발행자 앨 골드스타인Al Goldstein은 "휴 헤프너Hugh Hefner는 온통 그것의 아름다움에 빠진 낭만주의자다.

그의 여자는 이웃집 여자다. 내 여자는 이웃집 창녀다. 여드름과 임신선이 있고, 값싼 흑백 신문지에 나오는"이라고 말했다. 여성이 선택할 수 있는 성의 표상이 이 두 가지뿐이라면, 여성이 죽을 때까지 아름다움을 추구하는 것도 놀라운 일이 아니다.

"낭만적" 모델은 낯익은 얼굴 아래 완벽한 몸을 그려 넣도록 여성에게 최면을 건다. 일요일 신문 부록에 나오는 모델의 레이스 아래서 붉게 달아오른 젖꼭지와 장밋빛 음순을 상상하고, 패션 특집란에서 희미하게 빛나는 옆구리와 물결치듯 부드럽게 곡선을 그리는 복부를 상상하도록 한다. 이러한 소비자 스트립쇼에 여성은 자기 것을 대비시킨다. 그러고는 턱없이 못 미치는 자기 모습에 얼굴을 일그러뜨리며 굴욕감을 느낄 수도 있고, 그래서 아예 그런 것을 욕망하지 않을 수도 있고, 자신이 그것에 "필적하는" 느낌에 만족스러운 자아도취에 빠질 수도 있다. 그러나 후자도 아주 포르노적이지만 궁극적으로는 에로틱한 것과는 거리가 멀다. 기준에 "맞는" 여성도 승자가 아니기 때문이다. 그녀도 그저 철의 여인이라는 틀에 자신을 넣을 수 있을 뿐이다. 사실은 "아름다운" 여성이 자신의 판타지에 포르노가 끼어드는 것에 더 상처를 받을 수도 있다. 포르노에서 자신을 "볼" 수 있기 때문이다. 다른 여성은 그렇지 않은데 말이다.

여성이 〈플레이보이〉를 싫어하는 것은 성의 핵심을 쉽게 포기할 수 없기 때문이일지도 모른다. 여성은 자아상이 굴욕을 당하는 것은 감수해도 성의 본질은 마지막까지 지킬 것이다. 어쩌면 여성이 〈플레이보이〉에 분개하는 것은 섹스가 추한 느낌이 드는 게 분한 탓일지도 모른다. 또는 "아름다운" 느낌이 들어도 자기 몸이 포르노에 의해 규정되고 폄하되는 것이 분할지도 모른다. 포르노는 여성 안에서 여성이 사는 데 필요한 것을 억제하고, 궁극적으로는 여성의 성욕을 억제한다. 자신의 성을 비판적으로 보는 눈길을 통해 말이다. 앨리스 워커Alice Walker의 에세이 《부서짐Coming Apart》은 그것이 어떤 해를 끼치는지 살핀다. 여주인공은 자신을 애인의 포르노와 비교해 "어리석게도" 자신은 아름답지 않다는 결론을 내린다.[27]

낸시 프라이데이Nancy Friday가 여성의 성적 판타지를 모아 놓은 《나의 비밀 정원My Secret Garden》에서 "베티"는 이렇게 말한다. "나는 내가 갑자기 아주 아름답고 매혹적인 여성으로 변하는 공상을 한다(나도 알다시피 현실의 삶에서는 내가 그저 그럴 뿐인데 말이다). (…) 눈을 감으면 내가 그런 아름다운 여성을 지켜보는 것 같다. '나'이면서도 어떤 다른 곳에서 온 여성을. 그것도 아주 생생하게, 용기를 내라고 크게 소리치고 싶을 정도로 (…) '즐겨, 너는 그럴 자격이 있어'라고. 그런데 웃기는 것은 이 여성이 내가 아니라는 것이다."[28] "모니카"도 말한다. "내가 갑자기 내 자신이 아니었다. 몸이 (…) 이 웃기게 뚱뚱한 내 몸이 아니었다. 그것은 내가 아니었다. (…) 아름다운 내 여동생이었다. (…) 언제나 그것은 내가 아니었다. 그 모든 일이 내 마음속에 있는 아름다운 두 사람에게 일어났다." 이 책에서는 그런 목소리("그것은 내가 아니었다", "내가 갑자기 내 자신이 아니었다", "그것은 이 아름다운 다른 여성이었다")가 자주 나타난다. 불과 20년 만에 아름다움의 신화가 사랑의 행위를 하는 동안 여성을 자신의 몸과 분리시키는 이미지를 슬그머니 끼워 넣었다.

여성은 이런 주제를 놓고 이야기할 때 몸을 숙이고 목소리를 낮춘다. 그러고서 자신의 끔찍한 비밀을 말한다. '그것이 내 유방이야'라고 말한다. '내 엉덩이야.' '그것이 내 허벅지야.' '나는 내 배가 싫어.' 이는 미적으로 싫은 것이 아니라 성적으로 몹시 부끄러운 것이다. 몸의 부위는 다양하다. 그러나 그것에 대해 말하는 여성 모두 공유하는 것은 그것이 아름다움의 포르노에서 가장 집착하는 것, 패티시라는 확신이다. 유방, 허벅지, 궁둥이, 배, 이것들은 여성의 몸에서 가장 성적인 곳이고, 따라서 그것이 "못생긴" 것이 강박의 대상이 된다. 그것은 폭력을 휘두르며 학대하는 남성이 가장 흔히 구타하는 곳이다. 치정 살인을 하는 사람들이 가장 흔히 훼손하는 곳이다. 폭력적인 포르노에서 가장 자주 더럽히는 곳이다. 아름다움의 의사들이 가장 자주 절개하는 곳이다. 아이를 배고 기르는 곳이고, 성적인 곳이다. 여성을 혐오하는 문화가 '여성을 혐오하는 사람들이 혐오하는 것'을 여성이 혐오하도록 만드는 데 성공했다.

페미니스트 저메인 그리어는 "여성이여, 네 성기를 사랑하라"라고 썼지만, 하이트연구소의 연구에서는 여성 일곱에 하나가 자신의 질이 "추하다"고 생각하고, 같은 수가 거기서 나는 냄새가 "나쁘다"라고 생각했다. 한 세기가 지난 지금 '여성이여, 네 몸을 사랑하라'는 말이 더욱 시급한 메시지가 되었다. 여성 3분의 1이 자기 몸에 강한 "불만"이 있고, 이로 인해 "사회적 불안감이 한층 높아지고 자부심은 한층 낮아졌으며 성 장애"도 겪고 있다.[29] 마샤 저메인 허친슨Marcia Germaine Hutchinson은 여성의 65퍼센트가 자기 몸을 좋아하지 않고 낮은 신체적 자부심이 여성이 육체적 친밀함을 꺼리도록 한다고 추정한다.[30] 그러한 낮은 자부심과 성에 대한 폄하는 아름다움의 포르노가 본래 온전한 여성의 몸에 파놓은 심리적 블랙홀이다.

자기혐오라는 블랙홀은 이동할 수 있다. 유방에 대한 집착이 사그라지고 대신 허벅지를 보면 역겨움이 치미는 일이 일어날 수 있다. 많은 여성이 아름다움의 지표를 두려운 마음으로 읽는 것은 그것이 대개는 역겨움을 불러일으키는 뜻밖의 새로운 요소를 도입하기 때문이다.

성에 대한 이런 처참한 정의는 어떻게 나오게 되었을까? 흔히 "아름다움"과 성을 피할 수 없는 어떤 초월적 사실로 오해하는 탓이고, 이 둘이 잘못 결합하면 여성이 아름다워야 성적이라는 것이 두 배로 사실처럼 보인다. 이는 물론 사실이 아니다. "아름다운" 것이나 "성적인" 것이나 모두 정의가 끊임없이 변해 사회질서에 봉사한다. 둘을 연결 짓는 것도 최근에 일어난 일이다. 사회가 여성의 육체적 순결이 필요했을 때는 처녀성과 정조가 여성에게 아름다움을 부여했고(종교적 근본주의자 필리스 슐래플리Phyllis Schlafly는 최근에 다시 결혼 밖 섹스는 여성의 아름다움을 해친다고 주장했다), 그때 여성의 성은 존재하지 않았다. 피터 게이Peter Gay는 빅토리아 시대 여성은 당연히 "성적으로 무감각하다"고 여겼음을 보여주고, 웬디 포크너는 빅토리아 시대 작가들이 중산층 여성은 "원래 성적으로 불감증"이라고 확신했다는 사실을 예를 들어 보여준다. 최근에야 성적으로 이용할 수 있고 성적으로 불안한 위치에 있는 여성 인구가 사회에 가장 도움이 되면서 "아름다움"이 성적인 것으로 새롭게 정의되었다. 왜? 여성의 성은 모든 여성이 타고나지만 이와 달리 "아름다움"은 힘든 일이고, 그것을 가지고 태어나는 여성이 거의 없고 공짜가 아니기 때문이다.

"아름다움"과 성의 불일치가 만들어내는 그런 이미지는 내 기억 속에도 있다. 모델인 친구가 열다섯 살 때 내게 처음 란제리를 입고 찍은 사진을 보여주었다. 신문 일요판에 나갈 큰 백화점 광고 사진이었다. 나는 친구를 알아볼 수 없었다. 샤샤의 청교도적인 검고 곧은 머리카락이 헝클어진 채 부풀어 올라 있었고, 봉긋 솟아오른 유방은 윤기가 흐르는 검은색과 연분홍색 실크에 얇게 덮여 있었다. 샤샤가 분장한 사진 속 여성은 맵시 있게 헝클어진 침대에 웅크리고 앉아 있었고, 침대 시트는 벌어진 장미꽃처럼 개켜져 있었다. 우리는 샤샤의 침대에 앉아 그 사진을 보았는데, 샤샤의 침대는 소박한 싱글이고 회색 무명천에 덮여 잘 정돈되어 있었다. 그 위에는 여기저기 모서리가 접힌 고등학교용 셰익스피어 희곡들과 그녀의 생물학 책, 계산기가 있었다. 기다란 진주 목걸이나 다이아몬드 커프스단추, 눈에 띄게 수술이 튀어나온 야한 글라디올러스 따위는 없었다. 샤샤가 분장한 여성은 유방 아래쪽이 눈부시게 빛나도록 등을 둥글게 구부리고 있었다. 나는 샤샤가 견갑골에 잔뜩 힘을 주었음을 알고 "네 등이 불쌍하다" 하고 말했다. 샤샤는 척추측만증 때문에 강철과 뻣뻣한 발포 고무로 만든 교정기를 착용해야 했다. 교정기는 그 네모난 창문처럼 잘린 사진 속 밖에, 우리 둘이 들여다본 그 세련된 오렌지 빛 밖에 존재했다. 샤샤의 번지르르한 입술은 마치 끓는 물에 손을 집어넣은 것처럼 이를 드러내며 벌어져 있었다. 그녀의 눈은 반쯤 감겨 있었고, 거기서 샤샤는 지워져 있었다. 나와 마찬가지로 샤샤는 처녀였다.

돌이켜보면 그 주말에 샤샤의 이미지가 어떤 모습으로 나왔을지 상상이 간다. 아마 그것은 길게 늘어선 텍스트 사이에 툭 불거져 나왔을 것이다. 우리 둘은 상상하지도 못한 비밀을 아는 수많은 성인 여성이 그것을 뚫어지게 보았을 것이다. 어쩌면 옷을 벗고 이를 닦았을 것이다. 거울 앞에서 윙윙거리는 불빛 아래 몸을 돌려보았을 것이고, 윤이 나게 문질러 닦은 조개껍질 같은 샤샤의 몸이 머리 위 어두운 하늘에서 빙글빙글 돌았을 것이다. 불을 끄고 한층 무거운 걸음으로 따뜻하고 포근한 넓은 침대로 가서 진심으로 잘못을 뉘우쳤을 것이다.

아름다움의 포르노와 섹스를 연결시키는 것은 자연스러운 일이 아니다. 흔히 잡지에 다양한 모습으로 나오는 수많은 여성에게 시각적으로 접근하고 싶은 욕망이 남성에게는 있다고 하고, 이를 당연시한다. 그것은 난잡한 남성의 욕망이 순화된 형태로 보기 때문이다. 그러나 본래 남성은 난잡하고 여성은 일부일처인 것이 아니며, 따라서 아름다움의 포르노를 두고 흔히 하는 뻔한 주장, 즉 여성과 달리 남성은 시각적으로 자극을 받기 때문에 남성에게는 그것이 필요하다는 주장은 생물학적으로 필연적인 것이 아니다. 남성이 여성의 몸을 보고 성욕을 느끼고 여성의 인격이 불러일으키는 자극에 덜 민감한 것은 일찍부터 그렇게 반응하도록 길들여졌기 때문이고, 여성이 남성보다 시각적으로 덜 자극받고 감정적으로 더 자극을 받는 것도 그렇게 길들여졌기 때문이다. 성교육에서의 이러한 비대칭은 아름다움의 신화에서 남성의 권력을 유지시킨다. 남성은 여성의 몸을 보고 평가하지만, 그들의 몸은 보고 평가하고 받아들이거나 지나치는 대상이 아니다. 이것은 "성별이라는 바위" 때문이 아니며 언제든 변할 수 있다. 똑같이 보고 자극받고 욕망하는 진정한 상호작용으로 남성과 여성이 하나가 될 수 있다.

비대칭 구조인 아름다움의 신화는 여성과 남성에게 서로의 몸에 대해 진실을 말해주지 않고 거짓말을 해 성적으로 소원해지도록 한다. 신화에서 육체에 관해 늘어놓는 거짓말은 여성이 남성의 몸에 대해 사실로 알고 있는 것을 부정한다. 일반적으로 여성이 "피부가 부드러운" 것으로 되어 있지만, 여성은 남성의 젖꼭지 주변이 놀라울 정도로 부드럽고 남성의 몸에 여성의 어느 곳보다도 표피가 부드러운 곳이 있다는 사실을 안다. 음경을 덮고 있는 여린 귀두다. 여성은 "여린" 성이지만, 여성의 몸에 고환만큼 여린 곳은 없다. 여성이 어떤 날씨에나 속옷을 입어야 하는 이유가 표면적으로는 여성의 젖꼭지가 성적이기 때문이다. 그러나 남성의 젖꼭지도 성적이다. 하지만 그렇다고 해서 수은주가 화씨 80도까지 올라가도 그곳을 가리고 있지 않다. 여성은 임신선이 생기면 "추하다." 그러나 남성도 엉덩이에 임신선 같은 선이 생기는데, 대개 그것을 모른다. 여성의 유방은 완전히 대칭을 이루어야 하는데, 남성의 생식기는 당연히 그렇지 않다. 옛날부터 여성의 몸의 맛과 모습에 혐오감을 드러내는 문헌은 엄청 많은데, 남성은 불쾌한 맛이 나도 되고 완전히 까무러치게 생겨도 괜찮다. 그래도 여성은 남성을 사랑한다.

그렇지만 여성을 성적 대상으로 만드는 이미지의 홍수는 성 혁명을 동반해 남성의 판타지에 영합하지 않고 여성이 두려움에 맞서게 해주었다. 소설가 마거릿 애트우드Margaret Atwood가 여성에게 남성의 가장 무서운 점이 무엇이냐고 물었을 때 여성은 "그들이 우리를 죽일까 봐 두렵다"라고 했다. 남성은 똑같은 질문에 "여성이 우리를 비웃을까 봐 두렵다"라고 했다. 남성은 여성의 성을 통제하면 성적으로 평가받을 염려가 없다. 예를 들어 18세기 일본 여성은 "언제나 남근에 대해 거대하고 놀랍고 어떤 것보다도 크다고 말하도록 (…) 그리고 '와서 나를 채워주오. 오, 나의 경탄스러운 존재여!' 같은 몇 가지 칭찬을 덧붙이도록" 가르침을 받았다고 로잘린드 마일스는 말한다. 16세기에 읽고 쓸 줄 아는 여성은 그보다는 칭찬에 인색했다. "늙은 남성이 그녀에게 입맞춤을 하는데, 마치 민달팽이가 그녀의 매력적인 얼굴에 기어가는 것 같았다."[31] 여성이 성적 실험을 하면서부터 남성도 여성이 날마다 듣는 말을 들을 각오를 해야 했다. 성에도 기준이 있어, 자신이 비교될 수 있었다. 그러나 그들의 두려움은 과장되었다. 성의 자유가 있어도 여성은 엄격한 예절을 지킨다. 여성지에서는 "절대 그의 (음경) 크기를 공개적으로 언급하지 말고, 절대 누구든 다른 사람이 그것을 안다는 사실을 그가 알게 하지 마라. 그렇지 않으면 그것이 움츠러들어 사라지는 것을 보게 될지도 모르니. 이는 인과응보다"라고 이른다. 이런 말은 남성에게는 성에 대한 비판적 비교가 성욕을 억제하는 일이 된다는 것을 인정하는 것이다. 하지만 우리는 여성에게도 똑같은 효과가 있는지 아직 모르거나 아니면 어떻든 상관하지 않는다. 물론 어떤 수준에서 당장은 그 효과가 바람직하고 적절하다는 것을 알고 있다.

여성이 남성의 외모나 키, 근육, 섹스 기술, 음경 크기, 차림새, 패션 취향을 평가할 때 남성이 그 말을 들을 가능성은 거의 없다. 그렇지만 여성도 이 모든 것을 평가한다. 사실 여성도 남성이 여성을 보듯 남성을 성적 · 미학적 평가의 대상으로 볼 수 있다. 여성도 남성을 죽 세워 놓고 그 가운데서 어렵지 않게 "이상형"을 고를 수 있다. 고르느라 별로 애쓸 필요도 없다. 여성도 다른 모든 것과 마찬가지로 잘생긴 남성을 싫어하지 않는다. 하지만 그래서? 설사 그렇더라도 여성은 대개 남성을 인간으로 보는 쪽을 선택한다.

아마 여성도 남성을 먼저 성적으로 보도록 쉽게 길들일 수 있을 것이다. 만일 여자아이들이 한 번도 성폭력을 당하지 않았다면, 남성의 성을 보는 유일한 창이 자기보다 좀 더 나이 많은 10대 후반의 남자아이가 미소 지으며 꼭 껴안고 싶을 정도로 우뚝 선 붉은 장밋빛이나 모카커피 색깔의 음경을 드러낸 값싼 이미지였다면, 그들도 당연히 남성의 몸을 찍은 아름다움의 포르노를 보고 자위행위를 하고 어른이 되면 그것을 필요로 할 것이다. 그렇게 처음 접하는 음경이 왼쪽이나 오른쪽으로 틀어지지 않게 세울 수 있고 계피나 산딸기 맛이 나고 마구잡이로 난 털도 없는 것으로 제시되었다면, 골치 아픈 인격 따위와는 별개로 구할 수 있는 것처럼 보였다면, 그것의 존재 이유가 자신의 달콤한 쾌락에 있는 것처럼 보였다면, 현실의 젊은 남성이 젊은 여성의 침대에 다가갈 때 그야말로 말 그대로 풀이 죽었을 것이다.

하지만 그래서? 길들여졌다고 해서 길들임을 거부할 수 없는 것은 아니다. 남성이 여성을 대상화하듯 남성도 대상화될 거라고 두려워하는 것은 아마 근거 없는 두려움일 것이다. 양성 모두에게 상대방을 성적 대상이자 인간인 존재로 볼 수 있는 선택지가 주어진다면, 양성 모두 어느 쪽도 배제하지 않아야 만족스럽다는 것을 알 것이다. 아름다움의 신화에 가장 잘 봉사하는 것이 양성 사이의 근거 없는 두려움이다.

여성의 몸에만 초점을 둔 이미지는 남성이 더 이상 섹스를 지배하지 못하고 처음으로 그것을 노력해서 얻어야 하는 환경에서 장려되었다. 자신이 바람직한가에만 몰두하는 여성도 자신이 바라는 것을 표현하고 구할 가능성이 낮아졌다.

여성의 성을 억압하는 법

저메인 그리어는 여성이 여성의 성에 긍정적 정의를 내릴 때 자유로워질 거라고 했다. 그런 정의는 당연히 아름다움의 포르노가 여성에게 완전히 중립적이도록 했을 것이다. 그런데 한 세대가 지난 지금도 여성에게는 그런 정의가 없다. 오히려 여성의 성이 부정적으로 정의될 뿐 아니라 부정적으로 구성되고 있다. 아름다움의 신화가 여성의 성에 개입하는 것을 속수무책으로 받아들이고 있다. 성교육이 그렇게 이루어지기 때문이다. 여성의 성은 태어날 때부터 안팎이 뒤바뀐다. "아름다움"이 그것을 대신하도록, 그래서 여성이 늘 자기 몸만 내려다보도록, 남성의 눈에 자신이 어떻게 비치는지 살필 때만 눈을 들어 보도록.

여성이 이렇게 안팎이 뒤집힌 성애관을 기르는 것은 여성의 성을 억누르는 자연스럽지 못한 세 가지 때문이다. 첫째는 어린 딸들이 대개 아버지의 친밀한 보살핌을 받지 못하는 것이다. 둘째는 여성을 여성의 몸 밖에 두고 성적 대상으로만 보는 문화의 강한 영향이다. 셋째는 여성 성의 유기적 발달을 가로막고 남성의 몸이 위험한 것으로 보도록 하는 성폭력이 만연한 것이다.

1. 벌거벗은 철의 여인이 여성에게 강력한 영향을 미치는 것은 여성이 어려서 대부분 여성에게 보살핌을 받기 때문이다. 유아기의 여자아이에게 여성의 몸과 유방은 욕망의 대상이다. 아이에게 남성의 몸과 남성의 유방은 존재하지 않는다. 아이가 자라면 신화가 여성의 몸에 성적 초점을 맞추지만, 남성 이성애자와 여성 동성애자가 그것에

매력을 느끼는 것과 달리 여성 이성애자의 채워지지 않는 선망은 대개 질투심과 상실한 행복감에 대한 애석함, 적대감으로 오염된다. 이러한 상황은 여성에게 남성의 눈에 집착하도록 해, 시인 에이드리언 리치 Adrienne Rich가 "강제적 이성애"라고 부른 것을 강요하고, 이는 여성이 다른 여성을 성적 즐거움을 주는 존재로 보지 못하게 한다. 신화 아래서는 다른 여성의 육체적 아름다움이 여성에게 고통을 주어 킴 셔닌이 "여성의 몸에 대한 고통스러운 집착"이라고 부른 것을 낳는다. 이처럼 방해받는 관계(이는 이성애자 여성이 다른 여성의 몸을 볼 때 즐거우면서도 불안하고 혼란스러운 감정을 느끼게 한다)는 여성이 평생 경쟁의 고통에서 헤어나지 못하게 한다. 그것이 실은 원래 가진 사랑이 오염된 결과일 뿐인데 말이다.

2. 여성의 성의 문화적 전도顚倒는 일찍이 자위행위를 금기시하면서부터 시작된다. 극도로 자기 본위인 아동기에는 성이 전도되지 않고 본래대로 온전해 성적으로 주는 것이 복종이 아니라 너그러운 것으로 나타난다. 그러나 여성의 자위행위도 문화적으로 검열을 받는다. 어려서 혼자 하고 싶었던 욕망은 여성에게 "아름다움"이 등장하기 전에는 우리가 완전히 성적이었음을, 따라서 아름다움의 신화를 따르지 않고 넘어서면 그럴 수 있다는 것을, 성적인 느낌이 어떻게 보이는가에 의존할 필요가 없다는 것을 일깨워주는 드문 기억들 가운데 하나다. 남성은 자기들 속에 있는 이러한 것을 당연하게 받아들인다. 우리가 남성의 성은 문화의 승인을 받아 그 자체로 존재한다고 본다. 남성은 외모로 문화의 승인을 받을 필요가 없다. 우리는 남성의 욕망은 여성과

의 접촉에 선행한다고 본다. 그것은 휴면 상태에서 기다리고 있다가 여성의 의지에 반응해서만 불쑥 나타나는 것이 아니다. 혼자 하고 싶은 남성의 욕망은 고급문화에서 저급문화까지, 필립 로스Philip Roth와 앙드레 지드André Gide, 칼 샤피로Karl Shapiro, 제임스 조이스부터 남녀가 뒤섞인 청중에 던지는 지저분한 농담에 이르기까지 많은 곳에서 두루 재현된다. 우리는 모두 청소년의 성욕에 관해 안다. 그러나 젊은 여성이 자기 안에 있는 성에 눈뜨는 장면은 관음증 있는 남성을 위한 실물 크기의 모형에서가 아니면 존재하지 않는다. 이런 문화적 공백 상태에서는 혼자 하고 싶은 욕망이 어떤 것인지 상상하기 어렵다. 여성의 몸이 빈 상자를 감싸는 매력적인 포장지로 그려지고, 여성의 성기가 여성을 위해서는 에로틱하게 그려지지 않는다. 남성의 몸도 여성을 위해서는 에로틱하게 그려지지 않는다. 다른 여성의 몸도 여성을 위해서는 에로틱하게 그려지지 않는다. 여성의 자위행위가 여성을 위해서는 에로틱하게 그려지지 않는다. 여성은 모두 혼자서 무에서부터 어떻게 하면 성적으로 느껴지는지 배워야 한다(끊임없이 어떻게 하면 성적으로 보이는지도 배워야 하지만). 여성에게는 여성의 강렬한 욕망이 분출하는 반문화反文化를 주지 않는다. 여성의 성기에서 느껴지는 복잡 미묘한 감각의 존재나 여성이 어떻게 해서 계속 자기 몸에 대한 지식이 풍부해지는지를 그린 것을 주지 않는다. 여성은 어둠 속에 남겨진 탓에 선택의 여지가 없다. 여성은 지배 문화의 판타지를 자기 것으로 흡수해야 한다.

1970년대 열 살짜리들은 섹스에 관해 여성의 목소리로 쓴 이야기에 목말라 캠프에서 《O의 이야기The Story of O》나 《행복한 매춘부The Happy Hooker》의 해적판을 차례로 돌아가며 큰 소리로 읽었다. 하나는 마조히즘을 심어주는 이야기고, 하나는 삭막한 상업적 성 교환에 관한 이야기다. 그보다 나은 게 없는 여자아이들은 손에 넣을 수 있는 것에서 배운다. 그들에게 '사실'은 부족하지 않다. 부족한 것은 긍정적 성 문화다. 다시 말해 팔려고 쓴 것이 아니라 최고의 남성 성애 문화처럼 탐구하고 소통하고 찬미하려고 쓴 소설과 시, 영화와 농담, 로큰롤이 필요하다. 여자아이들을 교육하기 위한 것은 벽을 향해 있는 여자, 입이 O인 여자밖에 없다. 아니면 적절한 비즈니스 감각과 무미건조한 산문체로 돈을 버는 여자뿐이다.

그렇지만 남자아이에게는 그들을 위해 준비해놓은 성 문화가 있다. 그들은 사타구니에 대고 기타 치는 흉내를 내며 노래한다. "노란 설탕, 음! 너는 어떻게 그렇게 맛이 좋지? 아아 (…) 꼭 여자아이처럼 말이야." (여자아이들은 놀라서 "우리가?" "노란 설탕 같다고?" 했다.) 그러나 여자아이들 자신이 경험하는 것, 그들 자신의 감각이 말해주는 것, 복도에서 나는 아릿한 바다소금 냄새, 팔뚝에 난 솜털이 거무스름해지는 흥미로운 일, 고음이던 목소리가 점차 낮아지는 일, 구부정한 자세로 몸을 구겨 넣듯 허벅지 위로 청바지를 끌어올리는 일, 제대로 교육받지 못한 혀로 맛본 서던컴포트 위스키의 맛, 서랍장에서 슬쩍한 필터 없는 럭키스트라이크의 맛, 까칠하게 자라는 수염과 햇볕에 탄 피부에 속 썩은 일, 이 모든 것을 알고 또한 보지만 그것에 대해 전혀 말할 수 없다. 그런 이미지들이 말하는 사람에게나 듣는 사람에게나 어색함을 불러일으킨다는 사실은 우리가 우리 문화에서 여자아이들을 성에 눈뜨는 주체로 만나는 데 얼마나 익숙하지 않은지 증명해준다. 여자아이들은 남성의 몸의 생경한 아름다움을 《파이드로스Phaedrus》나 《도리안 그레이Dorian Gray》에서 우연히 발견할 수는 있어도 그들을 위한 문화에서는 어디서도 찾을 수 없다. 남성의 육체적 매력을 그들에게 여성의 목소리로 말해주는 것은 없다. 그들이 여성 친구에게 얼마나 매력 있는지 말해주는 것은 어디에도 없다.

여자아이들의 성 에너지, 청소년기의 남자아이들과 여자아이들에 대한 그들의 평가는 발산 혹은 발설되지 못하고 되돌아와, 그럴 수 있는 길을 찾는 갈망의 눈길이 그들 자신의 몸으로 향한다. 누구를 욕망할까? 왜? 그것에 대해 어떻게 할까? 하는 질문이 되돌아와 내 자신을 욕망할까? 왜? (…) 안 될 것도 없지? 그것에 대해 무엇을 할 수 있을까? 하는 질문으로 바뀐다.

우리가 보는 책과 영화는 남자아이의 관점에서 그가 처음 여자아이의 허벅지를 만지고 처음 유방을 흘깃 보는 것을 살핀다. 여자아이들은 앉아서 듣고 흡수하면서 자신의 낯익은 유방이 마치 자기 몸의 일부가 아닌 듯 낯설어지고, 의식적으로 다리를 꼬고, 자기 몸을 떠나 밖에서 자기 몸을 보는 법을 배운다. 자기 몸을 낯선 눈길로 욕망의 관점에서 보니, 낯익어야 하고 전체로 느껴져야 할 것이 낯설어지고 부분으로 나누어지는 것도 놀라운 일이 아니다. 여자아이들이 배우는 것은 타인에 대한 욕망이 아니라 욕망의 대상이 되고 싶은 욕망이다. 여자아이들은 자신의 섹스를 남자아이들처럼 보는 것을 배워, 이것이 자신이 원하는 것을 찾아 나서고 그것에 관해 읽거나 쓰고 그것을 구하는 데 할애해야 할 공간을 차지해버린다. 섹스가 아름다움의 볼모가 되어, 그것의 몸값을 지불하는 조건이 일찍부터 깊이 여자아이들 마음에 새겨진다. 광고업자나 포르노 제작자가 쓸 줄 아는 도구보다 훨씬 아름다운 문학과 시, 그림, 영화 같은 도구에 의해.

이렇게 자신의 성을 밖에서 바라보는 전도된 시각은 신화의 핵심에 있는 혼란을 낳는다. 여성이 성적으로 보는 것과 성적으로 보이는 것을 혼동하게 되어("클레롤, 그것이 당신이 원하는 모습이야"), 많은 여성이 성적으로 느끼는 것과 느껴지는 것을 혼동하고("질레트 면도기, 여성이 원하는 촉감"), 바라는 것과 바람직한 것을 혼동한다. 어떤 여성은 내게 "성과 관련한 내 첫 기억은 내가 다리를 면도했을 때다. 손으로 부드러운 피부를 쓸어내렸을 때 그것이 다른 사람 손에 어떻게 느껴질지 느꼈다"라고 했다. 여자들은 몸무게가 줄면 자신이 "더 섹시한 느낌이 든다"고 한다. 그러나 음핵과 젖꼭지에 있는 신경말단이 몸무게가 준다고 몇 배로 늘어나지 않는다. 여자들은 내게 여성의 몸에서 그렇게 많은 즐거움을 얻는 남성에게 질투가 난다고 말한다. 그래서 자기 내면에 있는 남성의 몸 안에 자신이 들어가 있는 상상을 한다고 한다. 대리로 성욕을 느낄 수 있게.

그렇다면 여성이 남성보다 흥분하는 속도가 느리다는 유명한 속설, 복잡한 판타지 속 삶, 많은 여성이 성교에서 즐거움을 느끼지 못하는 것은 이렇게 여성의 관점을 긍정하는 성적 이미지를 거부하는 문화나 남성의 몸을 쾌락의 도구로 보지 못하도록 하는 문화와 관계가 있지 않을까? 그것이 성교를 이성애자 여성이 자신의 만족을 위해 남성의 몸을 적극적으로 추구하고 파악하고 맛보고 소비하는 기회로 나타내는 것을 금기시하는 것과 관계가 있지 않을까? 남성의 만족을 위해 여성을 추구하고 파악하고 맛보고 소비하듯이 말이다.

여성의 성의 전도는 여성이 자신의 성적 경험을 통제하지 못하게 한다. 젊은 남성을 겨냥해서 만든 그다지 노골적이지 않은 성적 이미지의 문제점 하나는 사진 속 여성이 실제로는 어떤 것에도 성적으로 반응하지 않는다는 것이다. 결국 젊은 남성들은 자라면서 여성의 욕망에 관해 아무것도 가르쳐주지 않는 이미지를 에로틱하게 보도록 길들여진다. 젊은 여성들도 여성의 욕망을 에로틱하게 보도록 배우지 않는다. 그리하여 남성과 여성 모두 여성의 몸과 남성의 욕망만 에로틱하게 보는 경향이 있다. 이는 곧 여성은 자신의 흥분을 위해 남성의 욕망에 지나치게 민감하고, 남성은 자신의 흥분을 위해 여성의 욕망에 지나치게 둔감하다는 말이다. 남성이 성욕을 느껴야 여성도 성욕을 느끼는 이러한 연쇄반응은 캐럴 카셀Carol Cassell이 《휩쓸림: 왜 여성은 사랑과 섹스를 혼동할까Swept Away: Why Women Confuse Love and Sex》에서 이야기한 현상을 야기한다.[32] 많은 여성이 사랑에 빠져 "휩쓸린" 느낌이 들어야 성욕을 느낄 수 있는 탓에, 여성 가운데 48퍼센트만이 피임약을 정기적으로 사용한다. 미국에서는 낙태의 48.7퍼센트가 무방비 상태의 성교로 인한 것이다.[33] 만일 여성이 성적인 느낌이 줄어들지 않을까 하는 두려움 없이 자신을 보호할 수 있을 정도로 여성의 성을 높이 평가하고 조심스럽게 발전시켰다면, 낙태라는 비극의 반은 과거의 일이 되었을 것이다. 이제는 에이즈의 유행으로 "휩쓸리는" 현상에 굴복하는 여성들은 임신뿐만 아니라 죽음도 각오해야 한다.

3. 여성의 전도된 성과 성교에 대한 모순감정을 마지막으로 설명해주는 것은 성폭력이라는 여성의 산 경험과 관계가 있다. 철의 여인이 학대당하는 것이 얼마나 많은 것을 암시하는지 알려면 여성이 실제로

얼마나 성폭력을 당하는지 알아야 한다.

1983년 다이애나 러셀Diana Russell이 샌프란시스코 여성 930명을 무작위로 뽑아 조사한 것[34]에 따르면 44퍼센트가 FBI가 정의하는 강간 또는 강간 미수를 견뎌냈고, 그중 88퍼센트가 자신을 공격한 사람을 알았으며, 일곱에 하나가 남편이나 전 남편에게 강간을 당한 적이 있었다.[35] 네덜란드에서 20~40세의 교육받은 중산층 여성 1,054명을 연구한 것에서는 15.6퍼센트가 가족이나 친척에게 성적 학대를 당했고, 24.4퍼센트가 어려서 가족이나 친척이 아닌 사람에게 성적 학대를 당한 적이 있었으며, 32.2퍼센트가 16세 전에 강요된 성적 경험을 했다. 또 네덜란드 4,700개 가정을 조사한 것에서는 20.8퍼센트가 남편이나 애인에게 폭행을 당한 적이 있고, 그중 절반은 반복되는 폭행을 당했으며, 25명 가운데 하나는 영구 손상을 입었을 정도로 아주 가혹한 폭행을 당한 적이 있었다. 네덜란드 사람들은 1980년부터 1988년까지 신고된 강간이 3분의 1 넘게 증가하는 것을 보았다.[36] 스웨덴에서는 1981년부터 1988년까지 여성에 대한 폭력 신고가 70퍼센트 증가하고, 강간 신고는 50퍼센트 증가했다.[37] 캐나다에서는 여성 넷 중 하나가 물리력이 동원된 상황에서 가족 구성원이나 가족과 가까운 사람에게 첫 성경험을 한다.[38] 영국에서는 아내 일곱 가운데 하나가 남편에게 강간을 당한다.[39] 1981년 런던 여성 1,236명을 조사한 것에서는 여섯에 하나가 강간을 당한 적이 있고, 다섯에 하나는 강간하려는 것을 싸워서 물리친 적이 있었다. 1985년과 1989년 각각 다른 연구에서도 같은 비율이 나왔다.[40]

여성이 사랑하는 사람에게 폭행당하는 현상은 마치 유행병 같다.[41]

1980년 미국에서 결혼한 부부 2,000쌍을 연구해보니 그중 28퍼센트에서 폭행이 있었고, 16퍼센트가 전해에 폭행이 있었다고 했다. 폭행의 3분의 1은 매우 심각했다. 주먹으로 때리고, 발로 차고, 물건으로 치고, 칼이나 총으로 폭행했다. 1985년에 이루어진 후속 조사에서도 같은 비율이 나왔다. 해리스 폴Harris Poll은 관계의 21퍼센트에서 폭력이 있었음을 보여주어,[42] 역시 21퍼센트를 보여준 다이애나 러셀의 1982년 무작위 표본과 동률을 이루었다. 폭행이 일어났을 때 94~95퍼센트는 부상당하는 쪽이 여성이었다.[43] 미국 여성은 적어도 150만 명이 해마다 배우자에게 폭행을 당한다.[44] 미국에서 일어나는 폭력 범죄 4분의 1은 아내 폭행이다.[45] 피츠버그에서는 맞지 않은 여성들로 이루어진 대조 집단을 찾으려고 했으나 이 대조 집단의 34퍼센트가 배우자에게 공격을 당한 적이 있다고 했다.[46] 캐나다에서는 결혼한 여성 열에 하나가 배우자에게 구타를 당하고, 여덟에 하나가 동거남에게 폭행을 당한다.[47] 미국에서는 자살을 시도해 대도시에 있는 병원 응급실에서 치료받은 여성을 조사해보니 자살을 시도한 이유 가운데 4분의 1이 구타였다. 국립정신병연구소에서 조사한 것에서는 응급수술을 받은 여성의 21퍼센트가 구타를 당했고, 부상을 당해 긴급 구조대를 이용하는 여성의 반이 구타를 당했으며, 서른이 넘은 여성에 대한 강간의 반이 구타 증후군에서 비롯된 것이었다.[48] 1989년 환경연구기관 월드워치연구소Worldwatch Institute는 여성에 대한 폭력이 전 세계에서 가장 흔한 범죄라고 주장했다.

아동 성 학대도 여성 인구의 4분의 1에서 3분의 1이 아주 일찍부터 성이 폭력과 연결되는 요인이다. 킨제이는 1953년에 자신이 조사한 여성 4,000명 가운데 거의 4분의 1이 어려서 성인 남성에게 강간이나 강간 미수를 당한 적이 있는 생존자임을 발견했다. 다이애나 러셀의 조사는 1987년에 여성의 38퍼센트가 18세가 되기 전에 성인 친척이나 아는 사람 또는 모르는 사람에게 성적 학대를 당한 적이 있고, 28퍼센트는 14세가 되기 전에 가혹한 학대를 당한 적이 있으며, 12퍼센트는 가족 중 누군가에게 그랬다는 것을 발견했다.[49] 1985년 실시된 〈로스앤젤레스타임스〉 여론조사 책임자 버드 루이스는 모든 주에서 무작위로 여성과 남성 2,627명을 뽑아 조사한 결과 설문에 응한 사람 가운데 22퍼센트가 어려서 성적 학대를 당한 적 있고, 여성은 그 비율이 27퍼센트에 이르는 것을 발견했다.[50] 그래서 그가 남성 1,260명에게 어려서 성적 학대를 당한 적이 있느냐고 물었더니 열에 하나가 그랬다고 했다. 전 세계적으로 오스트레일리아와 미국, 이집트, 이스라엘, 인도 같은 다양한 나라에서 조사해 취합한 결과에 따르면, 네 가족 중 한 가족에서 근친상간이 일어났고,[51] 그중 80~90퍼센트는 여자아이가 남성 친척에게 성적 학대를 당했는데 대개는 아버지에게 그랬다. 카이로에서는 가족의 33~45퍼센트가 남성 친척이나 가족의 친구에게 성적 학대를 당한 적 있는 딸이 있었고, 킨제이는 미국 가족의 24퍼센트에서 근친상간을 발견했다. 이 수치는 오스트레일리아와 영국의 수치와 일치한다. 이스라엘에서는 희생자 3분의 2가 열 살 미만이었고, 미국에서는 희생자 4분의 1이 다섯 살 미만이었다. 데비 테일러는 범위를 넓혀 이런 자료를 전 세계에 적용하면 1억 명이나 되는 어린 소녀가 "성인 남성(대개는 아버지)에게 대개는 날마다, 매주, 해마다 강간을 당할지 모른다"[52]고 했다.

이런 수치들도 충격적이지만, 이미 대다수 여성의 삶에서 어떤 순간에 어떤 식으로 섹스가 폭력과 연결된 환경에서, 아름다움의 신화가 여성에 대한 성적으로 폭력적인 이미지와 완벽함을 자랑하는 이미지를 내보내 여성이 자신에게 폭력을 가하도록 요구하는 것 또한 아찔하다. 여성에게 해를 끼치면 여성이 더욱 기꺼이 자신에게 해를 끼치게 할 수 있는 걸까? 잡지 〈래디언스Radiance〉의 조사 결과는 한 병원에서 치료한 거식증 환자의 50퍼센트가 성적 학대를 당한 적이 있음을 보여주었다.[53] 성형외과 의사 엘리자베스 모건Elizabeth Morgan은 환자들 가운데 많은 사람이 아동 성 학대의 피해자였다고 실토한 뒤 근친상간과 성형수술을 하고 싶은 욕망의 관계를 파헤쳤다.[54] "나는 그들 가운데 많은 사람이 아동기의 기억을, 자신이 학대당했을 때의 모습을 지워버리고 싶어 하는 것을 이해하게 되었다." 근친상간을 견뎌낸 사람들을 임상 연구한 것을 보면, 그들은 "자신의 성적 즐거움이 좋은 곳에서 오지 않는 게 아닐까" 하는 두려움이 있다.[55] "그들은 대부분 자신이 무언가 나쁜 짓을 한 사람이라고 믿고, 자신이 벌을 받아야 한다고, 아무도 벌을 주지 않으면 스스로 벌을 주어야 한다고 믿는다."

강간 생존자들이 보이는 가장 일반적인 반응은 무가치한 느낌이고, 그다음은 자기 몸을 싫어하는 것이다. 이는 대개 섭식장애(자신의 "안전"을 위해 아주 뚱뚱해지거나 깡마르도록 마구 먹거나 먹기를 거부하는)와 성 기피증을 동반한다. 실제로 성적 학대를 당했을 때 그것이 여성의 육체적 자기애에 해를 끼친다면, 성적 학대를 보여주는 이미지와 여성의 성적 사생활을 침해하는 이미지도 그와 비슷한 해를 끼치지 않을까?

성폭력이 만연하고 그것이 여성의 아름다움과 연결되는 이런 분위기가 한층 폭넓게 미친 영향은 여성이 자신의 아름다움을 두려워하거나 불신하고 옷이나 움직임 또는 장식으로 자신의 성을 육체적으로 표현하는 데 모순감정을 느끼게 된 것이다. 그런 폭력적 이미지와 함께 자란 젊은 여성들은 특히 그럴 것이다. 오늘날에는 아마 과거 그 어느 때보다도 젊은 여성들이 성적으로 도발적인 옷을 입으면서도 자신이 어떤 위험한 일에 참여하는 것은 아닌지 염려한다.

젊은이의 성: 완전히 변했는가

폭력을 멋지게 그리고 성을 대상화하는 이미지에 노출되면서 이것이 벌써 젊은이들에게 해를 끼친 것 같다. 에로스의 이론가들은 아름다움의 포르노가 젊은 사람들에게 끼치는 영향을 거의 깨닫지 못했다.[56] 글로리아 스타이넘과 수전 그리핀Susan Griffin은 포르노를 에로스와 분리한다. 심리적·성적 전기문학에서 에로스가 가장 먼저라면 이것도 타당하다. 바버라 에런라이크가 믿듯 강간 판타지도 다른 인간에게 성을 배우며 자란 사람들에게는 대수롭지 않을 수 있다. 그러나 오늘날 젊은이는 성의 즐거움을 멀리서 위험을 무릅쓰고 구하지 않았다. 그것이 그냥 그들에게 주어졌다. 역사상 처음으로 아이들이 자라면서 가장 먼저 성적으로 각인되는 것이 살아 있는 인간이나 그들 자신의 판타지에서 오지 않았다. 1960년대 포르노가 분출하면서 아이들의 성이 인간이 주는 단서가 아닌 것에 반응하며 형성되기 시작했다. 인간의 역사에서 이 같은 일은 일어난 적이 없다. 이제는 프로이트도 쓸모가 없을 지경이다. 오늘날 아이들과 젊은 남녀들은 종이와 셀룰로이드로 된 환영을 중심으로 돌아가는 성 정체성을 가지고 있다. 〈플레이보이〉와 뮤직비디오부터 이목구비가 흐릿하고 눈이 없는 여성지 속 무표정한 여성 토르소에 이르기까지 대량생산되고 일부러 인간성을 말살해 비인간적으로 만든 성이 그들에게 각인되고 있다.

그 결과 젊은이들의 성에 어떤 추한 일이 일어나고 있는 것 같다. 어쩌면 섹스를 폭력으로 재교육하려는 노력이 거의 이겼을지도 모른다. 정신분석가 힐데 브루흐Hilde Bruch는 1960년 이후에 태어난 젊은 여성들을 "거식증 세대"라고 부른다. 외설에 관한 법이 1960년대에 느슨해져 1960년 이후에 태어난 아이들이 갈수록 폭력적이고 모멸적인 성 이미지(젊은 여성들은 거식증을 통해 이것에서 벗어나려고 한다)가 판치는 분위기에서 자랐다. 따라서 우리는 1960년 이후에 태어난 젊은 사람들이 "포르노 세대"라는 것을 인식해야 한다.

젊은 여성들이 지금 아름다움의 포르노 이미지에 지나치게 노출되어 생기는 일종의 방사능 병의 폭격을 받고 있다. 그런 이미지가 그들에게 여성의 성을 상상할 수 있는 유일한 길로 제공되는 탓이다. 그들은 성적 무방비 상태에서 세상에 나간다. 억압적이었지만 처녀성이나 다이아몬드 반지가 부여하던 자신의 성의 가치를 보장받을 길도 없고(남성이 여성의 성에 접근할 수 있는 권리를 얻는 대신 평생 일하기로 계약을 하던 시절에는 그것이 아주 구체적인 가치가 있었다) 아직 타고난 성적 자부심으로도 무장이 안 된 채 말이다. 1960년 이전에는 "좋은" 것과 "나쁜" 것이 여성에게는 "성적이지 않은" 것과 "성적인" 것과 일치했다. 그러나 아름다움의 포르노가 증가하고 절반의 성 혁명이 일어난 뒤에는 "좋은" 것이

"아름답고 (날씬하고) 따라서 성적인" 것을 뜻하고 "나쁜" 것이 "못생기고 (뚱뚱하고) 따라서 성적이지 않은" 것을 뜻하기 시작했다.

과거에는 여성이 혼전 잠자리에서 임신과 불법 낙태, 버림받을 위험에 취약함을 느꼈지만 오늘날에는 심판에 취약함을 느낀다. 가혹한 판결이 내려질 경우(아니, 그럴 의심이 들거나 예상만 되어도) 그들의 평판보다 도덕적 영역의 안정성이 위협을 받는다. 그들은 성 혁명을 탐구하고 그것을 자기 것으로 만들 시간이 많지 않았다. 낡은 쇠사슬이 차가워지기도 전에, 이제 막 발목을 문질러 피가 돌게 하고는 조심스럽게 발걸음을 떼려는데, 아름다움의 산업이 더 조사하고 탐구하는 것에 무거운 부담금을 부과하고 아름다움의 포르노가 그들에게 세련된 속박을 제안했다.

지난 30년 동안 젊은이들에게 섹스를 멋진 대상화나 사도마조히즘으로 가르친 결과 어쩌면 정말로 섹스가 폭력적이고 폭력이 성적이라고(폭력이 여성에게 가해지는 한) 믿는 세대가 생겼을지도 모른다. 만일 그렇게 믿는다면, 이는 그들이 사이코패스라서가 아니라 주류 문화에서는 그렇게 표현하는 것이 규범이기 때문이다.

미국과 영국에서는 부모의 12퍼센트가 자식이 폭력적인 포르노 영화를 봐도 내버려둔다.[57] 그렇지 않은 영화를 본다고 문제가 해결되는 것은 아니다. 수전 콜은 미국의 록 비디오 채널인 MTV가 "포르노의 기준에 따르는 것 같다"고 주장한다(플레이보이 채널도 "인기 록" 프로그램에서 MTV가 선정한 것을 그냥 틀어준다).[58] 록 비디오가 진화하면서 이제는 남녀가 함께 방에 앉아서 무엇을 하도록 되어 있는지(아니, 그보다는 그가 그녀를 지켜보는 동안 그녀가 어떻게 보이도록 되어 있는지)를 말해주는 주류 문화의 공인된 판타지를 지켜본다. 이러한 내용은 번지르르한 잡지에 나올 때와는 달리 움직여, 젊은 여성들이 아름다움과 관련해 성적으로 걱정하는 것들을 새로운 방식으로 한층 복잡하게 만든다. 그것이 단순한 자세를 넘어 그 이상의 지도를 하기 때문이다. 그리하여 이제 그들은 "성적인" 만남을 갖는 동안 어떻게 움직이고 어떻게 벗고 어떻게 찡그리고 어떻게 입술을 내밀고 어떻게 숨을 쉬고 어떻게 소리를 질러야 하는지도 받아 적어야 한다. 인쇄물에서 비디오테이프로 넘어가면서 그들의 자의식도 삼차원이 되었다.

그들이 세련되게 위험에 처하는 느낌도 마찬가지다. 섹스 킬러가 MTV에서는 남자 주인공으로 등장한다. 영국 록 그룹 롤링스톤스Rolling Stones의 〈한밤중에 어슬렁거리는 사람들Midnight Rambler〉은 영화 〈보스턴 교살자The Boston Strangler〉에 대한 찬가이고("바로 네 목에 내 칼을 꽂을 거야"), 씬 리지Thin Lizzy가 노래하는 〈집 안의 살인자Killer in the House〉는 강간범에 관한 것이고("나는 누군가를 찾고 있어. (…) 나는 너를 찾고 있는지도 몰라"), 트레버 루빈Trevor Rubin은 〈토막 살인범The Ripper〉을 노래한다. 머틀리 크루Motley Crue의 비디오에서는 성 노예인 여성이 우리에 갇혀 있다. 릭 제임스Rick James의 비디오에서는 그가 여자친구를 강간한다. 마이클 잭슨Michael Jackson의 〈네가 날 어떻게 느끼게 하는지The Way You Make Me feel〉에서는 갱이 혼자 가는 여성에게 집요하게 추근거린다. 듀란듀란Duran Duran은 쇠사슬에 묶인 여자 조각상들을 보여주는데 수전 콜은 그들의 "비디오 앨범에 나오는 여자아이들은 꼭 X등급 영화에서 막 걸어나온 것 같다"라고 말한다. 쇼크록의 대부 앨리스 쿠퍼Alice Cooper의 쇼에 대해 〈가디언〉은 "그의 앞에 사람 크기 형상의 여자 인형이 바닥에 누워 있는데, 수갑을 차고 찢어진 그물과 착 달라붙는 타이츠를 입고 있다. 그녀는 플라스틱 호스에 목이 졸려 죽은 것 같다"라고 보도했다.[59] 건스 앤 로지스Guns 'n' Roses는 "나는 예전에 그녀를 사랑했지만 그녀를 죽어야 했다"라고 노래한다. 록의 과격함을 비판했다가는 반동적이라는 비난에 노출된다. 그러나 이런 이미지에 호소함으로써 반동적이 되는 것은 록 음악이다. 목 졸린 여성의 이미지, 우리에 갇힌 여성의 이미지가 어떤 경계심을 강화하는 것도 아니다. 그것은 주류 사회질서에 대한 주류의 상투적 표현일 뿐이다. 록 음악이 성별 역할에 천착해 그것을 새롭게 보도록 하지 않고 기존의 낡은 사도마조히즘을 에로틱하게 그릴 때, 그것은 자신의 전복적 전통에 부응하지 못한다.

안타깝게도 위기에 처한 것은 음악의 독창성만이 아니다. 오늘날에는 MTV가 젊은 여성에게 아름다움의 지표를 제시한다. 대중문화에서 그리는 여성이 "아름다운데" 학대를 받으면 학대가 바람직한 것이 된다. 젊은 여성들에게는 "아름다움"이 절대 아니라고 말하지 않는 것, 따라서 정말 인간적이지 않은 것으로 정의된다. 데이트 강간 수치는 그것이 어떤 교훈을 주는지를 보여준다.

1986년 UCLA 연구자 닐 말라무스Neil Malamuth는 남자 대학생의 30퍼센트가 강간을 해도 처벌받지 않는다면 강간을 하겠다고 했다고 밝혔다. 같은 조사에서 "강간"이라는 말을 "여성에게 섹스를 하도록 강요하는 것"으로 바꾸자 58퍼센트가 그러겠다고 했다. 잡지 〈미즈〉에서도 국립정신건강연구소의 자금 지원을 받아 미국 전역에 있는 32개 대학에서 남녀 대학생 6,100명을 조사하는 연구를 의뢰했다.[60] 〈미즈〉

조사에 앞선 해에 남자 대학생 2,971명 가운데 187명이 강간을 하고, 157명이 강간을 시도하고, 327명이 섹스를 강요하는 행위를 하고, 854명이 상대가 원치 않는 성적 접촉을 하려고 했다. 〈미즈〉 연구는 영화와 TV에서 성폭력과 힘을 행사하는 장면을 보여주는 것이 아는 사람에 의한 강간과 직접적인 관계가 있다는 결론을 내렸다.[61]

또 다른 연구에서 남자 대학생 114명을 조사했을 때는 다음과 같은 대답이 나왔다.

"나는 여자를 지배하는 것이 좋다." → 91.3퍼센트[62]

"나는 섹스에서 정복하는 역할을 즐긴다." → 86.1퍼센트

"어떤 여자는 꼭 강간을 해달라고 하는 것 같다." → 83.5퍼센트

"나는 섹스할 때 여자가 발버둥 치면 흥분된다." → 63.5퍼센트

"힘으로 여자를 제압하면 신날 것이다." → 61.7퍼센트

〈미즈〉 조사에서는 남자 대학생 12명 가운데 한 명이, 또는 응답자의 8퍼센트가 14세 때부터 강간을 하거나 하려고 한 적이 있었다.[63] (이 집단과 여성을 폭행한 적 없는 남자 대학생들 사이에서 일관되게 발견된 유일한 차이는 전자는 포르노를 "아주 빈번하게" 읽었다고 한 것이다.[64]) 미국에 있는 에모리대학과 오번대학교에서 조사한 사람들은 남자 대학생의 30퍼센트가 감정적으로 고통스러운 표정을 짓는 여성 얼굴이 즐거운 표정을 짓는 여성 얼굴보다 성적으로 더 매력이 있다고 판단하는 것을 발견했다.[65] 그리고 그렇게 응답한 사람의 60퍼센트는 성적으로 공격적인 행위를 한 적이 있었다.

여성도 사정이 좋지 않다. 〈미즈〉 연구에서 여성 응답자 네 명 가운데 한 명이 미국 법에서 정의하는 강간이나 강간 미수를 당한 경험이 있었다. 조사한 여성 3,187명 가운데 328명이 강간을 당한 적이 있고, 534명은 강간 미수, 837명은 성적인 강요, 2,024명은 원치 않는 성적 접촉을 당했다.[66] 데이트 강간은 낯선 사람에 의한 강간보다 더욱 젊은이들이 섹스와 폭력을 혼동하고 있다는 사실을 잘 보여준다. 강간을 당한 여성은 84퍼센트가 공격자를 알고 있었고, 57퍼센트는 데이트 중에 강간을 당했다. 따라서 데이트 강간이 왼손잡이와 알코올중독, 심장마비보다 흔하다.[67] 1982년에 오번대학 연구에서는 여대생의 25퍼센트가 적어도 한 번은 강간을 당한 경험이 있고 그중 93퍼센트가 아는 사람에게 그랬다는 것이 발견되었다. 오번대학의 남자 대학생들은 61퍼센트가 여성의 의지에 반해 강제로 성적 접촉을 한 적이 있었다.[68] 1982년에 실시된 세인트클라우드대학 연구는 여학생의 29퍼센트가 강간을 당한 적이 있음을 보여주었다. 사우스다코타대학에서는 여학생의 20퍼센트, 브라운대학에서는 16퍼센트가 데이트 강간을 당한 적이 있었다. 브라운대학에서는 남학생의 11퍼센트가 여성에게 섹스를 강요한 적이 있다고 했다. 같은 해에 오번대학에서는 남자 대학생의 15퍼센트가 데이트 중에 여성을 강간한 적이 있다고 했다.

여성은 낯선 사람보다 아는 사람에게 강간을 당할 가능성이 네 배 높다. 성폭력을 정상이라고 보는 것은 남학생들만이 아니다. 여학생들도 마찬가지다. "연구에 연구를 한 결과, 아는 남성에게 강간을 당한 여성은 그것을 강간으로 규정하지 않는 것으로 나타났다." 〈미즈〉 연구에서도 27퍼센트만이 그것을 강간으로 규정했다. 자기에게 일어난 일을 "강간"으로 부르지 못하면 강간의 후유증도 피할 수 있을까?[69] 강간을 당한 젊은 여성의 30퍼센트는 자신이 당한 것을 강간으로 부르든 부르지 않든 강간을 당한 뒤에 자살을 고려했다. 31퍼센트는 심리요법을 찾았고, 82퍼센트는 그러한 경험이 자신을 영원히 바꾸어놓았다고 했다. 강간을 당한 여성의 41퍼센트는 자신이 또다시 강간을 당할 거라고 했다. 1980년에 심리적 외상 후 스트레스 증후군이 정신질환으로 규정되었고, 지금은 그것이 강간 생존자에게 흔하다. 강간을 당하고도 그것을 그 이름으로 부르지 않는 여성들도 그렇지 않은 여성들과 마찬가지로 우울증과 자기혐오, 자살 충동에 시달렸다. 그러한 경험이 젊은 여성들에게는 성적으로 각인될 공산이 크다. 〈미즈〉 연구에서는 강간을 당한 젊은 여성의 41퍼센트가 처녀였고, 38퍼센트는 공격을 당했을 때 나이가 14~17세였다. 이 연구에서는 강간을 한 사람이나 당한 사람이나 강간이 일어났을 때 평균 나이가 18.5세였다. 지금도 여대생들이 신체적 폭력이 포함된 관계를 한다. 젊은 사람들 가운데 21~30퍼센트가 데이트 상대에게 폭력을 당한 적이 있다고 밝혔다.[70]

그보다 어린 청소년들은 상황이 더 심각하다. UCLA에서 14~18세를 조사한 바에 따르면 연구자들이 "새로운 세대가 충격적일 정도로 시대에 뒤떨어진 짐을 지고 성인들의 세계에 들어가고 있음을 보여주는 어떤 고통스러운 사실을 발견한 것 같다"[71]고 했다. 50퍼센트가 넘는 남자아이들이 남성이 여성을 보고 성적으로 흥분하면 여성을 강간해도 된다고 생각했고, 여자아이들도 거의 반이 그렇게 생각했다. 최근 토론토에서 조사한 것에서는 아이들이 어릴 때 지배와 복종이라는 정형화된 행동 패턴을 배우고 있었다.[72] 고등학교 3학년 남자아이 일곱 명 중 한 명이 싫다고 해도 그것을 받아들이지 않은 적이 있고, 같은 나이의 여자아이들은 네 명 중 한 명이 성적으로 강요당한 적이 있다고 했다. 10대 여자아이들의 80퍼센트가 이미 폭력적 관계에 들어간 적이 있다고 했다. 수전 콜에 따르면 "그 반대였으면 하는 바람에도 불구하고 포르노와 대중문화가 강간으로 성을 무너뜨리는 작용을 하며 남성은 지배하고 여성은 복종하는 정형화된 행동 패턴을 강화해, 많은 젊은이가 단순하게 섹스는 원래 그런 거라고 믿고 있다. 이는 미래의 많은 강간범이 자신이 사회적으로 용인되는 규범 안에서 행동한다고 믿을 거라는 말이다."

퇴행과 타락을 멋있게 포장해서 보여주는 문화가 젊은이들 사이에 남자아이가 강간을 하고 여자아이가 강간을 당하는 것이 정상인 상황을 만들어냈다. 남자아이들은 자기가 하는 것이 잘못된 일인 줄도 모를지 모른다. 폭력적인 성 이미지가 자기가 강간하는 줄도 모르고 여성을 강간할 수 있는 젊은 남성 세대를 길러낸 것도 당연하다. 1987년 뉴욕의 젊은 여성 제니퍼 레빈이 센트럴파크에서 사도마조히즘 섹스 뒤 살해되었고, 그때 한 급우는 친구에게 그것이 자기가 아는 사람들은 누구나 하는 유일한 종류의 섹스라고 건조하게 말했다. 1989년에는 뉴욕의 10대 다섯 명이 조깅하던 젊은 여성을 강간하고 무자비하게 때렸다. 신문들이 망연자실해 인종 문제였을까 계급 문제였을까 하고 떠들썩했다. 젊은이들에게 공급되는 판타지 하위문화에서는 그것이 정상임을 아무도 몰랐다.

이러한 수치들은 많은 에이즈 교육이 완전히 순진했음을 보여준다. 젊은 여성 4분의 1은 성적 만남에서 그동안 여성에게 거부된 통제력을 갖더라도 치명적 질병으로부터 자신을 보호할 가능성이 거의 없다. 예일대학에서 성폭력에 관해 자유롭게 이야기했을 때 가장 공통된 주제가 그동안 거의 무시되던 새로운 범죄였다. 여성이 안전한, 즉 삽입하지 않는 성적 만남을 단서로 달았는데도 남성이 여성의 의지에 반해 사정을 하는 것이다. 에이즈 교육은 젊은 남성이 젊은 여성을 강간하지 않는 법과 신뢰와 동의를 에로틱하게 보는 법을 배울 때까지는, 젊은 여성이 자신의 욕망을 새롭게 정의하도록 지원받을 때까지는, 별로 성과가 없을 것이다. 그런 일이 일어나야 에이즈 시대에 섹스가 공포의 아우라를 벗을 수 있다. 그러나 지금은 많은 대학 캠퍼스에서 섹스가 공포의 아우라를 지니고 있는 것 같다.

최근에 젊은이들이 만드는 문학과 영화는 성폭력과 성적 소외가 전형적 특징이다. 스티븐 소더버그Steven Soderbergh의 영화 〈섹스, 거짓말, 그리고 비디오테이프Sex, Lies, and Videotape〉에서는 남자 주인공이 현실의 여성과는 사랑을 나눌 수 없어 여성이 성적 고백을 하는 비디오를 보며 자위를 한다. 브렛 이스턴 엘리스Bret Easton Ellis의 《회색 도시Less Than Zero》에서는 따분한 부잣집 아이들이 스너프 영화snuff film(아무런 이유 없이 사람을 죽이거나 여성을 성적으로 학대하고 폭력을 휘두르는 것을 그대로 영상에 담은 영화—옮긴이)를 보고, 그래서 사춘기도 되지 않은 여자아이가 침대에 묶여 반복적으로 강간을 당하는 것이 책 전체의 배경을 이루는 이미지다. 타마 야노비츠Tama Janowitz의 《뉴욕의 노예들Slaves of New York》에서는 여성이 주거를 제공받는 대신 성 노예가 되고(이 소설을 토대로 한 블루밍데일 백화점 광고에서는 너는 "네 남자친구의 노예냐?"고 묻는다), 수전 마이넛Susan Minot의 《욕정Lust》에서는 여자 주인공이 자신의 난잡한 성생활을 이야기하며 그것은 꼭 "마구 두들겨 맞은 송아지 고기 조각 같은" 느낌이 들게 한다고 말한다. 캐서린 텍시어Catherine Texier의 《러브 미 텐더Love Me Tender》에서 여주인공은 갈수록 폭력적인 성적 굴욕을 구한다("우리가 그것을 아주 열심히 했을 때처럼 벽에 피가 있었다"라고 시네이드 오코너는 노래한다). 젊은이들의 문화에서 낭만적이고 친밀한 성적 사랑은 데이비드 리비트David Leavitt와 마이클 셰이본Michael Chabon, 재닛 윈터슨Jeanette Winterson의 소설에서처럼 대개 동성애 관계에서만 이루어진다. 폭력적인 이성애 이미지가 판을 치자 젊은이들이 전쟁을 넘어 가슴 아프게도 성적으로 소원한 따분한 상태로 도피한 것 같다. 무장된 도시에서 민간인과 군인이 서로 거의 말없이 지내는 일상처럼 말이다.

당연히 그런 이미지는 섹스에 나쁘다. 그런데 사랑에는 좋을까?

사랑에 나쁜 아름다움

여성의 신비 아래서는 남성이 여성의 성과 출산에 관해 자세히 모르게 했다. 아버지가 될 남성을 병원 대기실에 두었다. 남성은 성병과 여성의 임신으로 마지못해 하는 결혼으로부터 자신을 보호하는 일은 물론이고 피임도 여성에게 맡겼다. 월경은 터부였다. 집안일을 하고 아이를 기르는 지저분한 일도 남성이 손대지 못하게 했다. 이런 세세한 일들은 여성의 영역에 속했고, 이는 넘을 수 없는 선으로 여성과 남성을 떼어놓았다. 남성이 임신과 출산, 집안일 같은 "여성의 신비로운 일"과 접촉하면 어떤 마법의 힘에 의해 거세당할 것 같았다. 그랬다가는 남성이 기절하거나 변변치 못한 남성이 되거나 일이 엉망진창이 될 터였다. 그래서 기진맥진해진 아빠가 짜증난 아기를 보란 듯이 의기양양한 엄마에게 건넬 때 그는 자신의 무지에, 그녀의 전문지식에 찬사를 보내는 것이었다. 그녀가 가장 잘 아는 것은 당연했다. 남성은 성별을 가르는 선을 넘으면 조롱받았다.

오늘날에는 많은 남성이 진짜 아버지가 되는 것에 부담을 느끼지 않는다. 아버지 노릇을 했을 때 얻는 기쁨을 아는 사람은 돌이켜보면 이런 시나리오 탓에 자신이 얼마나 소중한 것으로부터 배제되었는지 알 것이다. 옛날에는 한껏 추어올리며 힘들고 단조로운 일을 떠맡겨 여성이 당한 것 같았다. 그러나 "여성의 신비로운 일"이 지루하고 귀찮아도 그것이 기쁨과 분리되지 않으니 당하기는 남성도 마찬가지다. 얼마 전까지만 해도 이런 일에 관한 한 노동 분업이 생물학적인 것이고 따라서 변할 수 없는 것인 양했다. 이제는 변했다.

오늘날에는 여성이 하는 "신비로운 일"과 '아름다움이 곧 성'인 것이 생물학적이고 따라서 변할 수 없는 것처럼 보인다. 더구나 겉보기에는 여성을 한껏 추어올리지만 결국은 여성을 조종해 남성에게 성적으로 훨씬 유리한 패를 준다. 그것도 여성에게 의무만 잔뜩 지우고 또래 집단의 압력을 통해 남성이 기쁨의 원천에 다가가지 못하게 한다. 오늘날에도 남성이 아름다움의 신화를 넘어 파트너와 하나가 되면 다른 사람의 조롱을 받을 것이다. 지금도 당하는 쪽은 여성만이 아니다. 남성도 마찬가지다. 그러나 이것 역시 변할 수 있다.

지금은 아름다움의 신비가 여성의 신비가 떠난 자리를 차지하면서 여성이 스스로를 검열하는 문제가 발생하고 있다. 그러나 적어도 주요 연구 하나는 남성도 여성만큼이나 아름다움의 신화에 분통을 터뜨린다는 것을 증명해준다. "외모에 열중하는 것, 얼굴과 머리에 신경 쓰는 것"[73]이 남성이 여성에게 가장 짜증나는 일 네 가지 가운데 하나가 되었다. 남자들은 어떻게 해야 마음에 드는 여성을 난처하게 하지 않고 이런 신비로운 일에 관해 이야기할 수 있는지 도통 알 수가 없다. 그것은 여성이 결혼의 노예라는 신분에서 떠났을 때 거의 잃은 것, 의심과 적의, 몰이해, 아부, 분노를 다시 가져왔다.

남성이 여성을 정말 사랑한다고 해보자. 그래서 그녀를 자신과 동등한 존재, 자신의 동맹자, 동료로 본다. 그러나 그녀가 이 같은 다른 영역으로 들어가면 도통 무슨 생각을 하는지 알 수가 없다. 그는 볼 수도 없는 형광 불빛 아래서, 그녀는 병들어 그와 같은 카스트에서 벗어나 도무지 이해할 수 없는 사람이 된다.

그는 그녀가 자신감이 넘치는 줄 아는데, 그녀는 욕실의 저울에 올라가면 자책하고 울부짖는다. 그는 그녀가 성숙한 줄 아는데, 그녀는 미장원에 갔다가 머리를 망치면 집에 돌아와 표출하기도 부끄러워 참았던 짜증을 내며 눈물을 흘린다. 그는 그녀가 현명하고 알뜰한 줄 아는데, 그녀는 아름답게 포장된 광물성 기름에 일주일치 봉급의 반을 써 겨울 부츠도 없이 지낸다. 그가 알기로는 그녀도 나라country를 사랑하는데, 그녀가 봄철 단식이 끝날 때까지는 해변에 함께 가려고 하지 않는다. 그녀는 명랑한데, 무례하게 생일 케이크 한 조각도 사양하더니 새벽에 싸늘한 불빛에서 남은 것을 모조리 걸신들린 듯 먹어치운다.

그가 이것을 두고 무슨 말을 하든 그것은 옳지 않다. 그는 말을 할 수 없다. 무슨 말을 해도 그녀에게 상처가 될 뿐이다. 그것을 하찮은 문제로 치부하며 위로하면, 그는 이해하는 것이 아니다. 그것은 결코 하찮은 문제가 아니다. 그것이 심각한 문제라는 데 동의해도 사태는 더욱 나빠진다. 그건 그가 그녀를 사랑할 수 없을 것이고, 그녀가 뚱뚱하고 못생겼다고 생각하는 거니까. 그가 그녀를 있는 모습 그대로 사랑한다고 해도 사태는 나빠진다. 그는 그녀가 아름답다고 생각하지 않는 거니까. 그녀에게 자신이 그녀를 사랑하는 것은 그녀가 아름답기 때문이라고 했다가는 상황이 최악이 된다. 그녀는 이에 대해 아무에게도 말할 수 없겠지만. 그것이 그녀가 가장 바라는 것으로 되어 있지만 막상 그런 말을 들으면 상심할 것이고, 자신이 사랑받고 있지 않다는 느낌이 들 것이고, 외로울 것이다.

그는 자신이 보는 것을 도무지 이해할 수 없을 것이다. 그러나 그녀의 불가사의한 행동 때문에 그가 도무지 이해하지 못하는 사랑하는 사람의 영역은 안전하게 유지된다. 그것이 양성 사이의 무인 지대를, 아무도 살 수 없는 영토를 보호한다. 남녀가 감히 휴전을 선언할 수 있는 경우에는 언제나.

어쩌면 남성이 두 손을 들지도 모른다. 짜증을 내거나 은혜라도 베풀 듯 한발 물러설지도 모른다. 그렇지만 그래서 얻을 수 있는 여성에 대한 권력을 즐기지 않는 한, 아마 몹시 지겨워질 것이다. 사랑하는 남성이 그다지 의미도 없는 일에 사로잡혀 있다면, 무슨 말을 해도 그의 귀에 들리지 않는다면, 여성도 마찬가지일 것이다.

남성과 여성이 어찌어찌 저 모래성을, 동등한 관계를 쌓아올리고 그 안에서 살더라도 서로에게 귀를 기울이지 않을 것이다. 분명히 그녀에게 반은 아이고 반은 미개인이라는 낡은 꼬리표만 붙을 것이다. 그는 아이와 미개인 중 마음에 드는 쪽을 고를 수 있겠지만, 거기에 예전의 모욕적인 말을 붙이게 될 것이다.

신경질적이다. 미신적이다. 유치하다. 주관적이다. 다른 사람이다.

"저 여자 예쁘지, 그렇지?" 하고 여자가 말한다. "응, 괜찮은데" 하고 남자가 말한다. "나도 저렇게 예뻐?" 하고 여자가 말한다. "그럼, 아주 예쁘지" 하고 남자가 말한다. "나도 저렇게 머리를 자를까?" 하고 여자가 말한다. "나는 지금 그대로의 당신을 사랑해" 하고 남자가 말한다. "그게 무슨 말이야?" 하고 여자가 발끈해서 묻는다. 문화가 이렇게 만들었다. 남녀가 이 문제로 계속해서 서로 상처주며 기분 상하도록. 어느 쪽도 아름다움의 권력 불평등이 존재하는 한 이길 수 없다. 대화에서 남자는 아름다움의 신화가 없는 문화에서라면 더할 나위 없이 사랑스러웠을 말을 했다. 그녀를 사랑한다고 했다. 육체적으로, 그녀가 지금 그대로의 그녀라서. 그러나 우리 문화에서는 여자가 남자의 선물을 면전에서 내팽개치도록 한다. 있는 그대로를 사랑하는 것이 그녀를 최고의 예술품으로 평가하는 것보다 가치가 없는 일이 되고 말았다. 그가 그녀를 "있는 그대로" 사랑하는 것이 그녀에게 별 네 개를 주는 것보다 훨씬 신나는 일이었다면, 여성은 안심하고 자신을 바람직하고 무엇으로도 대체할 수 없는 존재라고 느낄 것이다. 그러나 그랬다면 아주 많은 제품을 살 필요가 없었다. 그녀가 자신을 매우 좋아했을 것이다. 그녀가 다른 여성도 매우 좋아했을 것이다. 그녀가 목소리를 높였을 것이다.

그래서 아름다움의 신화가 이렇게 만들어놓은 것이다. 예술품으로 높이 평가하는 것이 여성이 사랑하는 사람에게서 받아낼 수 있는 가장 가치 있는 찬사가 되도록. 그가 그녀의 얼굴과 몸을 그녀의 것이라서 높이 평가해도 그것은 가치가 없다. 아주 교묘하게도 아름다움의 신화는 남자가 솔직하게 칭찬해도 여자가 그에 대해 꼬치꼬치 캐물어 남자의 기분이 상하도록 한다. 남자가 솔직하게 칭찬하는 것만으로 여자의 기분이 상할 수 있게 한다. 아름다움의 신화는 어떻게든 "너는 아름답다"는 말을 오염시킬 수 있다. 이것이 "나는 너를 사랑한다"는 말 다음으로 남녀 간 애정의 결속을 강화하는 표현인데 말이다. 남자는 여자를 불행하게 만들 위험을 무릅쓰지 않고서는 여자를 있는 그대로 보는 것이 좋다고 말할 수 없다. 남자가 여자에게 말을 하지 않아도 여자는 불행해지게 되어 있다. 그래서 내가 너를 좋아하는 것은 네가 "아름답기" 때문이라는 말을 들은 가장 "운 좋은" 여자도 대개는 괴롭다. 자신이 그렇게 사랑스럽게 생겨서 자신을 원할 거라는 보장이 없기 때문이다.

이런 무익한 말다툼은 단순히 여성의 자신감 부족 때문이 아니다. 거기에는 훨씬 깊은 것이 담겨 있다. 적대감이다. 그녀에게 자존심이 있다면 말이다. 왜 내가 사랑하는 사람이 남자라는 이유만으로 나를 다른 여성과 비교해 심판하는 위치에 있어야 할까? 왜 나는 내 위치를 알아야 하고, 그럴 필요가 있는 게 싫을까? 왜 그의 대답이 그렇게 지나치게 큰 힘을 가져야 할까? 그런데 사실은 이렇다. 그는 자기가 하는 말이 다음에 사랑을 나눌 때 그녀가 느끼는 방식에 영향을 끼친다는 사실을 모른다. 그녀는 충분히 화가 날 만한 이유가 아주 많지만, 그것이 남자의 의도와는 아무 상관이 없을지도 모른다. 그러나 이렇게 주고받는 말은 전체가 동등한 관계로 조심스럽게 짜여 있어도 한 올이 풀리면 나머지도 모두 풀릴 정도로 중요하다는 점에서 그들이 동등하지 않다는 것을 그녀에게 일깨워준다.

"아름다움"은 섹스와 관계가 없듯이 사랑과도 관계가 없다. 아름다움을 지녀도 그것이 여성에게 사랑을 가져다주지 않는다. 아름다움의 신화는 아름다움을 지녀야 사랑이 온다고 주장하지만 그렇지 않다. 아름다운 많은 여성이 남성에게 아주 냉소적일 정도로 "아름다움"이 사랑에 적대적이기 때문이다. 윌리엄 예이츠는 "그대여, 오직 신만이 / 당신을 그 자체로 사랑할 수 있으리라 / 당신의 노랑머리 때문이 아니라"[74]고 아무렇지도 않게 말했다. 원래 약간 가벼운 마음으로 쓴 이 시는 3행으로 된 비극적 서사시라 볼 수 있다. 아름다운 여성은 영원히 특정한 인간의 사랑이라는 보상과 책임에서 배제된다. 누구도 자신을 "그 자체로" 사랑할 거라고 믿을 수 없기 때문이다. 한 개인에 고유한 아름다움이 아니라 특정한 개인과 상관없는 "아름다움" 자체를 사랑의 필수 조건으로 만드는 신화에서는 아름다움이 사라지면 사랑이 어디로 가지 않을까 하는 지옥 같은 의심이 생길 수밖에 없다. 따라서 여성이 "그 자체로" 사랑받을 수 없다면 그녀는 누구를 위해 사랑받는 걸까? 위스턴 휴 오든은 남성이든 여성이든 "뼈 속 깊이 타고나는" 것은 "보편적 사랑이 아니라 / 혼자 사랑받고 싶은" 갈망이라는 것을 알았다. 그러나 아름다움의 신화가 제안하는 "사랑"은 보편적 사랑이다. 올해의 두툼한 입술을 가진 금발, 이 시즌의 헝클어진 황갈색 머리를 한 님프다.

그러나 우리는 어려서 사랑받았듯(물론 운이 좋았다면) 사랑받고 싶다. 단지 무엇과도 비교할 수 없는 내 것이라는 이유만으로 발가락 하나하나를 만져주고 팔다리 하나하나에 기쁨의 탄성을 지르던 때처럼. 어른이 되어도 우리는 낭만적 사랑이 비교하는 잣대에서 해방된 그런 사랑을 구한다. 지칠대로 지친 사람도 진정한 사랑의 눈에는 자신이 "가장 아름다운 여성"으로 보일 거라고 믿고 싶어 한다. 우리가 진실로 그 자체로 보이고 그 자체로 알려질 테니 말이다. 그렇지만 아름다움의 신화는 정반대의 전망을 제시한다. 사랑스러운 일련의 특징이 있어도 그것은 대체할 수 있다고 말한다. 여성을 저마다 독특하게 만들어주는 요소(어디서도 찾아볼 수 없는 균형 잡히지 않은 얼굴, 어릴 적 정신적 외상이 남긴 상처, 생각과 웃음, 슬픔과 분노의 삶이 남긴 선과 주름살)는 그녀가 신비로운 미인의 대열 또는 매혹적인 사랑의 놀이터에 끼지 못하게 한다고 한다.

사랑하는 사람에게 자신을 "아름답게 보여야" 하는 탓에 여성은 자신을 완전히 드러내지 못한다. 그녀는 새벽에 일어나 화장을 한다. 그의 품을 떠나 가시철조망을 둘러친 저수지를 따라 달린다. 자신에 대한 그의 욕망도 블랙홀을 채우지 못해 또는 자신이 그동안 희생한 것을 보상해주지 못해 낯선 사람과 시시덕거릴 필요도 있다. 그들은 둘 다 불신의 축에서, 그녀의 얼굴과 몸에 서로 다가가지 못한 채 서 있다. 메리 고든Mary Gordon은 《마지막 지불Final Payments》에서 어떻게 아름다움의 신화가 여성이 남성으로부터 숨게 하는지 이야기한다.[75] "지금의 내 모습, 뱃살이 팬티 위로 축 늘어지고 허벅지가 서로 쓸리는 상태로는 도저히 그를 볼 수 없다는 것을 알았다. (…) 그를 볼 수 있으려면 그 전에 아주 많은 것을 해야 했다. 나의 아름다움이 없으면 그가 나를 사랑하지 않으리라는 것을 알았으니까. 그리고 그것을 알기에 잠시 그가 미웠다." 그가 지금 그녀를 알지 못하면 그는 결코 그녀를 완전히 알 수 없고, 그녀 역시 지금의 "아름다움"이 사라져도 그가 자신을 사랑할 거라고 믿을 수 없으면 결코 그를 완전히 믿을 수 없다.

지금처럼 아름다움의 관행을 강조하면, 남성과 여성의 관계가 평등을 향한 사회운동에도 불구하고 계속 독재적인 느낌이 들 것이다. 여성의 즐거움이나 성, 음식, 자부심을 개인 심판관에게 맡기면, 남성이 여성의 즐거움을 함께하는 벗이 아니라 그것을 규정하는 입법자가 된다. 오늘날의 "아름다움"은 과거 여성의 오르가슴이다. 여성이 자신에게 주어진 여성의 역할을 따르고 또한 운이 좋으면, 남성이 여성에게 주는 것이다.

남성

많은 남성에게 아름다움의 신화는 자신을 인식할 위험에서 벗어나게 해주는 마약이다. 살아 있는 여성으로 만든 예술품을 바라보는 것도 자신이 불멸의 존재라고 스스로를 속일 수 있는 방법이다. 여성의 눈이 그의 거울이라면 거울도 나이가 들 테니 그것을 바라보는 자신도 나이가 드는 것을 볼 수 있을 것이다. 그러나 새로운 거울은, 갈수록 늙고 병드는 피와 살이 있는 인간이 아니라 "아름다움"으로 만든 판타지이기 때문에 이런 자각을 하지 않게 만든다. 그러나 접촉은 그런 거울의 관념적 성격을 무너뜨린다. 영국 시인 존 키츠John Keats는 〈그리스 항아리에 부치는 노래Ode on a Grecian Urn〉에서 "너 비록 크나큰 기쁨을 얻지 못할지라도 그녀가 빛바랠 리 없으니 / 영원히 사랑하라, 그녀는 영원히 아름다우리라"라고 했다. 몇 세대에 걸쳐 여학생들에게 잠못 이루는 밤을 안긴 이 문장의 모호한 문법은 여성에게 시간을 피하기만 하면 영원히 사랑받을 거라는 약속을 되풀이한다. 영원히 사랑하는 것이 영원히 아름다울 것이기 때문이라고? 그렇다면 영원히 아름답지 않으면 영원히 사랑하지 않을 거라는 말이군, 하고 여학생들은 생각한다.

아름다움의 신화는 남성에게 좋을까? 그것은 그들에게 어떻게 하면 여성을 사랑하는 일을 피할 수 있는지 가르침으로써 그들에게 해를 끼친다. 그것은 남성이 여성을 실제로 보지 못하게 한다. 신화 자신이 고백하는 이데올로기와 반대로 성적 갈망을 자극해 충족시키지 않는다. 여성 대신 환상을 제시함으로써 갈망을 마비시키는 결과를 낳고, 시각을 제외하고는 모든 감각이 약해지게 해 결국은 시각마저 해친다.

시몬 드 보부아르Simone de Beauvoir는 어떤 남성도 자유롭게 뚱뚱한 여성을 사랑하지 못한다고 했다. 그게 사실이라면 남성은 얼마나 자유로울까? 여자들은 사랑하는 사람을 돌아보고 아무리 재치 있거나 힘이 있거나 유명하거나 섹시하거나 부유하거나 다정해도 프락시텔레스의 마부를 닮은 짝이 아니면 그런 짝을 택했다고 혹평할 거라 상상한다. 그러니 남성이 경험하는 아름다움의 신화가 얼마나 감정적으로 건조하겠는가.

여성은 뚜렷이 구별되는 두 가지, 즉 육체적 매력과 관념적 매력이 있다는 것을 안다. 여성은 남성을 보고 육체적으로 그의 키나 피부, 머리카락, 눈 색깔, 몸매를 좋아하지 않을 수 있다. 그러나 그를 좋아하고 사랑하게 되면 그가 다르게 보이는 것을 원치 않을 것이다. 많은 경우 어떤 사람이 좋아지면 여성의 눈에는 그의 몸도 갈수록 아름답고 에로틱하게 보인다. 그의 실제 몸과 냄새, 감촉, 목소리, 움직임은 그것에 생기를 불어넣는 바람직한 사람을 통해 온기로 가득해진다. 미국 소설가 거트루드 스타인Gertrude Stein도 피카소에 대해 "첫눈에는 특별한 매력이 없었는데 (…) 그의 빛이, 그에게서 느껴지는 내면의 뜨거운 열정이 일종의 자석 같은 매력을 주어 그것을 뿌리칠 수 없었다"라고 했다.[76] 같은 이유로 여성도 남성을 예술품으로 보고 찬사를 보낼 수 있지만, 그가 바보임이 드러나면 성적 관심을 잃을 수 있다. 여성이 남성의 몸을 성적으로 보는 방식은 사람을 작품으로 취급하지 않아도 그 또는 그녀를 성적으로 볼 수 있다는 증거다.

유일한 목표가 여성의 "아름다움"인 남성이 아름다운 여성을 얻으면 어떻게 될까? 스스로 자신을 해친다. 친구와 동맹자, 상호 신뢰를 얻지 못하기 때문이다. 여성도 왜 자신을 선택했는지 잘 안다. 결국 그는 상호 불신으로 얼룩진 일련의 불안감을 사는 데 성공했을 뿐이다. 물론 얻은 것도 있다. 그렇게 획득한 것이 인상적이라고 보는 다른 남성의 존경과 감탄이다.

어떤 남성은 여성의 객관적 "아름다움"에 성적 흥분을 느낀다. 어떤 여성이 남성의 돈과 권력을 생각하면 성적 쾌감을 느끼듯이. 그러나 그것은 대개 자신이 무엇을 할 때 친구들이 부러워할 거라고 상상하는 데서 힘을 얻는 신분 상승에 대한 도취감, 일종의 과시주의다. 어떤 남성은 새 메르세데스-벤츠의 가죽 냄새에 성적 짜릿함을 느낀다. 그런 짜릿함은 머릿속으로만 느끼는 허구는 아니지만, 다른 남성이 그런 가죽에 부여하는 의미에 근거를 둔 것이다. 가죽 자체에 대한 깊은 성심리적 애착이 아니다. 아름다움의 신화가 제시하는 차가운 경제에 남성이 반사적으로(본능적으로가 아니라) 반응하는 것은 분명하다. 그러나 그것이 성적 매력, 따뜻한 욕망의 대화와는 완전히 분리된 것일 수 있다.

남성이 여성의 성 자체보다 성을 상징하는 것에 더 흥분할 때 그 사람은 페티시즘fetishism(이성 몸의 일부나 옷, 소지품 등에서 성적 만족을 얻는 이상 성욕의 하나—옮긴이)에 빠진 것이다. 페티시즘은 부분을 전체인 것처럼 생각한다. 사랑하는 사람을 "아름다움"에 근거해서만 선택하는 남성은 여성을 페티시로 취급하는 것이다. 그녀의 일부, 그녀의 시각적 이미지, 심지어는 그녀의 살갗도 아닌 것을 그녀의 성적 자아인 양 취급하는 것이다. 프로이트는 페티시가 성적 욕망을 달성할 수 없을 때를 대비한 부적이라고 보았다.

여성이 페티시로서 가치가 있는 것은 그녀의 "아름다움" 덕분에 다른 사람들 눈에 그가 지위가 있는 것처럼 보이기 때문이다. 그래서 남성이 고유한 아름다움이 아닌 객관적 아름다움만을 이유로 선택한 여성과 섹스를 할 때, 방에는 그와 함께 많은 사람이 있는 것과 같다. 그러나 그녀는 그들 가운데 있지 않다. 이러한 관계는 남성과 여성을 모두 실망시킨다. 둘 다 여성의 높은 교환가치를 끊임없이 확인받기 위해 공개적으로 살아야 하기 때문이다. 그러나 성적 관계는 언제나 사적인 공간으로 돌아가게 마련이고, 거기서는 아름다운 여성도 여느 여성만큼이나 따분하게도 인간적이라서 자신을 알아달라는 떨치기 힘든 실수를 하게 된다.

이제 어떤 남성은 철의 여인 말고는 어떤 것에도 반응하지 못한다. 한 글쓰기 교수가 강의에서 해마다 대중매체에 나오는 이미지에 관해 써보라고 하자, 젊은 여성들이 말하길 자신이 포르노에 나오는 여성처럼 생기지 않아 실망했다는 말을 애인에게 들은 적이 있다고 했다. 어떤 남성에게 아름다움의 포르노가 "필요"해졌다면(비네는 간단한 실험을 통해 부츠 이미지를 보여준 뒤 성적 이미지를 보여주면 부츠에 대해 성적인 반응이 일어나게 할 수 있음을 증명했다), 이는 여성의 성에 대해 무지한 상태에서 자극-반응 각인이 일어났기 때문이다. 남성이 여성의 성에 무지한 상태를 유지하려는 사회의 의도대로 된 것이다.

그래서 남성을 위해 아름다움의 포르노를 마음 깊이 받아들이는 여성도, 심지어 그렇게 보이는 데 성공한 여성도 실망하게 마련이다. 아름다움의 포르노를 읽는 남성이 원하는 것은 그렇게 보이는 여성이 아닌 탓이다. 그가 손에 들고 있는 것이 매력 있는 것은 그것이 여성이라서가 아니라 안에 아무것도 들어 있지 않은 이차원의 여성 형상이기 때문이다. 그것이 지닌 호소력은 모델이 살아 움직일 거라는 환상에 있지 않다. 절대 그럴 리 없으니까. 그녀가 살아 움직이면 오히려 환상이 깨칠 것이다. 그것은 생명과 관련된 것이 아니다.

이상적인 아름다움이 이상적인 것은 그것이 존재하지 않기 때문이다. 그래서 욕망과 충족 사이의 간격이 문제가 된다. 여성은 거리를 두지 않으면 완벽한 미인이 아니다. 그 공간이 소비문화에서는 돈벌이가 되는 곳이다. 아름다움의 신화가 남성에게는 신기루로 다가간다. 신기루의 위력은 그것이 계속 뒤로 물러나는 데 있다. 그 간격이 사라질 때 사랑하는 사람이 껴안는 것은 환멸뿐이다.

아름다움의 신화는 성적 매력을 해친다. 끌고 끌리는 것은 독특한 특성과 기억, 욕망에 기대어 두 사람이 하는 대화나 춤, 줄타기 같은 것이다. 그런데 "아름다움"은 일반적이다. 매력은 성적으로 맞고 안 맞고의 문제이고, 따라서 두 사람은 어떻게 서로 화합할지 상상한다.

그렇지만 "아름다움"은 그저 시각적인 것이라, 살아 있는 삼차원에서보다 영화나 석판에서 더 현실적이다. 시각은 광고업자가 독점적으로 제공하는 감각으로, 그들은 평범한 인간보다 그것을 훨씬 잘 조작할 수 있다. 그러나 다른 감각에서는 광고가 불리한 위치에 있다. 인간이 가장 잘 만든 광고보다 훨씬 냄새도 잘 맡고 맛도 잘 보고 촉감도 뛰어나고 소리도 잘 듣는다. 그래서 인간이 성적으로 불안한 소비자, 광고업자가 이끄는 대로 잘 따르는 소비자가 되려면, 훨씬 육감적인 이런 감각들과 멀어지도록 길들여져야 한다. 보기 좋으려면 거리를 둘 필요가 있다. 잠자리에서도 마찬가지다. 가까이 가면 다른 감각들에 취하기 때문이다. "아름다움"은 베개 위의 초상을 위해 냄새와 육체적·화학적 반응, 소리, 리듬, 감촉, 조화를 배제한다.

몸의 형태, 무게, 감촉, 느낌은 쾌감에 결정적으로 중요하지만, 매력 있는 몸이 모두 동일하지는 않다. 그러나 철의 여인은 대량생산된다. 사람들이 하나같이 비슷해지기 시작하면서, 매력의 세계가 갈수록 단조롭고 차가워지고 있다. 사람들이 가면을 쓸수록 우리는 서로를 잃는다. 단서가 사라진다.

슬프게도 남녀가 자신을 가장 즐겁게 해줄 짝을 찾게 해주는 신호가 뒤죽박죽이 되었다. 아름다움에 관한 생각으로 성적으로 불안해진 탓이다. 자의식이 강한 여성은 자신의 성이 작동할까 봐 긴장을 늦추지 않는다. 굶주려도 긴장하고, 충족되어도 그의 눈에 비친 모습에 신경 쓰느라 늘어지지 않을 것이다. 몸이 부끄러우면 움직임이 조용해지고, 관심받을 자격이 없다고 생각되면 빛날 공간을 요구하지 않을 것이다. 그의 시야가 "아름다움"이라는 틀에 갇혀 있으면(그 틀은 계속 줄어든다) 그녀가 그의 앞에 있어도 그는 그녀를, 자신의 진짜 사랑을 알아보지 못한다.

"크리스티앙 라크루아(프랑스 패션 디자이너—옮긴이)**가 여성에게 여성성을 돌려주다"**, 패션란의 헤드라인이다. "여성성"은 여성이라는 것에 지금 사회에서 파는 모든 것을 합친 암호다. "여성성"이 여성의 성과 그것의 사랑스러움을 뜻한다면, 여성은 그것을 잃은 적이 없고 따라서 다시 살 필요가 없다. 우리가 즐거움을 느낀다면 우리는 모두 "좋은" 몸을 가졌다. 관능적으로 되려고 돈을 쓰고 굶주리고 발버둥 치고 연구할 필요가 없다. 우리는 언제나 그랬다. 어떻게든 에로틱한 관심과 보살핌을 받으려면 그러기 위해 노력해야 한다고 믿을 필요가 없다. 우리는 언제나 그럴 만한 자격이 있었다.

여성은 아름답고, 그 성 또한 마찬가지다. 여자들은 오래전부터 그렇지 않을까 하고 마음속으로 생각했다. 그런 성에서는 여성이 이미 육체적으로 아름답다. 더할 나위 없고 숨이 막힐 정도다.

이렇게 보는 남성도 아주 많다. 자신이 여성을 진짜 사랑하는 사람으로 정의되고 싶은 남성은 여성의 얼굴에서 그녀의 과거를 보여주는 것, 자신을 만나기 전의 삶을 말해주는 것, 그녀의 몸이 겪은 모험과 스트레스, 정신적 외상이 남긴 상처, 출산이 가져온 변화, 그녀의 두드러진 특징 등 그녀의 표정에서 나는 빛에 찬사를 보낸다. 이미 이렇게 보는 남성의 수가 많다. 대중문화의 심판자들이 우리에게 믿도록 하는 수보다 훨씬 많다. 그들이 말할 필요가 있는 것은 정반대의 교훈으로 끝나기 때문이다.

큰 거짓말은 너무 터무니없어 오히려 믿게 된다. 성적 특징이 완전히 발달한 여성이 남성의 욕망을 자극하고 충족시키기에 부족하다는 생각, "아름다움"이 그것을 완벽하게 해줄 거라는 생각은 아름다움의 신화가 하는 가장 큰 거짓말이다. 우리 주변에 있는 남성이 모두 그것을 부정하고 있다. 사실 아름다움의 신화에서 말하는 성은 정의상 사실과 어긋난다. 지금 이 순간 여성에게 자극받아 흥분하는 남성, 그들과 시시덕거리고 사랑에 빠지고 그들을 꿈꾸고 그들에게 반하고 그들과 사랑을 나누는 남성은 대부분 지금 생긴 그대로의 여성과 그런다.

신화는 성을 정형화해 만화로 만들었다. 고전적 포르노에 의해 강화된 "남성"이라는 극단에는 익명성과 반복, 비인간화가 있다. 맞은편에 있는 "여성"이라는 극단에서는 성적 욕망이 분리된 것이 아니라 삶 전체에 퍼져 있는 것, 성기에만 있는 것이 아니라 몸 전체에 흐르는 것이다. 이는 개인적이고 만져지고 민감한 것이다.

이러한 두 극단은 생물학적이지 않다. 자유롭게 길러진 여성은 의심할 여지없이 여성의 극단이 허용하는 것보다 성기 중심적이고 건강하게 이기적이며 남성의 몸에 대한 호기심이 강하다. 자유롭게 길러진 남성도 아마 남성의 극단이 허용하는 것보다 훨씬 감정적으로 몰두하고 상처 받기 쉽고 건강하게 주고 몸 전체가 관능적일 것이다. 성적 아름다움은 남성이나 여성이나 가진 양이 똑같고, 황홀해지는 정도도 남녀의 차이가 없다. 남성과 여성이 아름다움의 신화를 넘어 서로를 보면, 남녀가 서로 더 정직해질 것이고 에로틱해질 수 있다. 우리는 우리가 믿는 만큼 그렇게 서로를 성적으로 이해할 수 없는 존재가 아니다.

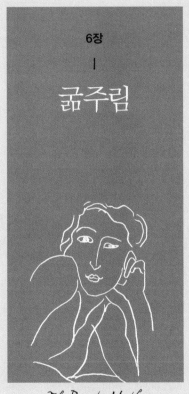

6장

굶주림

The Beauty Myth

나는 우리 세대의 가장 훌륭한 지성들이 광기에, 굶주림에 파괴되는 것을 보았다. 앨런 긴즈버그Allen Ginsberg, 〈울부짖음Howl〉

어떤 병이 퍼지고 있다. 그것이 미국의 장남들, 가장 훌륭하고 명석한 아들들의 어깨를 톡톡 친다. 그것이 닿자 그들이 음식을 외면한다. 살이 빠지고 뼈가 튀어나온다. 얼굴에 그늘이 진다. 노인처럼 힘들게 느릿느릿 걷는다. 입술에 흰 침이 고인다. 아주 작은 빵조각밖에 삼키지 못하고, 약간 묽은 우유밖에 마시지 못한다. 처음에는 몇십 명이었는데 몇백, 몇천으로 늘더니 급기야 가장 부유한 집안의 다섯 살밖에 안 된 외동아들까지 병에 걸린다. 많은 사람이 병원 신세를 지고 많은 사람이 죽는다.

빈민가 소년들은 일찍 죽는다. 미국이 그동안 이를 감수했다. 그러나 이 소년들은 장차 세계를 휘두르는 고삐를 넘겨받을 이 나라의 총아들이다. 프린스턴대학 축구팀 주장, 버클리대학 토론회 회장, 〈하버드크림슨〉의 편집장이다. 이어 다트머스대학 럭비 팀 4분의 1과 예일대학 비밀결사 가입자 3분의 1이 병에 걸린다. 상속자들, 최고 두뇌, 전국 토론회에 갓 파견된 대표들이 선택적으로 야위어간다.

이 미국 병이 동쪽으로 퍼진다. 소르본대학, 런던의 법학원, 헤이그의 행정부, 파리의 증권거래소, 〈디차이트Die Zeit〉 사무실, 에든버러와 튀빙겐과 살라망카대학에 있는 젊은이들을 덮친다. 그들이 마르기 시작하더니 계속 더 마른다. 말도 크게 하지 못한다. 리비도를 잃고, 더는 농담을 하거나 논쟁을 하려는 노력도 할 수 없다. 달리거나 수영하는 것을 보면 끔찍할 정도다. 엉덩이가 축 처지고, 꼬리뼈가 툭 튀어나오고, 무릎이 덜덜 떨리고, 갈비뼈가 종잇장처럼 얇은 피부에 앙상하게 펼쳐져 있다. 여기에 의학적 이유는 없다.

이 병이 돌연변이를 한다. 미국 전역의 부유한 집안에서 태어나 살아 있는 해골이 된 젊은 남성 한 명당, 역시 앞날이 창창한데 그들 못지않게 이상한 짓을 하는 젊은 남성이 적어도 세 명은 있는 것으로 밝혀진다. 그들은 스테이크와 라인산 포도주를 먹었다 하면 어디론가 사라져 손가락을 목구멍에 집어넣고 안에 있는 양식을 모두 토해낸다. 그러고는 덜덜 떨며 창백한 얼굴로 비실비실 돌아온다. 그러다 결국은 날마다 그렇게 등을 구부리고 몇 시간씩 보낼 수 있게 생활을 조정해, 고도로 훈련된 정신이 치욕스러운 두 구멍을 중심으로 돌아간다. 입에서 변기로, 변기에서 입으로.

그런데 다른 한편에서는 그들이 〈뉴욕타임스〉에서 보조직도 맡고, 증권거래소에서도 일하고, 연방 판사의 비서직으로도 일하기를 기대한다. 의사봉 두드리는 소리, 팩스 돌아가는 소리 속에서 연설문도 쓰고 변론 취지서도 조사할 필요가 있다. 그런데 머리를 짧게 깎고 카키

색 바지를 입은 이 멋진 젊은 남성들에게 무슨 일이 일어나고 있는 것일까? 그들을 보면 가슴이 아플 정도다. 그들은 접대를 받는 점심식사에서 커다란 메달 모양의 송아지 고기를 양상추 밑에 감추고, 몰래 하제를 써서 장을 비운다. 입학식 만찬 뒤에, 시합 때 테일게이트 파티(야외에서 자동차 뒤판을 펼쳐 음식을 차려 먹는 간단한 파티—옮긴이)를 한 뒤에 토한다. 굴 전문 요리점의 남성 화장실은 그 때문에 악취가 난다. 그들 다섯에 하나는 그 이름을 자랑스럽게 드러내는 대학에 다닌다.

미국은 총애하는 아들들이 굶주림에 자신을 제물로 바치는 현상에 어떻게 대응할까? 서유럽은 그런 병의 수출을 어떻게 받아들일까? 즉각적인 대응을 기대하는 사람도 있을 것이다. 의회 청문회에서 위기 대책반을 소집하고, 예정에 없던 동창회를 열고, 돈으로 고용할 수 있는 가장 뛰어난 전문가들을 불러 모으고, 시사 잡지의 표지 이야기로 다루고, 사설에서도 한바탕 야단법석을 떨고, 책임 추궁과 그에 맞선 책임 추궁이 이어지고, 공고와 경고, 증상이 나가고, 계속 최신 정보가 나오고, 붉은 볼드체로 유행병이 발생했다고 공표할 거라고 말이다. 특권층의 아들들은 곧 미래인데, 미래가 자살을 하고 있으니 말이다.

물론 이것은 바로 지금 실제로 일어나고 있는 일이다. 성별의 차이만 있을 뿐이다. 그런데 그 병이 숨어들어 퍼지고 있는 교육기관들이 겨울잠을 자고 있다. 세상 사람들의 양심도 깊이 잠들어 있다. 긴장병에 걸렸는지 꿈쩍도 하지 않는 교육기관들 때문에 젊은 여성이 죽어가고 있다. 대학 기부금에서 여성 센터에 "자립과 자활"을 가르치라고 주는 돈이 학기당 400달러이고, 점심시간에 방문 임상의의 상담을 받을 수 있도록 지원하는 돈이 50달러에 불과하다. 그런데도 세상이 끝나지 않는 것은 다섯 살에 느리게 죽는 쪽을 "선택하는" 소중한 아이가 여자아이이기 때문이다. 그리고 그녀는 인생의 황금기에 아주 잘할 것으로 기대되는 일을 너무도 잘하고 있을 뿐이다.

미국의 젊은 여성 열에 하나, 미국 여학생 다섯에 하나가 여성 혼자 수용된 기아 캠프에 갇혀 있다. 그들이 쓰러져도 추도식도 없고, 자각 프로그램을 통한 개입도 없고, 젊은 여성이 병들어 죽는 것보다 먹고 튼튼하게 자라 잘되는 것이 사회에 좋다는 학교 측의 공식 메시지도 없다. 검은 옷을 입고 저승으로 가는 대열에서 5분의 1이 해골이라는 사실을 인식하고 조기를 다는 일도 없다.

버지니아 울프는《자기만의 방A Room of One's Own》에서 언젠가는 젊은 여성들이 자신에게는 금지된 남자 대학 도서관의 풍부한 장서와 낮게 펼쳐진 잔디밭, 고급 피지, 보르도산 붉은 포도주에 접근할 수 있을 거라고 전망했다.[1] 그러면 젊은 여성들이 정신적 자유를 누릴 거라고 생각했고, 그녀가 그렇게 상상했을 때는 그것이 무엇보다도 가장 달콤해 보였을 것이다. 기분 나쁘게도 단지 여성이라는 이유만으로 대학 직원이 그녀를 쫓아냈으니 말이다. 그러나 이제 젊은 여성들이 울프의 길을 가로막던 직원을 제치고 당당하게 걸어 들어갈 수 있게 되었다. 그런데 그녀가 글로만 쓸 수 있었던 대학의 사각형 안뜰을 가로질러 성큼성큼 걸어가니 그녀가 예상하지 못한 무형의 장벽이 그들을 가로막는다. 그들의 정신은 아주 유능한데, 몸은 스스로를 파괴하고 있다.

젊은 여성들이 대학에 다니는 미래를 상상했을 때 울프는 혜안이 있었지만 냉소적이지는 않았다. 그러니 어찌 최근까지 온통 남성뿐이던 학교와 대학이 여성 문제에 대한 현대판 해결책을 내놓으리라고 상상할 수 있었겠는가. 학교와 대학은 젊은 여성의 정신은 받아들이고 몸은 내보냈다. 젊은 여성들은 교문 안에서도 몸 안에서도 살 수 없다는 것을 알았다.

체중 감량 열풍이 아주 어릴 때부터 여자들 사이에 불어 섭식장애를 유산으로 남기고 있다. 거식증과 폭식증은 여성의 고질병으로 환자의 90~95퍼센트가 여성이다. 미국은 남성의 영역에 들어가는 데 성공한 여성이 세계에서 가장 많지만, 여성 거식증에서도 세계를 선도한다. 여성지들은 미국에 거식증 환자가 100만 명에 이른다고 하지만, 미국 거식증폭식증협회에서는 해마다 미국 여성 100만 명이 거식증과 폭식증에 걸리고 3만 명이 구토제 남용자가 된다고 보고했다.[2]

거식증으로 죽는 비율을 말해주는 신뢰할 만한 통계는 없지만 이것이 미국 여성의 5~10퍼센트가 걸리는 병이고 정신병 중에서도 가장 높은 사망률을 보인다면, 치명적인 유행병일 가능성이 있는 것을 다룰 때처럼 대중매체에서 한바탕 조사를 벌여야 마땅할 것이다. 하지만 목숨을 앗아가는 이 병이 〈타임〉 표지를 장식한 적이 한 번도 없다. 이것은 "스타일" 섹션에서 다룰 문제로 분류된다. 그래서 이 같은 사망자 수 앞에서도 '서양 여성은 왜 굶주려야 하는가' 하는 질문이 감히 해서는 안 될 위험한 질문 같다.

조안 제이콥스 브룸버그는 《단식하는 여성: 현대병으로 등장한 신경성 무식욕증Fasting Girls: The Emergence of Anorexia Nervosa as a modern Disease》에서 미국 여성의 5~10퍼센트가 거식증에 걸렸다고 밝혔다.[3] 그녀는 어떤 대학들에서는 여학생 다섯 명 중 하나가 거식증 환자라고 믿는다. 이 병에 걸린 여성의 수는 서양 세계 전체에서 20년 전부터 엄청나게 늘어났다. 뉴욕시에 있는 그레이시스퀘어병원의 섭식장애 전문의 찰스 무르코프스키Charles Murkovsky 박사는 미국 여대생의 20퍼센트가 폭식을 하고 하제를 써서 속을 비우는 일을 정기적으로 하고 있다고 했다.[4] 킴 셔닌은《굶주리는 자아The Hungry Self》에서 미국 대학에 다니는 여성 가운데 적어도 반이 언젠가 폭식증이나 거식증에 시달린다고 한다. 로버타 폴락 세이드는《결코 날씬하지 않다Never Too Thin》에서 미국의 젊은 여성 가운데 거식증에 걸린 사람이 5~10퍼센트라는 데 동의하고, 덧붙여 대학에서는 그 수치의 여섯 배가 폭식증 환자라고 했다.[5] 우리가 이들 수치에서 가장 높은 것을 택하면, 이는 곧 미국 여대생 열에 둘은 거식증 환자이고 열에 여섯은 폭식증 환자이며 열에 둘만 건강하다는 말이 된다. 결국 미국의 젊은 중산층 여성들이 일반적으로 어떤 형태로든 섭식장애에 시달리고 있는 것이다.

이것은 치명적인 병이다. 브룸버그는 거식증으로 병원에 입원한 환자의 5~15퍼센트가 치료를 받다가 죽어 거식증이 정신병 가운데 사망률이 가장 높은 병 가운데 하나라고 설명했다.[6] 〈뉴욕타임스〉가 제시한 사망률도 이와 같고, 연구자 L. K. G. 수Hsu는 사망률이 19퍼센트에 이른다고 밝혔다. 또한 거식증 환자의 40~50퍼센트는 절대 완치되지 않는다.[7] 1944~1945년에 전쟁의 참화를 겪은 네덜란드에서 병원 치료를 받은 여성 희생자의 회복률이 66퍼센트에 이른 것을 생각하면 굶주려서 생긴 병의 회복률이 더 나쁜 셈이다.

거식증은 의학적으로 저체온증과 부종, 저혈압, 느린맥, 솜털 증가, 불임, 사망 등을 초래한다.[8] 폭식증은 탈수증, 전해질의 불균형, 간질 발작, 비정상적 심장박동, 죽음 등을 유발한다. 이 둘이 결합하면 치아

침식, 틈새 탈장, 식도 찰과상, 콩팥 기능 저하, 골다공증이 생기고 죽음에도 이를 수 있다. 의학 문헌에서도 엄마가 몸무게에 신경 쓰는 바람에 제대로 영양을 공급받지 못한 아기와 아이는 발육 부진과 사춘기 지연, 성장장애를 겪는다고 보고하기 시작했다.[9]

그런데 이것이 다른 선진 공업국으로 퍼지고 있다. 영국에서는 지금 거식증이나 폭식증 환자가 350만 명에 이르고(그중 95퍼센트가 여성이다) 해마다 6,000명이 새로 그런 병에 걸린다. 청소년기에 있는 영국 여자아이들만 조사한 다른 연구에서는 1퍼센트가 지금 거식증 환자임을 보여준다. 여성 언론에 따르면 영국 여성 가운데 적어도 50퍼센트가 섭식장애를 겪는다.[10] 힐데 브루흐는 영국과 미국뿐 아니라 러시아와 오스트레일리아, 스웨덴, 이탈리아에서 발표한 것에서도 가장 최근 세대에서 훨씬 큰 환자 집단이 보고되었다고 한다.[11] 스웨덴은 지금 10대 소녀들 가운데 1~2퍼센트가 섭식장애를 겪고, 16세 이상 여성에서도 같은 비율이 폭식증을 겪는다.[12] 네덜란드도 그 비율이 1~2퍼센트이고, 이탈리아에서도 10대의 1퍼센트가 거식증이나 폭식증에 시달려(그중 95퍼센트가 여성이다) 10년 만에 그 비율이 400퍼센트 증가했다.[13] 그러나 서유럽과 일본도 이제 시작일 뿐이다. 그 수치들이 미국의 10년과 비슷하고, 그 비율 또한 미국에서처럼 기하급수적으로 증가하고 있기 때문이다. 거식증 환자 자신도 이전 세대의 거식증 환자보다 지금 더 말랐다. 거식증도 우리에게 낯익은 아름다움의 신화와 같은 움직임을 보였다. 미국에서 중산층 병으로 시작해 동쪽으로뿐 아니라 사회계층의 아래쪽으로도 퍼졌다.[14]

어떤 여성지에서는 미국 여성의 60퍼센트가 먹는 데 심각한 문제가 있다고 보고했다. 그러고 보면 미국 중산층 여성 대부분이 일종의 거식증이나 폭식증을 겪는 것 같다. 그러나 거식증을 음식에 대한 강박적 두려움과 집착으로 정의하면, 아마 서양 여성 대부분이 20년 전으로 후퇴해 정신적 거식증을 앓고 있다고 할 수 있다.

무슨 일이 일어난 것일까? 왜 지금 그럴까? 첫 번째 명백한 단서는 금세기에 여성이 해방되자 반작용으로 그것에 철의 여인의 몸을 새겨 넣은 것이다. 75년 전까지 서양의 남성적 예술 전통에서는 여성의 타고난 넉넉함이 아름다움이었다. 여성의 벌거벗은 몸을 그린 것들이 여성의 왕성한 생식력을 찬미했다. 유행에 따라 다양한 성적 풍만함이 강조되었다. 15~17세기에는 풍만한 배가, 19세기 초에는 포동포동한 얼굴과 어깨가, 20세기까지는 갈수록 넉넉해져 잔물결이 이는 궁둥이와 허벅지가 강조되었다. 여성해방이 법에 들어가기 전에는 여성의 상태에 대한 이런 절대적 부정은 없었다. 패션사가 앤 홀랜더Ann Hollander가 《옷을 통해 들여다보기Seeing Through Clothes》에서 어떤 나이에서 보든 우리 관점에서 보면 "병들어 보이고 가난해 보이고 신경쇠약에 걸린 듯이 보이는 모습"[15]이라고 한 것을 강조한 적은 없었다.

1920년경 서양 여성이 투표권을 얻자 다이어트에 몰두하기 시작했고, 1918~1925년 사이에 "놀라울 만큼 빠른 속도로 직선적인 새로운 몸매가 곡선적인 몸매를 대체했다." 퇴행적이던 1950년대에 잠시 여성의 자연스러운 풍만함을 다시 한 번 즐길 수 있었던 것은 그들이 집안에 틀어박혀 살림하는 데 몰두했기 때문이다. 그러나 여성이 대거 남성의 영역에 들어가 그들을 집안에 가둘 수 없게 되자, 그런 즐거움보다 서둘러 여성의 몸을 감옥으로 만드는 사회적 방책이 중요해졌다.

한 세대 전에는 평균적인 모델이 평균적인 미국 여성보다 8퍼센트 체중이 덜 나갔는데, 오늘날에는 28퍼센트 덜 나간다.[16] 1965년 피임약이 나오자 동시에 트위기Twiggy(영국 출신의 패션모델로 극단적으로 가느다란 몸매를 선보인 1960년대의 대표적 아이콘—옮긴이)[17]가 〈보그〉에 나와 피임약의 가장 급진적 영향을 상쇄했다. 아름다움의 신화를 상징하는 많은 것처럼 그녀는 양날을 지니고 있었다. 여성에게는 이전 세대를 속박하던 임신과 출산으로부터의 자유를 암시하고(여성의 풍만함이 잠재의식에서는 무조건 생식력 있는 성으로 이해되었으므로) 남성에게는 여성의 나약함과 무성asexuality, 굶주림을 암시해 그들을 안심시켰다. 그녀의 깡마른 모습이 지금은 평범하지만 그때는 충격적이었다. 〈보그〉조차 모델을 걱정스럽게 소개했다. "'트위기'가 트위기(잔가지 같다는 뜻—옮긴이)로 불린 것은 강풍이 불면 둘로 쪼개져 땅바닥에 내동댕이쳐질 것 같기 때문이다. 트위기는 다른 모델들이 빤히 쳐다볼 정도로 체격이 빈약하다. 다리는 아기 때 우유를 충분히 먹지 못한 것 같고, 얼굴은 런던 사람들이 대공습을 받았을 때 지었을 것 같은 표정을 하고 있다." 이 패션 전문기자의 말은 많은 것을 보여준다. 영양 공급을 제대로 받지 못하고 강풍에 패대기쳐질 형편이고 표정이 포위당한 사람처럼 멍하니, 머지않아 5번가(뉴욕의 번화가—옮긴이)를 휩쓸게 될 여성들 앞에 선 기득권층을 안심시키기에 이보다 좋은 상징이 있을까?

여성운동의 두 번째 물결이 시작된 지 20년 만에 미스아메리카의 몸무게가 곤두박질치고, 1970년에는 전국 평균보다 11퍼센트 적었던 플레이보이 플레이메이트Playmate(〈플레이보이〉가 선정하는 이달의 모델—옮긴이)의 평균 몸무게가 8년 만에 17퍼센트로 떨어졌다.[18] 모델 에이미리우Aimee Liu는 자서전에서 많은 모델이 거식증 환자이고 자신도 모델을 하는 동안 계속 거식증이 있었다고 주장했다. 무용수도 38퍼센트가 거식증 행동을 보인다. 모델이나 무용수, 여배우는 일반적으로 여성 인구의 95퍼센트보다 말랐다. 철의 여인은 거의 해골 같은 몸매에 남성처럼 근육질이다. 예전에는 여성이 이렇게 생겼다. 하지만 지금은 철의 여인을 재생산하는 데 쓰이는 소수 엘리트 군단의 여성들이 그렇게 생기려고 스스로 병에 걸린다.

그 결과 1985년에 실시한 조사에서 응답자의 90퍼센트가 몸무게가 너무 많이 나간다고 생각했다. 지금은 날마다 여성의 25퍼센트가 다이어트 중이고, 50퍼센트가 다이어트를 마치거나 중단하거나 시작한다.[19] 이러한 자기혐오는 여성운동과 함께 빠르게 증가했다. 두 연구에서 1966년에서 1969년 사이에 너무 뚱뚱하다고 생각하는 여고생 수가 50퍼센트에서 80퍼센트로 증가한 것으로 나타났다. 그들의 딸들은 여성운동이 거둔 성과의 상속자인데도 이런 측면에서는 더 행복하다고 할 수 없다. 최근 여고생을 조사했더니 13세까지는 53퍼센트가, 18세 이상은 78퍼센트가 자기 몸무게에 불만이었다. 1984년 〈글래머〉에서 여성 4만 3,000명을 조사한 결과가 현실을 대변하는 것이라면, 굶주림 열풍은 여성의 평등권 투쟁이 거둔 주요 승리 가운데 하나다.[20] 18~35세 여성의 75퍼센트가 자신이 뚱뚱하다고 믿었는데 의학적으로 과체중인 사람은 25퍼센트밖에 안 되었고(남성과 같은 비율), 저체중인 여성 가운데 45퍼센트가 자신이 너무 뚱뚱하다고 생각했다. 그러나 아름다움의 신화가 여성의 진출과 만족을 꿈꾸는 것조차 가로막고 있다는 점에서 더 가슴 아픈 것은 〈글래머〉 응답자들이 가장 달성하고 싶은 목표로 일이나 사랑에서의 성공보다 10~15파운드를 빼는 것을 선택했다는 사실이다.

10~15파운드가 대다수 서양 여성의 자의식에 중심축 역할을 하면서 내가 원 스톤 솔루션One Stone Solution이라고 부르는 것의 도구가 되었다. 영국에서 14파운드를 뜻하는 측량 단위인 1스톤(6.35킬로그램—옮긴이)은 과체중이 아닌데 과체중이라고 믿는 여성 50퍼센트와 그들이 이상적이라고 생각하는 자신 사이에 있는 몸무게다. 그들은 1스톤을 줄이면 자신에게 자연스러운 것으로 받아들이지만, 철의 여인에 속박되지 않은 시각으로 보면 이는 야윈 수준이다. 그러나 몸은 금방 예전 상태로 돌아와 주기적으로 몸무게가 늘었다 줄었다 하는 일이 반복되고 그에 따라 고뇌와 번민, 병에 걸릴 위험이 생기면서 몸무게에 집착하게 된다. 원 스톤 솔루션은 실패할 수밖에 없다. 그래서 우리가 유례없는 현대의 신경증에 걸리고 그것은 계속 도질 수밖에 없다. 이런 급격한 몸무게 변동이 여성에게 새로운 형태의 낮은 자존감과 통제력 상실, 성적 수치감을 가져다주었다. 우리가 이제 속박에서 벗어나 그것들에 대해 막 잊기 시작했을 때 말이다. 이는 진정 집단적 바람이 이루어낸 멋진 성취다. 그저 공인 몸무게를 대다수 여성에게 자연스러운 수준에서 1스톤 떨어뜨려 여성다운 몸매를 "너무 뚱뚱한" 것으로 새롭게 정의했을 뿐인데, 자기혐오의 물결이 제1세계 여성을 휩쓸고 반동적 심리학이 완성되고 주요 산업이 탄생했다. 그것은 여성의 성공이 역사적으로 급증하자 여성의 실패에 대한 대중적 확신으로 대응했다. 실패가 여성성 자체에 내재된 것으로 새롭게 정의되었다.

원 스톤 솔루션이 정치적이라는 증거는 여성이 "너무 많이" 먹을 때 느끼는 죄책감에 있다. 왜 그때 죄책감이 들고 여성이 뚱뚱한 것이 좋다 나쁘다 같은 말로 설명되는 도덕적 문제여야 할까? 우리 문화가 섹스와 관련해 뚱뚱하고 마른 것에 집착했다면 그것은 여성과 그녀가 사랑하는 사람 사이의 사적인 문제였을 것이고, 건강과 관련해 그랬다면 여성과 여성 자신 사이의 사적인 문제였을 것이다. 병적으로 흥분해 논쟁을 벌이는 일도 여성보다 남성에 초점이 맞추어졌을 것이다. 의학적으로 과체중인 사람이 여성(32퍼센트)보다 남성(40퍼센트)이 많고, 너무 뚱뚱하면 여성보다 남성이 더 위험하니 말이다. 사실 〈래디언스〉에서는 "뚱뚱하면 여성의 건강이 나빠진다는 주장을 뒷받침해주는 증거도 거의 없다. (…) 최근 연구 결과들은 여성이 생명보험에서 제시하는 몸무게보다 10~15퍼센트 더 나가고 더불어 다이어트까지 삼가면 사실은 더 오래 살지도 모른다는 것을 말해준다"라고 주장한다. 여성의 경우 건강이 나쁜 것과 뚱뚱한 것 사이에 상관관계가 있다면 이는 주기적 다이어트와 자기혐오라는 감정적 스트레스 때문이다. 비만을 심장병이나 뇌졸중과 연결시킨 미국 국립보건원 연구들[21]은 남성을 연구 대상으로 삼았고, 1990년 마침내 여성과 관련한 연구가 발표되었을 때 나타난 것은 몸무게가 여성에게는 남성에게 가져오는 차이의 일부밖에 가져오지 않는다는 것이다. 영화 〈내면의 결핍The Famine Within〉에서는 뚱뚱한 것과 건강이 나쁜 것을 서로 연결시키는 데 실패한 16개국 조사 결과를 보여준다. 여성이 뚱뚱하다고 해서 그 자체로 건강하지 않은 것은 아니다.

그러나 여성이 뚱뚱한 것이 대중이 열정을 쏟는 주제가 되고 여성이 뚱뚱한 것에 죄책감을 느끼는 것은 우리가 신화 아래서는 여성의 몸이 우리 몸이 아니라 사회의 몸임을, 마른 것이 개인의 미학적 특징이 아니고 굶는 것이 공동체가 사회적으로 용인하는 것임을 암묵적으로 인정하기 때문이다. 여성이 마른 것에 문화적으로 집착하는 것은 여성의 아름다움이 아니라 여성의 복종에 집착하는 것이다. 여성의 다이어트가 예일대학 심리학자 주디스 로딘Judith Rodin이 말하는 "규범적 집착"이 되고, 이 끝없는 수난극으로 전 세계가 비만과 관련한 건강상의 위험을 지나친 음주나 흡연을 이야기할 때도 등장하지 않던 감정적 언어를 사용해 지나치게 많이 다루게 되었다. 온 나라가 이런 멜로드라마에 대한 강박적 관심에 휩싸인 것은 그것이 콜레스테롤이나 심장박동 수나 옷매에 관한 것이 아니라 여성에게 얼마나 많은 사회적 자유를 용인 또는 허용할 것인가에 관한 것이기 때문이다. 대중매체에서 여성의 비만과 이를 물리치려는 전쟁을 끝없이 보도하며 강박적으로 분석하는 것은 현재 성 전쟁이 어떻게 벌어지고 있는지를 말해준다. 여기서 여성이 무엇을 얻고 무엇을 잃고 얼마나 빨리 그러고 있는지 알려주니 말이다.

우리는 이런 급격한 몸무게 변동을 금세기에 일어난 큰 역사적 사건 가운데 하나로, 여성운동과 그것이 가져온 여성의 경제적 자유와 임신과 출산의 자유가 제기하는 위험에 대한 직접적 해결책으로 이해해야 한다. 다이어트는 여성의 역사에서 가장 강력한 정치적 진정제다. 조용히 미쳐가는 인구는 다루기 쉽다. 연구자 S. C. 울리Wooley와 O. W. 울리는 여성 대부분이 아주 잘 아는 사실, 즉 몸무게에 관심을 갖게 되면 "자부심과 유능한 느낌이 사실상 허물어진다는 것"을 확인해주었다. 연구자 자넷 폴리비Janet Polivy와 피터 허먼Peter Herman은 "장기적이고 주기적인 칼로리 제한"은 "수동적이고 불안정하고 감정적인" 특성을 지닌 독특한 인격을 낳는다는 것을 발견했다.[22]

지배 문화가 최근에 해방된 여성들의 개인적 자의식에서 그들의 해방이 낳은 위험을 상쇄하기 위해 불러일으키려는 것은 그런 특성이지 마른 것 자체가 아니다.

여성의 진출이 그들에게 그와 정반대되는 특성, 즉 높은 자부심과 유능한 느낌, 활기, 용기, 명석함을 주기 시작했기 때문이다. "장기적이고 주기적인 칼로리 제한"은 이런 혁명에 재갈을 물리기 위한 수단이다. 그런 급격한 몸무게 변동과 문제를 한 방에 해결하려는 원 스톤 솔루션은 페미니즘의 재탄생에 따른 것이다. 이제 막 권력에 손을 뻗기 시작한 여성이 약해지고, 그것에 정신을 팔도록, 그래서 결국 지배 문화에 유익하게 놀라울 정도로 많은 여성이 정신적으로 병들게 하려는 것이다. 어떻게 비쩍 마른 철의 여인이 평등을 향해 나아가던 여성의 발걸음을 되돌려놓는 데 극적으로 성공했는지 이해하려면, 정말 중요한 것은 패션이나 아름다움이나 섹스가 아니라 정치적 헤게모니를 둘러싼 투쟁임을 보아야 한다. 여성은 자신이 처한 곤경의 배후에 어떤 문제가 있는지 대개 모르지만, 이제 그것은 여성에게 생사를 건 투쟁의 하나가 되었다.

거식증과 폭식증, 현대에는 마른 것이 여성스러운 것을 설명하는 이론이 많다.[23] 앤 홀랜더는 초상화가 동영상으로 바뀌면서 마른 것에서 운동과 속도를 연상하게 되었다는 의견을 내놓는다. 수지 오바흐Susie Orbach는 《비만은 페미니즘 문제다Fat Is a Feminist Issue》에서 여성의 비만을 어머니와의 분리와 의존에 관한 것으로 "읽는다." 그녀는 어머니가 딸을 "먹이고 기르는 것에 대해 아주 모순된 감정을 느끼는 것"을 본다. 킴 셔닌은 《강박관념》에서 비만에 대한 두려움을 정신분석학적으로 읽는다. 그 밑바탕에는 아기가 전능한 어머니에게 느끼는 분노가 있으며 음식을 원초적 유방으로, 여성이 풍만했던 "잃어버린 세계"로 본다. 그것은 "여성의 몸에 대한 우리의 집착의 중심에 무엇이 있는지 이해하려면" 회복해야 할 세계다. 그래서 "(남성이) 공포와 두려움에 사로잡혀 여성에게 암암리에 몸집이 크면 받아들여질 수 없다고 말하는 멋진 (여성) 이미지를 자아내고 싶은 유혹을 느낄 수 있다는 것도 충분히 이해가 간다." 《굶주리는 자아》에서 셔닌은 폭식증을 종교적 통과의례로 해석한다. 조안 제이콥스 브룸버그는 음식을 상징적 언어, 거식증을 선택지가 너무 많은 세상에서 혼란에 빠져 지르는 비명, "식욕을 목소리로" 본다. "젊은 여성들이 음식과 먹는 스타일을 중심으로 자신에 관해 말할 수 있는 언어를 찾고 있다." 루돌프 벨Rudolph Bell은 《신성한 거식증Holy Anorexia》에서 이 병을 중세 수녀의 종교적 충동과 연결해 굶는 것을 정화로 보았다.

이런 이론들은 개인적 맥락에서는 많은 것을 깨닫게 해준다. 그러나 충분하지 않다. 여성은 일련의 개인적 관계에서만 먹거나 굶는 것이 아니다. 물질적 기득권이 있는 공적 사회질서 안에서도 먹는 데 곤란을 겪는다. 개인 남성이 "멋진 이미지를 자아내는 것"이 아니다(개인 남성은 현실에 있는 여성의 모습에 흥분하지 철의 여인에 마음이 움직이는 게 아니라는 사실이 연구 결과 계속 증명되고 있다). 다국적 기업들이 그러는 것이다. 그런데 그동안 여성의 음식 위기를 다룬 많은 이론이 공공정책을 무시하고 개인 심리학에 중점을 두어, 사회가 어떻게 여성의 몸매에 대한 갈등을 조장하고 이용하는지를 보지 않고 여성의 몸매에 어떻게 사회의 갈등이 표현되는지를 보았다. 마른 이상형에 대한 여성의 반응에 초점을 맞춘 이론도 많지만, 이것도 이상형이 선수를 친 것이라고, 선제공격이라고 주장하지 않았다.

그렇다면 우리는 그것을 공적 의제로 보고 모든 용어를 다시 검토할 필요가 있다. 먼저 음식은 무엇일까? 친밀한 가족 안에서는 음식이 사랑이고 기억이고 언어다. 그러나 공적 영역에서는 지위이고 명예다.

음식은 기본적으로 사회적 가치를 상징한다. 사회는 가치 있다고 생각하는 사람을 잘 먹인다. 쌓인 접시, 가장 좋은 부위는 부족의 자원에서 이렇게 많은 것을 누릴 가치가 있음을 보여준다. 사회에서 존경받는 사모아 여성들은 잔칫날 자신이 얼마나 많이 먹는지 과장해서 말한다. 공개적으로 음식을 배분하는 것은 권력관계를 결정짓기 위함이고, 함께 나누는 것은 사회적 평등을 공고히 하기 위함이다. 남자들이 함께 식사하거나 여왕을 위해 건배할 때, 서로를 위해 살찐 송아지를 잡을 때, 그들은 평등한 동맹자가 된다. 영어에서 동지, 벗 등을 뜻하는 companion은 "함께"와 "빵"을 뜻하는 라틴어에서 왔다. 그것은 함께 빵을 먹는 사람들이라는 뜻이다.

그러나 아름다움의 신화에서는 여성이 먹는 것이 공적 문제라, 우리가 먹는 양이 우리의 사회적 열등감을 증언해주고 강화한다. 여성이 남성과 같은 음식을 먹을 수 없다면, 공동체에서 그들과 같은 지위를 누릴 수가 없다. 여성에게 공동의 식탁에 자신을 부정하는 태도로 오라고 하는 한, 결코 남녀가 함께 둘러앉은 둥근 식탁일 수 없다. 접는 식탁을 놓고 여성은 밑에서 먹으라고 한 전통적인 위계적 식탁과 같다.

부유한 서양 여성들이 먹는 쪽을 "선택"하지 못하는 병이 도는 지금, 우리는 여성과 음식의 관계가 한층 빈곤했던 예전의 전통이 지속되는 것을 본다. 여성은 늘 남성과 다르게 먹어야 했다. 덜 먹고 덜 좋은 것을 먹어야 했다. 고대 그리스 로마 연구가 사라 포머로이Sarah Pomeroy는 헬레니즘 시대 로마에서는 남자아이에게 16세스테르티우스Sestertius(로마제국의 최소 화폐 단위—옮긴이)어치 식사를 주고 여자아이에게는 12세스테르티우스어치 식사를 주었다고 한다.[24] 역사가 존 보스웰John Boswell에 따르면, 중세 프랑스에서도 여성에게는 남성에게 분배된 곡식 3분의 2가 분배되었다고 한다. 전 역사를 통틀어 먹을 것이 그리 많지 않을 경우 여성은 거의 또는 전혀 먹지 않았다. 여아 살해도 식량 부족 탓이라는 것이 인류학자의 공통된 설명이다.[25] UN 발표에 따르면, 기아가 발생하면 그 불행이 가장 먼저 여성에게 닥친다고 한다. 방글라데시와 보츠와나에서는 아주 어린아이들도 여자아이가 남자아이보다 빈번하게 죽고 영양실조도 더 흔하게 걸린다.[26] 여자아이들에게 더 적게 주기 때문이다. 터키와 인도, 파키스탄, 북아프리카, 중동에서도 음식이 있으면 여성에게 칼로리가 필요하든 말든 남성이 제일 크고 좋은 것을 먹는다.[27] 북아프리카에서 남성과 여성의 "음식 소비 패턴에 반영되는 것은 일하는 데 필요한 칼로리의 양이 아니다. 그것은 심리적 필요의 문제도 아니다. (…) 그보다 이런 패턴은 사회의 '중요한' 구성원인 성인 남성에게 우선권을 보장하는 경향이 있다." 모로코에서는 손님이 여성이면 "맹세코 벌써 먹었다고 하거나" 배가 고프지 않다고 할 것이다.[28] "여자아이들은 어려서부터 누가 찾아오면 자기 몫을 나눠 먹자고 할 줄 알고, 고기를 거절하고 배고픈 것을 부정할 줄 안다." 인류학자 바네사 말러Vanessa Mahler가 이야기한 한 북아프리카 여성은 함께 식사하는 사람들에게 "자기는 고기보다 뼈가 좋다"며 안심하고 먹도록 했다. 하지만 "남성의 경우 여성과 아이는 음식이 부족해도 그들은 그런 일을 당하지 않도록 되어 있다"라고 말러는 말한다.

"제3세계에 있는 나라들은 여자아이는 영양이 부족하고 남자아이는 영양 상태가 좋은 예를 보여준다. 여기서는 음식이 있으면 남자아이에게 간다"라고 UN 보고서는 증언한다. 아시아에서는 여성 3분의 2가, 아프리카에서는 여성 전체의 반이, 라틴아메리카에서는 여성 6분의 1이 빈혈이다.[29] 제대로 먹지 못한 탓이다. 네팔에서는 제대로 먹지 못해 눈이 머는 여성이 남성보다 50퍼센트 더 많다. 문화의 차이에 관계없이 남성은 따뜻한 음식에 더 많은 단백질을 섭취하고 음식도 먼저 먹는 반면 여성은 남아서 식은 음식을 먹고 충분히 먹으려면 대개 속이거나 교활해야 한다. "게다가 음식을 받아도 늘 영양가가 더 적은 쪽을 받는다."[30]

이러한 양상은 제3세계에서만 나타나지 않는다. 현대의 서양 여성도 어머니나 할머니의 식탁에서 그 같은 일이 벌어진 것을 대부분 떠올릴 수 있을 것이다. 영국 광부의 아내들은 남편이 고기를 먹고서 남긴 기름에 전 빵을 먹고, 이탈리아와 유대인 아내들은 닭이나 오리 같은 가금류를 먹을 때 다른 사람은 아무도 원치 않을 부위를 먹었다.

이런 행동 양식은 오늘날 부유한 서양에서도 일반적이다. 여성이 스스로 칼로리를 부족하게 섭취하는 문화로 인해 계속 이어졌다. 그리고 한 세대 전에 이런 전통적 배분을 정당화하는 이유가 바뀌었다. 여성이 여전히 먹지 않고 견디고 남은 것을 먹고 음식을 비축해두고 음식을 얻으려고 속임수를 썼지만, 이를 자기 탓으로 돌렸다. 어머니 세대는 가족들이 둘러앉아 웨지우드 사기그릇에 은수저로 케이크를 먹는 자리를 스스로 피했고, 우리는 그들이 부엌에서 몰래 남은 것을 게걸스럽게 먹는 모습과 마주치곤 했다. 전통적 양상이 현대에 와서는 부끄러운 일로 여겨져 가려졌지만, 이를 빼면 변한 것은 거의 없었다. 여성은 원래 열등하다는 사고방식이 유행하지 않자, 체중 조절이 그 근거가 되었다.

부유한 서양이 이런 전통적 배분을 지속하고 있다. 연구자들은 미국에서도 부모들이 아들에게는 몸무게에 관계없이 자꾸 먹으라고 하고 딸에게는 상대적으로 말랐을 때만 그런다는 것을 발견했다. 갓난아기를 남녀 모두 표본조사했더니, 아들은 99퍼센트가 모유를 먹는데 딸은 66퍼센트만 그랬고, 딸에게는 먹는 시간도 반밖에 주지 않았다. "그래서 딸들은 대개 필요한 만큼 먹지 못하고 먹을 때도 세심한 주의와 관심을 받지 못한다"라고 수지 오바흐는 말한다.[31] 여성이 음식을 충분히 먹을 자격이 없다고 느끼는 것은 어머니에서 어머니로 이어져 내려오는 전통 속에서 태어날 때부터 필요한 만큼 먹지 못해도 견디도록 배운 탓이다. "예우를 받는 손님"이라는 공적 역할이 새로운 것이고, 문화는 칼로리를 제한하는 이데올로기를 통해 마침내 우리가 그 자리를 차지하면 환영받지 못할 거라고 한다.

그렇다면 지방은 무엇일까? 아름다움의 신화는 지방을 없애야 할 여성의 쓰레기, 암 같은 것, 몸에 침투한 메스꺼운 오물 덩어리, 활성 물질은 아니지만 겉보기와 달리 위험한 것으로 그린다. 그저 몸에 있는 물질일 뿐인 것을 이렇게 악마처럼 그리는 것은 그것의 물질적 속성 때문이 아니라 구태의연한 여성 혐오증 때문이다. 무엇보다도 지방이 여성적인 것, 여성의 성적 특징을 보여주고 규정하는 것이니까.

전 문화를 통틀어 태어날 때부터 여자아이는 남자아이보다 지방이 10~15퍼센트 많다. 사춘기 때 남성은 근육 대비 지방의 비율이 줄고 여성은 는다. 이때 여자아이들의 지방 비율이 증가하는 것은 성적으로 성숙되고 생식력이 있음을 보여주는 것이다. 건강한 20세 여성은 평균적으로 몸의 28.7퍼센트가 지방으로 이루어진다.[32] 중년에는 문화적 차이에 상관없이 모두 지방이 몸의 38퍼센트가 된다.[33] 이는 신화에서 흔히 하는 말과 반대로 "서양의 선진 산업 국가에서만 볼 수 있는 현상이 아니다. 그것은 인류 암컷들의 규범적 특성이다." 평균 여성에게 필요한 칼로리 양도 신화의 중심 교리와는 반대로 평균 남성에게 필요한 양(2,250~2,500칼로리)보다 250칼로리밖에 적지 않다.[34] 치즈 2온스(56.7그램)밖에 안 되는 양이다. 나이가 들면 몸무게가 느는 것도 어떤 문화에서나 남녀 모두에게 정상적인 일이다. 몸은 몸무게가 어느 정도 나가도록 프로그램되어 있어 그 몸무게를 유지한다.

지방은 여성에게 성적인 것이다. 빅토리아 시대에는 지방을 "비단결같이 부드러운 층"이라고 다정하게 불렀다. 철의 여인처럼 군살이 없으면 여성의 성이 손상된다. 몸매를 가꾸려고 운동하는 여성 5분의 1이 생리불순을 겪고 생식력이 떨어진다.[35] 모델의 몸은 평균 여성보다 22~23퍼센트 지방이 적다는 것을 명심하라. 일반 여성은 모델처럼 말랐으면 하지만, 지방이 22퍼센트 넘게 부족한 여성에게는 불임과 호르몬 불균형이 흔하다. 호르몬의 균형이 깨지면 난소암과 자궁내막암, 골다공증에 걸릴 위험이 있다.[36] 지방 조직에는 성 호르몬이 저장되어 있어, 성 호르몬을 저장할 지방이 적으면 에스트로겐은 물론 그 밖의 중요한 성 호르몬의 수치도 낮아지고 난소도 제 기능을 하지 못한다.[37] 로즈 프로시Rose Frosh는 〈사이언티픽아메리칸Scientific American〉에서 다산을 상징하는 여성상이 뚱뚱한 것을 언급하며 "이렇게 역사적으로 뚱뚱한 것과 다산을 연결시킨 것이 생물학적으로도 맞는 이야기다"[38]라고 주장했다. 지방이 생식을 조절하기 때문이다. 체중이 표준에 미달하는 여성은 저체중아를 낳을 위험이 두 배 많다.[39]

지방은 여성에게 생식만이 아니라 욕망이기도 하다.[40] 시카고에 있는 마이클리스병원의 연구자들은 포동포동한 여성일수록 마른 여성보다 섹스를 더 자주 하고 싶어 한다는 것을 발견했다. 성적 감수성이나 성을 받아들이는 태도에서도 포동포동한 여성이 마른 여성을 거의 2대 1로 앞섰다. 여성에게 비정상적으로 살을 빼도록 강요하는 것은 성을 포기하는 것이다. "연구 결과들은 일관되게 음식물 섭취가 부족하면 성에 대한 관심이 서서히 사라진다는 것을 보여준다." 한 실험에서는 실험에 참가한 사람들이 하루에 1,700칼로리를 섭취하자 자위도 하지 않고 성적 환상도 품지 않았다. 그것은 베벌리힐스 다이어트보다 500칼로리 많은 양이다. 굶주림은 내분비샘에 영향을 끼치며, 무월경과 사춘기 지연은 굶는 여성과 소녀들의 공통된 특징이다. 남성도 굶으면 리비도를 상실해 발기부전이 되고 때로는 가슴도 발달한다.[41] 로욜라대학의 성기능 장애 클리닉에서는 몸무게가 줄어서 생기는 병이 몸무게가 늘어서 생기는 병보다 여성의 성에 훨씬 나쁜 영향을 끼치고, 체중이 무거운 여성일수록 연애와 섹스를 갈망하는 데 반해 거식증 환자들은 "몸에 신경을 쓰느라 성적 환상도 적고 데이트도 적게 하고 섹스에 대한 욕망도 적다"[42]라고 했다. 〈뉴잉글랜드 의학잡지New

England Journal of medicine〉는 운동을 격렬하게 하면 섹스에 대한 흥미를 잃는다고 보고했다.[43] 조안 제이콥스 브룸버그도 "임상 자료들은 거식증 환자들의 성 활동이 없다는 것을 보여준다"[44]라며 동의한다. 메테 벅스트롬Mette Bergstrom은 "폭식증 환자는 몸을 지나치게 혐오해 섹스에서 쾌감을 느끼는 일이 드물다"[45]라고 한다. 로버타 폴락 세이드는 "많은 증거가 굶주려 영양이 부족한 동물은 육체적 즐거움에 관심이 덜하다고 말하고, 상식도 그렇다고 확인해줄 것이다"라고 밝혔다.

마지막으로 다이어트는 무엇일까? "다이어트"는 사실은 스스로 반쯤 굶는 것을 사소한 일처럼 치부하는 말이다. 영국에서는 그것을 "살 빼기"라고 한다. 세계에서 가장 가난한 나라 가운데 하나인 인도에서 가장 가난한 여성도 하루에 1,400칼로리를 섭취한다.[46] 힐튼 헤드Hilton Head 다이어트를 하는 서양 여성보다 600칼로리를 더 먹는다. 세이드는 다이어트하는 사람들도 "반쯤 굶은 사람들처럼 반응한다. (…) 반쯤 굶으면 자진해서 다이어트를 하는 것이라도 모든 인류에게 놀라울 정도로 비슷한 영향을 끼친다"[47]라고 말한다.

음식으로 인해 생기는 병에 걸린 여성이 보이는 역겹고 한심한 행동들은 본질적으로 여성적인 것으로, 여성의 비합리성을 긍정해주는 증거로 그려진다(여성을 정규직 노동자로 쓸 필요가 생기면서 생리의 비합리성에 대한 확신을 버릴 수밖에 없자 여성의 비합리성이 그것을 대체했다). 미네소타대학의 한 권위 있는 연구에서는 실험에 자발적으로 참여한 35명에게 장기간에 걸쳐 저칼로리 다이어트를 하도록 하고 "그것이 심리와 행동, 신체에 미치는 영향을 주의 깊게 기록했다."[48] 그들은 젊고 건강해 "높은 수준의 강한 자아와 감정적 안정성, 좋은 지적 능력"을 보여주었다. 그들은 "6개월짜리 실험에 들어가면서 (…) 음식 섭취량을 반으로 줄였다. 여성이 체중을 줄일 때 쓰는 전형적 기법이다."

"원래 몸무게의 25퍼센트가량이 줄자 반기아의 영향이 두루 나타나기 시작했다." 실험 참가자들이 "갈수록 음식과 먹는 것에 집착했다. 강박적으로 식사와 음식에 관해 골똘히 생각하고, 조리법과 요리책을 모으고, 음식을 놓고 무슨 이상한 의식을 치르듯 지나치게 느리게 먹거나 음식과 관련된 것을 몰래 감추어둘 정도였다." 그러다가 "반기아의 결과로 우울증과 건강 염려증, 히스테리, 갑작스러운 분노 폭발 같은 정서장애에 시달렸고, 정신분열 같은 심각한 정신병 증세를 드러내기도 했다." 그다음에는 "일에서나 사회적 상황에서 제 역할을 할 수 있는 능력을 상실했는데 무관심과 기력 감소, 사회적 고립, 성적 관심의 감소 탓이었다."[49] 마지막으로 "음식물 섭취를 줄이고 몇 주 지나지 않아 끝없이 배고픔을 호소했고, 식사 규칙을 어기고 싶은 강렬한 충동을 느꼈다. 일부는 결국 참지 못하고 폭식을 했고, 그런 뒤에 토하고 자책감을 느꼈다. 배가 고파 죽을 지경인 상태가 지속되었고, 다시 제대로 먹기 시작한 뒤에 잔뜩 먹고도 그랬다." 일부는 "계속 먹는 자신을 발견했고, 일부는 잔뜩 먹고 토하고 또 잔뜩 먹고 토하는 주체할 수 없는 길에 들어섰다." 또한 "실험 환경 밖으로 나가는 것을 극도로 두려워하게 되었다. 밖에 나가면 먹지 않기로 한 음식의 유혹을 받을 테니까. (…) 결국 유혹에 굴복했을 때는 히스테리 상태가 되어 반쯤 미쳐서 자백했다."[50] 그들은 짜증을 잘 내고 긴장해서 피곤한 상태가 되었고, 뭔지 모를 불만에 가득 차게 되었다. "도망자들처럼 어떤 사악한 세력에게 미행당하는 느낌을 떨치지 못했다." 어떤 사람들은 결국 의사가 진정제를 처방해야 했다.

실험 참가자들은 완전히 정상인 건강한 남자 대학생들이었다.

독일이 네덜란드를 점령했을 때 1940년 5월에 대기근이 시작되자 네덜란드 당국이 하루 배급량을 600~1,600칼로리로 유지했다.[51] 그들은 이것을 반기아 수준으로 규정했다. 당시 몸무게의 25퍼센트가 줄어든 사람은 기아 상태로 규정되어 귀한 음식을 추가로 받았다. 그때 굶주린 네덜란드 여성이 옷을 입고 찍은 사진을 보면 놀랍게도 기가 막힐 정도로 현대 여성처럼 보인다.

네덜란드 사람들이 매일 600~1,600칼로리를 섭취하면서 반기아에 시달렸는데, 다이어트 센터에서 먹는 식사량은 1,600칼로리로 고정되어 있다. 네덜란드 사람들은 몸무게가 25퍼센트 줄었을 때 위기로 진단받아 음식을 보충받았다. 그런데 평균적인 건강한 여성이 철의 여인처럼 되려면 거의 그 정도 몸무게를 빼야 한다. 1941년에 우치Lodz(폴란드 중부에 있는 공업도시—옮긴이)에 있던 유대인 거주 지역[52]에서는 포위된 유대인들이 하루에 기아 수준인 500~1,200칼로리의 식량을 배급받았다.[53] 트레블링카Treblinka 나치 수용소(제2차 세계대전 중 폴란드 바르샤바 부근에 있던 수용소—옮긴이)에서는 900칼로리가 인간의 기능을 유지하는 데 필요한 최소량이라는 과학적 판단을 내렸다. "전국 최고의 체중 감량 클리닉"에서는 "환자"가 길게는 1년 동안 치료를 받는데, 여기서도 같은 양을 배급한다.

자진해서 반쯤 굶으나 비자발적으로 반쯤 굶으나 그것이 심리에 끼치는 영향은 동일하다. 1980년에는 더욱 많은 연구자가 주기적 다이어트가 "짜증, 집중력 결핍, 불안, 우울, 무관심, 극심한 감정 기복, 피곤, 사회적 고립 같은 증상"을 포함해 감정적·신체적으로 상당히 심각한 결과를 초래한다고 인정했다. 매그너스 파이크Magnus Pyke는 네덜란드 대기근을 이야기하며 "굶주림은 사람들 마음에 큰 영향을 끼치는 것으로 알려졌다. 네덜란드에서 이 사람들은 정신적으로 무기력하고 무관심하고 계속 음식에 관한 생각에 사로잡혔다"라고 했다. 힐데 브루흐는 비자발적으로 점차 반쯤 굶는 상태가 되면 "감정과 감수성 같은 인간의 특성이 거칠어진다"라고 밝혔다. 로버트 제이 리프턴Robert Jay Lifton은 제2차 세계대전 때 굶주림에 시달린 사람들이 "뭔가 잘못한 것이 있어 지금 벌을 받고 있다는 죄책감에 시달리고, 온갖 종류의 음식이 산더미처럼 쌓여 있는 꿈과 환상을 갖게 된다"는 것을 발견했다. 굶주림은 개성을 파괴해 "거식증 환자들도" 굶주리는 다른 사람들과 마찬가지로 "어느 정도 몸무게가 늘 때까지 놀라울 정도로 동일한 행동과 감정 패턴을 보였다"라고 브루흐는 주장한다. 로버타 폴락 세이드는 요약해서 "음식을 제대로 먹지 못하면 신체적·심리적 이유로 음식에 대한 집착이 생긴다. (…) 영양실조가 되면 나른하고 우울해지고 짜증을 잘 내게 된다. 몸의 신진대사가 느려진다. (…) 그래서 굶으면 사람이 음식에 집착하게 된다"[54]라고 한다. 배고픈 것에 심리적 공포를 느끼는 것은 문화적 차이와 관계가 없다. 가난한 나라에서 입양된 고아들은 음식을 몰래 숨기고 싶은 충동을 억제하지 못하며, 때로는 안전한 환경에서 오랫동안 산 뒤에도 그런다.

섭식장애가 주로 다이어트 때문에 생긴다는 권위 있는 증거들이 속속 쌓이고 있다.[55] 일라나 아티Ilana Attie와 잔 브룩스-건Jeanne Brooks-Gunn은 연구자들이 "주기적으로 먹는 것을 삼가면 갈수록 엄청나게 스트레스가 쌓여 나중에는 다이어트 자체가 '거식증이나 폭식증이 생기기에 충분한 조건'이 될 수 있음"을 발견했다고 한다. 로버타 폴락 세이드도 같은 결론에 도달한다. "역설적이게도 다이어트 (···) 자체가 강박적 행동과 폭식을 유발할 수 있다. 아니 사실은 그것이 섭식장애뿐 아니라 비만 자체도 초래할 수 있다." 지속적으로 칼로리를 제대로 섭취하지 않으면 몸이 엄청난 충격을 받고 이를 기억해 파괴적인 결과가 생길 수도 있다. 세이드는 "여성이 먹는 데 문제가 있는 것은 (···) 지나치게 마른 몸을 가지려는 데서 오는 것 같다. (···) 95퍼센트가 그런 몸을 갖는 유일한 방법은 스스로 음식을 제대로 먹지 않는 것이다." 아티와 브룩스-건도 이에 동의해 "거식증과 폭식증의 원인으로 생각되는 행동 가운데 많은 것이 사실은 굶주림의 결과일 수도 있다. (···) 체중이 정상인 사람도 마르게 보이고 마른 느낌이 들려고 다이어트를 하면 몸의 '자연스러운' 체중 또는 생물학적으로 조절되는 체중 밑으로 유지하려다가 계속 스트레스가 쌓여 감정과 인지, 행동 양식이 교란될 수 있다." 다이어트와 마른 것이 유행인 세태가 여성의 건강을 크게 해치고 있다.

여성의 지방이 성과 생식력이고, 음식이 명예, 다이어트가 반쯤 굶는 것이라면, 여성이 철의 여인에 맞추려면 몸무게의 23퍼센트를 줄여야 하고 그러면 만성 심리장애가 생긴다면, 반쯤 굶으면 심신이 쇠약해지고 여성의 힘과 성, 자존감이 사회의 기득권층에 위협이 된다면, 여성 신문과 잡지가 여성에 대한 정치적 두려움이 만들어낸 자본으로 운영되는 330억 달러 규모의 산업의 후원을 받는다면, 그렇다면 이제 우리는 왜 철의 여인이 그렇게 말랐는지 이해할 수 있다. 마른 "이상형"은 미학적으로 아름다운 것이 아니라 정치적 해결책이라서 아름다운 것이다.

여성이 철의 여인을 닮고 싶은 충동을 느끼는 것은 자유로운 선택에 따른 사소한 일이 아니다. 정치권력을 안전하게 지키려고 여성에게 그러도록 한 것이다. 그렇지 않고서야 어떻게 우리 역사에서 이 시점에 여성이 마르고 싶은 충동을 느끼겠는가.

반쯤 굶게 하는 이데올로기는 페미니즘의 성과를 무력화한다. 여성의 몸에 일어나는 것은 정신에서도 일어난다. 남성의 몸은 옳은데 여성의 몸은 옳지 않고 과거에도 줄곧 그랬다면, 남성은 옳고 여성은 그르다. 여성에게 페미니즘은 자신을 더 가치 있게 생각하라고 가르쳤는데, 굶주림은 어떻게 하면 자존감을 무너뜨릴 수 있는지 가르친다. 여성에게 "나는 뚱뚱한 내 허벅지가 싫어"라고 말하게 할 수 있다면, 이는 자신이 여성임을 싫어하게 한 것이다. 여성이 세상에서 경제적으로 독립하고 일을 좌우하고 교육받고 성적으로 자주적일수록, 세상은 여성의 몸이 빈곤하고 통제할 수 없고 바보 같고 성적으로 불안하길 바란다.

굶주리면 빈곤한 느낌이 들고 생각도 빈곤해진다. 부유한 여성도 다이어트를 하면 육체적으로는 희소경제 앞에서 무력감을 느끼고, 보기 드물게 1년에 10만 달러를 버는 여성도 몸의 소득은 하루에 1,000칼로리밖에 안 된다. 굶주리면 성공한 여성도 실패한 것 같다. 건축가도 노력이 물거품이 되는 것을 배우고, 장기적 비전을 가지고 앞날을 내다보는 정치가도 자잘한 일로 돌아가 한 입 먹을 때마다 양을 계산한다. 여행할 때도 기름진 외국 음식을 먹을 "여유"는 없다. 그래서 여성이 겨우 한 세대 전에 누릴 줄 알게 된 지배권과 경제적 안정, 지도력을 경험할 때도 불안하다. 아주 최근에야 기본적인 것을 넘어 생각할 자유를 얻은 사람들이 이런 심리 탓에 여성의 정신에 족쇄를 채우는 경제적 의존 상태로 되돌아가고 싶은 충동을 느끼고 자양분과 안전을 얻는 데 집착한다. 버지니아 울프는 "잘 먹지 않으면 잘 생각하고 잘 자고 잘 사랑할 수 없다"[56]라고 믿었다. 그녀는 "쇠고기와 말린 자두로는 척추에 있는 등불이 켜지지 않는다"라며, 쪼들리는 여자 대학의 의기소침해질 정도로 빈곤한 음식과 "대학 요리사가 우묵한 접시에 가자미를 담고 그 위에 새하얀 크림을 이불보처럼 덮은" 부유한 남자 대학의 음식을 대조시킨다. 이제 어떤 여성은 마침내 1년에 500파운드에 달하는 돈을 벌고 자기만의 방도 갖게 되었는데(버지니아 울프는 당시 여성이 자주적·독립적 사고를 하며 자신의 천재성을 발휘하려면 돈 500파운드와 자기만의 방이 있어야 한다고 했다—옮긴이), 또다시 삶은 쇠고기 4온스와 달지 않게 말린 자두 세 개로, 불이 켜지지 않는 등불로 되돌아갔다.

거식증 환자는 도전적인 여행에 나섰는지 몰라도 남성 지배 사회의 관점에서 보면 결국 완벽한 여성이 되었다. 그녀는 약하고 성욕과 목소리가 없고 자기 접시 너머에 있는 세상에는 좀처럼 초점을 맞추지 못한다. 그녀 안의 여성은 살해되었다. 거의 존재하지 않는다. 그녀의 여성성이 이렇게 거세된 것을 보면, 반쯤 의식적이지만 극히 해로운 대중운동의 상상력이 해골 같은 여성이 아름답다는 거짓말을 지어낸 것도 충분히 이해가 간다. 산업화된 선진국이 거식증에 내몰린 여성으로 가득 찬 미래가 현재 부와 권력이 분배되는 방식을 여성 평등권 투쟁으로부터 구해낼 얼마 되지 않는 방법 가운데 하나였을 것이다.

여성 개인에, 그것도 가족 안에 있는 여성 개인에 초점을 맞추어 거식증을 설명하는 이론가는 이런 투쟁의 전술적 핵심을 놓치고 있다. 여성의 식욕에 대한 경제적·정치적 복수가 이 시점에는 가족 내 역학보다 훨씬 강하다.

우리는 이를 더는 사적인 문제로 설명할 수 없다. 여대생의 60~80퍼센트가 먹지 못하는데, 그들 가족의 60~80퍼센트에게 갑자기 먹는 데 문제가 생겼다고 믿기는 어렵다. 어떤 병이 유행하고 있고, 그것의 원인이 의도적으로 만들어졌으며, 젊은 여성들이 그것에 걸리고 있다.

말라빠진 철의 여인이 사실은 아름답지 않듯이 거식증과 폭식증, 심지어는 강박적으로 먹는 것도 상징적으로 이해하면 사실은 병이 아니다. 그것은 수지 오바흐가 말한 대로 여성 대부분이 영원히 반쯤 굶은 상태에서만 자신에게 만족하는 미친 현실에 정신적으로 건강하게 반응하면서 시작된다. 거식증에 걸린 사람은 저 공인된 사이클이 자신을 지배하는 것을 거부하고 오히려 굶음으로써 자신이 그것을 지배한다. 폭식증에 걸린 사람도 굶주림 열풍이 미친 짓이고 원래 실패할 수밖에 없으며 즐거움을 거부하는 것임을 인식하고 있을지 모른다. 정신적으로 건강한 사람이라면 음식과 성 사이에서 선택해야 하는 것에, 오늘날 공인된 몸매를 유지해 성을 사야 하는 것에 저항할 것이다. 토함으로써 그녀는 그런 마조히즘적 선택을 피해간다. 섭식장애를 흔히 통제할 필요가 있는 신경증의 증상으로 해석하지만, 이는 분명 통제당하지 않고 반대로 통제하려는 것이고 정신적으로 건강하다는 신호다. 특히 그녀가 외로운 젊은 여성이고 그녀를 통제하려는 것이 완강한 사회질서 전체의 요구에 부응해 발전하는 거대 산업이라면. 자기방어가 섭식장애에 걸린 사람에게는 마땅히 해야 할 항변이다. 미친 것이 부끄러운 일이지 자신을 방어하는 것은 결코 부끄러운 일이 아니다.

빅토리아 시대에는 여성의 히스테리가 불가사의한 일이었지만, 지금은 사회적 압력에 성적으로 자신을 부정하고 집안에 틀어박혀 있어야 했던 것을 고려하니 이해가 간다. 거식증 역시 이해하기 어려운 일이 아니다. 히스테리가 19세기에 성을 부정당하고 집안에 갇힌 여성의 페티시였다면, 거식증은 20세기 말에 굶주린 여성의 페티시다.

거식증이 널리 퍼지는 것은 효과가 있기 때문이다. 거식증은 굶주림 열풍에 직면한 젊은 여성의 딜레마도 해결해주고 길거리 성희롱과 강요되는 성으로부터도 보호해준다. 공사 현장 인부도 걸어 다니는 해골은 건들지 않는다. 지방이 없다는 것은 유방이나 허벅지, 엉덩이, 궁둥이가 없다는 말이고, 이는 곧 자신이 그것을 필요로 하지 않는다는 말이다. 여성지에서는 여성이 자기 몸을 통제할 수 있다고 하지만, 성희롱을 겪으면 통제할 수 없다는 생각이 든다. 성희롱을 청하지도 않았는데 자기 몸이 청했다고 하니 말이다. 우리 문화는 젊은 여성에게 자기 몸에 대해 두 가지 꿈밖에 꾸지 못하게 한다. 동전의 양면과 같은데, 하나는 포르노에 나오는 몸이고 하나는 거식증에 걸린 몸이다. 전자는 밤을 위한 것이고 후자는 낮을 위한 것이며, 아마 전자는 남성을 위한 것이고 후자는 다른 여성을 위한 것일 터다. 그녀는 동전 던지기를 거부할 선택권도 없고, 아직은 더 좋은 꿈을 요구할 권리도 없다. 거식증에 걸린 몸은 포르노에 나오는 몸보다 성적으로 안전하다.

남성 지배 사회에도 좋다. 여성을 부드럽게 가공해 권력의 자리에 가더라도 여성성이 거세된 상태로 가도록 하니까. 거식증에 걸린 몸이 엘리트 집단인 학교와 대학에서 모든 사회 계급 여성에게로 파급되는 "트리클다운 효과"가 있는 것은 그곳에서 여성이 권력과 권위에 너무 가까이 접근하고 있기 때문이다. 이는 어떤 여성의 삶에서나 굶주림이 어떻게 권력에 접근을 가로막는지 상징적으로 보여준다. 교육을 잘 받은 여성이 수천수만 명이어도 그들이 문화적 영향권에서 살고 공부하면 문제가 되지 않는다. 거식증에 걸린 여학생은 반유대주의적 유대인이나 자신을 혐오하는 흑인처럼 체제에 잘 맞는다. 그녀는 정치적으로 깔끔하고 완벽하게 거세되어 학교 공부나 할 정도의 에너지밖에 없어 계속 영원히 실내에서만 빙빙 돈다. 그녀에게는 화를 내거나 조직에 참여하거나 섹스를 좇거나 확성기로 외치거나 야간버스나 여성학 프로그램을 위해 돈을 달라거나 여성 교수는 모두 어디 있는지 알려달라고 할 에너지가 없다. 남녀공학이라도 절반이 정신적으로 거식증에 걸린 여성으로 채워진 학급을 운영하는 것은 절반이 건강하고 자신감 넘치는 젊은 여성들로 채워진 학급을 운영하는 것과는 딴판이다. 그런 여성들은 여성성이 제거되어 모두 젊은 남성으로만 이루어진 학급을 운영하는 것에 가깝고, 이것이 예전에 편리하게 관리하던 방식이다.

여성이 몸무게 스펙트럼에서 공인된 극단에만 머물게 하려면, 우리 가운데 95퍼센트가 정신생활을 어느 정도 유아기로 되돌리거나 경직시켜야 한다. 마른 것이 아름다운 것은 마른 것이 몸이 아니라 정신에 하는 것 때문이다. 상을 받을 만한 것은 여성이 마른 것이 아니라 굶주리는 것이고, 마른 것은 그것의 증상일 뿐이다. 굶주리면 흥미롭게도 "해방된" 정신의 폭이 좁아진다. 아기는 스스로 먹지 못하고, 병약한 사람과 정통파 신자에게는 특별한 식사가 필요하다. 다이어트는 여성이 자신을 아픈 아기, 독실한 아기로 생각하게 만든다. 가정에서의 고립과 순결의 강요가 포기한 일을 떠맡을 정도로 강력하고 깊은 영향을 끼치는 것으로 증명된 것은 이 새로운 신비밖에 없다. "자연스럽다"라는 말은 도전받아 마땅하다. 그러나 세상에 가장 자연스러운 충동이 있다면 그것은 배고픔을 달래는 일일 것이고, 자연스러운 여성의 몸이 있다면 그 안에서 여성은 성적이고 생식력이 있어 늘 그것에 대해 생각하지 않을 것이다. 지금 서양 여성처럼 음식이 있는데도 계속 굶주리는 것은 인류가 생각해낸 그 어떤 것보다도 부자연스러운 삶의 형태에 굴복하는 것이다. 그것은 식인 풍습보다도 기괴하다.

다이어트가 현대 여성이라면 반드시 해야 하는 것이 되었다. 음식을 삼가는 것이 여성은 좋게 보이고 남성은 나쁘게 보인다. 오스틴 (텍사스) 스트레스 클리닉에서는 여성에게는 "다이어트에 대한 관심"이 "긍정적인 여성의 특성"과 강하게 연결되고 남성에게는 음식을 제한하는 것이 "사회적으로 바람직하지 않은 여성의 특성"과 연결되는 것을 발견했다.[57] 여성의 신비 때는 여성다운 여성이 자신에게 세속에서의 만족을 주지 않았는데, 오늘날에는 성공해 여성의 본보기가 된 "성숙한" 여성이 몸으로 자신을 부정하는 삶에 굴복하고 있다.

그러나 선망의 대상이 된 이런 순응의 징표도 이전 세대의 것만큼이나 그 자체로는 타당성이 거의 없다. 이것도 불가결한 거짓말에 근거를 둔 것이다. 1950년대에는 "미성숙한" 여성은 음핵 오르가슴을 원하고 "성숙한" 여성은 수동적으로 따랐다. 그러나 오늘날에는 식욕을 그같이 성적 기호로 해석해 여성이 실컷 먹으면 성이 위태로워지고 미성숙하다고 하며, 굶주리면 성숙하다며 성을 얻을 거라고 한다. 1970년대 음핵을 통한 쾌감을 되찾았을 때, 어떻게 그것을 부정하는 분위기에서 살았을까 하고 의아해한 여성이 많았을 것이다. 그런데 1980년대에는 여성에게 자신의 혀와 입과 입술과 배를 부정하라고 강요했다. 1990년대에 여성이 먹는 즐거움을 되찾을 수 있다면, 아마 우리도 무엇에 사로잡혀 그렇게 오랫동안 인색하고 무의미하게 굶주리며 보냈을까 하고 의아해할 것이다. 오늘날에는 음식에 관한 한 여성의 자기부정이 그녀의 짝에게도 좋고 그녀 자신에게도 좋다고 한다. 그러나 아름다움의 신화를 넘어서면, 예전에 여성을 집안에 가두어 숨 막히게 한 것이 여성의 건강과 행복은 물론 그녀가 사랑하는 사람에게도 파괴적이었듯, 여성이 굶주리는 것도 그렇게 보일 것이다.

여성이 섹스와 음식, 육체를 모두 누릴 수 있음을 믿지 못하게 하는 것은 건강, 남성의 욕망, 사랑스러워지는 법이 아니며 오로지 정치적 이데올로기뿐이다. 그런데 젊은 여성들이 이를 의문의 여지없이 받아들인다. 섹스와 음식, 육체를 풍부하게 가져서는 안 된다는 말을, 세 가지는 서로 배타적 관계에 있다는 그 말을.

아주 쉽다

거식증 환자가 되기는 아주 쉽다. 내가 열두 살 때였다. 아주 풍만한 사촌 언니 집에 갔는데, 언니가 잠들기 전에 심호흡 운동을 하면서 "마음속으로 내가 사랑하고 받아들이고 용납할 수 있는 배를 그려보는 거야" 하고 말했다. 아직 원피스를 입는 작은 아이였지만, 나는 여성이 되면 몸이 산산조각 나 공중에 떠다니는 것 아닌가 하는 생각에 깜짝 놀랐다. 언니가 엄청난 집중력을 발휘해 자신이 산산조각 나지 않도록 붙들고 있는 느낌이 들었기 때문이다. 기분 좋은 느낌이 아니었다. 내 젓꼭지가 벌써 따끔거렸기 때문이다. 언니가 운동하는 동안 나는 〈코즈모폴리턴〉을 뒤적이고 있었는데, 거기에 여성이 파트너와 함께 침대에 있을 때 뚱뚱한 것을 감추려면 어떻게 옷을 벗고 어떤 자세를 취하고 어떻게 움직여야 하는지를 실제로 보여주는 기사가 있었다.

언니가 나를 훑어보았다. "네 몸무게가 얼마나 나가는지 알아?" 내가 모른다고 했다. "그럼 저울에 한번 올라가 볼래?" 나는 언니가 단순한 열두 살짜리 가냘픈 몸매를 얼마나 원하는지 느낄 수 있었다. 나도 여성이 되면 내 몸에서 나와 어떤 작은 아이의 몸에 들어가고 싶어 할 수도 있겠다는 생각이 들었다.

1년 뒤에 중학교 강당에서 몸을 숙이고 물이 분수처럼 솟아나오는 식수대에서 물을 마시는데 잘 알지도 못하는 보비 워너가 내 배를 쿡 찔렀다. 바로 배꼽 아래 있는 부드러운 부분이었다. 내가 그 남자애가 우리 반 뚱보였다는 것을 떠올리기 10년 전 일이었다.

그날 저녁 나는 양고기 갈비 육즙이 내 접시에서 엉겨 붙도록 내버려두었다. 끈적끈적한 지방 덩어리가, 가장자리가 까맣게 탄 노란 물질이 식으면서 액체에서 고체로 변하는 것을 볼 수 있었다. 거기에는 파란색 식용색소로 USDA CHOICE(고급육이라는 미국 농무성의 품질 표시—옮긴이)라고 쓰여 있었다. 톱니 모양의 가운데 뼈는 강력한 회전 칼날에 잘려 있었다. 지독히 메스꺼우면서도 강한 혐오감과 함께 쾌감을 느꼈다. 새로운 느낌이었다. 배가 고픈 채로 식탁에서 일어나는데 식도 아래서 잘했다는 느낌이 확 들면서 흥분되었다. 밤새도록 심호흡을 했다.

다음 날 식기세척기 옆에 붙어 있는 작은 메모지를 지나쳤다. 어머니가 붙여놓은 그것은 어머니의 속마음을 대변했고, 나는 그것이 무엇을 말하는지 알았다. "그레이프프루트 1/2, B1k, 커피, 통밀비스킷 4개, 아이스캔디 1개." 그리고 검은색으로 갈겨쓴 "폭식." 그것을 찢어버리고 싶었다. 그것은 일종의 회고록이었다.

여자들의 그런 시시한 고백을 더는 참을 수가 없었다. 나는 입맛으로 내 몸이 케토시스ketosis(체중 감량을 위해 탄수화물 섭취를 지나치게 제한할 경우 우리 몸이 지방을 에너지원으로 대신 사용하면서 발생하는 케톤체가 혈액에 과잉 축적되는 현상—옮긴이)에 걸린 것을 알 수 있었다. 전해질의 균형이 깨진 것이다. 좋아. 소녀는 불타는 갑판에 서 있었다. 나는 선언하듯 쨍그랑 소리가 나도록 접시를 싱크대에 던져넣었다.

열세 살에 나는 제2차 세계대전 중 파리가 포위되었을 때 굶주림에 시달린 사람들이 얻을 수 있었던 식품의 열량에 해당하는 칼로리를 섭취하고 있었다. 그렇지만 학교 공부도 열심히 하고, 교실에서 조용히 지냈다. 태엽을 감으면 움직이는 장난감처럼 하라는 대로 했다. 하지만 누가 봐도 내가 산 자의 땅에서 서서히 추방되고 있는데 교사나 교장, 생활지도 교사는 말리지 않았다.

우리 중학교에는 굶주리는 여학생이 많았지만 선생님에게는 다들 모범생이었다. 우리는 머리카락이 한 움큼씩 빠지고 눈알을 움직이면 뻑뻑할 정도로 눈이 퀭 하니 들어가도 공부만 잘하면 됐다. 그들은 우리가 체육시간에 깡마른 몸으로 밧줄에 매달리는 것도 허락했다. 어찌나 앙상한지 밧줄이 연골을 파고들 것 같은 손으로 매달린 천장과 35피트(10.5미터) 아래 있는 반질반질한 마룻바닥 사이에 바닥난 의지

력밖에 없는데도 그랬다.

내 목소리 대신 낯선 목소리가 들렸다. 지금껏 그렇게 나긋나긋한 적이 없었다. 억양과 음색을 잃고 점차 단조로워졌다. 귀에 거슬리는 날카로운 소리와는 반대로 낮게 웅얼거리는 소리였다. 그러나 선생님들은 내가 괜찮다고 생각했다. 내가 하고 있는 것에 무슨 문제가 있다고 보지 않았고, 맹세컨대 나를 빤히 보고도 그랬다. 우리 학교에서는 도둑고양이를 해부하는 일을 중단했다. 비인간적이라 여겼기 때문이다. 하지만 얼마나 적은 음식으로도 인간의 몸이 죽지 않고 살 수 있는지 보려는 나의 자발적인 과학 실험에 간섭하는 사람은 없었다.

내가 꿀 수 있는 꿈은 남자아이들이, 또는 자유롭고 건강한 여자아이들이 청소년기에 꿈꾸는 것들과는 전혀 상관이 없었다. 나는 섹스나 탈출, 반란, 미래의 성공을 꿈꾸지 않았다. 내가 꿈을 꿀 수 있는 공간을 음식이 모두 차지해버렸다. 저 청소년기에 몽상하는 자세로 침대에 누워 있어도 편안하지 않았다. 앙상한 몸이 매트리스에 배겨 아팠다. 내 갈비뼈는 갈고리요 등뼈는 무딘 칼날이요 배고픔은 무거운 방패였다. 그것이 여성의 세계에 잘못 발을 디뎠다가는 내 몸에 기생충처럼 달라붙을 시시한 것들을 피하기 위해 내가 가진 전부였다. 의사가 내 배에 손을 대더니 등뼈가 만져진다고 했다. 나는 나처럼 누가 봐도 패기 없는 여자들에게 차가운 혐오의 눈길을 보냈다.

그림을 그렸다. 내가 잔뜩 웅크린 채 둥지를 짓는 재료에 둘러싸여 있었다. 그림 속 나는 아주 작았고, 곁에 견과류와 건포도가 쌓여 있었다. 이렇게 작은 몸으로 숨어 있는 것이 인생에서 스티븐 디덜러스(제임스 조이스의 《젊은 예술가의 초상》에 나오는 남자 주인공—옮긴이)가 세상에 혜성처럼 등장했으면 하고 간절히 바랐을 때 내가 갈망한 것이다. 그 그림은 무엇을 의미했을까? 그것은 자궁으로 돌아가고 싶은 갈망이 아니라 내 자신으로 돌아가고 싶은 갈망이었다. 나는 세상에서 내가 선택해야 할 것들로부터 안전하게 피하고 싶은 것이 아니라, 마치 뒤통수를 세게 얻어맞은 사람처럼 내 자신을 완전히 잊고 멍청하게 새로 시작해야만 받아들일 수 있는 전투에 들어가야 하는 의무에서 안전하게 벗어나고 싶었다.

전투에 들어가려면 그들이 친구가 아니라 실은 적이라고 믿어야 했다. 놀이터에서 함께 카드놀이 하던 친구들, 펩시 맛 립글로스를 함께 훔쳐 바른 친구들, 제마와 스테이시와 킴을. 우리는 큰 침실에서 불을 끄고 나란히 서서 거울을 들여다보곤 했다. 촛불을 턱 아래 비추고는 잔뜩 겁에 질려 경직된 모습으로 "우리는 피투성이 메리도 두렵지 않아" 하고 주문을 외웠다(담력을 시험하는 일종의 귀신놀이—옮긴이). 나는 시간의 흐름에 내 자신을 맡겼다가는 우리가 다시는 그렇게 서 있을 수 없으리라는 것을 알았다. 하나의 거울 앞에 어깨를 나란히 하고 서서 거울 저편에 있는 사람 시체 먹는 귀신에 맞설 수 없으리라는 것을.

여성으로 태어나는 것이 당연히 아름다워야 하는 것을 뜻한다면, 청소년기의 굶주림은 내게 여성으로 태어나는 게 내키지 않아 이를 계속 미루는 행위였다. 아이들은 흔히 당혹스러운 관습에 저항하고 사회의 광기를 총체적으로 꿰뚫어본다. 7학년에 우리는 무엇이 오고 있는지 알았고, 그래서 모두 근거 있는 두려움에 난리를 쳤다. 이는 청소년기의 정상적인 광기가 아니라 곧 닥칠 것 같은 해괴한 것에 대한 공포였다. 우리는 "엄마, 해도 돼요" 놀이에서처럼 아름다움이 "꼼짝 마"라고 할 것이고 그러면 어디에 있든 그것으로 끝장이라는 것을 알았다.

그해에 유행한 노래는 "우리는 열일곱에 알았지, 사랑은 미의 여왕에게나 찾아온다는 사실을"이라며 탄식했다. 우리는 새 수영복을 서로 바꾸어 망가뜨리고는 수영복을 빌리는 사람은 용서하지 않기로 맹세했다. 제마와 킴이 스테이시의 카메라에 엉덩이를 드러내 보일 때 킴이 말했다. "아, 사진은 걱정 마. 네가 카메라에 더 가까이 있었어." 제마가 거울 앞에서 고개를 돌리고 끔찍한 사실을 확인하는 동안, 킴은 어떻게 자기 머리에서 엄마가 하던 말이 튀어나오는지 의아했다.

줄리는 사람을 잘 믿고 속내를 허물없이 털어놓던 아이였는데 반에서 맨 처음 젖가슴이 나오자 추수감사절 즈음에는 냉소적으로 변했다. 반에서 헤픈 여자로 보이는 아이가 따로 없었기에 그 자리가 줄리에게 돌아갔고, 줄리는 곧 저항하다가 말았다. 줄리는 머리카락을 탈색하고 차고에서 록 밴드를 하는 남자아이들과 놀아나기 시작했다. 매리앤은 다리와 목이 길어 학교에서 바로 발레연습실로 달려가 플리에(꼿꼿한 자세로 두 무릎을 굽히는 동작—옮긴이)를 했다. 머리를 올려 쪽을 지고 고개를 높이 쳐들고 어둠이 내릴 때까지 거울 앞에서 아치와 부드러운 곡선을 그리고 절을 했다. 카라는 오디션에서 별 볼 일이 없었는데 길게 땋은 밀 색깔 머리카락이 허리까지 내려와 학예회에서 티타니아(셰익스피어의 희곡《한여름 밤의 꿈》에 나오는 요정나라 오베론 왕의 왕비—옮긴이) 역을 맡았다. 코가 뭉툭하고 목소리가 큰 에밀리는 잠결에도 카라보다 연기를 잘할 수 있었는데 출연자 명단을 보고 말없이 가장 친한 친구에게 고개를 돌리니 친구가 밀크 초콜릿 크림 한 상자를 건넸다. 키가 크고 강하고 뼈만 앙상한 에비는 엘리스가 자기처럼 보조개를 지어보려고 하자 교실 밖 구석진 곳으로 데려가 자신이 귀엽다고 생각하느냐고 물었다. 엘리스가 그렇다고 하자 생물 실험실에서 훔친 산이 든 피펫(실험실에서 주로 액체를 옮기거나 잴 때 사용하는 가늘고 긴 실험 도구—옮긴이)을 엘리스 얼굴에 던졌다. 도디는 숱 많고 검은 머리카락이 잘 자라지 않아 싫어했는데, 어느 날 가정경제 시간에 캐런 뒤로 다가가 핑킹가위로 캐런의 머리카락을 한 움큼 잘라냈다. 캐런도 도디가 사적인 감정으로 그런 게 아니라는 걸 알았다.

여자들이 아름다움을 위해 하는 것을 보면 미친 것 같았다. 나는 여행하고 싶은데 아름다움은 계속 쳇바퀴를 돌게 했다. 어머니는 아름다운 여자였지만 내가 이해할 수 있는 즐거움을 거의 얻지 못했다. 나는 어머니의 아름다움이 어머니를 해치는 것을 보았다. 어머니는 축하 만찬 때 이를 악물고 자제하고, 저울에 올라가 분노하고, 화가 나서 전신마찰을 하고, 사진을 냉장고에 붙여놓고 자신을 질책했다. 어머니는 이미 얻었는데 왜 그것으로 충분하지 않을까? 물론 나는 어머니처럼 아름다우면 좋을 거라고 생각했다. 왜 그렇지 않겠는가. 하지만 그런 끝없는 비하를 보상해줄 정도로 좋아 보이지는 않았다.

거식증이 내게는 내가 어려서 가진 몸의 존엄성을 지킬 수 있는 유일한 길로 보였다. 여성이 되면 그런 몸을 잃을 터였고, 따라서 내게는 정말 거식증이 유일한 선택 같았다. 나는 여성의 몸이 되어 평가받기를 거부함으로써 내 미래의 선택이 온통 사소한 것에 한정되지 않는 길을 택했다. 나를 위한 선택이 내게 의미 없는 것을 토대로 내려지지 않기를 바랐다. 그러나 시간이 갈수록 내가 선택하는 것들이 점점 작아졌다. 쇠고기 육수를 먹을까, 뜨거운 물에 레몬을 넣어 먹을까? 쇠고기 육수는 20칼로리야. 그럼 물을 먹어야지. 그런데 레몬도 4칼로리야. 그 정도는 없어도 살 수 있어. 딱 그랬다.

그때를 생각하면 지금도 슬픔에 뒤이어 치밀어 오르는 분노를 떨칠 수 없다. 그 잃어버린 해에 대해 누구에게 탄원할까? 내 뼈에서 칼슘이 빠져나가도록 해 조골세포가 영양분도 없이 증식하느라 잃은 키가 몇 인치일까? 부러지기 쉬운 척추 탓에 내가 몇 년이나 일찍 고개를 숙여야 할까? 오로지 여성의 몸이라는 이유로 내게 죄를 물은 카프카적인 기아국의 부서들 중 나는 어떤 문을 두드려야 할까? 내가 포기한 생각과 결코 찾지 못한 에너지, 한 번도 고려하지 못한 탐험에 대해 누가 보상할 의무가 있을까? 가장 시급히 성장해야 할 때에 1년 동안이나 내 마음을 사로잡은 것에 누가 책임이 있을까?

아름다움의 신화가 끼치는 해에 대해서는 아직 자기 말고는 어디에도 책임을 물을 수 없다. 그러나 마침내 말할 수 있다. 적어도 내 자신에 대해서는. 열세 살에 반쯤 죽을 정도로 굶은 것이 죄일까? 아니다. 그 아이의 죄는 아니다. 하지만 시간이 많이 흘렀어도 분명 죄를 물어야 할 것이다. 그러나 죄를 물어야 할 곳은 내가 아니다. 그곳은 다른 어디엔가, 어떤 것인가에 있다.

가장 어린 피해자는 어렸을 때부터 우리 문화가 전하는 강력한 메시지를 통해 굶고 토하는 것을 배운 사람들이다. 나는 아무리 부모의 사랑과 지원이 커도 그것을 누르기 힘들다는 것을 알았다. 부모님은 내가 굶지 않기를 바랐다. 나를 사랑했기 때문이다. 그러나 부모의 사랑과 더 큰 세상의 메시지가 충돌했다. 세상은 내가 굶기를 바랐고, 그래야 나를 사랑했다. 부모의 보호에서 벗어나려면 더 큰 세상의 메시지에 귀를 기울여야 한다는 것을 젊은 여성들은 안다. 나는 더 큰 세상에서 부는 바람에 계속 젖은 손가락을 들어 보였다. 이 정도면 너무 마르지 않았나요? 나는 계속 물었다. 지금은 어때요? 아니라고요? 그럼 지금은?

더 큰 세상은 절대 여자아이들에게 몸이 소중하다는 메시지를 주지 않는다. 그들이 그 안에 있다는 이유만으로 충분히 그들의 몸이 소중하다는 말을 해주지 않는다. 우리 문화가 어떤 몸매라도 환영한다고, "아름다움"이 있든 없든 여성이 세상에 가치 있는 존재라고 말할 때까지 여자아이들은 계속 굶을 것이다. 그리고 학교와 대학의 메시지는 젊은 여성에게 굶주리도록 가르치는 교육에 보상을 한다. 그러나 그러한 교훈을 너무 위험할 정도로 마음에 새기면 결과를 무시해 병이 더욱 도진다. 거식증 환자들은 누가 구해주기를 바라지만, 개인 상담사나 가족, 친구는 신뢰할 수 없다. 그것은 너무 불확실하다. 그들은 여성은 어때야 문화적으로 받아들여지는지를 전달하는 학교와 대학 같은 우리 문화의 대변자들에게 도전하고 탄원하는 걸어 다니는 물음표다. 그들은 여자아이들에게 분명히 말한다. 이것은 참을 수 없다. 이것은 받아들일 수 없다. 우리는 여기서 여성을 굶기지 않는다. 우리는 여성을 소중히 여긴다. 학교와 대학은 아름다움의 반격이 젊은 여성을 유린하는데도 이에 무관심한 눈길을 보냄으로써 미국의 딸들을 대대적으로 죽이고 있고, 유럽도 딸들에게 같은 짓을 하는 것을 배우고 있다.[58] 꼭 죽어야 죽었다고 할 수 있는 게 아니다. 거식증 환자는 제대로 살아 있다고 할 수 없다. 거식증 환자는 서서히 죽으면서 날마다 그것을 꼼꼼히 기록하는 걸어 다니는 송장이다.

학교와 대학이 이 유행병을 탐폰 판매기나 치마 위에 대학 가운을 걸치는 일, 수도원에 들어온 여자들 일처럼 취급해 이를 공식적으로 애도하는 일도 없다. 여학생들이 자기 주변에서 무슨 일이 일어나는지 알면서도 이를 공개적으로 인정하지 못하도록 한다. 이 유행병이 실제로 존재하고 치명적이며 자기 곁에서, 그리고 안에서 발병하고 있다고 주장하지 못하게 한다. 그래서 끔찍한 사실을 알면서도 모른 체하거나 사소한 일로 치부하거나 그 병으로 고통 받는 사람들을 비난해야 한다. 또 하나가 병들고 또 하나가 사라지고 또 하나가 죽는데도 말이다.

대학에서 우리는 샐리를 애도할 기회를 갖지 못했다. 샐리는 싸구려 누더기 인형처럼 빛바랜 깅엄(격자무늬의 얇은 면직물—옮긴이)과 아일릿레이스로 지은 옷을 입고 공작 깃털이 달린 낡은 모자를 썼다. 콰시오커(단백질 결핍성 영양실조—옮긴이)에 걸려 불룩 튀어나온 배를 우아하게 가리고 날카로운 지성을 칼집에 넣어두었지만, 논쟁이 벌어지면 단칼에 박살을 내고 아무렇지도 않게 석영처럼 날카로운 결론을 제시할 수 있었다. 하지만 그러고 나면 작은 목소리가 완전히 맥이 빠져 핏기를 잃은 입술이 굳게 잠기곤 했다. 파티에서는 몸에 비해 너무 큰 풀솜 같은 머리를 뒤로 젖혀 지렛대의 힘으로 가장 가까운 벽에 쿵쿵 찧고는 두뇌가 편안하게 느슨해지면 으스스한 할로윈 귀신처럼 해체된 팔다리를 흔들며 춤을 추었다. 그러면 짜인 각본처럼 우리는 "샐리가 춤추기 좋은 것을 연주해" 하고 소리치곤 했다.

샐리는 갑자기 떠났다. 그녀를 보내고 룸메이트들이 그녀의 짐을 싸야 했다. 짐에는 하루치 롤빵의 반을 재는 우편물 저울, 15파운드짜리 아령, 반쯤 끝내고 놓아둔 놀라울 정도로 명쾌한 리포트가 있었다.

샐리가 위독하다는 말을 들었을 때 눈부시게 푸르던 어느 가을 오후가 생각났다. 학생들이 떼 지어 교실에서 나왔다. 목소리를 높여 논쟁을 하고 있었다. 그런데 샐리가 쿵 하고 책을 떨어뜨렸다. 그러고는 어깨가 휙 돌아가 그 위에 걸치고 있던 스웨터 속으로 차가운 바람이 불룩하게 들어가더니, 한 발로 핑그르르 돌며 솟구치듯 모여 있던 학생들 속으로 툭 떨어졌다. 한 남자아이가 그녀가 쓰러지기 전에 붙잡아 내게 건넸다. 그녀의 몸은 떼쓰는 아이처럼 뒤틀렸다.

나는 힘들이지 않고 그녀를 안았다. 그녀는 깨어나 위기를 모면했다. 그녀의 팔다리는 수액이 빠져나가 금방이라도 바스러질 것 같은 속 빈 자작나무 가지처럼 가벼웠다. 나는 그녀를 쉽게 안아 올렸다. 그녀에게 아무것도 없었기 때문이다.

꼬챙이처럼 마른 잔가지가, 밑창이 단 나이키 운동화를 신은 빼다귀가 무자비한 날씨 속으로 터벅터벅 걸어갔다. 젊은 여성이 머리가 커다란 자바 막대 인형 같은 그림자를 드리우며 희미한 불빛 속으로 사라졌다. 늙은이처럼 입이 마르고 비틀거려 아직 오전인데도 부어오른 무릎으로 집으로 향했다.

어떤 것도 홀로코스트와 비교할 수 없지만, 자연이 아니라 인간 탓에 굶주려서 여윈 몸이 아주 많다는 사실 앞에서는 둘 사이의 유사성을 외면할 수 없다. 굶주리는 몸은 자신이 중산층임을 알 수 없다. 감옥에 갇힌 몸은 자유롭다고 말할 수 없다. 심각한 거식증 환자의 몸에 사는 것은 부유한 교외에서 살더라도 베르겐-벨젠Bergen-Belsen 나치 강제 수용소에서 사는 것이나 다름없다. 벨젠에 수용된 사람들의 40퍼센트는 그곳에 영원히 갇히고 15퍼센트는 그곳에서 죽을 가능성이 있었던 것을 생각하면 말이다. 심각한 거식증 환자의 몸으로 사는 것은 부유한 제1세계에서 감옥에 갇히지 않은 중산층의 몸으로 사는 것보다 나치 수용소에 사는 것에 더 가깝다. 죽음의 수용소 이미지를 피하려고 해도 자꾸 그것이 떠오른다. 젊은 여성들의 몸무게가 지옥이라 불리는 곳의 문서에 기록된 사람들의 몸무게밖에 안 나간다. 거식증이 최고조에 이르면 더 이상 먹을 것이 없고, 따라서 선택의 여지가 없다. 물론 심리적인 어떤 알려지지 않은 이유로 굶주리다 어떤 시점에 이르면 굶는 것을 멈출 능력을 잃는다. 먹는 선택을 할 수 없다. 거의 인정하지 않는 사실이지만, 그들은 결국 배가 고프다. 나는 의식이 있는 순간은 늘 배가 고팠고, 잠잘 때도 배가 고팠다.

여성은 거식증을 사회질서가 가하는 정치적 손해로 주장해야 한다. 사회질서가 대수롭지 않게 여기는 것은 여성이 그렇게 여기기 때문이다. 여성은 이것이 여성의 수치가 아니라 비인간적인 사회질서의 수치임을 알아야 한다. 유대인이 죽음의 수용소를, 동성애자가 에이즈를 그렇게 보듯이.

거식증은 포로수용소다. 잘 교육받은 미국 젊은 여성 5분의 1이 그곳에 갇혀 있다. 수지 오바흐는 거식증을 정치범, 특히 여성 참정권론자들의 단식 투쟁에 비유했다. 그러나 비유할 때는 이미 지났다. 거식증 또는 폭식증 환자라는 것은 곧 정치범이라는 의미다.

세 번째 물결: 얼어붙은 움직임

젊은 여성 대부분이 페미니즘과 활발한 관계에 있지 않은 것을 보면 거식증과 폭식증으로 아름다움의 신화가 취한 공세가 승리를 거두고 있다고 볼 수 있다. 새로운 세대의 여성 활동가들, 에너지를 소진해 기진맥진한 두 번째 물결에 에너지를 불어넣을 새로운 피는 어디에 있을까? 왜 그렇게 많은 여성이 조용할까? 캠퍼스에서 그들 중 5분의 1이 그렇게 조용한 것은 그들이 죽을 정도로 굶주리고 있기 때문이다. 대략 50퍼센트는 시간을 잡아먹는 수치스러운 일에 사로잡혀 있다. 고등교육의 본산 내 화장실에서 먹은 것을 토하느라 맥을 못 추고 있다. 여성운동의 상속자가 되었을지도 모를 이 젊은 여성들이 여성운동의 깃발을 들지 않는 것은 어쩌면 그들 가운데 많은 이가 당장 자신에게 요구되는 것 말고는 다른 일을 할 수 없을 정도로 육체적으로 아프기 때문일지도 모른다. 그리고 정신의 수준에서는 페미니즘이 도무지 설득력이 없어 보일 정도로 섭식장애라는 유행병이 이 세대의 여성들에게 영향을 끼치고 있을지 모른다. 그들에게는 여성이라는 것이 분명 떨쳐 일어나야 할 것이 아니라 굶게 하고 약하게 하고 병들게 하는 것이다.

아름다움의 신화는 여기서 그치지 않고 다른 상속 문제도 일으켰다. 젊은 여성들이 20년 동안 선전한 못생긴 페미니스트라는 캐리커처를 물려받아 〈타임〉 기사에서는 대학 상급생이 "나는 여성스럽지 여성주의자가 아니다"라고 하고, "나는 페미니스트를 남성적이고 다리털을 깎지 않는 사람으로 그린다"라고 했다. 많은 젊은 여성이 다른 사람은 "페미니스트"를 그런 식으로 그리지 않고 절대 그런 식으로 반응하지 않는다는 것을 모른다. 놀랍게도 아름다움이 여성운동에 반격을 가하는 것을 여성운동 탓으로 돌리는 이들도 있다. 실비아 앤 휴렛Sylvia Ann Hewlett이 예로 든 25세 여성 캐스린은 자기가 다니는 법률 회사에서 여는 파티에 관해 이렇게 말한다. "나는 여성해방으로 남성의 기대가 높아진 것이 원망스러울 때가 많다." 그러면서 20년 전에는 젊은 남성 변호사들이 "눈부실 정도로 아름다운 금발"과 함께 왔으면 하고 바랐을 텐데 오늘날에는 가장 성공한 여성과 동행하려고 경쟁을 벌인다고 투덜거린다. "유일한 결함은 이런 여피족 여성이 어느 모로 보나 과거의 눈부신 금발만큼이나 매혹적이어야 한다는 것이었다." 아름다움의 신화는 모든 젊은 여성이 이전의 페미니스트들과 자신을 동일시하지 못하도록 한다. 단지 그들이 나이 많은 여성이라는 이유로 말이다. 남성은 대대로 전통을 물려받는데, 여성은 계절이 지나면 무용지물이 되는 패션만 물려받을 수 있다. 그런 구조에서는 여성의 세대 간 고리가 약해질 수밖에 없다. 전에 왔던 것을 드물게 역사나 유산으로 떠받들기도 하지만, 패션의 엄격한 잣대에 따라 그것들도 당혹스러울 정도로 시대에 뒤떨어진 것으로 조롱받는다.

현 세대의 젊은 여성과 식사를 하려면 중병에 걸린 징후를 목격할 준비가 되어야 한다. 그녀가 정신없이 메뉴를 죽 훑어보고 조심스럽게 소스를 긁어 먹어도 무시하라. 물을 다섯 잔 마시고 얼음을 빨아먹고 깨물어 먹어도 뭐라고 해서는 안 된다. 호주머니에서 막대 비스킷을 찾기 시작해도 외면하고, 페이스트리 접시가 나오면 눈치 없이 안절부절못하고 식사가 끝나고 커피가 나오기 전에 한참 시무룩한 얼굴로 멍하니 있는 것도 무시하라. "괜찮니?" "예, 괜찮아요." 감히 묻지 마라.

이는 마주 앉아 있어도 함께 식사를 한 것이 아니다. 세대마다 젊은 이들이 자기들 비전에 따라 세상을 어떻게 바꿀지 늘 논쟁을 벌이기 마련인데, 이런 식탁에 있는 여성에게서 새로운 논쟁을 기대하기는 어려울 것이다. 페이스트리 카트가 먼저고 그것의 금박 손잡이가 당신보다 높이 솟아 풍경을 가로막을 것이다. 세상이 기다려야 할 것이다. 세상이 그러니까.

금전등록기 옆에 악당이 숨어 있는 것도 아니다. 어떤 눈에 보이는 적이 당신 둘에게 그런 것이 아니다. 그곳에는 웨이터와 블록 날염을 한 식탁보, 그날의 메뉴가 적힌 칠판, 각설탕으로 가득 찬 얼음 통, 빗장을 걸어 잠그는 화장실로 통하는 눈에 띄지 않는 복도가 있을 뿐이다. 정치사상가 한나 아렌트Hannah Arendt는 악이 지극히 평범하다고 했다. 그러나 어쨌든 일은 벌어졌고 그것도 꼭 당신들 손으로 그런 것 같다. 당신은 코트를 달라고 해 밖으로 나와 헤어진다. 무엇이든 삶에 새로운 것을 가져다줄 것에 대해서는 아무것도 이야기하지 않은 채.

지난 20년 동안 아름다움의 신화가 반격을 가하면서 여자아이들과 젊은 여성들이 심각할 정도로 힘이 약해졌다. 게다가 다른 요인들까지 이들을 압박해 지금은 섭식장애가 있는 여성이 얼마나 많은가가 아니라 그게 없는 여성도 있다는 사실이 놀라울 정도다.

여자아이들과 젊은 여성들이 굶주리는 것은 여성운동이 교육기관과 직장에서 여성도 받아들일 정도로는 바꾸었으나 아직 권력의 남성성 자체가 바뀔 정도로 바꾸지는 않았기 때문이다. "남녀 공학"인 학교나 대학에 다니는 여성이 지금도 서로 고립되어 있고, 덜된 남성으로 받아들여지고 있다. 여성학이 여전히 교과과정에서 주변적 위치에 있고 교수 가운데 여성이 5퍼센트도 안 되며, 젊은 여성들에게 가르치는 세계관도 남성적이다. 이렇게 그들에게 가해지는 압력은 남성적 분위기에 순응하도록 한다. 어머니와도 떨어져 캠퍼스에 있는 젊은 여성들에게 그들보다 나이 많은 역할모델 가운데 남성 아닌 사람이 거의 없다. 그런데 어떻게 그들이 자기 몸을 사랑하는 법을 배울 수 있겠는가? 그들에게 흠모하고 모방할 여성의 이미지로 주로 제공되는 것이 감명을 주는 여성, 그들보다 나이 많은 현명한 여성의 이미지가 아니라 그들과 나이가 같거나 적은 여자아이들, 정신으로 존경받는 여성이 아닌 여성의 이미지다. 물리적으로도 이런 대학들은 남성이나 여성성이 거세된 여성에게 맞게 되어 있다. 이런 대학들은 남성의 초상을 그린 유화들이 걸려 있고 남성 이름이 죽 새겨져 있으며, 여성을 받아들인 지 20년이 지나도록 여성 탈의실이 없었던 예일 클럽처럼 남성에 맞게 설계되어 있다. 그런 대학들은 강간을 피하고 싶은 여성을 위해 불을 밝히지도 않는다. 예일대학에서는 가장 위험한 길목을 보여주는 캠퍼스 경찰 지도를 부모들이 놀랄까 봐 학생 전체에 공개하지 않았다는 말도 있다. 그런 대학들은 여성의 몸에만 일어나고 남성의 몸에는 일어나지 않는 일에는 조금밖에 관심을 기울이지 않는다. 여학생들은 이런 교육기관들이 여성의 몸의 문제가 그냥 사라졌으면, 아니 그 몸 자체가 사라졌으면 하고 바란다는 느낌을 받는다.

이렇게 고립과 인정받지 못하는 것도 문제지만, 패기 있는 젊은 여성들에게 거는 기대가 유례없이 높아진 것도 문제다. 나이 든 여성들은 어떤 점에서 양성의 역할 중 가장 좋은 것을 탐구했고, 남성 직장에 들어가려고 싸웠다. 여성의 가치를 긍정하고 남성의 일을 익히도록 배웠다. 그래서 그들은 두 배로 강하다. 그러나 젊은 여성들은 두 배로 약해졌다. 남성을 모델로 한 엄격한 교육기관에서 남성처럼 경쟁하도록 길러졌는데, 아주 세세한 데까지 흠 잡을 데 없을 정도로 여성성도 유지해야 한다. 이 세대의 여성은 성별 역할이 두 배로 강해지도록 조화를 이루지 못했다. 오늘날에는 젊은 여성에게 행동은 "진짜 남자"처럼 하기 바라고 모습은 "진짜 여자"처럼 보이기 바란다. 아버지들이 한때는 아들에게만 했던 기대를 딸들에게도 했지만, 어머니에게 물려받은 아름다워야 한다는 부담은 그만큼 가벼워지지 않았다.

무언가를 성취했을 때 그것을 기념하는 일도 이러한 갈등을 유발한다. 젊은이들이 새로운 수준의 권력이나 전문지식 또는 기술을 얻었을 때 이를 기념하는 행위는 자부심이라는 여성답지 않은 감정을 불러일으킨다. 그러나 이런 제도를 통해 통과의례를 할 때마다 젊은 여성에게 "아름다움"의 형태로 대가를 지불하도록 요구한다. 졸업장을 따거나 승진을 함으로써 너무 진지한 일을 하려는 게 아니라는 증거로 권력자인 남성을 달래고 그들에게 아첨하도록 요구한다. 한편에서는 여기서 또다시 아름다움의 신화를 강조함으로써 여성의 성취를 무력화하려고 하고, 다른 한편에서는 여성도 그런 순간 아름다움의 신화에 경의를 표함으로써 그것의 보호를 받으려고 한다. 다음 단계로 가더라도 처벌받지 않게 해줄 부적으로 말이다.

1950년대에는 "가정적인 것"이 그런 성취의 순간을 약화시켰다. 리스테린(구강 청결제—옮긴이) 광고에서 말한 대로 "졸업장도 밥스와 베스가 끼고 있는 저 반짝이는 소중한 반지에 비하면 아무것도 아니었다." 오늘날에는 "아름다움"이 같은 일을 한다. "졸업 때까지 15일 동안만이라도 베키가 나를 자랑스러워했으면 좋겠다. (…) 알바는 여러분의 다이어트를 달콤한 성공으로 이끈다." 조니 워커 광고에서는 하이패션 모델 둘을 데려다가 "그는 내가 자기보다 더 벌어도 된다고 생각해"라고 혼잣말을 하게 한다. 〈뉴욕타임스〉에서는 박사학위를 마치자 남자 친구가 유방 확대수술을 해주었다는 여성의 말을 들려준다. 미국의 현재 흐름은 딸이 졸업하면 유방 확대수술을 해주고 아들이 졸업하면 전통적인 유럽 여행을 시켜주는 것이다. 캠퍼스에서 가장 빛나는 여학생도 대개는 완전히 굶주린 상태에 가장 가깝다. 여성은 유방 확대수술이나 지방 흡입술, 코 성형수술을 권력을 얻은 것[박사학위나 유산 상속, 바트미츠바(유대교에서 12~14세 된 소녀들이 하는 성인식—옮긴이)]에 대한 보상으로만 하는 것이 아니다. 그런 권력을 얻은 데 대한 해독제로도 하고, 그러도록 요청받는다.

이러한 희생 충동은 종교적인 것, 여정의 다음 단계로 나서기 전에 신을 달래려는 것이다. 신이 목이 말라 갈증을 풀어달라고 하니 말이다. 예일대학에서는 행정관이 로즈 장학생 선발 면접을 보는 학생들을 준비시키면서 "남학생들은 됐고 여학생들은 옷과 자세, 화장에 관해 조언할 것이 있으니 잠시 있어요" 하고 말했다. 인터뷰 오찬에서는 남학생들에게는 "어떻게 세상으로부터 세상을 구할 계획인가?"라고 묻고, 여학생들에게는 "여러분의 사랑스러운 몸매를 어떻게 유지할 건가?"라고 물었다.

성취를 기념하는 의식들은 권력자들이 아름다움을 통해 여성을 처벌할 필요가 있음을 잘 보여준다. 그런 의식에서는 으레 여성의 성취에 놀라 불안한 마음을 억눌러야 하는 긴장감이 드러나기 때문이다. 그들은 장례식에서 죽음에 관한 농담을 하듯이 아름다움의 신화를 바탕으로 여성에게 모욕적인 말을 불쑥불쑥 내뱉는 경향이 있다. 이런 성취를 기념하는 의식에 대한 기억은 잉크가 마르면서 영원한 색깔을 드러내는 폴라로이드 사진처럼 오래 지속되기 마련이다. 힘들게 달려 온 것을 기념하는 기념품처럼. 그러나 여자아이와 젊은 여성에게는 신화가 잉크를 늘 액체 상태로 유지하도록 한다. 말 한마디에 모든 색깔이 흐릿해져 잿빛이 되도록 말이다.

내 대학 졸업식 때 졸업식 연사였던 딕 카벳(그는 대학이 남성으로만 이루어진 비밀결사 같은 것이었을 때 대학 총장의 "형제"였다)은 예일 졸업생 가운데 여성 2,000명이 사각모에 대학 가운을 입은 모습을 보고 이런 이야기를 해주었다. 자기가 예일에 다닐 때는 여성이 없었다. 여성은 바사르대학에 갔다. 그들은 거기서 체육시간에 누드사진을 찍어 자세를 점검했다. 그 사진 중 일부가 뉴헤이븐에 있는 포르노 암시장으로 흘러들어 갔다. 결정적인 말은 그 사진을 아무도 사지 않았다는 것이다.

이런 중상모략이 의도된 것이든 아니든 결국은 효과가 있었다. 우리가 엘리스였을지도 모르지만 그래도 그가 살 만한 포르노를 만들어내지는 않았으니까. 오늘날에도 3,000명에 이르는 1984년도 남자 동기생들은 자신이 그 대학 졸업생임을 분명히 알고 졸업식을 원래 의도된 대로 자랑스럽게 기억할 것이다. 그러나 2,000명의 여자 동기생들 가운데 많은 사람은 일종의 무력감을 느낀 날로 떠올릴 것이다. 배제된 느낌과 수치심과 침묵으로 동조한 데 따른 무력감이. 우리는 시끄럽게 할 수 없었다. 그날이 우리 부모들에게는 아주 기쁜 날이고, 그날을 위해 멀리서 오셨기 때문이다. 부모들도 마찬가지였다. 그들 역시 우리를 배려하지 않을 수 없었으니까.

비를 뚫고 햇살이 내리쬐어 무덥고 마이크가 치직거리고 온통 진흙탕인데도 우리는 뜨거운 폴리에스터 가운을 입고 묵묵히 앉아 있었다.

연사가 잠시 우리를 우리가 소중한 존재라고 믿게 한 대학 안뜰에서 우리의 벌거벗은 사진을 살 사람을 찾지 못할 곳으로 데려갔는데도, 우리는 방금 가치 없다는 말을 들은 우리의 몸에 달갑지 않은 혼란을 느끼며 정신에 명예를 안겨줄 졸업장을 기다리고 있었다. 우리가 갈채받는 정신과 조롱받는 몸을 분리하지 않았다면 나머지 연설을 듣는 동안 묵묵히 앉아 있을 수 없었겠지만, 우리는 그랬다. 우리는 명예를 원했고 그럴 자격이 있었다. 그러나 명예와 조롱이 같은 연단에서 동시에 왔고, 우리는 몹시 혼란스러웠다.

우리는 우리에게 요구된 대가를 치렀다. 그 같은 일을 겪으면 도무지 믿기지 않던 젊은 여성의 섭식장애 통계치가 명확히 이해가 간다. 이 얼마나 욕지기나는 분리인가. 4년 동안 열심히 노력하고 분투한 것에 자부심을 느끼려는 순간, 그 자부심을 낚아채 우리를 다시 혼란에 빠뜨렸다. 마치 다른 사람의 담즙이 올라온 것처럼 입맛이 무척 썼다.

아름다움의 포르노의 압력은 성취의 압력과 결합해 젊은 여성을 그들이 가장 취약한 곳으로 내몬다. 자신의 성을 스스로 느끼는 자신의 가치와 연결해 탐구하도록 한다. 아름다움의 포르노는 젊은 여성이 자신을 성적이면서 가치 있는 존재로 여기려면 섭식장애가 불가피한 것처럼, 아니 바람직하기까지 한 것처럼 보이게 한다. 1984년 로빈 라코프Robin Lakoff와 라켈 셰르Raquel Scherr는 《페이스 밸류Face Value》에서 "여대생들 사이에서는 건강과 에너지, 자신감 같은 아름다움의 '현대적' 정의가 지배적임"을 발견했다. "나쁜 소식"은 그들 모두 "그보다 더 중요한 관심사가 딱 하나 있었는데 그것은 그들의 몸매와 몸무게였다는 것이다. 그들은 모두 5~25파운드를 빼고 싶어 했다. 대부분이 몸무게가 아주 많이 나가지 않는데도 그랬다. 그들은 자신의 신체적 결함에 대해 하나하나 파고들었고 거울을 볼 때마다 느끼는 역겨움에 대해 이야기했다."[59] 그들이 느끼는 "가장 큰 역겨움"은 자신의 성적 가치를 배우기 전에 아름다움의 포르노의 엄격한 규정을 배우는 데서 오며, 그런 분위기에서는 섭식장애가 전혀 터무니없는 것이 아니다.

거식증과 포르노 세대

다양한 연령의 여성이 함께 이야기할 기회가 드물면 나이 든 여성과 거식증 및 포르노 세대 여성 사이에 틈이 생겨 심각한 오역이 일어난다. 베티 프리단은 자신의 대학 청중에 관해 말하며 "나는 그들의 관심을 끌기 위해 이렇게 말한다"라고 한다.[60]

> "여러분 중 거들을 입어본 사람이 얼마나 될까요?" 그들이 웃는다. 그러면 내가 말한다. (…) "과거 미국 여성이라면 당연히 (…) 딱딱한 플라스틱 주물로 자기 몸을 둘러싸야 했어요. 그러면 숨쉬기도 움직이기도 어려운데, 그것을 신경 써서는 안 됐어요. 왜 거들을 입느냐고 묻지 않았고, 밤에 그것을 벗으면 배에 붉게 부은 자국이 있는 것도 신경 쓰지 않도록 되어 있었어요." 그러고는 내가 말한다. "여러분은 팬티스타킹이나 조그만 비키니 말고는 청바지 속에 아무것도 입어본 적이 없으니 당연히 그게 어떤 느낌인지 모르겠지요?" 이 말은 잘 먹힌다. 그러면 내가 우리가 얼마나 왔는지, 지금 어디에 있는지, 왜 우리가 "나는 페미니스트다"라고 말하기 시작해야 하는지 설명한다.

그러나 베티 프리단의 청중 속에 있는 많은 젊은 여성에게는 거들이 그들 자신의 살로 만들어졌다. 그들은 밤에 그것을 벗을 수도 없다. "작은 비키니"는 이 세대에게 몸에 무관심할 수 있는 자유를 가져다주지 않았다. 오히려 젊은 여성에게 무엇을 생각할 수 있고 어떻게 움직일 수 있고 무엇을 먹을 수 있는지를 새롭게 제한하는 멋진 사이비 성 시나리오를 강요하는 구실이 되었다. 아름다움의 반격이 잠재적으로는 그 어느 때보다도 자유로운 젊은 여성들의 정신에 더는 코르셋과 거들과 게이트가 대학에서 할 수 없는 일을 하고 있다. 1960년 이후 딸들은 불가능할 정도로 "아름다운" 여성이 "성적인" 자세를 취하고 있는 이미지를 하루에 그들의 어머니가 청소년기 내내 본 것보다 많이 본다. 그들에게 자신의 위치를 알게 하려면 더 많이 보여줄 필요가 있기 때문이다. 이미지의 포화로 이 세대가 폭발할 가능성은 안전하게 차단되었다.

1960년 이후에 태어난 젊은 여성은 아름다움의 포르노 말고는 성을 표현한 것을 거의 보지 못해 충분히 병들었다. 그러나 1970년대에 아이였던 세대만큼 병들지는 않았다. 그들보다 더 어린 여자아이들은 거의 죽을 정도로 병들었다. 그렇다면 1980년대의 딸들은 어떨까?

"청소년기도 되기 전에 다이어트를 하는 일이 최근에 '기하급수적으로' 늘었다. (…) 우리가 알기로는 4학년과 5학년에서도 다이어트가 횡행한다"[61]라고 전국 거식증 및 관련 질병 협회 회장인 비비안 미한 Vivian Meehan은 말한다. 샌프란시스코에서 여중생 494명을 조사한 결과 절반 이상이 자신을 과체중이라고 했지만 의학적 기준으로 과체중인 사람은 15퍼센트밖에 안 되었다. 아홉 살짜리들도 31퍼센트가 자신이 너무 뚱뚱하다고 생각했고, 열 살짜리들도 81퍼센트가 다이어트를 했다. 1989년 〈뉴욕타임스〉 기사 "화장 나라의 아기들"[62]에서는 아주 어린 여자아이들에게 펼치는 화장품 마케팅 공세를 관해 이야기하는데, 여기서는 여섯 살짜리들이 "완벽하게 색조 화장을 한다." 릴미스 메이크업이라는 인형 하나는 "대여섯 살짜리 여자아이처럼 생겼는데" 차가운 물을 바르면 "눈썹과 색칠한 눈꺼풀, 손톱, 연하게 칠한 입술, 하트 모양의 애교점이 움직인다."

로널드 레이건이 처음 당선되었을 때쯤 태어난 이 여자아이들은 여성운동에 대한 아름다움의 반격으로 세 번째 세대에 일어난 돌연변이를 보여준다. 이들은 선천적 기형으로 태어났다. 이들에게는 어린 시절이 없다. 이 세대는 1960년대와 1970년대의 딸들보다 몸에 대한 더 많은 문제에 시달릴 것이다. 경쟁하도록 태어나 아주 어릴 적 기억부터 여성 하면 박탈과 궁핍이 떠오를 것이다. 요즘 여자아이들에게는 배고픈 것이 성인의 성에 들어가는 에로틱한 것으로 여겨지고 있다. 요즘 일곱 살짜리들에게는 저울에 올라가 경악해서 소리 지르는 것이 우리 세대가 하이힐을 신고 거울 앞에서 도발적인 자세를 취하고 우리 어머니 세대가 인형에 하얀 새틴 옷을 입힌 것만큼이나 여성이라면, 성적 만족을 얻으려면 당연히 치러야 하는 의식이 되었다. 만일 이들이 일곱 살에 다이어트를 시작하고 10대 중반까지 섹스를 하지 않는다면, 그때는 이미 너무 늦을 것이다. 그들은 삶의 반을 성적 만족을 위해 준비하면서 마조히즘을 배우며 보낸다. 에덴동산에서처럼 분리되지 않은 상태로 쾌락을 추구하고 만족을 얻는 아이의 몸으로 에로틱한 삶의 기억을 쌓을 기회가 거의 없었을 것이다. 성을 배운다면서 마조히즘을 배우고 있을 것이고, 불안정한 긴 청소년기에 들어가면 더욱 마조히즘이라는 아름다움의 메시지에 포위되어 고통 없는 온전한 성의 보호를 받지 못할 것이다.

길에서 벗어나

샤프롱(젊은 여성이 사교장에서 나갈 때 보호자로 함께 가는 나이 든 여성—옮긴이)의 보호는 옛일이 되었는데 전도되지 않은 온전한 성의 보호는 아직 확보되지 않아 젊은 여성들이 취약한 상태에 있다. 그들은 보호자 없이 과거 어느 때보다 자유롭게 세상을 돌아다니지만, 역설적이게도 그것은 섭식장애의 새로운 용도를 하나 낳았다.

예전의 밀실공포증에 더해 그 어느 때보다도 짜증나는 새로운 게 생긴 것이다. 지금 여자아이들은 자신이 무엇을 놓치게 될지 그들의 어머니가 그들의 나이에 알았던 것보다 훨씬 잘 안다. 맛본 적이 있기 때문이다. 크리스티나 로제티Christina Rossetti의 시 〈고블린 마켓Goblin Market〉에서는 자매가 한 명은 금단의 열매를 맛보지 않아 온전했지만 다른 한 명은 달콤함을 맛보았다가 중독된다. 그녀는 더 많이 필요하고 더 배불리 먹을 필요가 있었고, 그러지 못하면 야위었다.

성적으로 위험하다는 협박은 여자아이들이 자기 몸을 풍경으로 만들어 지금 자신을 둘러싼 바깥세상을 그것에 투영하게 한다. 이러한 청소년기의 가택 연금은 탐구와 탐험의 꿈이 헛된 것임을 깨닫게 한다. 마라케시Marrakesh(모로코의 중부 도시—옮긴이)와 말라바르Malabar(인도 남서안—옮긴이), 향료제도Spice Island(탄자니아 북쪽 연안—옮긴이)를 발견하고 싶었던 꿈은 무너지고 그들은 윗입술 중앙에 하이라이터(눈 주위나 볼의 명암을 강조하는 화장품—옮긴이)를 찍는 법을 배우게 된다. 그들의 모험은 자신을 안전하게 보일 수 있는 곳에서만 이루어져야 한다. 진짜 좋은 모험은 그들을 처참한 결과를 낳을 수 있는 상황에 노출시킬 것이기 때문이다. 또래 남자아이들이 길을 나설 때, 젊은 여성과 황금족쇄인 그들의 "아름다움"은 길에서 벗어나야 한다.

청소년이 되면 그들은 그것이 장난이 아니었음을 깨닫고 더욱 공포에 휩싸인다. 그들이 홀로 걷는 것은 영원히 걱정스러운 행위가 된다. 거식증과 폭식증, 운동 집착은 그들이 꿈꾸고 이제 막 물려받은 넓은 세상이 슬프게도 성폭력의 위협으로 자기들에게는 닫혀 있음을 깨달았을 때 오는 밀실공포증의 좌절감을 해소해주고, 그것을 느끼지 않게 해준다.

그들이 먹을 수 있다면 에너지가 있겠지만, 청소년기는 남자아이들만 열기를 안전하게 배출하도록 되어 있다. 운동경기와 성의 정복에서 달밤에 숲을 거니는 것까지 남자아이들은 세상에서 날기를 기다릴 때의 저 불안과 동요를 배출할 통로가 있다. 그러나 여자아이들은 돌아다니고 싶은 열망과 리비도와 호기심이 충만하면 곤란해진다. 신바람이 나서 지적 탐험에 나서게 할 당분과 다리가 길어져 가만있지 못하게 할 탄수화물, 성적 호기심에 불을 지르는 지방, 생계 걱정이 없을 때 생기는 무모함이 풍부하면 곤란해진다.

만일 그들이 몸에 대한 걱정 없이 자라면서 해야 할 모든 것을 할 수 있을 정도로 충분히 먹으면 어떻게 될까? 스타킹을 찢고 신분증을 위조해 펑크 록 밴드 콘서트에 가서 슬램 댄스를 추고 새벽에 혼자서 신발을 들고 맨발로 집에 걸어올지도 모르고, 한 달에 하룻밤은 매 맞는 여성의 쉼터에서 아이들을 돌볼지도 모르고, 급커브길이 일곱 개나 있는 롬바드가에서 스케이트보드를 탈지도 모르고, 가장 친한 친구와 사랑에 빠져 무언가를 할지도 모르고, 머리가 엉망인 채로 넋을 잃고 몇 시간이나 시험관을 응시할지도 모르고, 여자아이들과 낭떠러지에 올라가 꼭대기에서 술을 마시고 취할지도 모르고, 국기에 대한 맹세가 일어서라고 할 때 앉을지도 모르고, 화물 열차에 휙 올라탈지도 모르고, 애인이 생겨도 성을 말해주지 않을지도 모르고, 가출해 바다에 갈지도 모른다. 이 모든 것을 당연하게 여길 수 있는 사람들에게는 시시해 보일지 몰라도 그들은 이 모든 자유를 만끽할 것이며, 아주 당연해 보이는 꿈을 진지하게 꿀 수도 있을 것이다. 그들이 무엇을 할지 누가 알겠는가? 그것이 어떤 느낌일지 누가 알겠는가?

그러나 **조심하지 않으면** 결국 강간당하거나 임신하거나 통제가 불가능해지거나 그냥 지금 뚱뚱하다는 느낌에서 벗어나지 못한다. 10대 소녀들은 이것을 잘 안다. 사람들이 하나같이 조심하라고 하니까. 그들은 결국 자기 몸을 풍경으로 만들어 얌전하게 길들이는 것이 어떤 종류의 야생보다 낫다는 걸 알게 된다.

그들에게 다이어트는 조심하는 것이고, 기아 수용소에 들어가는 것은 극도로 조심하는 것이다.

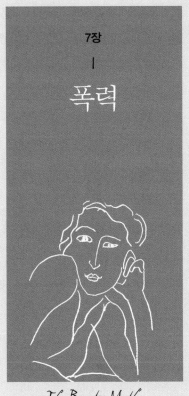

7장

폭력

The Beauty Myth

아름다우려면 고통스러울 수밖에 없다. 프랑스 속담

여성은 아름다워지기 위해 노력해야 한다. 윌리엄 예이츠

여자에게는 이렇게 말씀하셨다. "내가 너에게 임신하는 고통을 크게 더할 것이니, 너는 고통을 겪으며 자식을 낳을 것이다. 네가 남편을 지배하려고 해도 남편이 너를 다스릴 것이다." 〈창세기〉 3장 16절

굶주림은 여성의 몸이 여성을 해치고, 여성이 여성의 몸을 해치게 한다. 폭력을 휘두르는 사람을 연구한 결과를 보면, 폭력은 한번 시작되면 갈수록 심해진다.[1] 미용성형외과는 가장 빠르게 증가하는 "의학" 분야다. 1988년까지 미국인 200만 명 이상이 미용성형수술을 받았고, 그중 적어도 87퍼센트가 여성이다. 이는 2년마다 세 배씩 증가했다. 1980년대에는 여성이 권력을 얻으면서 그들 가운데 유례없이 많은 수가 미용성형수술을 받으려고 칼에 자신을 맡겼다.[2] 그런데 왜 수술을 할까? 왜 지금?

여성의 역사가 시작되었을 때부터 1960년대 직전까지 여성이라는

성은 여성에게 고통을 안겨주었다. 출산은 산욕열과 분만 합병증 탓에 1860년 클로로포름이 발명되기 전까지 지독히 고통스러웠고, 1880년대에 소독약이 나오기 전까지 치명적일 정도로 위험했다. 섹스는 불법 낙태의 위험이 있었고, 그럴 경우 출혈과 자궁 천공, 패혈증 등을 우려해야 했다. "노동"도 여성에게는 출산을 뜻해 일과 섹스, 사랑, 고통, 죽음이 오랜 세월 한데 얽혀 여성의 의식 한복판에 살아 있는 응어리가 되었다. 사랑은 고통을 주고, 섹스는 죽일 수도 있고, 출산은 사랑의 노동이었다. 남성에게는 마조히즘이었을 것이 여성에게는 생존을 뜻했다.

섹스는 1965년에 그리스올드 대 코네티컷주 재판에서 미국 연방대법원이 피임약 판매를 합법화해 경구 피임약이 널리 처방되면서 고통이 줄기 시작했다. 1960년대 말부터 1980년대 말까지 서양 대부분의 나라에서 안전한 낙태가 합법이 되면서 그것은 더욱 줄었다. 여성이 임금노동 시장에 들어가 섹스를 생존과 맞바꾸던 의존 상태에서 벗어나면서 그것은 한층 더 줄었다. 사회적 관습이 바뀌고 여성운동이 여성의 성을 옹호하면서 마침내 섹스가 여성에게 주는 즐거움이 섹스가 가져오는 고통을 누를 수도 있겠다는 상상이 가능해졌다. 여성에게 하나로 연결되던 섹스와 고통이 마침내 분리되기 시작한 것이다.

그런데 여성의 고통이 없는 뜻밖의 상황이 도래하자 신화가 그 자리에 아름다움을 놓았다. 우리가 기억하는 한 아주 먼 옛날부터 여성이라는 성에는 늘 고통을 주는 무언가가 있었다. 한 세대 전부터 점점 그것이 사실이 아니게 되었지만, 여성과 남성적 사회질서 모두 여성이 고통으로 정의되지 않는 현재에 갑자기 적응할 수 없었다. 그래서 오늘날에는 아름다움이 고통을 준다.

많은 여성이 아름다움이 가하는 이런 새로운 형태의 고통을 금욕적으로 받아들인 것은 섹스가 가져오는 고통에서 벗어나자 여성의 정체성에 공백이 생겼기 때문이다. 여성이 당연히 초인적 유연성을 발휘해 애써 노력하지 않아도 쉽게 자유에 적응할 거라고 생각했고 여성 자신도 그렇게 생각했지만, 자유는 하루아침에 쉽게 배울 수 있는 것이 아니다. 한 세대는 5000년 동안 고통을 참고 견디도록 배운 것을 잊을 만큼 긴 세월이 아니다. 인류 역사에서 기록이 시작되었을 때부터 여성의 성적 자의식이 고통을 중심으로 형성되었는데, 고통 없는 여성은 어떤 존재란 말인가? 고통이 아름다움이고 아름다움이 사랑이라면, 고통당하지 않아도 사랑받을 거라고 확신할 수 없다. 그렇게 조건반사적으로 반응하도록 길들여졌다면, 고통이 없어도 바람직한 여성의 몸을 상상하기 어렵다.

여성이라는 성이 가져오는 생물학적 고통은 차치하더라도, 현대 여성은 남성 지배 사회에서 쾌락을 얻으면 처벌받은 오랜 경험에서 이제 막 벗어나기 시작했을 뿐이다. 고대 그리스 입법자 솔론은 결혼하지 않은 여성이 성행위를 하면 노예로 팔 수 있다고 판결했고, 콘스탄티누스 대제는 처녀가 자진해서 간통하면 화형에 처한다는 칙령을 내렸고(강간당하면 그보다 가벼운 처벌을 받았다), 자유인 여성이 노예와 성관계를 하면 죽음을 대가로 치러야 했다.[3] 로물루스의 법은 남편에게 간통한 아내를 죽일 수 있는 권리를 주었다. 현대에도 사우디아라비아에서는 간통하면 돌로 쳐 죽인다. 낙태약 RU428에 대한 저항은 그것이 비교적 고통이 없는 탓도 있다. 낙태 반대 운동가들이 대개 강간과 근친상간의 경우는 예외로 치는 것도 여성이 고통으로 대가를 치러야 하는 것은 섹스에 대한 욕망임을 말해준다. 어머니에서 어머니로 끝없이 이어지는 기억에 따라 의식적으로든 아니든 그것에 동의하는 쪽으로 기우는 여성도 많다.

미용성형외과는 여성이 만든 여성의 몸을 남성이 만든 여성의 몸으로 가공한다. 미용성형외과 환자 대다수가 여성이다. 그것은 여성의 성이 더는 고통을 주지 않자 단속을 받지 않게 된 여성의 정신을 넘겨받아 (우리가 고통 없는 여성이라는 낯선 상태를 섣불리 시도해보려고 하지 않자) 잠깐 기다리라는 권위의 목소리에 우리가 기꺼이 귀를 기울이는 것을 이용했다.

걸어 다니는 부상자

미용성형수술 산업은 건강한 것과 병든 것의 정의를 조작해 날로 번창하고 있다. 지금 미용성형외과 의사들이 하는 것에는 분명한 역사적 선례가 있다. 수전 손택Susan Sontag이 《은유로서의 질병Illness as Metaphor》에서 말했듯이 "건강하다"와 "병들었다"는 대개 사회가 자신의 목적을 위해 내리는 주관적 판단이다.[4] 사회는 오래전부터 여성을 통제할 목적으로 여성을 병든 존재로 정의했다. 지금 성형수술 시대가 여성에게 가하는 것은 19세기에 의학이 건강한 여성을 병들게 하고 능동적 여성을 수동적으로 만들려고 했던 것의 공공연한 재연이다. 미용성형수술 산업은 정상인 건강한 여성의 심리와 욕망, 충동을 병적인 것으로 정의하는 고대의 의학적 태도를 넘겨받았다. 그러한 태도는 고대 그리스에서 시작되었으나 빅토리아 시대에 여성이 병약한 것을 숭배하면서 절정에 이르렀다. 데어드레이 잉글리시Dierdre English와 바버라 에런라이크는《질병과 질환: 병의 성 정치학Complaints and Disorders: The sexual politics of sickness》에서 "서양 사상의 전통에서 남성은 완전하고 강하고 건강한 것을 나타낸다. 여성은 약하고 불완전한 '잘못된 남성'이다"[5]라고 했다. 역사가 쥘 미슐레Jules Michelet는 여성을 가리켜 "걸어 다니는 부상자"라고 한다.[6]

의사와 여성의 관계는 의학의 역사에서 대부분 그리 단순하지 않다. 아픈 사람을 치료하고 보살피는 일이 계몽주의 시대까지 주로 여성의 일이었고, 여성의 치료가 효과가 있던 것도 14세기부터 18세기까지 유럽을 휩쓴 마녀사냥의 기폭제가 되었다. 그러나 과학이 부상하면서 여성 치료사가 출산에서 배제되고, 19세기에 의술이 전문화하면서 여성이 전통적으로 해온 치료사 역할을 하지 못하게 되었다.

성형수술 시대는 여성의 "정신병" 제도화에서, 다시 19세기 히스테리의 제도화에서 여성을 억압하는 의학 체계를 물려받아, 각 단계마다 일관되게 여성적인 것은 병적이라고 결정짓는 새로운 방법을 찾았다. 잉글리시와 에런라이크가 말하듯 "의학이 성차별적 이데올로기에 가장 크게 기여한 것은 여성을 병자로, 남성을 병나게 할 가능성이 있는 존재로 그린 것이다." 여성을 질병과 동일시하는 이런 "불가결한 거짓말"은 의학의 역사에서 의사에게 이익을 주었다. 중산층 여성을 발견할 수 있는 곳에서는 어디서나 "아파서" 돈이 되는 환자를 보장해주었으니 말이다. 여성을 억압하는 낡은 의학 체계는 여성이 상당수 의과대학에 들어가면서 일시적으로 약해졌으나, 성형수술 시대에 다시 힘을 얻었다.

두 체계의 유사성은 주목할 만하다. 그것은 모두 중산층 여성이 교육을 받고 여가가 생기고 물질적 족쇄에서 벗어나면서 자칫하면 위험할 정도로 해방되자 공적생활 참여를 막기 위한 심신 약화, 신뢰 감소를 유발할 이데올로기가 필요해지면서 나왔다. 1848년부터 20세기 초반에 서양 여성이 참정권을 얻을 때까지 유례없이 강력한 페미니즘 운동이 일어나 "여성 문제"가 계속 사회적 위기를 낳자, 그에 대한 반격으로 "분리된 영역"[7]인 완전한 가정이라는 새로운 이상이 나타났다. 그러한 이상도 역시 여성의 진출에 대한 반격으로 나타난 아름다움의 신화와 마찬가지로 사회에 유익한 대가를 치르게 했다. 여성의 병약함을 숭배하는 열풍이었다. 이는 "시야를 제한해 의사들이 생식기관으로서의 여성에 초점을 맞추어 그것에 강박적일 정도로 관심을 기울이면서" 나타났고, 그러한 "인식의 왜곡은 무엇보다도 생식기를 강조함으로써 남성이 여성을 자기들과는 다른 별개의 존재로 보게 했다." 쇼월터도 흥미로운 사실에 주목한다.

> 1870년부터 1910년까지 몇십 년 동안 중산층 여성들이 고등교육을 받고 전문직에 들어가고 정치적 권리를 얻기 위해 조직화하기 시작했다. 그러자 동시에 거식증과 히스테리, 신경쇠약 같은 여성 신경 질환이 유행했고, 다윈의 진화론을 믿는 "신경병 전문가들"이 나서서 정신병원 안은 물론 밖에서도 어떻게 하는 것이 적절한 여성의 행동인지 지시하고 (…) 여성이 자기 삶의 조건을 바꾸려고 노력하는 것에 반대했다.[8]

현대 여성이 "아름다움"과 동일시되듯 빅토리아 시대 여성은 난소와 동일시되었다. 그들의 생식능력이 지닌 가치가 오늘날 여성의 얼굴과 몸이 지닌 "미적" 가치처럼 신성한 신탁 재산이 되었다. 여성이 인류를 위해 늘 소중히 지켜야 할 것이 되었다.

빅토리아 시대 의사들이 난소 결정론으로 여성을 대하는 문화를 지탱하게 했다면, 현대 미용성형외과 의사들은 아름다움이 모든 것을 결정하는 체계를 만들어 사회에 똑같은 일을 한다. 쇼월터는 "지난 세기에는 여성이 수술 치료나 물 치료, 휴식 치료를 하는 곳의 주요 환자였다. 그들은 히스테리와 신경쇠약 같은 '여성 질환'을 치료하는 새로운 전문가뿐만 아니라 '최면술 치료' 같은 주변적 치료를 하는 전문가에게도 몰려갔다"[9]라고 말한다. 오늘날 여성의 진출에 대한 반격으로 여성이 "아름다움을 치료하는 곳"의 주요 환자가 되었듯이. 이러한 태도는 두 이데올로기에서 모두 의사들이 사회가 여성에게 요구하는 것을 강요하는 선봉장 역할을 하도록 해준다.

건강

빅토리아 시대 의학 체계와 현대 의학 체계는 모두 건강한 여성의 여러 측면을 그로테스크하고 비정상적인 것으로 재분류한다.[10] 빅토리아 시대 의학은 "임신과 폐경을 병으로, 월경을 주기적 장애로, 출산을 수술해야 하는 것으로 취급했다." 월경을 하는 여성을 하제와 약물 주입, 좌욕, 거머리로 치료했다. 오늘날 여성의 지방을 강박적으로 조절하려고 하듯이, 여성의 월경을 강박적으로 조절하려고 했다. "월경이 제대로 기능을 하도록 하는 것이 여성의 정신 건강에 반드시 필요하다고 보았다. 청소년기에만 그런 게 아니라 여성의 인생 전체에서 그렇다고 보았다. 초경은 치명적으로 위험한 상태에 들어가는 첫 단계였다." 오늘날 사춘기에 몸무게가 느는 것을 그렇게 생각하듯이 말이다. 생식 기능을 유지하는 것이 "아름다움"을 유지하는 것과 마찬가지로 여성의 기능 가운데 가장 중요한 것으로 보았고, 여성이 도덕적으로 해이해지거나 정신적으로 혼란스러우면 그것이 위협받을 수 있다고 보았다. 오늘날 의사처럼 빅토리아 시대 의사들도 여성이 "거의 대응하기 힘든 신체적 곤란 앞에서도 안정을" 유지하도록 돕고, "여성이 신체적 스트레스와 본성인 나약함을 이겨내는 데 도움이 될 자제력과 근면함 같은 특성을" 기르도록 했다.

빅토리아 시대에 여성 전문 의사가 출현하면서 여성을 도덕적으로 병든 존재로 본 종교적 근거가 생물의학적 근거로 바뀌었다. 그런데 이제 그것이 "미학적" 근거가 되었으니 여성은 한 바퀴를 돌아 제자리로 돌아온 셈이다. 현대의 근거는 빅토리아 시대의 "불가결한 거짓말"보다 훨씬 주관적이다. 빅토리아 시대 의학 용어는 "객관적인" 척이라도 했지만, 누가 병들고 누가 건강한가 하는 오늘날의 미학적 판단은 인간의 영혼에 흠이 있다는 믿음만큼이나 증명하기 어렵고 조작하기 쉽다. 그리고 현대의 재분류는 돈도 더 많이 벌어준다. 과거에 자신이 여성이라서 병들었다고 생각하는 여성은 성을 바꾸지 않는 한 치료할 길이 없으니 그것을 돈으로 살 수 없었다. 하지만 지금은 못생겨서 병들었다고 생각하는 여성에게 그것을 돈으로 치료할 수 있다고 설득한다.

19세기에 여성을 억압한 의학 체계가 지금 우리에게는 진기해 보인다. 도대체 어떻게 여성에게 월경과 자위, 임신, 폐경이 병이라고 믿게 했을까? 그러나 현대 여성에게 건강한 몸, 정상적인 몸의 일부가 병들었다며 그렇게 믿어달라는 지금, 우리는 이미 아무도 들여다보고 싶지 않을 정도로 무시무시한 새로운 단계의 의학적 억압 체계에 들어갔다.

건강하고 아름다운 여성을 병들고 못생긴 여성으로 재분류하는 일이 아무런 방해도 받지 않고 일어나고 있다. 19세기부터 사회는 이런 종류의 재분류를 통해 여성의 삶을 제한하려는 의료계의 노력을 암묵적으로 지지했다. 그것이 사회적으로 필요한 일이라, 지난 세기처럼 지금도 그에 대해서는 의료 행위 전반보다 현실을 점검하는 일이 드물고, 대중매체도 그것에 관대하거나 힘을 실어주고, 주요 공무원도 사회질서에 이익이 되는 일을 하면 아주 높은 보상을 받는다.

빅토리아 시대에 여성의 병약함을 숭배한 열풍도 사회 통제에 목적이 있었다. 그것도 "아름다움"처럼 동시에 두 가지를 상징했다. 주관적으로는 병약한 여성이 이를 통해 자신이 가진 작은 권력을 행사하고, 부담스러운 성적 요구와 위험한 출산을 피하고, 그에 호응하는 의사들의 관심을 받았다. 그러나 기득권층에는 그것이 철의 여인만큼이나 유용한 정치적 해결책이었다. 프랑스 작가 카트린 클레망Catherine Clément의 말대로 "히스테리가 용인된 것은 그것이 문화의 변화를 가져올 힘이 없었기 때문이다. 가부장제 질서에서는 불만을 가진 여성이 심신증(심리적 원인으로 신체에 일어나는 병적 증상—옮긴이)을 통해 불만을 표출하거나 표출하게 하는 것이 경제적·법률적 권리를 강력히 주장하도록 하는 것보다 훨씬 안전하다."[11] 사회적 압력은 교육받은 중산층 여성이 병들어 말썽을 일으키지 못하도록 했고, 강요된 건강 염려증에 시달린 사람들은 그것을 실제로 존재하는 병으로 느꼈다. 오늘날에도 비슷한 이유로 사회적 압력은 여성을 못생겼다고 느끼게 함으로써, 여성이 몸에 대한 권리를 주장하는 것이 미칠 파장을 미연에 방지하고, 강제로 낮춘 자존감에 시달리는 사람들에게 자신이 진짜로 "추한" 것처럼 보이게 한다.

페미니즘이 건강한 것을 아름다운 것으로 새롭게 정의하자 미용성형외과 의사들이 그것을 뒤집어 "아름다운 것"을 건강한 것으로 만들어, 자기들이 파는 것은 무엇이든 아름다운 것으로 만들고 있다. 배고픔도, 고통과 유혈도 아름답다. 과거에도 고뇌와 번민, 아픈 것이 "아름다운 것"이었던 적이 있다. 19세기에는 결핵에 걸린 여성이 이상형이었다. 그들은 눈이 반짝거리고 피부가 진주 같고 입술이 열에 들떠 붉었다. 《성별과 스트레스Gender and Stress》에서도 대중매체에서 거식증 환자를 이상적으로 그리는 현상을 이야기하지만, 빅토리아 시대 도상圖像들도 남자 의사 앞에서 기절해 쓰러지는 "아름다운" 히스테리 환자를 이상적으로 그리고, 정신병원 의사들은 자기가 돌보는 거식증 환자의 쇠약해진 몸을 음탕하게 바라보았다. 훗날 정신병 치료 안내서에서는 의사에게 전기 충격 요법을 받아 무감각해진 여성의 "차분하고 아름다운 얼굴"을 칭찬해주라고 한다.[12] 요새 여성 언론에서 성형 미인을 다루듯 빅토리아 시대에 여성을 겨냥한 언론도 여성의 신경쇠약과 병약함, 죽음의 감상적인 매력을 열정적으로 이야기했다.

1세기 전에는 정상적인 여성의 활동, 특히 여성에게 권력을 가져다줄 수 있는 활동을 추하고 병적인 것으로 분류했다. 가령 여성이 너무 많이 읽으면 자궁이 "위축될" 것이고, 계속 읽으면 생식 체계가 무너져 당시 의학적 논평에 따르면 "우리 앞에 역겹고 무익한 잡종이 나올 것"

이었다. 폐경기는 결정타로 "여성 안에 있는 여성이 죽는 것"으로 그려졌다.[13] "여성의 생식 생활이 끝나는 것은 시작되는 것만큼이나 정신적으로도 큰 변화였고," 오늘날 아름다움이 쇠하는 것과 마찬가지로 "뇌에 뚜렷한 충격"을 주었다. 그때도 지금처럼 폐경기가 "세상이 (…) 완전히 뒤집히거나 모든 것이 변하거나 무시무시하지만 뭐라 분명히 말할 수 없는 어떤 재앙이 일어났거나 막 일어나려는" 느낌을 불러일으키는 것으로 그려졌다. 그것을 합리화하는 방식이 달랐을 뿐이다.

교육과 고용에 참여하는 것도 빅토리아 시대 여성을 병들게 하는 것으로 묘사했다.[14] 오늘날 스킨크림 광고에서 "중앙난방과 공기 오염, 형광등 불빛 등"이 여성을 "추하게" 만든다고 하듯, "따뜻한 아파트와 석탄불, 가스등, 밤늦은 시간, 기름진 음식"이 그런 요소였다. 당시 사람들은 여성의 고등교육이 그들의 생식기에 끼칠 해를 열정적으로 상상함으로써 그것에 반대했다. 프리드리히 엥겔스Friedrich Engels는 일을 오래 하면 골반에 변형이 일어난다고 주장했고, "여성이 교육을 받으면 불임이 되고" 성적 매력이 사라진다는 것이 당연하게 받아들여졌다.[15] "여성이 과학에 흥미를 보이면 그녀의 성에 뭔가 문제가 있는 것"[16]이었다. 오늘날 우리에게 아름다움의 신화에서 벗어나면 아름다움이 손상된다고 믿도록 하듯, 빅토리아 시대 사람들은 여성이 "분리된 영역"에서 벗어나면 여성다움이 손상된다고 주장했다.

불가결한 거짓말은 아주 유연하다. 예를 들면 피임약도 사회 분위기에 따라 의료 전문가들이 여성을 병들게 하는 것으로도 정의하고 "아름답게" 하는 것으로도 정의했다. 빅토리아 시대 의사들은 어떤 피임약이든 "여성의 암과 불임, 색정증을 급속히 증가시키고 (…) 그렇게 되면 조증이 생겨 자살에 이를 가능성이 높다"라고 주장했다. 1920년대까지 이것은 "건강에 아주 위험한 것"으로 여겨져, 피임약이 불임과 "자손의 정신적 타락"을 낳는다고 보았다. 그러나 사회가 성적으로 이용할 수 있는 여성이 필요해지자, 안전 문제와 부작용 문제가 동시에 제기되었는데도 여성지들이 피임약이 여성의 젊음을 유지해 한층 "섹시하게" 만든다는 이야기를 열정적으로 실었다.[17]

마찬가지로 미용성형외과 의사들도 아름다움의 신화에서 벗어나는 것을 질병으로 새롭게 정의하고 있다. 이들이 제공하는 기사 같은 광고와 그 수입에 의존하는 여성지들도 마찬가지다.[18] 성유 광고도 의학잡지에서 "병"이 있을 때와 "치료"했을 때 사진을 싣는 것을 본떠 이런 새로운 정의를 하기 시작했다. 그러면서 의료계에서 가장 두려워하는 나이와 방사선암, 에이즈에 기댔다. "까마귀 발(눈가의 잔주름을 일컫는 말—옮긴이)"은 광고에서 방사능에 과다 노출되었을 때 생기는 방사능병과 발암성 병변, 세포의 혼란과 취약해진 면역 체계에 비유되는 것이다. 마치 노화에 화학 요법이 필요한 듯, 엘리자베스 아덴의 성유는 "금세기에 가장 발달된 치료 체계"다. 에스티 로더의 "과학적으로 증명된" 나이트 리페어는 병원에서 쓰는 주사기와 고무풍선으로 바른다. 마치 수혈하거나 약물을 투여하는 것 같다. 비쉬는 피부가 "건강을 회복하게" 해준다. 클라란스는 "재발"에 대해 말한다. 엘란실은 지방을 "외관을 손상시키는", "질환"으로 이야기한다. 의사들이 처방전을 줄 때, 클라란스는 "아름다움의 처방전"을 주고, 크리니크는 "지시"를 내린다. 암 전문가들이 병의 "퇴행"을 이야기할 때, 크리니크는 "계속 치료를 받아야 일시적인 '퇴행'이 멈춘다"라고 한다. 울티마 II는 대량 투여할 수 있는 것을 만든다.

1985년에 유지니아 챈드리스Eugenia Chandris는 《비너스 신드롬The Venus Syndrome》에서 큰 엉덩이와 허벅지를 "의학적 문제"라고 부르고 구석기 시대에 다산을 상징한 여신상을 보고 "그때부터 그 문제가 줄곧 여성을 괴롭혔다"[19]라고 말하는 결례를 범했다. 물론 "그 문제"는 그것을 문제라고 부른 뒤에야 여성을 괴롭히기 시작했다. 즉, 그것은 지금 살아 있는 사람들의 기억 속에서만 문제다. 그런데도 여성의 지방을 마치 죽은 것, 발암성인 것, "세포 증식으로" 생명을 앗아가는 것처럼 말한다. 빅토리아 시대 사람들이 생식 활동을 모두 병으로 규정했듯이 오늘날 아름다움의 의사들도 여성 몸에서 일어난 생식 활동의 증거인 임신선과 처진 가슴, 젖을 먹인 유방, 10파운드 정도 늘어나는 출산 뒤 몸무게를 모두 병으로 규정한다. 물론 교육은 여성의 난소에 전혀 영향을 미치지 않았다. 엄마의 유방이 전혀 감각을 잃지 않듯이 말이다. 젖을 먹이는 일은 에로틱하기도 하다. 엄마의 유방이 제 기능을 하지 못하는 것도 아니다. 그와 반대로 그것은 유방의 일차적 기능을 수행한다. 유방은 무엇보다도 젖을 분비하는 것이다. 그러나 미용성형외과 의사들은 산후의 유방을 가리켜 "위축되었다"라고 한다. 빅토리아 시대 사람들이 교육받은 여성의 난소를 가리켜 그렇게 말한 것처럼. 그러나 "위축되었다"는 말은 병을 치료하는 의사가 마비로 쇠약해져 제 기능을 하지 못하는 근육을 두고 하는 말이다. 미용성형외과 의사들은 또 건강한 성인 여성의 살을 "셀룰라이트(사춘기 이후 여성의 허벅지나 엉덩이, 배에 생기는 오렌지 껍질 모양의 울퉁불퉁한 피부 변화—옮긴이)"로 재분류하고, 이 조직이 "외관을 망가뜨리고", "보기 흉하고", "독소에 오염되었다"라고 한다. 셀룰라이트는 1973년에야 〈보그〉가 미국에 수입한 발명된 "질환"이다. 1973년 전에는 그것이 정상적인 여성의 살이었다.

건강은 선전에 쓰기 좋다. 앤 오클리는 "여성의 집 밖 활동이 여성 자신의 건강과 행복은 물론 가족과 나라 전체의 건강과 행복에도 해롭다는 '증거'"가 19세기 가정 숭배 열풍의 자극제가 되었다고 말한다. 오늘날 여성의 얼굴과 몸매처럼 난소를 여성의 것, 여성이 알아서 할 것이 아니라 집단의 자산으로 본 것이다. 건강에 대해 누가 왈가왈부할 수 있겠는가?

제도화된 재분류

존경받는 기관들도 19세기와 마찬가지로 이런 재분류를 통해 여성을 문화적으로 감시하는 일에 참여하고 있다. 1978년 미국 의사협회는 아름다움에 몰두하는 것은 건강에 몰두하는 것과 같다고 주장했다. 미국 노화방지협회 회장 아서 밸린Arthur Balin 박사는 〈뉴욕타임스〉에 "못생긴 것을 미용 문제가 아니라 병으로 보는 게 의사에게 이익일 것"[20]이라고 분명하게 말했다. 성형수술 전문지에서 성형외과 의사들이 암에 걸린 유방을 절개하는 것과 건강한 유방을 절개하는 것을 구분하는 것도 볼 수 없다. 하버드 의과대학의 대니얼 토스테슨Daniel Tostesen 박사는 시세이도에서 연구비 8500만 달러를 받은 적 있고, 지금도 그곳을 위해 일하며 봉급을 받는다.[21] 그는 한편으로는 건강과 의학적 관심 사이에, 또 한편으로는 "아름다움과 건강하고 행복한 것" 사이에 "미묘하지만 지속적인 관계"가 있다고 주장한다. 그런 전문가의 의견이 남성보다 여성에게 더 영향을 끼치는 것은 그렇게 되도록 만들기 때문이다. 미용성형수술을 받는 사람 대다수가 여성이고, 시세이도 제품을 사는 주 고객이 여성이다(그러나 밸린 박사나 토스테슨 박사의 신체적 매력에 관한 언급은 없다). 미용성형외과 의사들이 "나이가 들면서 얼굴 형태가 일그러지는 것"을 논의하는 회의를 열 때 공고문에 나오는 얼굴은 어김없이 여성의 것이다.

남성은 팔다리나 눈, 코, 입, 귀가 없거나 인간의 표현형(생물에서 겉으로 드러나는 여러 가지 특성—옮긴이)에서 심하게 벗어나면 "기형"이라고 한다. 여성은 철의 여인에 맞지 않으면 괴물 같다고 하는데, 철의 여인은 어떤 여성도 거기에 딱 들어맞지 않고 앞으로도 영원히 그럴 것이다. 그런데도 지금 여성은 '괴물 같아 보이면 안 된다'는 말을 듣는다. 신체적으로 온전하고 모든 기능이 제대로인데도 그렇다. 미용성형외과 의사들이 아름다움의 신화가 몸의 기능에 이중잣대를 들이대는 데 편승하고 있다. 남성의 허벅지는 걷기 위한 것인데, 여성의 허벅지는 걷기 위한 것이기도 하지만 "아름답게" 보이기 위한 것이기도 하다. 여성은 걸을 수 있어도 팔다리가 적절해 보이지 않으면 원래 기능을 하지 못하는 것 같다. 빅토리아 시대에 본의 아니게 건강 염려증에 걸린 사람이 자신이 아프다고 생각했듯이, 우리도 자신이 정말 기형이고 불구인 것 같다.[22]

이러한 재분류의 비극은 우리 역사에서 거의 언제나 여성이 실제로 병(자궁 탈출, 난소 낭종으로 인한 조기 사망, 치료할 수 없는 성병과 질 감염)에 시달렸다는 것이다. 위생 불량과 무지, 수치심, 해마다 임신할 수밖에 없는 상황이 그들에게 큰 타격을 주었다. 그에 비하면 지금은 여성이 기적처럼 유례없이 건강하다. 그런데 신화는 우리가 건강을 누리지 못하게 한다. 여성이라서 신체적으로 편하지 못했던 시절이 끝난 지 겨우 한 세대 만에 여성의 몸으로 편하게 살 수 있는 새로운 가능성을 아름다움의 신화가 짓밟아버렸다.

'여성은 병들었다'는 말도 안 되는 말을 재활용해 여성의 건강한 몸을 해치고 있다. 현대 여성은 행복하게도 움직이고 달리고 춤추고 놀고 오르가슴에 이를 수 있는 몸을 가졌고, 암에서 자유로운 유방과 건강한 자궁이 있고, 빅토리아 시대 여성의 평균 수명보다 두 배나 길고 얼굴에 자신의 인격을 표현할 수 있을 정도로 긴 수명을 누리는데, 먹을거리가 충분하고 신진대사가 활발해 필요하면 언제 어디서나 살을 찌워 자신을 보호할 수 있는데, 과거에 어떤 세대의 여성도 꿈꾸지 못한 좋은 건강과 행복을 선물로 받았는데, 성형수술 시대는 그 엄청난 행운을 무위로 만든다. 감각이 있고 활기 넘치는 몸을 결함이 있는 요소들로 해체해, 일생의 축복을 일생의 저주로 경험하도록 가르친다.

그 결과 완전히 건강한 여성이 지금은 장애가 있는 사람보다 자기 몸에 만족하지 않을지도 모른다. 〈뉴욕타임스〉에서 인용한 최근 연구에서는 "신체에 장애가 있는 사람들이 대체로 자기 몸에 대해 전반적으로 만족한다"라고 하는데, 우리는 몸이 건강한 여성이 그렇지 않은 것을 보았다. 샌프란시스코 베이에어리어에 사는 여성 넷에 하나는 기회가 되면 미용성형수술을 받을 것이다.[23] "기형"이라는 말이 이제 예의를 차리는 자리에서는 쓰지 않는 말인데, 정상인 건강한 여성의 몸과 얼굴을 이야기할 때는 예외다. 미용성형외과 의사들의 언어는 우리의 몸과 얼굴을 가지고 새로운 프릭쇼freak show(기형인 사람이나 동물을 보여주는 쇼—옮긴이)를 펼친다.

건강이 건강에 좋을까

성형수술 시대는 얼마나 건강할까? 모든 집단에서 흡연이 감소하는데 젊은 여성만 예외다. 담배를 피우는 여성 가운데 39퍼센트는 몸무게를 유지하려고 그런다고 하는데, 그중 4분의 1은 흡연이 유발하는 질병으로 죽을 것이다. 공평하게 말하면, 그렇게 해서 죽은 여성의 시체가 살아 있는 비흡연자의 몸보다 평균 4파운드는 덜 나가겠지만 말이다. 카프리 담배는 "날씬한 것 중에서도 가장 날씬한 것"으로 광고한다. 폐암으로 사망한 로즈 시폴론은 10대에 담배를 피우기 시작했고 그녀의 남편은 담배 회사에 소송을 제기했다.[24] 그녀는 담배를 피우면 "매력이 넘치거나 아름다워질 거라고 생각했다."

주스와 물만 먹는 액체 다이어트로 지금까지 미국에서 최소한 60명이 죽었다.[25] 그것의 부작용은 구역질이 나고 머리카락이 빠지고 어지럽고 우울한 것 등이다. 강박적으로 운동에 집착하는 것도 운동성 빈혈과 발육 부진을 낳는다. 유방에 보형물을 집어넣으면 암을 발견하기 어렵다.[26] 유방을 잃어 "반쪽짜리 여자"가 될까 봐 여성이 유방 촬영을 미룬다.

신화는 여성을 육체적으로만 병들게 하는 것이 아니라 정신적으로도 병들게 한다.[27] 아티와 브룩스-건은 《성별과 스트레스》에서 여성이 다이어트를 하면 만성적으로 스트레스를 받는다고 주장한다. 스트레스는 의학적으로 가장 심각한 위험 인자 가운데 하나로, 면역 체계를 약화시키고 고혈압과 심장병, 암 사망률의 증가에 기여한다.[28] 그러나 더욱 나쁜 것은 아름다움의 신화가 성형수술 시대에는 여성의 의식에서 정신병의 전형적 증상들이 나타나게 하는 것이다.

정신분열증 환자는 몸의 경계가 아주 불안정한 느낌을 갖는 게 특징이다.[29] 신경증 환자는 자기 몸에 대해 극도로 부정적이거나 긍정적인 이미지를 갖는다. 나르시시스트는 자기 몸에서 일어나는 일을 남의 일처럼 느낀다. 정신병자는 자기 몸의 일부가 떨어져 나가는 느낌이 든다. 그들은 반복해서 몸을 문지르고 자해하며, 허물어지거나 산산이 부서질지 모른다는 두려움을 드러낸다. 수술에 대한 기대와 오르락내리락하는 몸무게 또한 몸의 경계를 흐릿하게 한다. 외모 스트레스를 받으면 여성이 자신을 아주 부정적으로 보았다가 아주 긍정적으로 보았다가 한다. 매체에서 마구 쏟아내는 이미지는 여성의 얼굴과 몸을 여러 조각으로 나누어 파편화하는데, 이것이 아름다움의 신화가 여성에게 자기 몸의 각 부분에 대해 생각하도록 하는 방식이다. 흔히 아름다움을 위해 하는 행동들은 여성이 반복해서 문지르고 자해를 하도록 한다. 여성은 나이가 들면 "아름다움"이 사라져 점차 무화하거나 해체될 거라고 믿도록 한다. 여성에게 정신병의 증상을 겪도록 하면 정신병에 걸릴 위험이 더 높아질 수도 있지 않을까? 정신병에 시달리는 사람의 다수가 여성이고, 그것도 상당한 차이로 그렇다.[30]

그러나 이런 사실들도 여성에게 그다지 유용하지 않다. "건강"에서도 남성과 여성에게 이중잣대를 들이대기 때문이다. 여성이 몸무게를 줄이려고 담배를 피운다면, 이는 틀린 계산이 아니다. 우리 사회는 내면의 건강보다 외면의 아름다움에 더 보상한다. 여성이 장기적으로는 건강에 좋지 않는데도 단기적으로 아름다움을 선택했다면 뭐라 말할 수 없다. 아름다움의 신화 아래서는 우리의 수명이 오히려 단축되어, 사회적으로나 경제적으로 굳이 오래 살 이유가 없다. 치료하지 않으면 폐암에 걸릴 수 있어도 날씬하고 젊은 여성이 원기 왕성한 노파보다 사회적으로 훨씬 높은 보상을 받는다. 신화의 대변자들은 여성에게 철의 여인을 팔고, 철의 여인이 "건강하다"고 한다. 공개적인 담론에서 정말로 여성의 건강을 염려했다면, 아름다움의 신화의 이런 측면에 분노의 눈길을 보냈을 것이다.

대다수 남성과 여성은 40~60세까지가 권력이 가장 많은 인생의 황금기인데, 이때를 남성은 절정기라고 하고 여성은 퇴조기라고 한다(특히 이때 여성은 성적으로 절정기이고 남성은 퇴조기인데 아이러니가 아닐 수 없다). 이러한 이중잣대는 중년 여성과 남성의 건강 차이가 아니라 아름다움의 신화의 인위적인 불평등에 근거한 것이다. 성형수술 시대에 허울로 "건강" 운운하는 것이 위선인 것은 아름다움의 신화가 전하는 진짜 메시지가 여성은 배고프게 살고 젊어서 죽고 아리따운 시체를 남겨야 한다는 것이기 때문이다.

성형수술 시대가 정의하는 여성의 "건강"은 건강하지 않다. 그럼 "병들었다"는 측면은 정말로 병들었을까?

나이 드는 것을 보여주는 것, 노화의 흔적을 병에 걸린 것으로 생각할 수도 있을 것이다. 특히 여성도 그렇게 볼 때 자신의 기득권이 유지된다면 말이다. 그러나 여성이 건강하면 당연히 살면서 늙는다고 볼 수도 있을 것이다. 여성이 건강하게 살면서 반응하고 말하고 감정을 보이면 그것이 점차 얼굴에 새겨진다. 주름살에는 생각의 자취가 있고, 몇십 년 동안 웃으면 웃으면서 눈가가 부챗살처럼 접혀 주름이 생긴다. 이런 선을 "심각한 병변"이라 부를 수도 있을 것이다. 그러나 생각이 아주 섬세한 솜씨로 눈썹 사이에 정신을 집중한 흔적을 새기고, 이마에 놀람과 기쁨, 연민의 흔적, 좋은 대화를 나눈 흔적을 주름처럼 길게 그려놓았다고 생각할 수도 있을 것이다. 사는 동안 키스하고 말하고 울면 입가에 나뭇잎처럼 그어진 선이 보인다. 얼굴과 목의 피부가 늘어지면 이목구비가 놓인 바탕에 관능적 위엄이 생기고, 사람이 강해지면 이목구비도 강해진다. 머리카락이 희끗희끗해지면 그것을 감추고 싶은 비밀이라고 할 수도 있지만 은빛이나 달빛 같다고 할 수도 있을 것이다. 몸이 채워지면 수영하며 물살을 헤치고 나아가는 사람처럼 중력을 받아들여 나머지 부분이 너그러워진다. 눈 밑이 거무스름해지고 눈꺼풀이 무거워지고 거기에 잘게 빗금이 그어진 것은 그녀가 참여한 일이 얼마나 복잡하고 풍부했는지를 보여주는 흔적이다. 그녀는 이제 더 어두워지고 강해지고 느슨해지고 단단해지고 섹시해졌다. 여성이 계속 성장하여 성숙해지는 것은 보기에 아름다운 일이다.

그러나 자신의 광고 수입이나 100만 달러에 이르는 연봉, 특권적인 성적 지위가 그것에 달려 있다면, 이는 수술로 고칠 수 있는 질병이다.

그렇게 해서 1년에 100만 달러(미국 미용성형외과 의사의 평균 소득)를 벌 수 있다면, 그렇다면 충분히 쉽게 여성의 지방을 질병이라고 할 수 있을 것이다.[31] 그러나 그것을 있는 그대로, 정상으로 볼 수도 있다. 건강한 여성은 아무리 날씬해도 남성보다 지방이 많다. 여성의 곡선이 엉덩이에서 불룩 나왔다가 허벅지에서 다시 불룩 나온 것을 보고 비정상적 기형이라고 주장할 수도 있을 것이다. 그러나 진실을 말할 수도 있다. 여성의 75퍼센트가 그렇게 생겼고, 여성이 투표권을 얻을 때까지는 둥근 엉덩이와 둥근 허벅지, 둥근 배가 바람직하고 육감적인 것으로 여겨졌다. 여성의 살이 매끄럽기만 한 것이 아니라 질감도 있고 잔물결도 일고 치밀하고 복잡하기도 하다는 것을 인정하고, 섹스를 하고 아이를 낳아 기르면 여성의 근육과 엉덩이, 허벅지에 지방이 쌓이는 것이 여성의 몸에서 가장 도발적인 특성 가운데 하나임을 인정할 수도 있을 것이다. 물론 이것 역시 수술해서 고칠 수 있는 병으로 둔갑시킬 수도 있겠지만 말이다.

본질적으로 여성적인 것(여성의 표정과 살갗의 감촉, 유방의 모양, 출산 뒤 피부의 변화)이 모두 추한 것으로, 추한 것이 질병으로 재분류되고 있다. 이런 특성은 여성의 힘이 강해지는 것과 관련이 있고, 이는 왜 그것이 힘이 약해지는 것으로 재분류되는지 설명해준다. 여성의 삶에서 적어도 3분의 1은 노화가 나타나는 기간이고, 여성의 몸도 약 3분의 1이 지방으로 이루어졌다. 그런데 여성을 상징하는 두 가지가 모두 수술해서 치료할 수 있는 병으로 둔갑하고 있다. 여성이 나머지 3분의 2 기간에 들 때만 건강하다고 느끼도록 말이다. "이상적인 것"이 여성의 몸에 성적 특징이 얼마나 존재하지 않는가로 규정되고 얼굴에 얼마나 삶의 흔적이 보이지 않는가로 규정된다면, 그것이 어떻게 여성에게 이상적인 것일 수 있겠는가?

돈벌이

그것이 여성에 관한 것일 리 없다. 여성이 아니라 돈에 이상적이기 때문이다. 빅토리아 시대 의학 체계와 마찬가지로 지금 성형수술 시대를 이끄는 것도 손쉬운 돈벌이다. 미용성형수술 산업이 미국에서 해마다 3억 달러의 수입을 올리며 10퍼센트씩 성장하고 있다.[32] 그러나 여성이 편안하고 자유로운 것에 익숙해지면 여성이 섹스를 위해 기꺼이 받는 고통에 기대어 계속 돈벌이를 할 수 없을 것이다. 다른 어떤 "의학 분과"보다도 높은 성장률을 유지하려면 공갈과 협박의 메커니즘이 작동해야 한다. 새로운 기술로 낡은 죄책감을 불러일으켜 최대한 이익을 얻으려면, 여성이 감내할 수 있는 고통의 한계치를 높이고 우리에게 연약한 느낌을 새로 불어넣어야 한다. 미용성형수술 시장은 가상의 시장이다. 여성의 얼굴과 몸에 잘못된 것이 없기 때문이다. 사회가 변화하면 그뿐이지 여성의 얼굴과 몸에는 손댈 곳이 하나도 없다. 그래서 미용성형외과 의사들은 여성의 자아상을 왜곡하고 여성의 자기혐오를 배가해 수입을 얻는 것이다.

에런라이크와 잉글리시에 따르면 "여성은 연약하다는 신화와 신화를 뒷받침하는 듯이 보이는 여성의 건강 염려증 열풍이 의사들의 금전적 이익과 딱 맞아떨어졌다." 19세기에 의사들의 경쟁이 치열해졌다. 그들은 정기적인 왕진과 장기 요양이 필요하다고 설득할 수 있는 확실한 환자 집단, 부유한 여성 "고객층"을 확보하려고 광분했다. 여성 참정권론자들은 무엇이 여성의 병약함을 부추기는지 꿰뚫어보았다. 의사들의 이해관계와 여성의 삶을 제약하는 인위적인 질병이었다. 여성 참정권론자 메리 리버모어Mary Livermore는 "여성은 본래 병약하다는 터무니없는 가정"에 이의를 제기하고, "'부인과 의사들'이라는 더러운 집단"을 성토했다. "그들은 여성에게 여성은 한 종류의 기관밖에 없고 그것은 늘 병들어 있다고 믿게 하고 싶은 것 같았다." 메리 퍼트넘 재코비Mary Putnam Jacobi 박사는 여성의 건강이 나쁜 것은 바로 "돈벌이가 되는 환자라는 새로운 기능" 때문이라고 한다. 에런라이크와 잉글리시가 말한 대로 "의사들은 사업가로서 아플 필요가 있는 여성의 사회적 역할과 직접 이해관계가 있다."[33]

현대 미용성형외과 의사들은 못생겼다고 느낄 필요가 있는 여성의 사회적 역할과 금전적·직접적 이해관계가 있다. 그들은 이미 존재하는 시장점유율을 위해 광고하지 않는다. 그들의 광고는 새로운 시장을 창출하기 위함이다. 미용성형외과 산업의 급성장은 여성지에 광고와 기사가 나란히 나가도록 해 수요를 창출하는 영향력 있는 위치에 있기 때문이다.

이 산업이 광고를 내고 신문과 방송을 타면 여성이 수술을 받는다. 여성이 돈을 지불하고 위험을 무릅쓴다. 미용성형외과 의사들은 부자가 될수록 더 크고 더 빛나는 광고 지면을 요구할 수 있다. 〈하퍼스앤퀸〉 1998년 10월호는 같은 면에 성형수술에 대한 긍정적 기사와 같은 양의 성형수술 광고를 나란히 실었다. 〈뉴욕타임스〉의 1989년 7월 건강 증보판은 단식 프로그램과 팻팜fat farm(사람들이 짧은 기간 머물며 음식과 운동 등으로 살을 빼는 곳—옮긴이), 체중 감량 시설, 미용성형외과 의사, 섭식장애 전문가 광고가 광고 지면의 반 이상을 차지한다. 1990년 9월에는 보상이 아주 견실해졌다. 〈코즈모폴리턴〉이 총천연색 미용성형수술 전면 광고 지원을 받은 호에 노예처럼 비굴하게 비판은 없고 칭찬 일색인 기사를 실었다. 마침내 미용성형외과와 광고 수입, 위험, 경고의 관계가 보건위생국에서 조치를 취하기 전에 담배 광고가 흡연 반대 기사를 쓰지 못하게 막은 사태를 재현했다. 기자들에게 그것을 폭로하거나 추적하도록 독려하지 않으면(그런데 사실은 그 반대를 독려한다. 가장 강력한 미용성형외과 조직에서 상금 500달러에 공짜 비행기 표 두 장까지 얹어주는 기자상을 수여한다), 미용성형외과 의사들의 지위와 영향력이 계속 올라갈 것이다. 생물학적으로 필요한 것이 아니라 문화적으로 필요한 것을 제공하면서 계속 여성의 사회경제적 삶 또는 죽음을 지배할 수 있는 권력을 축적할 것이다. 그렇게 되면 그들이 작은 신처럼 군림하고 아무도 그들에게 거역하고 싶어 하지 않을 것이다.

만일 여성이 갑자기 못생겼다는 생각을 그만두었다면 가장 빠르게 성장하는 의학 분과가 가장 빠르게 죽을 것이다. 미용성형외과 의사가(화상과 외상, 선천적 결함을 전문적으로 치료하는 성형외과 의사가 아니라) 비전문 의학박사일 수 있는 미국의 많은 주에서 그것이 다시 의사들에게 큰 골칫덩어리가 되었을 것이다. 광고가 문제를 더 크게 만드는 상황이 되지 않았을 것이다. 그들은 여성에게 구제불능일 정도로 못생겼다는 느낌을 팔아서 생계를 유지한다. 누가 여성에게 암에 걸렸다고 말한다고 해서 그녀에게 암이 생기고 그로 인해 극심한 고통을 겪는 일은 일어나지 않는다. 그러나 여성에게 못생겼다고 충분히 설득력 있게 말하면, 실제로 그런 "병"이 생기고 그로 인해 극심한 고통을 겪는다. 만일 여러분이 성형수술을 부추기는 기사와 함께 그럴 듯하게 포장된 광고로 여성에게 못생긴 느낌이 들도록 했다면, 다른 여성도 다 그런 식으로 경쟁한다고 믿도록 했다면, 여러분은 오로지 자신만 치료할 수 있는 병을 부추기는 데 돈을 지불한다.

그런데 이러한 시장 창출이 진정한 의사라면 반드시 지켜야 할 윤리의 문제로 거론되지 않는 것 같다. 병을 치료하는 의사가 건강을 해치는 행동을 장려해 이익을 얻으려고 한다면, 그것은 불명예스러운 일이다. 지금은 담배와 술 회사에 투자했던 병원들도 투자를 철회하고 있다. 이러한 행태에 윤리적 투자라는 말을 붙이는 것은 일부 의료계에서 수익을 올리는 관계 구조가 비윤리적임을 인정하는 것이다. 병원은 그러한 미덕을 추구할 여유가 있다. 늘 아픈 사람, 죽어가는 사람이 있어 환자 집단이 보충되기 때문이다. 그러나 미용성형외과 의사들은 생물학적으로 존재하지 않는 환자 집단을 창출해야 한다. 그래서 〈뉴욕타임스〉에 전면 광고를 내, 마치 여성의 유방이 내구 소비재인 양 수영복 입은 유명 모델의 전신을 보여주고 곁들여 용이한 신용 대부 조건과 낮은 이율을 제공하겠다고 한다. 대중이 앓는 병을 만들어내는 것이다.

윤리

성형수술 시대가 시작되었지만 그것을 사회적 · 윤리적 · 정치적으로 검토한 적은 아직 없다. 여성에게 가장 필요치 않은 것은 여성이 자신의 몸에 할 수 있는 것과 할 수 없는 것을 말해주는 일이다. 또한 여성에게 가장 필요치 않은 것은 자신의 선택에 대해 비난받는 것인데, 성형수술 시대의 공급 측면에 대한 윤리적 논쟁이 없다는 사실은 무엇을 의미하는가? 이런 자유방임적 태도는 많은 이유에서 일관성이 없다. 몸의 일부를 사고파는 것을 금지하고 자유시장에서 그런 일에 노출되지 않도록 몸을 보호하기 위해 많은 논쟁을 벌이고 법을 제정했다. 법에서도 사고파는 문제에 관한 한 인간의 몸과 생명 없는 물체는 근본적으로 다름을 인정한다. 미국 법은 대부분의 주에서 질이나 입, 항문의 상업적 거래를 금지한다. 자살이나 자신을 불구로 만드는 것을 범죄시하고, 개인적으로 불합리한 위험을 무릅써야 하는 계약은 받아들이지 않는다(그런데 성형수술의 경우에는 죽음을 무릅써야 한다). 철학자 임마누엘 칸트는 몸의 일부를 파는 것은 윤리적 한계를 넘어서는 일이라고 했다. 세계보건기구는 이식을 위해 인간의 장기를 파는 것을 비난하고, 영국과 미국 법은 적어도 다른 20개국의 경우와 마찬가지로 이를 금지했다. 미국은 태아 실험도 금지하고, 영국 의회에서도 이 문제를 놓고 치열한 논쟁을 벌였다.[34] 미국의 아기 M 사건에서 법원은 자궁을 사거나 빌리는 것을 불법으로 판결했다. 미국과 영국에서는 아기를 사는 것이 불법이다. 금전적 압박으로 여성이 자궁을 팔고 남성이 신장을 파는 것으로 윤리적 논쟁이 일어나기도 했다. 태아의 삶과 죽음은 전국적으로 치열한 논쟁을 불러일으켰다. 우리는 그런 문제와 기꺼이 씨름하려 하는 것을 그 사회가 도덕적으로 건강하다는 신호로 본다.

그런데 미용성형외과 의사들이 밀거래하는 것이 몸의 일부이고, 그것도 몸에 칼을 대 일부를 떼어내 판다. 실험에 쓰는 태아 조직은 죽은 것인데도 복잡한 문제를 제기한다. 그런데 외과적 실험 대상이 되는 여성은 아직 살아 있는 존재다. 미용성형외과 의사들이 여성의 몸에 있는 조직을 죽은 것이라고 하는 것은 그래야 그것을 죽여 돈벌이를 할 수 있기 때문이다. 여성은 전체가 살아 있는 것일까, 젊고 "아름다운" 일부만 살아 있는 것일까? 늙은 사람이 죽도록 내버려두게 하는 사회적 압력은 우생학 문제를 제기한다. 그렇다면 여성의 건강한 몸에 있는 것을 "기형"이라며 제거하도록 하고 나이 드는 것을 보이지 않게 지우도록 하는 사회적 압력은 어떨까? 그런 것은 사회의 도덕적 건강에 아무런 영향도 미치지 않을까? 정치적으로 한 몸인 국가와 사회에 옳지 않은 것이 어떻게 여성의 몸에는 옳고 필요한 것일까? 여기에 정치적인 이유는 없을까?

성형수술 시대가 연 여성과 윤리적 공백 문제에는 어떤 가이드라인도 논쟁도 없다. 가장 폭력적인 사람들이 스스로 한계를 정해놓고 자기들은 인간성을 잃지 않았다고 한다. 군인도 아기를 죽이는 것은 꺼리고, 국방부도 독가스에는 선을 긋고, 제네바 협정은 전시에도 정도라는 것이 있다고 주장한다. 문명사회를 사는 사람이라면 어떤 것이 고문인지 알고 그것을 비난할 줄 안다는 데 우리 모두 동의한다. 그러나 여기서도 아름다움의 신화는 문명 밖에 존재하는 것 같다. 아름다움의 신화에는 아직 한계라는 것이 없다.

아름다움의 신화는 아름다움을 추구하는 것이 부족한 자원을 놓고 싸우는 일종의 다윈주의 현상이라는 잘못된 생각에 기대고 있다. 그러나 여성이 아름다움을 위해 고통을 감수하는 것을 적자생존이라는 피할 수 없는 경쟁에서 살아남기 위한 것으로 정당화하는(장군이 전쟁을 정당화하듯이) 잘못된 생각을 받아들이더라도, 문명화된 사람들이 군사적으로 지나친 행동에 반응할 때처럼 그것에 대해 '이제 그만, 우리는 동물이 아니야'라고 말한 적이 없다는 사실은 인정해야 한다.

히포크라테스 선서는 "첫째, 해를 끼치지 마라"로 시작한다. 정신의학자 로버트 제이 리프턴이 《나치 의사들》에서 인용한 의학 실험 피해자는 의사들에게 "왜 내게 수술을 하려고 하지? 나는 (…) 아프지 않아"라고 말했다.[35] 미용성형외과 의사들의 행동은 병을 치료하는 의사가 지켜야 할 윤리와 전적으로 모순된다. 병을 치료하는 의사는 뉘른베르크 재판(제2차 세계대전 후 나치 독일과 유대인 학살 전범을 다룬 국제 군사재판—옮긴이) 뒤 제정된 엄격한 강령에 따라 환자가 무책임한 실험의 대상이 되지 않도록 환자를 보호해야 한다.[36] 그 강령에서는 의학 실험에서 지나치게 위험을 무릅쓰는 행위를 규탄하고, 치료 목적이 아닌 실험은 절대 금지하며, 환자가 어떤 강요도 받지 않는 상태에서 자유롭게 실험에 참여할지를 선택할 수 있어야 한다고 주장하고, 환자에게 정보를 주고 "사전 동의"를 얻을 때 반드시 환자에게 있을 수 있는 위험을 모두 밝혀야 한다고 한다. 그러나 오늘날 미용성형외과 의사들이 하는 것을 보면 이렇게 의사가 지켜야 할 뉘른베르크 강령을 날마다 어긴다. 여기에는 조금도 과장이 없다.

미용성형수술 기법은 절박한 여성을 실험용 동물로 쓰는 무책임한 의학 실험을 통해 발전하는 것 같다. 프랑스에서 처음 지방 흡입술을 시도했을 때는 호스로 여성의 몸에서 살아 있는 커다란 조직 덩어리와 함께 신경망과 수지상 조직, 신경절까지 모두 떼어냈다. 대담하게도 흔들림 없이 계속 그랬다. 이런 "향상된" 기법으로 프랑스 여성이 아홉 명이나 죽었는데도 그것은 성공작으로 불려 미국에 들어왔다. 지방 흡입술을 하는 의사들은 수련의 시절 한 번도 직접 손으로 실습을 해보지 않은 상태에서 수술에 들어간다. 한 미용성형수술 중독자는 "내

의사는 전에 한번도 그런 수술을 해본 적이 없다. (…) 따라서 그는 나를 가지고 '실험'을 하는 셈이다"라고 말했다. 위봉합술도 "외과 의사들이 더 나은 기법을 찾아내려고 계속 실험하고 있다."[37]

뉘른베르크 강령은 환자가 진정으로 동의하려면 자신이 처할 수 있는 위험을 모두 알아야 한다고 강조한다.[38] 그러나 미용성형수술의 경우에는 환자에게 동의서에 서명해달라고 하기는 해도 정확하고 객관적인 정보를 얻기가 굉장히 어렵다. 언론 보도도 여성에게 시술하는 의사와 시술 절차에 대해 알아볼 책임이 있다고 강조하는 것이 대부분이다. 그러나 여성지만 읽으면 합병증에 대해서는 알 수 있을지 몰라도 그것이 발생할 확률은 알 수 없다. 전문적으로 조사해도 사망률은 찾을 수 없을 것이다. 그것에 대해 알아야 할 사람들이 아무도 모르거나 말해주지 않기 때문이다. 미국 성형복원외과의사회 대변인은 "사망률 수치를 아는 사람이 없다. 전반적인 사망률을 보여주는 기록도 없다"라고 말한다. 캐나다도 마찬가지다. 영국 미용성형외과의사회도 통계치를 구할 수 없다고 한다. 3만 명에 한 명꼴로 죽을 수 있다고 인정하는 성형수술 자료가 하나 있는데, 그렇다면 지금까지 미국 여성이 적어도 67명은 죽었다는 말이 된다.[39] 그러나 그런 가능성이 대중지 기사에서는 한 번도 언급된 적 없다. 구할 수 있는 자료의 대부분이 위험과 고통의 수준을 말해주지 않는다.

이를 주제로 다룬 대중서에서 무작위로 조사한 것들도 마찬가지다. 《얼굴에 관하여》에서는 저자들이 지방 흡입술과 화학 박피술, 화학 박리술을 포함해 다섯 가지 시술을 다루지만 위험과 고통은 전혀 언급하지 않는다. 《아름다운 몸을 위한 책》에서도 유방수술과 박리술, 지방 흡입술 등을 다루면서 그에 따른 위험과 고통, 유방이 딱딱해지는 증상, 재수술 비율, 암 검진의 어려움은 다루지 않는다.[40] 이 책의 저자는 유방 축소술과 "유방의 위치를 바꾸는" 수술(그녀의 말에 따르면 "젖꼭지가 제 위치에 있지 않을 때" 하는 수술)도 이야기하는데, 이런 수술을 하면 젖꼭지가 영원히 성적 반응을 할 수 없다. 저자도 이런 부작용을 언급하기는 한다. 그러나 "어쨌든 유방이 지나치게 큰 여성은 젖꼭지 부분에 감각이 거의 없거나 전혀 없는 일이 드물지 않다"라는 "브링크 박사"의 놀라운 의견으로 그것을 무시해버린다. 그런 책들이 흔히 그렇듯이 저자는 그 뒤에도 계속 완전히 잘못된 "사실들"을 독자에게 전달한다. 그녀는 지방 흡입술로 "네 명이 죽었을 뿐"이라고 하고(〈뉴욕타임스〉에서는 1987년에 11명이 죽었다고 했다)[41], "지금까지 어떤 장기적인 부작용도 관찰되지 않았다"라고 한다. 푸트니 클리닉Poutney Clinic의 안내 책자도 발생할 수 있는 "위험"을 열거하면서 고통이나 다섯 가지 유방수술 가운데 어디서나 생길 수 있는 젖꼭지의 감각 상실, 죽음의 위험은 말하지 않는다. 미용성형수술안내서비스에서 낸 책자도 새빨간 거짓말을 한다. 그것은 유방수술 뒤 반흔 조직이 생기는 일이 "드물어", "아주 가끔씩만" 생긴다고 주장한다. 실제로는 흉터가 생기는 일이 적게는 전체의 10퍼센트에서 많게는 90퍼센트에 이르는 것으로 추정되는데 말이다.[42] 미용성형외과 의사 토머스 리스 박사가 사전 동의에 접근하는 방식은 아주 전형적이다. 그는 "환자에게 현실적인 정보를 가능한 한 많이 제공하되" 그는 드물다고 해도 "그들에게 일어날 수 있는", "아주 많은 합병증에 대해서는 놀라 자빠지지 않도록 만든 동의서를 준다." 우리는 어떤 자료가 편파적인지도 알아내기 힘들다. 〈인디펜던트The

Independent〉처럼 높은 평가를 받는 신문도 미용성형수술에 관해 긍정적인 기사를 싣고, 끝에 그들의 《인디펜던트 미용성형수술 안내서》(2파운드) 광고를 실었다. 위험을 작게 다루고 영국의 모든 자격 있는 외과 의사를 선전하는 광고다. 결국 여성은 자기에게 끔찍한 일이 일어날 때까지 그런 일이 일어날 가능성이 있는지 알 수 없다. 이러한 무지는 미용성형외과 의사들이 뉘른베르크 강령의 문구와 정신을 모두 어기게 만든다.

병을 치료하는 의사는 건강한 몸을 존중하고 마지막 수단으로만 환자 몸에 칼을 대야 하는데, 미용성형외과 의사는 건강한 몸에 칼을 대려고 건강한 몸이 병들었다고 한다. 전자는 가족을 수술하는 일은 피하는데, 후자는 과학기술이 발달하자 피그말리온(그리스 신화에서 자신이 조각한 여신상과 사랑에 빠진 키프로스 왕—옮긴이)처럼 오랜 남성의 환상을 가장 먼저 품었다. 의사 가운데 아내를 완전히 뜯어고친 사람이 적어도 한 명은 있다. 또한 병을 치료하는 의사는 중독자에게 휘둘리지 않으려고 하는데, 여성 가운데 이미 미용성형수술에 중독된 부류가 있다고 〈뉴스위크〉는 말한다.[43] 이 "수술칼의 노예"는 "우리 가운데 일부가 초콜릿을 먹듯이 강박적으로 미용성형수술에 (…) 빠진" 사람들이다. 이들은 "비용도 고통도 피멍도 좀 더 깎아 다듬고 싶은 욕망을 어쩌지 못한다." 어떤 성형외과 의사는 또다시 수술을 하도록 중독자에게 할인을 해준다. 성형 중독자들은 "수많은 수술을 찾아 이 의사에서 저 의사로 떠돌아다닌다. (…) 그들은 자신을 현미경으로 들여다볼 정도로 정밀하게 조사한다. 보통 사람은 보지도 않는 조금 도드라진 것에 대해서도 불평하기 시작한다." 한 여성을 적어도 여섯 번 이상 수술한 적이 있는 프랭크 던튼Frank Dunton 박사는 이렇게 말한다. "그녀는 아마도 계속 고칠 것이다. 그녀는 남편이 불평만 하지 않는다면 문제될 게 없다고 생각한다."

안전장치

불가결한 거짓말에 봉사하는 의학적 억압 체계는 합법적 의술보다 규제를 덜 받는다. 19세기에는 성기수술이 위험하고 비과학적인데도 거의 법적 제재를 받지 않았다. 1912년경까지는 환자가 의술의 개입으로 도움을 받기보다 해를 입을 가능성이 더 컸다. 오늘날 기준으로 보면 몸이 어떻게 작동하는지도 거의 알려지지 않아, 여성의 성기에 이상한 실험을 하는 일도 흔했다. 미국 의사협회는 누가 자신을 의사라고 부를 수 있는지를 합법적으로 통제할 길이 없었다. 의사들이 사실상 제멋대로 아편을 기반으로 한 중독성 있는 엉터리 약을 팔고, 모호한 여성의 병을 기적처럼 치료하는 약을 팔 수 있었다.

지금 또다시 새로운 잔학 행위가 횡행하는데도 시민의 건강과 행복을 지키겠다고 약속한 기관들의 개입은 없다. 소비자 보호 문제에도 성별에 따라 이중잣대를 적용해 아름다움의 이름으로 여성에게 하는 일이 정당화되고 있다.[44] 어떤 것이 머리카락을 자라게 하거나 키가 크게 하거나 정력을 되찾아준다고 거짓 주장을 하는 것은 불법이다.[45] 대머리 치료제 미녹시딜로 프랑스 남성 9명이 죽고 미국 남성도 최소한 11명이 죽었는데 그것을 시장에서 버젓이 파는 것을 상상하기는 어렵다. 그러나 이와 대조적으로 레틴에이 크림은 장기적 효과가 아직 알려지지 않고(미국 암연구소 스튜어트 유스파 Stuart Yuspa 박사는 그것을 처방하는 것은 "인간을 실험하는 것"이라고 한다) FDA에서도 승인하지 않았는데, 피부과 전문의들이 여성에게 처방해 연간 1억 5000만 달러가 넘는 소득을 올린다.

1970년대 FDA 승인을 받은 적이 없는 실리콘 주사도 토머스 리스 박사의 말대로 여성의 유방에 딱딱한 "돌멩이 부대 같은 것"을 만들어 놓았다. 실리콘이 장기적으로 암을 유발할지도 모르는데, 미용성형외과 의사들이 그것을 여성의 얼굴에 주입하고 있다. "박피 시술소"라는 것도 나타나 한 번도 의술 훈련을 받아본 적 없는 사람들이 수술을 한답시고 산으로 여성 얼굴에 2도 화상을 입히고 있다. FDA는 1988년에야 여성을 대상으로 한 엉터리 체중 감량 치료법을 단속하고 나섰다. FDA가 연간 250억 달러 규모의 사업을 단속할 때까지 40년 동안 신뢰할 수 없는 의사들이 "의학적으로 승인된" 체중 감량 치료법이라면서 암페타민(중추신경과 교감신경을 흥분시키는 작용을 하는 각성제로 식욕 억제 효과가 있다—옮긴이)과 그와 관련된 중독성 있는 약들, 고용량의 디기탈리스, 독성 강한 심장약, 임신한 여성의 오줌 주입, 장기간에 걸친 단식, 뇌수술, 턱을 철사로 옭아매 잘 씹지 못하게 하는 치료법, 소장 절제술 따위를 처방했다. 이 모든 것을 의사들이 권장했지만 이를 뒷받침하는 장기적인 동물 연구나 안전성이나 효능을 알아보는 임상 실험은 없었다. 대량으로 판매하는 다이어트 식품은 아직도 다시 정상적으로 먹기 시작할 때 몸에 위험할 정도로 큰 스트레스를 주고, 살 빼는 약과 체중 감량 약초 치료제에 들어 있는 PPA(페닐프로판올아민)는 심장에 위험을 초래해도 제품에 그런 사실을 표시할 필요가 없다. 여성이 아직도 코카인과 암페타민에서 나온 중독성 강한 약을 체중 감량 치료제로 처방받아도, 이것은 마약 대책반의 관심을 받을 자격이 없다. 규제가 없으면 여성은 그것을 좋은 것으로 받아들인다.

영국에서는 국민보건서비스NHS에 등록된 미용성형외과 의사도 아닌 사람들이 미용성형수술 전화상담서비스, 의료자문집단, 수술자문서비스 같은 객관적으로 들리는 단체명을 사용하고 인쇄물에 아스클레피오스(의술의 신)의 날개 달린 지팡이와 뱀을 쓴다.[46] 그들은 여성에게 공정한 정보를 제공하는 척하지만 실은 의학 교육을 받지 않은 "상담사"를 통해 전화로 회유하고 설득해 새로운 환자를 찾는다. 미국에서는 성형수술 시대에 진입한 지 10년이 된 1989년에야 하원의원 론 와이든Ron Wyden이 의회 청문회를 열어, 한 증인이 "약탈자들이 시장에 청구하는 마지막 수단"이라고 부른 것과 "미국 여성의 불안감에 기대 (…) 대개 그들을 현혹하는 그릇된" 광고를 조사하게 했다.[47] 증언에서는 연방거래위원회가 이 "업계"를 규제하지 않고 1970년대에 그런 광고를 허락하고는 그것이 야기한 상황에 책임지지 않는다고 비난했다. M.D(의학박사)와 D.P.S(공공서비스 박사)는 미국 성형외과협회에서 "공인을 받은" 사람이다. 하지만 그 여부를 스스로 확인할 책임이 있다는 말을 들은 미국 여성은 이름만 그럴싸한 규제받지 않는 "협회"가 100개가 넘는다는 사실을 알지 못한다. 미국에서는 미용성형수술의 90퍼센트가 규제받지 않는 의사의 진료실에서 이루어진다.[48] 마지막으로 의회 증언은 수술 전에 수술을 받아야 하는지를 선별하는 일반적 방법이 없어 아무나 수술을 받을 수 있다고 주장했다. 이런 상황이 밝혀졌을 때 의회는 무엇을 했을까? 아무것도 하지 않았다. 와이든 의원 사무실 대변인 스티브 스콧Steve Scott 박사는 의회에서 1,790쪽에 이르는 충격적인 증언을 들은 뒤 입법 제안된 것이 1년 넘게 "보류" 상태라고 한다. 왜 그럴까? 그것이 아름다움을 추구하는 여성에게 일어나는 일이고, 따라서 심각하게 고려할 문제가 아니기 때문이다.

성기수술

그것이 성적인 문제라면 특히 그렇다. 미용성형수술 산업은 1980년대에 아름다움의 포르노가 널리 퍼지면서 크게 성장했다. 에이즈로 이성애자들이 성적으로 분방하게 행동하기 어려워지자, 남성과 여성이 실생활에서 성을 경험할 수 있는 기회가 줄어들었다. 기회가 많아야 어떤 게 좋은 섹스인지 알아 안심하고 섹스를 할 수 있을 텐데 말이다. 그래서 사람들 머릿속에 성에 대한 상업적 이미지의 영향에 맞설 제대로 된 이미지가 줄어들고 대신 "조각 같은 몸매 만들기"가 생명력을 얻어 남녀를 더욱 떼어놓고 자아도취에 빠지게 했다. 그것은 이제 유혹을 위한 것도 아니었다. 여성이 역기를 들어 "단단해졌지만", 그러자 남성이 "냉담해져" 남성적 힘에 대한 변명으로 "아름다움"이 필요해졌다. 여성은 온몸이 단단해지자 유방 아래쪽을 절개해 투명한 젤 주머니를 집어넣었다. 근육은 지나칠 정도로 남성적인 철권이었고 인공 유방은 여성적인 벨벳 장갑이었다. 이러한 이상형은 더 이상은 상처받기 쉬운 "벌거벗은 여성"이 아니었다. 유방이 투명한 화학물질로 이루어지면서 "벌거벗지" 않았고, 그만큼 "여성"이 아니었다.

그동안 적게는 20만, 많게는 100만 명의 미국 여성이 유방을 절개하고 화학물질이 든 젤 주머니를 집어넣었다. 언론인 제레미 위어 앨더슨Jeremy Weir Alderson은 잡지 〈셀프〉에서 그 수가 100만 이상이고 그것으로 1억 6800만 달러에서 3억 7400만 달러의 수익을 올렸을 것이라고 한다(수술비용이 1,800달러에서 4,000달러다)[49]. 그는 유방이 미용성형외과 의사들이 가장 절개를 많이 하는 부위라며, 얼굴의 주름을 제거하는 수술은 1년에 6만 7,000건 하는데 유방수술은 15만 9,300건 한다고 한다. 유방 성형수술을 하면 열에 일곱은 유방에 집어넣은 보형물 주변의 반흔 조직이 딱딱해지고, 이처럼 유방이 돌처럼 딱딱해지면 다시 열어서 보형물을 제거하거나 의사가 맨손으로 온힘을 다해 딱딱해진 덩어리를 부수어야 한다. 소금물이 든 보형물도 쭈그러들면 꺼내야 하기 때문에 보형물 제조사에서 미용성형외과 의사들에게 안심하고 보형물을 대체할 수 있는 방안을 마련해준다(의사들이 크기가 다른 보형물 세 벌을 한 묶음으로 해서 산다). 실리콘 보형물이 몸 안에서 새면 어떻게 되는지는 알려지지 않았으나, 의학 잡지에서는 면역 체계에 문제가 생기고 독소 충격 증후군이 일어날 수 있다고 한다. 보형물은 암도 발견하기 어렵게 한다. 캘리포니아주 반누이스 지역에 있는 유방 센터에서 유방에 보형물이 있는 암 환자 20명을 연구했더니 초기에 유선종양이 발견된 경우는 하나도 없고 병을 발견할 수 있었을 때는 20명 가운데 13명이 림프절까지 암이 퍼져 있었다. 그래도 "위험을 들은 뒤에 보형물을 빼는 여성은 아주 소수다"라고 베벌리힐스 미용성형외과 의사 수전 초바니안Susan Chobanian 박사는 말한다.

여성이 대부분 구할 수 있는 자료에서는 한 번도 언급된 적 없는 위험이 젖꼭지가 죽는 것이다.[50] 페니 촐튼에 따르면 "유방수술은 어떤 것이든 여성이 지금껏 즐긴 성적 자극에 나쁜 영향을 끼친다. 그것이 환자에게 중요할 경우에 대비해 의사가 그러한 사실을 분명히 말해주어야 한다." 유방수술은 성감을 크게 훼손한다는 점에서 성적 불구로 만드는 것과 같다.

상상해보라. 음경에 보형물을 집어넣고, 음경을 확대하고, 포피의 기능을 개선하고, 고환에 실리콘을 주입해 비대칭을 바로잡고, 세 가지 크기의 소금물 가운데 하나를 선택해 집어넣고, 발기의 각도를 바로잡는 수술을 하고, 음낭이 처지지 않고 탱탱해 보이도록 들어 올리는 수술을 한다고. 〈에스콰이어〉에 음경을 확대하기 전과 후의 사진이 실린다고. 위험은 귀두의 감각이 완전히 없어지고, 딱딱한 플라스틱처럼 경직되며 성감이 줄거나 영원히 지워지고, 수술을 반복한 탓인지 고환이 부어올라 딱딱해지고, 거기에 반흔 조직이 생겨 의사가 손으로 힘껏 잘게 부숴야 하는 것이다. 또한 보형물이 쭈그러들거나 새고, 장기적으로 어떤 결과를 초래할지 알 수 없고, 몇 주나 되는 회복 기간에 음경을 만져서는 안 된다. 그리고 이 같은 시술을 받는 것은 남성이 여성에게 섹시해 보이기 위해서다. 아니 그렇다고 하기 때문이다.

문명인이라면 이것은 생각도 할 수 없는 끔찍한 신체 훼손이라는 데 동의할 것이다. 나는 이 글을 쓰면서도 흠칫했다. 이것을 읽는 여성도 움찔했을 것이고, 남성은 분명 역겨움에 치를 떨었을 것이다.

그러나 여성은 자기 몸보다 남성이나 아이(또는 태아나 영장류나 아기 바다표범)의 몸을 더 자기 몸처럼 돌보도록 배워, 자신의 성기에 그 같은 공격을 하는 것을 읽어도 무덤덤하다. 여성의 성이 전도되어 우리가 여성의 쾌락보다 남성의 쾌락을 더 돌보듯이, 우리는 고통에도 똑같이 반응한다. 유방과 음경은 동일선상에 놓고 이야기할 수 있는 게 아니라고 할 수도 있다. 터무니없는 말은 아니다. 정확히 말하면, 유방수술은 음핵 절제가 아니니까. 반만 음핵 절제니까.

그러나 유방수술은 여성이 선택해서 하는 것이 아니냐고 주장할 수도 있다. 서아프리카에서는 음핵을 절제하지 않은 무슬림 처녀는 결혼할 수 없다. 그래서 부족의 여성이 살균 소독도 하지 않은 깨진 병이나 녹슨 칼로 음핵을 잘라내어 출혈과 세균에 감염되는 일이 흔하고, 때로는 죽음에 이르기도 한다. 거기서는 여성이 행위 주체다. 그러니 똑같이 여기서도 여성이 "자신에게 그런다"고 말할 수도 있을 것이다.

아프리카에서는 약 2500만 명에 이르는 여성이 성기가 절단된 것으로 추정된다.[51] 일반적 설명은 그러면 다산을 할 수 있다는 것이다. 사실은 정반대인데 말이다. 앤드리아 드워킨Andrea Dworkin이 지적했듯이 중국의 전족도 성적 근거가 있었다.[52] 그것이 질의 위치를 바꾸어 섹스를 할 때 "자연 상태에서는 도달할 수 없는 황홀경"에 이르게 해준다고 믿었고, 그래서 한 중국 외교관이 설명한 대로 그것은 "사실은 억압적 체계"가 아니라고 했다. 드워킨은 "묶여 있는 동안 살이 썩고 발바닥에서 살이 떨어져 나가는 일이 많았고", "때로는 발톱이 하나둘 떨어져 나가기도 했다"고 하는데 말이다. 중국의 전족은 바람직한 여성이 되려면 반드시 해야 하는 것이었다. 어떤 중국 여성도 "'발이 큰 귀신'이라는 조롱과 결혼하지 못하는 수치를 견딜 수 없었다." 유방수술의 근거도 성적 욕망과 바람직한 여성상이다.

유방수술처럼 성기 절제도 사소한 일로 취급되었다. 여성에게 저지르는 만행은 "성적인" 것이지 "정치적인" 것이 아니고, 따라서 미국 국무부와 세계보건기구WHO, 유엔아동기금UNICEF이 그것을 "사회문화적 태도"로 치부하고 아무것도 하지 않았다. 그러다 마침내 WHO에서 그러한 관행에 주시했고, 케냐 대통령 대니얼 아랍 모이Danial Arap Moi는 1982년 14명의 소녀가 죽은 것을 알고 이를 금지시켰다.

서양에서도 성기수술은 새로운 것이 아니다. 오늘날 정상적인 유방이 수술할 수 있는 것이듯 19세기에는 정상적인 여성의 성이 질병이었다. 그때는 부인과 의사의 역할이 성병과 "사회적 범죄"를 "찾아내어 심판하고 처벌하는" 것이었다. 골반 수술이 "사회적 반사작용"처럼 널리 퍼진 것도 "오르가슴이 병이고 치료가 그것을 없애는 것"이었기 때문이다.

빅토리아 시대의 음핵 절제는 여성의 행실과 관련이 있었다. "환자가 치료되면 (…) 도덕관념이 높아져 (…) 유순하고 예의 바르고 부지런하고 깔끔해진다." 현대 성형외과 의사들은 자기들이 여성을 기분 좋게 해준다고 주장하는데, 이것은 물론 사실이다. 빅토리아 시대의 중산층 여성도 자신의 성을 질병으로 보는 생각을 내면화해 부인과 의사가 "자신의 기도를 들어주는" 것이라고 했다. 토머스 리스 박사에게 얼굴 주름 제거술을 받은 환자는 "큰 위안이 되었다"고 한다. 빅토리아 시대에 쿠싱 박사의 환자 가운데 하나는 자위를 하고 싶은 "유혹"에 칼을 대고는 안도해 "천국으로 가는 문이 열렸다"라고 했다. 토머스 리스 박사에게 코 성형수술을 받은 환자는 "그것이 그렇게 간단히 내 인생을 바꾸어놓았다"라고 한다.

빅토리아 시대 의사들도 여성을 거세하면 여성이 “정상적” 역할로 돌아가는 효과가 있는지를 두고 의견이 분분했다. 워너 박사는 현대 성형외과 의사들처럼 결과가 심리적인 것이지 신체적인 것이 아닐 수도 있음을 인정했다. 시밍턴-브라운 박사도 이를 인정했지만 그래도 수술을 하면 “충격 효과”가 있어 여전히 수술이 유효하다고 주장했다.[53] 성형수술 시대도 마찬가지다. 굳이 말하지는 않지만 조심하지 않으면 수술이 필요할 거라는 두려움을 주어 여성이 아름다움의 신화에 더욱 복종하도록 한다.

오늘날 성형수술을 하는 기준과 마찬가지로(그것에 따르면 20대가 얼굴 주름 제거술을 하는 것은 “예방 차원에서 선제적으로” 그러는 것이다. 한 의사의 말로는 그것이 “순수한 마케팅 광고”에 지나지 않지만) 음핵 절제를 하는 기준도 처음에는 아주 엄격했지만 곧 포괄적으로 변했다. 시밍턴-브라운 박사는 1859년부터 음핵 절제를 하기 시작했다. 1860년대에는 그가 음순도 제거하고 있었다. 그는 더욱 자신감이 생겨 열 살밖에 안 된 여자아이도 수술하고 바보와 간질 환자, 마비 환자, 눈에 문제가 있는 여성도 수술했다. 잡지 〈쉬〉에서 한 성형 중독자가 말한 대로 “일단 시작하면 연쇄반응이 일어난다.” 그는 이혼을 원하는 여성도 수술했고, 다섯 번 모두 아내를 남편에게 돌려보냈다. “수술은 (…) 낙인을 찍는 의식이었고, 그들 대부분이 겁에 질려 복종하게 되었다. (…) 절제하고, 진정제를 투여하고, 심리적으로 겁을 주는 것이 (…) 잔인하기는 해도 다시 프로그래밍을 하는 데 효과가 있었던 모양이다.” 쇼월터는 “음핵 절제는 수술을 통해 여성의 성을 생식에만 국한시키는 이데올로기를 강화하는 수단이다”라고 설명했다. 유방수술이 여성의 성을 “아름다움”에만 국한시키는 이데올로기를 강화하는 수단이듯이. 빅토리아 시대 여성들도 "속여서 강제로" 치료를 받도록 한다고 불평했다. 1989년 미국 여성들이 토크쇼 진행자 오프라 윈프리에게 수술로 오르가슴을 개선할 수 있다고 확신한 의사가 자기들에게 동의도 받지 않고 성기를 절제하는 일을 저질렀다고 비난했듯이.

여성의 성이 위협적일 때 유방수술이 널리 행해지는 것도 우연의 일치가 아니다. 이는 빅토리아 시대에도 마찬가지였다. 그때는 의사들이 질이나 자궁 경관에 직접 거머리를 놓아 무월경을 치료하고, 크롬산으로 자궁을 지져 분비물을 치료했다. 한 코 성형수술 환자는 "수술은 (…) 중요한 것이 아니다"라고 말했다. 빅토리아 시대 여성의 "정신적 고통과 육체적 고문이 아무것도 아닌 것으로 여겨졌듯이." 성형외과 의사들이 대중매체에서 스타가 되고 있다. 여성의 생식기에 칼을 대는 의사들이 "매력 있고 명망 있는" 존재가 되었고, 의사들이 그렇게 극적인 조치를 취하지 않아도 되는데 수술을 권유하는 일이 흔해졌다. 난소 절제술은 "사망률이 때로는 40퍼센트에 이르렀는데도 인기 있는 수술이 되었다. 병든 난소뿐만 아니라 정상인 건강한 난소도 성기를 다루는 의사들의 먹잇감이 되었다." 미용성형외과 안내 책자만 펼쳐보아도 지금 "성기를 다루는 의사의 먹이가 된" 유방들이 얼마나 정상이고 건강한지 알 수 있다.

오늘날 성기를 다루는 의사들은 자기가 하는 일을 자랑스럽게 펼쳐 보인다. 페이 웰던의 《에덴의 악녀The Life and Loves of a She-devil》는 완전히 개조한 여성을 칵테일파티에서 동료 의사들에게 자랑스럽게 보이고 싶은 현재의 환상을 그대로 보여준다.[54] 빅토리아 시대 의사들도 난소 절제술을 몇 번 했는지 자랑하고, 미국 부인과협회 모임에서는 난소를 은쟁반에 올려 감탄하는 청중에게 보여주었다.[55]

난소 절제술은 1872년에 개발되었다. 그런데 다음 해에 그것이 "난소와 관계없는 질환", 그중에서도 특히 자위를 치료하는 것으로 알려져 1906년에는 미국 여성 15만 명 정도가 난소가 없었다. "난소와 관계없는 질환"이란 "기준에 맞지 않는 사람들"이 자식을 낳아 정치적으로 한 몸인 사회와 국가를 오염시키는 일을 막으려는 사회적 심판이었다. "'기준에 맞지 않는 사람들'에는 (…) 자위와 피임, 낙태로 더럽혀진 모든 여성이 포함되었고 (…) 1890년대부터 제2차 세계대전까지 정신병이 있는 여성들이 '거세되었다.'"

"생식기외과학회"는 1925년에 음핵을 절제하고 음문을 꿰매어 봉쇄하는 수술을 하는 훈련과 교육을 하겠다고 밝혔다. "섹스를 삼가면 벗어날 수 있는 질병과 고통이 아주 많기 때문"이었다. 10년 전에 오하이오의 한 부인과 의사는 "음핵이 직접적인 음경의 자극에 더 접근할 수 있도록" 질을 개조하는 1,500달러짜리 "마크 Z" 수술을 해주겠다고 했다. 현대의 미용성형외과 의사들이 흔히 하는 자랑도 자기들이 고통과 고난으로부터 여성을 구해준다는 것이다.

여성의 유방을 해치고 절개하는 것을 중심으로 한 포르노 장르도 있다. 그것을 보면 놀랍게도 유방수술이 에로틱하게 여겨지는 것이 유방수술을 하면 여성이 훨씬 크고 자연스러운 유방을 갖게 되기 때문도(아무도 자연스럽게 보이는 데는 관심이 없는 것 같다), 여성이 더 "여성스러워지기" 때문도 아니요, 심지어는 유방이 더 "완벽해지기" 때문도 아닌 것 같다. 놀라운 것은 수술 자체가 에로틱하게 여겨진다는 것이다. 한 헝가리 잡지는 지역 미인들의 유방을 수술한 성형외과 의사들과 나란히 싣고, 〈플레이보이〉는 마리엘 헤밍웨이Mariel Hemingway와 제시카 한Jessica Hahn의 수술을 대서특필하며 유방보다 오히려 수술에 더 중점을 두었다. 여성을 두려워하는 시대인 지금, 과학자가 여성의 유방을 열어젖히고 들어가서 인위적으로 개조하는 것이 에로틱함에서 궁극의 승리를 거두는 듯한 현실이 무서울 정도다.

유방을 인위적으로 개조하는 것이 지금은 여성에게도 에로틱한 것이 되었을지도 모른다. 아름다움의 포르노가 여성의 성을 제약한 지 불과 20년 만에 성적으로 죽은 유방이 성적으로 살아 있는 유방보다 "좋다"고 보고 "좋다"고 느낄 수 있게 되었다. 여성의 얼굴과 몸매의 이미지를 편집하는 암묵적 검열이 똑같이 여성의 유방 이미지도 편집하여, 여성의 유방이 실제로는 어떻게 생겼는지 알지 못하게 한다. 문화가 흠 잡을 데 없는 완벽함으로 유방을 가려, 물렁하거나 비대칭이거나 원숙하거나 임신으로 변화를 겪은 유방을 거의 그대로 보여주는 법이 없다. 문화에서는 진짜 유방이 여성만큼이나 모양이 다양하고 변형도 많다는 것을 거의 알 수 없다. 여성도 대부분 다른 여성의 유방을 보거나 만지는 일이 드물어 유방을 만지면 어떤 느낌인지, 유방이 몸과 함께 어떻게 움직이고 달라지는지, 사랑을 나눌 때는 실제로 어떻게 보이는지 알 수가 없다. 그래서 모든 연령의 여성이(유방의 감촉이 실제로는 얼마나 다양한지를 생각하면 슬픈 일이지만) "오뚝하고", "탱탱한" 것에 집착한다. 많은 젊은 여성이 자기만 임신선이 있다고 확신하고 부끄러움에 괴로워한다. 아름다움의 검열은 다른 여성의 진짜 몸을 전혀 모르는 암흑 속에 가두어 거의 모든 여성이 자기 유방만 너무 물렁하거나 납작하거나 축 늘어졌거나 작거나 크거나 이상하거나 잘못되었다고 생각하게 만들고, 젖꼭지의 강렬하고 풍부한 성감을 앗아간다.

유방수술의 경향은 공인된 유방이 아닌 유방은 모두 차단하고, 이런 편집 과정을 거친 뒤 남은 이미지를 "섹스"라고 부르고, 다른 여성의 몸에 무지하게 만들고, 겁에 질린 여성에게 허용되는 대체물을 몇천 달러에("한 쪽에?", "아니, 양쪽에") 나누어주는 서비스를 제공하고, 그런 서비스를 거의 감독하지 않는 문화가 만들어냈다.

한 미국 미용성형외과 의사의 TV 광고에서는 화면 속 여배우가 아주 흡족한 미소를 띠고 나른한 목소리로 말한다. 그녀의 얼굴에서 색다른 것은 보이지 않는다. 그렇다면 그녀는 자신의 얼굴에 대해 말하는 것이 아니다. 여성이 지금은 개인 남성을 위해서가 아니라 대체로 자신의 성을 경험하고 싶어 유방을 절개한다. 병든 환경에서 여성이 "자신을 위해" 그것을 하고 있다. 그들은 대부분 결혼했거나 안정된 관계에 있는 여성이다. 무려 3분의 1이 임신 뒤 성형외과 의사들 말대로 유방이 "위축된" 어머니들이다. 그들의 배우자는 자신은 수술을 권하지 "않았다고 단호히" 말하고, 절대 사랑하는 여성의 유방을 두고 흠잡는 일을 하지 않았다고 항변한다.

이런 성을 위한 절개는 진짜 여성과 남성의 관계를 위한 것이 아니다. 아름다움의 반격의 덫에 걸린 여성의 성을 위한 것이다. 머지않아 사랑하는 파트너도 많은 여성의 성을 칼에서 구할 수 없을 것이다. 오늘날에는 여성이 사랑하는 사람의 눈에 비친 모습도 무시해야 한다. 그가 자신에게 감탄할 수도 있으니까. 따라서 지금은 아름다움의 신의 눈에 자신을 비추어 보아야 한다. 신의 눈에는 자신이 결코 완벽하지 않으니까.

다른 모든 유방을 차단하는 공인된 유방은 어떨까? 그것은 어떤 형태와 크기의 유방보다도 청소년기임을 보여주어야 한다. 여자아이들은 당연히 유방이 작지만, 성숙한 여성도 유방이 작은 사람이 많다. 물론 성숙한 여성 가운데 유방이 큰 사람도 많지만, 그들의 유방은 "오뚝하고", "탱탱하지" 않다. 봉긋하면서도 크고 탱탱한 유방은 10대의 유방일 가능성이 가장 높다. 여성이 성적으로 자신 있는 것이 두렵고 그로 인해 치러야 할 대가가 두려운 문화에서는 그런 유방이 아주 어리다는 것(성적으로 무지하고 불임이라는 것)을 보증해 안심할 수 있게 한다.

프로이트는 리비도의 억압이 문명을 낳았다고 믿었는데, 지금은 문명이 여성의 리비도 억압에 기대고 있다. 1973년에는 〈사이콜로지투데이Psychology Today〉에서 조사한 미국 여성 4분의 1이 자기 유방의 크기나 모양에 불만이라고 했다. 1986년에는 그 수가 3분의 1로 늘었는데, 그동안 변한 것은 여성의 유방이 아니었다.

많은 여성이 수술이 유방에 성적 관심을 없애도(유방이 경직되면 딱딱한 플라스틱처럼 변한다) 개의치 않는 것이다. 게다가 지금은 여성이 수술 뒤 새로운 성적 만족을 얻었다고 한다(적어도 성형수술에 관한 기사에서는). 유방이 무감각해지고 돌처럼 딱딱해졌는데도 말이다. 어떻게 그럴 수 있을까? 많은 여성의 성이 아름다움의 포르노 탓에 갈수록 외형적인 것이 되고 있다. 정말로 무감각하거나 움직이지 못해도 아름다움의 포르노에 맞는 성적 기관에 오히려 더 흥분을 느낄 수도 있을 정도다.

그래서 유방 보형물이 그녀가 사랑하는 사람에게는 이상하게 느껴지고 자신에게는 감각을 차단해도 실제로 여성을 성적으로 "자유롭게" 할 수도 있다. 유방 보형물을 집어넣으면 유방이 공인된 유방처럼 보인다. 사진도 잘 받는다. 게다가 가공품이 되어(여성의 것이 아니라) 변하지도 않아 아름다움의 신화의 궁극적 목적도 달성할 수 있다. 플라스틱 신체 기관은 여기서 멈추지 않을 것이다.

성형외과 의사는 자기 눈에 아름답게 보이는 여성을 만드는 것이 아니라 자신이 여성의 몸에 공인된 판타지를 수놓는 것이라고 말한다. 그들은 자기 역할에 어떤 환상도 없는 것 같다. 한 성형 잡지에 실린 광고에서는 털 많은 남자의 손이 아교질의 보형물을 움켜쥐어 손가락 사이로 젤(우연히도 네이팜 제조회사에서 만든)이 불룩하게 튀어나온다. 광고 문구는 이 제품이 인공적인 느낌이 들지 않고 "진짜 같은 느낌이 든다"라고 주장한다. 움켜쥔 손에.

의사의 윤리는 남성의 성에 개입하는 것은 "만행"으로 여긴다. 남성 범죄자의 리비도를 낮추는 약인 데포프로베라Depo-Proera가 논란거리인 것은 남성의 성에 개입하는 것은 야만이기 때문이다. 그러나 제도가 여성의 성은 가상처럼 다룬다. 공장에서 생산한 유방만 여성의 감각적 반응을 위험에 빠뜨리는 것이 아니다. 그것을 해치는 시술은 그 밖에도 많다. (예를 들면 여성을 더욱 "섹시하게" 만든다는 피임약이 실제로는 여성의 리비도를 낮춘다. 하지만 이런 부작용을 알려주는 일은 드물다.) 눈꺼풀 수술은 실명할 위험이 있고, 코 성형수술은 후각이 손상될 위험이 있고, 얼굴 주름 제거술은 무감각해질 위험이 있다. 만일 수술이 추구하는 이상이 감각적인 것이라면, 오감 외에 다른 감각이 있는 게 틀림없다.

무감각

고통이 어느 정도에 이르면 사람이 무감각해진다. "한껏 차려입은" 여성이 추운 겨울 거리를 걷는 것을 보라. 그녀의 머리 위에서는 나뭇가지들이 바람에 날려 버석거린다. 그녀는 반은 플라멩코 댄서이고 반은 카르멘 같은 옷차림을 하고 있다. 스스로 창조한 이 옷차림은 허술하지만 시선을 사로잡는다. 그녀는 한 시간 동안 얼굴에 화장을 했다. 여러 가지를 섞어 조화도 이루고 명암도 주었다. 그래서 지금 그녀는 자신의 얼굴이 예술품인 양 자랑스럽게 고개를 들고 있다. 검정 실크에 싸인 그녀의 다리는 체온을 앗아가는 차가운 바람에 감각이 없다. 아주 길게 튼 드레스는 바람에 휙 날리고, 바람이 어찌나 찬지 솜털이 곤두설 지경이다. 그녀의 아킬레스건은 검정과 빨강으로 된 스파이크 힐의 압력에 눌려 계속 욱신거린다. 하지만 사람들이 고개를 돌리고, 계속 돌아본다. 저게 누구야? 눈길을 받을 때마다 피하 주사를 한 방씩 맞는 것 같다. 사람들이 계속 고개를 돌려 바라보는 한 그녀는 정말 춥지 않다.

건강한 몸은 고통을 피하도록 반사작용을 한다. 그러나 아름다움의 사고는 마취제처럼 감각을 마비시켜 여성을 물건처럼 만드는 능력이 있다. 아름다움의 지표는 우리가 견딜 수 있는 고통의 한계치를 계속 높여 성형 과학기술을 뒷받침해준다. 성형수술 시대에 살아남으려면 우리는 자신이 무엇을 느끼는지 알지 못하게 해야 한다. 우리가 고통을 느낄수록 우리가 차단해야 했던 정신적 경로를 재개하는 데 심리적 저항을 느낄 것이다. 1950년대 밀그램 실험Milgram Experiment(권위에 대한 복종 실험—옮긴이)에서 연구진은 피험자의 손을 레버에 올리고 그들에게 그것으로 눈에 보이지 않는 사람에게 전기 충격을 줄 거라고 했다. 과학자들은 피험자에게 전기 충격의 강도를 계속 높이라고 했다. 그들은 내키지 않았지만 그렇게 하는 게 옳다는 권위 있는 과학자들의 말을 거스르지 못하고 "피해자"를 보지 못하는 상태에서 전류의 양을 치명적 수준까지 올렸다. 성형수술 시대가 열리자 여성이 피험자가 전기 충격 피해자를 대하듯 자기 몸을 대하기 시작했다. 자기 몸과 분리되어 그것을 인간으로 보고 가여워하지 말라는 과학 권위자의 가르침에 따라 자신에게 최악의 짓을 한다.

전기 충격도 단순한 은유가 아니다. 전기가 사용될 때부터 그것은 여성을 통제하는 하나의 수단이었다. 빅토리아 시대의 병약자들도 전기 충격을 당했다. 지금도 전기 충격 요법이 여성 정신병원에 있는 환자들에게는 일반적으로 사용된다.[56] 그것은 죽었다가 다시 태어나는 미용성형수술의 의식 절차와 매우 닮았다. 미용성형수술처럼 그것도 "강력한 종교의식 같은 과시적 요소들이 있고, 사제 같은 남성적 인물이 실시하고 (…) (그것의 마법 같은 힘이) 죽었다가 다시 태어나는 의식을 흉내 내는 데서 온다. 환자에게는 그것이 일종의 통과의례와 같다. 거기서 의사는 정상이 아닌 '나쁜' 자아를 죽이고 '좋은' 자아를 부활시킨다"라고 일레인 쇼월터는 《여성의 병》에서 주장한다. 시인 실비아 플라스Sylvia Plath가 본 전기 충격에서는 다시 태어난 좋은 자아가 "여성이 아닌" 자아다.[57] "이런 이유로 자살하고 싶은 환자는 전기 충격 요법을 받으면 마음이 편안해진다. 깨어나면 어떤 의미에서 자신이 죽었다가 다시 태어난 느낌이 든다. 자신의 싫었던 부분이 완전히 제거된 상태로, 말 그대로 감전되어서." 제럴드 맥나이트는 얼굴에 전기 충격을 가하는 노화 방지 "요법"에 관해 이야기한다. 랑콤은 "쓸데없이 불거져 나온 것들을 공격해", "아주 정밀하게 매끈한 윤곽을 만들어주는 제품"을 만든다. 그것은 "최초로 몸에 열을 가해 매끈한 윤곽을 만드는 충격 요법"이다. 소련에서 칠레까지 충격 요법은 정치적 반대자의 수동성을 부추겼다.

그러나 이제는 여성 스스로 자신에게 직접 전기 충격을 가하도록 한다. 역겨울 정도로 잘못된 경우를 일일이 열거하는 것도, 미용성형수술이 비싸고 아주 고통스럽다는 말을 거듭하는 것도, 잘못했다가는 규제도 받지 않고 자격도 없고 자기편도 아닌 사람에게 몸을 맡길 수 있다고 말하는 것도 의미가 없다. 죽을 수 있다는 말도 이제는 큰 의미가 없다.

그러한 무감각은 진짜 문제다. 전 세계적으로 무감각해지는 현상이 일어나고 있기 때문이다. 미용성형수술이 얼마나 끔찍한지 상세히 말해주는 기사가 나올 때마다(실제로 그런 경우가 많은데도) 역설적으로 여성이 조금씩 자신의 몸을 가여워하고 자신의 고통에 공감하는 능력을 상실한다. 그것이 생존기술인데도 그런 기사가 나올 때마다 그런 끔찍한 일을 겪게 하는 사회적 압력이 높아지는 탓이다. 이제는 여성이 그런 만행에 대해 알지만 그것을 느끼지 못한다.

아름다움의 지표가 높아지고 미용성형 기술이 더욱 정교해지면 이렇게 무감각해지는 과정도 가속화될 것이다. 아직은 우리 귀에 야만적으로 들리는 시술도 곧 잠식해 들어오는 무감각에 흡수될 것이다. 아름다움의 신화가 동쪽으로 퍼져나가, 우리가 미국에서 참고 견디게 된 시술들이 아직 영국에서는 역겹게 들리고 네덜란드에서는 욕지기가 나게 하지만 이후에는 영국 여성이 역겨운 것을 참을 수 있고 네덜란드 여성이 메스꺼운 느낌만 들 것이다. 지금은 우리가 즐거운 마음으로 찬사를 보내는 우리 자신의 일부가 다음 해에는 새로운 기형으로 재분류될 것이다. 우리에게 참고 견뎌달라는 고통의 수준도 계속 올라갈 것이다. 이러한 전망은 산술적 계산에 따른 것일 뿐이다. 미용성형수술이 미국에서는 5년마다 두 배씩 증가하더니 급기야 2년에 세 배씩 증가했고, 영국에서는 10년마다 두 배씩 증가했다. 미국에서는 해마다 샌프란시스코만 한 도시의 여성이 절개를 하고, 영국에서는 바스만 한 마을의 여성이 절개를 한다.

중요한 것은 여성의 무감각이 아름다움의 지표가 여성에게 요청하는 것을 따라간다는 사실이다. 독자는 기사를 읽고 사진을 본다. 여성의 얼굴이 마치 철봉으로 광대뼈를 얻어맞은 것 같다. 눈도 얻어맞아 멍든 것처럼 검다. 여성의 엉덩이 피부는 멍든 자국으로 덮여 있다. 여성의 유방은 불룩하게 나오고 갑상선 기능 항진증으로 황달에 걸린 눈처럼 노랗다. 여성의 유방은 움직이지 않는다. 봉합선 밑에는 피딱지가 앉았다. 독자들이 2, 3년 전에는 왜 쓸데없이 이런 사진을 실어 불필요한 우려를 자아낼까 하고 생각했다. 그러나 지금은 그것이 홍보라는 것을 안다. 이제는 독자가 그것을 보고 처음 느꼈던 역겨움을 느낄 거라고 생각하지 않는다. 아름다움의 지표는 여성지가 정한다. 그동안 여성지에서 성형수술을 얼마나 많이 다루었는가. "아름다움"의 세계에서는 도무지 새로운 일이라곤 거의 일어나지 않는 탓이기도 하지만. 그런 기사들은 독자에게 이제는 어떤 것도 망설여서는 안 된다고 믿게 한다. 다른 독자들, 경쟁자들은 용감하게 그것을 하는 것 같기 때문이다. 몇 주 동안 겪어야 할 소름끼치는 고통에 대해 상세히 말하지만 결국에는 행복한 아름다움으로 끝나는 전형적인 기사들은 여성에게 공포에 휩싸여 사재기를 하는 공황 매수 같은 것을 하도록 부추긴다.

한번은 매 맞는 여성의 쉼터에 있던 여성이 내게 자기 다리가 "마치 보라색 타이즈를 신은 것처럼 온통 멍투성이다"라고 했다. 맨해튼에 있는 커피숍에서 언뜻 성형수술 홍보 책자를 위해 인터뷰하는 것을 들으니 지방 흡입술을 받은 여성도 비슷한 이미지를 사용했다. 탐구할 필요가 있는 것은 신체를 손상시키는 것이 아니라, 환경과 몸 그 둘 사이에 아무런 차이도 없게 만드는 분위기, 지금 우리가 사는 환경이다.

우리는 지금 미용성형수술과 함께 무시무시한 새 시대에 들어섰다. 모든 제약이 사라졌다. 아무리 고통스럽고 외관을 해칠 위험이 있어도 그것을 억제하지 못한다. 미용성형수술과 관련해 여성의 몸에 일어나는 것이 지구 생물체의 균형에 일어나는 일 같다. 우리는 지금 역사적 전환기에 있다.

1980년대 성형수술 시대가 열린 것은 의료계에서 일어난 어떤 기술적 진보의 결과였다. 그렇지만 그것은 그보다 페미니즘에 대한 아름다움의 반격에서 훨씬 많은 에너지를 얻었다. 이 두 가지 사태(여성을 완전히 바꿀 수 있는 수단과 더 중요하게는 그러려는 의지)로 인해 우리는 여성의 모습으로 사는 삶을 둘러싸고 엄청난 정신적 대변동을 겪어야 했다. 고통과 신체 손상을 분칠하는 미사여구는 조금씩 달라졌지만, 여성의 의식은 원자 분해로 인간의 사고가 직면하던 규칙의 파괴 같은 것에 맞닥뜨려야 했다. 가능성도 확장되었지만 더불어 위험도 엄청나게 확장되었다.

여성의 몸에서 무언가를 바꿀 수 있다면 아름다움의 신화라는 대안의 세계에 어떤 혁명적인 일이(또는 악마 같은 일이) 일어난 것이다. 그렇다면 그것은 무자비한 낡은 경제가 날아갔다는 말일까? 과학이 정말 아름다움의 지평을 열어 여유가 있는 여성은 모두 그것을 누릴 수 있게 된 것일까? 일부가 다른 사람보다 "낫게" 태어나는 저 한 맺힌 카스트 제도가 수명을 다해 이제 여성이 자유로워진 것일까?

이것이 일반적 해석이었다. 성형수술 시대는 무조건 좋은 것이다. 이는 미국의 꿈이 실현된 것이다. 우리가 이제 용감한 신세계에서 자신을 "더 낫게" 재창조할 수 있으니 말이다. 그것은 페미니즘 혁명으로도 해석되었다. 전혀 터무니없는 말은 아니다. 잡지 〈미즈〉는 그것을 "자신을 스스로 바꿀 수 있는 것"으로 환호했고, 《리어스Lear's》에서 한 여자 성형외과 의사는 "자, 이제 자유의 길이 열렸다"라고 말했다. 그러나 마법 같은 기술이 아름다움의 신화를 무너뜨리고 그것의 부당함을 타파할 거라는(고통으로 얻을 수 있고 돈으로 살 수 있으니 거의 공평한 "아름다움"으로 말이다) 여성의 이런 열망은 가슴 뭉클했지만 근시안적 반응이었다.

1950년대 원자폭탄이 나왔을 때도 똑같은 종류의 희망이 넘쳤다. 원자폭탄이 불평등한 나라들을 평등하게 만드는 마법 같은 힘으로 전면전을 종식시킬 거라고 했다. 미용성형수술이 아름다움의 신화 아래서 여성이 벌이는 전쟁을 종식시키는 마법 같은 힘을 발휘할 거라고 하듯이. 그러나 핵 시대가 인간의 의식에 실제로 어떤 영향을 끼치는지 인식하는 데 수십 년이 걸렸다. 원자폭탄은 쓰든 안 쓰든 우리가 세계를 생각하는 방식을 완전히 바꿔놓았다.

성형수술 시대와 함께 우리는 지금 그 끝을 알 수 없는 물결의 첫 번째 파고를 맞고 있다. 그러나 우리가 이 기술을 기쁘게 받아들이는 자세는 원자폭탄과 관련된 수영복과 만화 주인공이 만들어낸 원자폭탄에 관한 낙관론만큼이나 근시안적이다. 미용성형수술과 함께 여성의 몸 안에 있는 의식이 큰 변화를 겪고 있고, 그것이 어쩌면 우리가 아주 최근에 정의하고 옹호한 몸의 경계를 (그리고 성형수술 시대 전에 그 안에 있던 우리의 성향을) 잃었다는 말일 수도 있다. 영원히.

우리는 원자폭탄을 터뜨리든 터뜨리지 않든 그것에 큰 영향을 받는다. 마찬가지로 성형수술을 받든 안 받든 여성의 마음도 큰 영향을 받고 있다. 미용성형수술에 대한 기대는 계속 높아질 것이다. 아름다움의 신화는 면밀히 계획한 균형 체계 안에서 작동하므로 성형한 여성이 늘어나 "이상형"처럼 임계점에 이르는 순간, "이상형"이 바뀔 것이다. 그래서 여성이 여성의 성과 생계를 유지하려면 계속 다르게 절개하고 꿰매야 하리라.

1945년 우리는 세계가 개인보다 오래 존속하는 것을 당연시하는 사치를 더 이상 누릴 수 없게 되었다. 과학기술 덕분에 세계가 파괴될 가능성이 커졌기 때문이다. 1990년경에는 과학기술이 여성이 만든 여성의 몸에 종말을 고했다. 여성은 자기만의 얼굴과 몸 안에서 생을 마치는 것을 당연하게 여기는 사치를 누릴 수 없다.

원자폭탄이 개발되었을 때부터 아인슈타인이 전쟁에 대한 "새로운 사고방식"을 내놓을 때까지가 가장 위험했다. 인간이 재래식 전쟁에서 새로운 과학기술을 이용해 세계를 파괴할 수단은 있는데 아직 재래식 전쟁이 불가피하다는 생각을 넘어설 정도로는 나아가지 못했기 때문이다. 오늘날 여성은 "아름다움"을 위해 투쟁하면서 몸을 개조하는 과학기술에 접근하지만, 아직 낡은 규칙을 넘어 여성끼리 싸우는 이 전쟁을 피할 수 있다는 사고방식에 이르지 못했다. 지금 성형외과 의사들은 무엇이든 할 수 있다. 그러나 아직 우리는 "무엇이든" 기꺼이 하지 않음으로써 자신을 지킬 수 있는 시대에 도달하지 못했다.

지금은 위험한 때다.

여성에게 새롭게 가능해진 것들이 금방 새로운 의무가 된다. "아름다움을 위해 무엇이든 할 수 있다"에서 "무엇이든 해야 한다"까지가 한 걸음밖에 안 된다. 우리가 안전으로 가는 길을 생각하려면 먼저 '여성이 자유롭게 이 고통을 선택한다'는 주장을 극복해야 한다. 우리는 성형수술 시대에 사는 여성과 관련해서는 "선택"과 "고통"이 무엇을 뜻하는지 물을 필요가 있다.

고통

고통이 존재하도록 하는 것은 무엇일까? 법 이론가 수전 레빗은 법정에서 피해를 입었다는 것을 증명하려면 자신이 전보다 나빠졌다는 것을 증명해야 한다고 한다.[58] 그러나 여성은 피해를 당해도 참아야 한다는 생각이 암암리에 있어 피해를 당해도 그것이 피해라고 보지 않는다고 한다. 이는 여성이 아름다움을 추구하다가 당하는 피해에 대한 인식에도 그대로 적용된다. 여성이 "아름다움"에 집착한다고 해서 이런 생명의 위협이 아무렇지도 않은 것은 아니다. 여성은 아름답기 위해 고통을 감수할 뿐이며(여성이 고통 받는 것도 아름다우므로) 여성이 느끼는 고통은 단지 "불편할" 뿐이다. 여성의 돈은 돈이랄 수도 없는 푼돈이니, 여성은 "아름다움"에는 바보이고 바보는 돈을 오래 간직하지 못하니, 여성에게 치는 사기는 사기가 아니고 여성이 가지고 노는 돈은 만만한 대상이다. 여성은 처음부터 기형이니 사실은 기형으로 고통 받을 수도 없다. 여성은 본래 "아름다움" 앞에서 잘 속아 넘어가니 어떤 사기도 대수가 아니다.

고통도 고통임을 다른 사람이 믿게 해야 고통이 된다. 자기 말고는 아무도 고통이라고 믿지 않으면 그것은 미친 것이거나 히스테리거나 여성답지 않게 적응하지 못하는 것이다. 여성은 권위 있는 인물(의사, 성직자, 정신과 의사)이 여성이 느끼는 것은 고통이 아니라고 말하는 것을 들으며 고통을 감수하도록 배웠다.

예전에 여성에게 출산의 고통을 참고 견디라고 했듯이 지금은 성형수술의 고통을 참고 견디라고 한다. 앤드리아 드워킨이 여성 혐오증을 분석한 《여성 혐오Woman Hating》에 따르면, 중세 교회는 어떤 식으로도 출산의 고통을 더는 것을 허락하지 않음으로써 이브의 저주를 강요했다. 그는 "가톨릭에서 낙태에 반대하는 데는 바로 그 중심에 출산을 고통스러운 벌로 만든 《성경》의 저주가 있다. 그것은 태어나지 않은 태아의 '태어날 권리'와 관계가 없었다"[59]라고 말했다. 시인 애드리언 리치는 "가부장제가 산고를 겪는 여성에게 그 고통에는 분명한 목적이 있다고, 그것이 그들이 존재하는 목적이라고, 그들이 낳을 새 생명은 가치가 있지만(특히 아들이면) 그들 자신의 가치는 새 생명을 낳는 데 있다고 말한" 것을 일깨워준다.[60] 이는 수술을 통해 "새 생명" 얻는 "아름다움"에도 그대로 적용된다. 《현미경으로 본 앨리스Alice Through the Microscope》에서 브라이튼 여성과학그룹은 산부인과 병동에서 임신부들은 "대개 자신을 자기 몸과 분리시키고 자기 몸의 반응과 분리시켜야 한다. 출산의 고통 속에서도 자신을 제어하며 행동을 '잘해야' 한다. 출산 중에 소리를 지르거나 출산 뒤 우는 여성에게는 대개 그래서는 안 된다고, 그것은 분별력을 잃은 것이라고, 자신의 느낌은 자연스러운 것이 아니라고, 그런 느낌에 굴복해서는 안 된다고 생각하게 한다."[61] 미용성형수술을 받은 여성도 똑같은 일을 겪었다고 한다.

여성은 분명히 아픈데 아프지 않다고 말하는 경우를 많이 떠올릴 수 있을 것이다. 나는 손이 무척 둔하고 감각이 무딘 부인과 의사를 기억한다. 그가 질을 검사하면서 검경檢鏡(인체 내부 검사용 거울—옮긴이)을 사납게 벌리는 바람에 척추 아래쪽에 엄청난 고통이 스치듯 지나가고 두개골에 있는 숨구멍이 벌어져 그곳으로 고통이 얼음처럼 쏟아져 들어오는 것 같았다. 그런데 그가 "찌푸리지 마세요. 이것은 아프지 않아요"라고 했다. 어떤 여성은 전기 분해 요법 시술자가 "전에 전기 분해 요법 받아본 적 있어요?" 하고 물어서 그렇다고 하고 "그것에 대해 아는 것 있어요?" 해서 "지독히 아프다"고 했더니 "그것은 아프지 않다"라고 반박했다고 한다. 또 강간 위기에 처했을 때 거는 긴급전화 서비스에 대해서는 "그들이 내게 왜 그토록 화를 내는지 모르겠다고 했다. 어디 맞은 데도 없는데 말이다. 마치 그가 나를 해치려고 하지 않은 것 같았다"라고 했다. 또 한 직장 여성은 내게 코 수술 받은 이야기를 하며 "안 좋은 연애 뒤에 내 얼굴에 화가 나서 말 그대로 코를 잘라냈다. 그런데 그들은 내가 좋은 환자면 큰 고통이 없고 출혈만 조금 있을 거라고 했다. 그러나 참을 수가 없어 아프다고 했더니 내가 과잉 반응을 한다고 했다. 여동생이 나를 보더니 기절할 정도로 피를 많이 흘렸다고 한다.

그런데 그들이 '자 이제 당신이 어떻게 했는지 보라'고 했다"고 했다.

〈쉬〉에서 한 "수술칼의 노예가 된 사람"은 얼굴 박피술을 두고 이렇게 말한다. "그것은 본질적으로 2도 화상과 차이가 없다. (…) (그것을 받으면) 갈색으로 변해 바삭바삭해진 뒤에 딱지가 앉았다가 떨어진다. (…) (그것이) 몇 시간 걸리는 것은 그게 독해서 혈관까지 침투할 위험이 있기 때문이다." 토머스 리스 박사는 에둘러 말하지 않고 곧이곧대로 말한다. "찰과상과 박피는 피부에 엄청나게 큰 충격을 준다. (…) 어느 쪽이나 살갗이 너무 깊이 벗겨지면 열린상처가 날 수 있다. (…) 화학 박피술을 받고 (심장마비로) 죽은 사람도 있다. (…) (박피술을 위해) 살갗이 판자처럼 딱딱해질 때까지 얼리면 다이아몬드 조각으로 가득 찬 회전 와이어 브러시로 살갗을 벗겨내기가 쉽다." (그는 독자에게 "피부 찰상법은 제2차 세계대전 때 나왔고, 당시 사포로 문질러 살갗에 박힌 파편을 제거했다"는 사실도 알려준다. 성형수술은 제1차 세계대전 때 병사들이 전에 보지 못한 신체 손상을 입으면서 이를 치료하기 위해 등장했다.) 피부 찰상법을 목격한 한 여성은 인터뷰에서 이렇게 말했다. "만일 우리가 감옥에 있는 사람에게 그렇게 하는 것을 보았다면 전 세계에서 항의가 빗발치고, (그 나라는) 가장 끔찍한 종류의 고문을 한 것으로 국제사면위원회에 신고당할 것이다." 그런데 리스에 따르면 그런 "가장 끔찍한 종류의 고문"인 화학 박피술이 34퍼센트 증가했다.

신체의 고통을 말로 표현하기는 쉽지 않으며, 우리가 합의해서 그것을 전달할 때 쓰는 말도 전달력이 충분치 않다. 사회가 어떤 종류의 고통을 덜려면 그것이 존재한다는 데 동의해야 한다. 그러나 아직도 여성이 수술실에서 얼굴에 화학약품을 뒤집어쓰고 흡입 기계의 아가리에 몸을 내맡기고 정신을 잃고 콧등을 부러뜨리는 일은 사적이자 입에

담을 수 없는 일이다.

문제는 그들의 고통을 사소한 일로 치부해 고통이 아닌 것으로 만든다는 데 있다.[62] "불편할 수도 있다", "약간의 불편이 있다", "조금, 아주 조금 멍이 들고 붓는다" 등으로 슬쩍 넘어갈 뿐이다. 아직 미국과 유럽 여성이 아름다움을 위해 겪는 고통을 진짜 고통에, 국제사면위원회에 신고할 만한 고통에 비유하는 것이 허락되지 않는다. 그렇게 비유했다가는 과장이라고 할 것이다. 그러나 비유해야 한다. 말을 삼가는 바람에 여성이 죽어가고 있기 때문이다.

수술은 정말 아프다. 그들은 당신을 더 이상 발버둥 칠 수 없을 정도로 오랫동안 물속에 담근다. 당신은 새로 절개해서 만든 아가미로 숨을 쉰다. 그들이 물에 젖어 축 늘어진 당신을 다시 끌어올려 발자국 하나 없는 강둑에 놓아둔다. 그러고선 의식이 없고 아무것도 모르는 당신의 몸 위로 그들이 조심스럽게 탱크를 몰고 간다.

깨어나는 것도 아프고 다시 살아나는 것도 끔찍이 아프다.

병원은 "아주 편안하고 쾌적한" 곳, "보살펴주는" 곳이라고 하지만 품위를 떨어뜨린다. 오히려 당신의 옷을 벗기고 번호가 매겨진 침대를 주는 교도소나 정신병원을 떠올리게 한다.

당신은 물속에 있는 동안 삶을 잃고 그 시간은 결코 되찾을 수 없다. 사람들이 찾아와도 당신은 그들을 머리를 뒤덮은 물을 통해서 본다. 또 하나의 종種인 우물을 통해. 그곳에 일단 들어가면 아무리 좋은 삶도 차라리 죽는 것이 낫겠다는 생각이 들게 한다.

미용성형수술은 "미용"이 아니고 인간의 살은 "플라스틱"이 아니다. 이름이 그것의 본질을 사소한 것으로 만들지라도 말이다. 그것은 다리미로 옷감의 주름을 펴거나 차 모양을 바꾸거나 유행에 뒤떨어진 옷을 고치는 것과 다르다. 지금 미용성형수술을 그런 것에 비유하는데 절대 그렇지 않다. 미용성형외과 의사가 여성에게 말할 때 쓰는 언어를 보면 미용성형수술을 사소한 것으로 취급하고 여성을 어린애 취급한다. "살짝 집어낸다"고 하고, "배를 조금 집어넣는다"고 한다. 리스는 얼굴에 2도 화상을 입히면서 "학교 다닐 때 무릎이 까지면 딱지가 앉았던 것 기억하지요?" 하고 말한단다. 이렇게 아이에게 이야기하듯이 하는 말은 현실을 호도한다. 수술은 사람을 영원히 바꾼다. 몸뿐만 아니라 마음까지도 바꾼다. 우리가 그것을 심각한 것으로 이야기하지 않으면 남성이 여성을 만드는 새 천년이 우리에게 닥칠 것이고, 그때는 우리에게 선택의 여지가 없을 것이다.

선택

"아름다움의" 고통을 사소하게 여기는 이유는 여성이 그것을 자유롭게 선택한다고 가정하기 때문이다. 이 가정은 성형수술 시대가 여성에게 하는 것이 인권침해임을 보지 못하게 한다. 아름다움의 반격이 굶주림과 구역질, 수술을 유도하는 것은 정치적 무기다. 그것을 통해 우리에게 온갖 고문을 자행한다. 어떤 사람들에게 먹을 것을 주지 않거나 강제로 토하게 하거나 치료 목적도 없이 반복해서 절개하고 봉합할 때, 우리는 그것을 고문이라고 한다. 여성이 자신을 스스로 고문한다고 해서 우리가 덜 굶고 피를 덜 흘릴까?

사람들은 대부분 그렇다고 할 것이다. 여성이 자신에게 하는 것이고 또 그래야 한다고 여기는 까닭이다. 그러나 피를 흘리고 굶주리고 2도 화상을 입는데 그것을 "선택"했다고 그것이 질적으로 다르다고 결론 짓는 것은 비논리적이다. 신경 말단은 누가 얇게 베어내는 데 지불했는지 분간하지 못한다. 동기가 좋다고 화상을 입는데 살갗이 위안받을 리 없다. 사람들이 아름다움의 고통에는 다르게 반응하는 것은 마조히스트는 고통을 즐기니 고통을 당해도 된다고 믿기 때문이다.

그러나 여성은 환경에서 무엇을 해야 하는가를 배운다. 여성은 제도가 전하는 메시지에, 여성의 "아름다움"에 무엇을 해야 한다고 말하는 메시지에 민감하게 반응하는데, 제도는 어떤 수준의 폭력도 용인한다는 메시지를 아주 분명하게 보낸다. 아름다움을 위한 투쟁이 여성의 전쟁이라면 그것을 거부하는 여성은 겁쟁이 취급을 받을 것이다. 전쟁을 거부하는 남성 평화주의자들이 겁쟁이 취급을 받듯이. "누가 미용성형수술을 두려워해?" 하고 미용성형외과 의사들은 비아냥거린다. 성형수술 시대를 사는 여성의 선택은 자유롭지 않고, 따라서 여성이 여성의 고통을 진짜 고통으로 보지 않을 이유가 없다.

여성은 오로지 이럴 때만 미용성형수술을 진짜 선택할 것이다.

여성이 그것을 하지 않아도 생계를 유지할 수 있을 때. 우리는 성형수술이 어떻게 여성의 고용과 승진에 반드시 필요한지 보았다. 미용성형수술 안내 책자에서도 직장에서 여성에게 "아름답게" 보이도록 압박하는 것을 강조한다. 그러나 그런 요구는 사실 범죄다. 1970년에 제정된 직장의 안전과 보건에 관한 법에 따르면, "고용주는 더 이상 (…) 노동자에게 안전하지 않거나 건강하지 않은 노동조건을 감수하겠다는 동의를 구할 수 없다."[63] 성형수술과 레틴에이, 만성적 칼로리 부족은 건강하지도 안전하지도 않다. 그러나 여성은 직장에서 아름다움이라는 자격 조건을 요구할 때 저항할 수 없고, 저항하면 생계 수단을 유지할 수 없다.

여성이 그것을 하지 않아도 정체성을 유지할 수 있을 때. "선택"이 죽느냐 사느냐의 문제일 때는 선택이랄 수 없다. 덫에 걸린 동물은 자기 다리를 물어뜯을 수밖에 없다. 이는 선택해서 그러는 게 아니다. 지금은 가장자리에 면도날이 달린 철의 여인이 버티고 있다. 그 틀에서 벗어나면 가장자리에 끼여 잘리고 만다. 여성이 성형수술을 이야기할 때 "흠"을 "용납할 수 없다"고 한다. 그것은 히스테릭한 것이 아니다. 여성지는 "마흔이 넘어도 삶이 있을까? M사이즈가 넘어도 삶이 있을까?" 하고 묻고 이는 결코 농담이 아니다. 여성이 성형수술을 선택하는 것은 그것을 하지 않으면 정말로 자기 자신일 수 없다고 확신할 때다. 여성 누구나 있는 그대로의 자신으로 사는 길을 선택할 수 있었다면 아마 대부분이 그랬을 것이다. 여성이 정체성을 잃는 것을 두려워하는 것은 당연하다. 여성은 살 수 없는 삶보다 다시 태어나기 위해 조금 죽는 쪽을 "선택"한다.

여성이 그것을 하지 않아도 공동체에서 자리를 지킬 수 있을 때. 그리스와 터키 같은 전통적인 문화에서는 나이 든 여성이 젊은이처럼 밝은 색 옷을 입으면 음탕하다고 본다. 그런데 나이 든 여성이 목의 피부를 잘라내지 않고 그대로 두면 충격적이라고 보는 "현대" 공동체(팜스프링, 베벌리힐스, 맨해튼의 어퍼이스트사이드)가 이미 있다.

남성은 대개 강요를 '위협을 받아 자율성을 잃는 것'으로 본다. 여성에게는 강요가 흔히 다른 양상을 띤다. 타인과 유대를 이루고 사랑받고 타인이 원하는 사람이 될 기회를 잃을 거라고 위협하는 것이다. 남성은 주로 강요가 물리적 폭력을 통해 일어난다고 생각하지만, 여성은 사랑을 잃는 고통에 비하면 신체적 고통은 참을 수 있다고 본다. 어떤 사람에게는 사랑을 잃을 위험이 주먹을 드는 것보다 더 빨리 늘어선 줄로 돌아가게 만든다. 여성은 사랑을 지키기 위해서라면 불의 시련도 견딜 거라고 생각한다면, 이는 지금껏 사랑을 잃을 거라는 위협을 일종의 정치적 군중 통제의 방법으로 남성보다는 여성에게 써먹었기 때문이다.

여성이 아름다움에 필사적이면 나르시시즘이라고 조롱하지만, 사실 여성은 성의 핵심에 필사적으로 매달리는 것이다. 남성에게는 아무도 그것을 빼앗아가겠다고 위협하지 않는다. 남성은 육체가 완벽하지 않아도 나이가 들어도 성적 정체성이 유지된다. 남성은 시간이 바닥나고 있다는 메시지, 다시는 어루만져주지 않고 찬사를 보내지 않고 만족시켜주지 않을 거라는 메시지를 똑같은 방식으로 듣지 않는다. 여성에게 나르시시즘에 빠졌다고 말하기 전에 남성도 그런 위협을 받으며 사는 것을 상상해보라. "아름다움"을 위해 싸우는 많은 여성이 자신의 삶과 성적 사랑으로 가득한 삶을 위해 싸운다고 믿는 것은 당연하다.

사랑을 잃는다는 것은 곧 존재 가치를 잃는다는 위협이다. 고령자는 신화의 불평등한 본질을 보여준다. 늙은 남성은 세상을 움직이지만, 늙은 여성은 문화에서 지워진다. 금지되거나 배척받는 사람은 사람 취급을 받지 못한다. 배척과 금지는 효과가 크고, 강요의 증거를 남기지 않는다. 어떤 빗장, 어떤 법, 어떤 총도 남기지 않는다. 남아프리카공화국 활동가 베이어스 노드Beyers Naude는 영국의 한 TV에서 "금지령은 사람들을 쉽게 무너뜨릴 수 있다"라고 했다. 마치 눈에 보이지 않는 듯이 취급하는 것을 견딜 수 있는 사람은 거의 없다. 여성이 얼굴 주름 제거술을 받는 사회에서는 여성이 그것을 받지 않으면 시야에서 사라지는 것 같다.[64]

얼굴 주름 제거술은 신경 마비와 세균 감염, 피부 궤양, "피부 괴사", 흉터종, 수술 뒤 우울증을 야기한다. "얼마나 충격이었던지! 내가 트럭에 치인 것 같았다! 붓고 멍들고 비참하고 (…) 내가 기이해 보였다. (…) 이쯤 되면 많은 여성이 울음을 터뜨리기 시작한다고 한다." "턱이 빠진 것처럼 아주 고통스럽다. 웃을 수가 없고, 얼굴에 신경통이 있는 것처럼 무지 아프다. (…) 나는 끔찍할 정도로 노랗게 멍이 들었고 정신적 충격도 컸다." "세균 감염에 의한 염증 (…) 혈종 (…) 반달 모양의 멍과 뚜렷한 혹 세 개, 그중 하나는 커다란 알사탕만 했다. (…) 이제는 화장을 즐겨 한다!" 이것은 여성지에서 얼굴 주름 제거술을 받은 여성들의 말을 인용한 것이다.

나는 내가 사랑하는 사람이 병원에서 눈에 유황색 물질을 잔뜩 바른 붕대를 감고 누워 있던 모습을 잊고 싶다. 정맥 주사액이 똑똑 떨어져 가냘픈 혈관으로 들어갔다. 완전히 축 늘어져서 눈먼 송아지처럼 그녀의 머리가 베개에서 굴러 떨어졌다. 그녀는 높게 난간을 두른 침대 주변에 어색하게 서서 자신을 돌보는 사람들을 볼 수 없었다. 멋진 광대뼈 아래로, 유명한 입 위로, 한 줄기 선명한 피가 흘러내렸다. 그녀는 아프거나 다쳐서 그곳에 누워 있는 듯 보였지만, 병원에 들어오기 전에는 그렇지 않았다. 그녀가 거기 있는 것은 아마 그녀가 예전보다 아름답지 않기 때문일 것이다.

여성이 이런 이야기에 냉혹하게 웃는 이유는 그러지 않으면 봐주기 힘들다는 말을 듣기 때문이다. 늙은 여성은 사라진다. 우리 어머니의 어머니들은 사라졌다. 그들의 사회적 가치는 자녀 양육 시기가 끝나면서 감소했다. 그러나 현재의 압력이 무엇이든, 성형수술의 미래는 선택의 여지가 없다.

성형수술의 미래

빅토리아 시대에 "수술할 수 있다"는 말의 정의가 계속 넓어졌다. "패덕광(올바른 도리나 도덕, 의리 따위에 어긋나는 행동을 광적으로 일삼는 사람—옮긴이)"[65]도 추함과 마찬가지로 "어떤 종류의 행동이든 공동체의 기준으로 보았을 때 비정상이거나 파괴적이라고 여겨지는 것은 거의 모두 포괄하도록 잡아 늘릴 수 있는 정의"였다고 일레인 쇼월터는 말한다. "'뾰로통하고 제멋대로고 심술궂고 모든 집안의 통제를 공공연히 무시하는 (…) 통제할 수 없는 기질을 지닌 젊은 여성, 또는 여성의 품성을 잃을까 봐 자신의 격정을 억눌러주기를 바라는 여성'을 위한 정신병원이 문을 열었다." 오늘날에도 수술할 수 있다는 말의 정의가 같은 이유로 계속 넓어지고 있다. 1970년대에 소장 우회술(체중 감량을 위해 소장을 일부 절제하는 수술)이 발명되더니 1983년에는 그런 수술이 1년에 5만 건이나 이루어질 정도로 크게 증가했다. 턱을 죄는 수술(체중 감량을 위해 턱을 철사로 옭아매는 수술)도 페미니즘이 융성했던 1970년대에 도입되고, 위봉합술(체중 감량을 위해 위장을 봉합하는 수술)은 1976년에 시작되었다.[66] "시간이 지나자 갈수록 받아들이는 기준이 느슨해져, 이제는 적당히 포동포동한 사람도 협조적인 성형외과 의사를 찾는다"라고 〈래디언스〉는 보도한다. 154파운드(약 70킬로그램—옮긴이) 나가는 여성도 위봉합술을 받은 적이 있다. 이것을 개발한 의사는 100파운드 이상 과체중인 환자에게만 하도록 했는데, FDA는 "사실상 원하는 사람은 누구나 할 수 있도록" 했다.

장 절제술을 하면 심각한 영양실조와 간 손상, 간 기능 저하, 불규칙한 심장박동, 뇌와 신경 손상, 위암, 면역 결핍, 악성 빈혈, 죽음을 포함해 36가지 합병증이 생길 수 있다. 환자 열에 하나는 6개월 안에 궤양이 생긴다. 사망률은 동일한 사람이 수술을 포기했을 때보다 아홉 배 증가하고 2~4퍼센트는 며칠 만에 죽어, 결과적으로 사망자 수가 훨씬 높아질 수도 있다. 그래도 성형외과 의사들이 환자를 "공격적으로 찾아 나서고", "환자에게 심각한 문제가 발생할 수 있고 죽을 수도 있다고 인정하고 수술 동의서를 받는 데 전혀 문제가 없다."

이제는 위와 장을 봉합하는 환자의 80~90퍼센트가 여성이라는 것이 놀랍지도 않다.

결국 지금은 모든 여성이 수술을 할 수 있게 되었다. 지방 흡입술은 미용성형수술 가운데 가장 빠르게 성장하는 분야다. 1990년 미국 여성 13만 명이 수술을 받았고, 의사들은 그들에게서 체조직 20만 파운드를 흡입했다.[67] 〈뉴욕타임스〉에 따르면 지금까지 이런 수술로 여성 11명이 죽었다. 그 기사를 쓴 뒤에도 최소한 세 명은 더 죽었을 것이다.

그러나 내가 고객으로 가장하고 "상담사"와 나눈 대화를 통해서는 그런 사실을 알지 못했을 것이다.

"지방 흡입술에는 어떤 위험이 있나요?"

"위험이 크지 않아요. 늘 세균에 감염될 위험은 있지만 그럴 위험이 적고, 마취로 인한 위험도 있지만 그럴 위험도 크지 않아요."

"혹시 죽은 사람은 없나요?"

"음, 아마 10년 전에, 아주 비만인 사람들이 그랬을 거예요."

"요즘에는 죽은 사람이 없나요?"

"그럼요. 없어요."

"지방 흡입술에는 어떤 위험이 있나요?"

"없어요, 전혀."

"그것으로 사람이 죽었다는 기사를 읽었는데."

"맙소사. 그런 것을 어디서 읽었어요?"

"〈뉴욕타임스〉에서요."

"그래요? 난 전혀 모르는데. 〈뉴욕타임스〉 기사는 전혀 몰라요. 만일 그게 사실이라면 틀림없이 대서특필되었을 텐데. 그들은 아무것도 아닌 일에도 야단법석을 떨잖아요."

"지방 흡입술에 따른 위험이 있나요?"

"아뇨, 없어요. 일반적으로 말하면 어떤 위험도 따르지 않아요. 전혀. 아무 문제 없어요. 그럼요."

"그동안 몇 명이 죽었다는 기사를 읽었는데."

"음, 나도 그것에 관해서 들은 게 있어요. 그러나 숙련된 의사의 손에 맡기면 괜찮아요. 아무 문제 없어요."

"지방 흡입술에 따른 위험은 무엇인가요?"

"아주 작은 위험이 있어요. 아주 작은."

"그것으로 누가 죽지는 않았나요?"

"절대 그러지 않았을 걸요."

"지방 흡입술에 따른 위험은 무엇인가요?"

"위험은 아주 작아요. 아주아주 작아요. 너무 작아서 100만 명에 한 명이나 문제가 있으려나. 아주 간단한 수술이어서 영구적 부작용으로 잘못되는 일이 거의 없어요. 잘못되는 일이 없어요, 거의."

"혹시 죽을 위험은 없나요?"

"없어요, 전혀, 조금도. 그 같은 합병증이 있다는 말을 들어본 적이 없어요."

죽음을 영구적 부작용이라고 부를 수도 있을 것이다. 물론 그것을 합병증이라고 부를 수도 있다. 더 인심을 쓰면, 목숨을 거는 일을 야단법석 떨 필요 없는 아주 사소한 일, 아주 작은 위험, 아주 작고 사소한 일로 부를 수도 있을 것이다. 지방 흡입술로 인한 죽음은 진짜 죽음이 아니다. 고인의 가족에게는 위안이 되는 생각이겠지만. 미용성형외과 의사들은 "이익이 위험보다 훨씬 크다"고 한다. 그들은 자신이 생각하는 "아름다움"이 여성의 목숨보다 훨씬 중요하다는 말이다.

죽을 위험이 있지만 그럴 위험이 아주 작은데 그것을 자꾸 강조하는 것은 과잉반응이라고 미용성형외과 의사들은 말할지 모른다. 죽는 사람이 전체에서 차지하는 비율이 아주 낮으니까. 맞는 말이다. 의학적으로 필요한 수술에서는. 그러나 건강한 젊은 여성을 고치는 일에서는 어떨까? 얼마나 많이 죽어야 너무 많이 죽고, 얼마나 많이 죽어야 우리 주위에 안전선을 그을까? 여성 14명이 죽고, 그 수가 계속 늘고 있다. 그들 모두 이름이 있고 가정이 있고 미래가 있었다. 모두 건강한 양의 살이 있었다. 살에서 지방은 여성의 성적 발달을 남성의 성적 발달과 구분 짓는 것이다. 그런데 그것 때문에 나머지를 모두 운명에 맡겨야 했다. 모두 죽기 아니면 살기로 도박에 걸었고, 14명의 여성은 모든 것을 잃었다. 언제 의사의 손에 묻은 피에 주목하는 것이 적절할까? 계속 20명까지 가야 할까? 아니면 30명까지? 건강한 여성 50명이 죽어야 저항을 느낄까? 여성이 자신과 아무 상관도 없는 "아름다움"을 위해 목숨을 걸고 도박을 하는 과정에 의문을 던질까? 지방 흡입술은 2년마다 세 배씩 성장하는 미용성형 분야에서 가장 빠르게 증가하는 수술이다. 이러한 경향이 악화되어 절대 다시는 적절하다고 여길 수 없을 때까지 가기 전에, 지금이 뒤로 물러서서 죽은 14개의 몸에, 진짜 몸에, 인간에 주목할 때다. 케냐에서는 14명의 여성이 죽은 것으로 충분했지만 미국에서는 아니다.

지방 흡입술은 어떤 것일까(여성이 그것을 이겨낸다면)? 푸트니 클리닉의 안내 책자를 읽으면 이렇다.

> 즉석에서 지방을 줄여 몸매를 개선하는 (…) 가장 성공적인 기술 가운데 하나는 몸매를 군더더기 없이 다듬고 고치기 위해 개발되었다. 지방을 분해하고 흡입해 제거할 경우 지방이 지나치게 많은 곳마다 조금 절개하고 아주 작은 관을 삽입한다. 그러고선 부드럽고 노련한 움직임으로 강력하고 고른 흡입기의 도움을 받아 원치 않는(그리고 대개는 보기 흉한) 지방을 제거한다. 영원히.

그러나 질 니마크Jill Neimark 기자가 직접 보고 이야기하는 것을 읽으면 이렇다.

> 남자가 벌거벗은 여자의 목으로 플라스틱 관을 억지로 집어넣는다. 그 관을 앞으로 두 시간 동안 그녀를 위해 숨을 쉴 펌프에 연결한다. 그녀의 눈은 붕대에 덮여 있고, 팔은 수평으로 벌어져 있고, 머리는 옆으로 조금 늘어져 있다. (…) 그녀는 전신마취로 알려진, 화학약품에 의한 혼수상태에 빠져 있다. (…) 그다음에 오는 것은 거의 믿을 수 없을 정도로 폭력적이다. 그녀의 외과의인 리 라크먼 박사가 캐뉼라Cannula(체내로 약물을 주입하거나 체액을 뽑아내기 위해 꽂는 관—옮긴이)를 피스톤처럼 빠르게 찔렀다 뺐다 하면서 그녀의 다리에 있는 지방, 신경, 조직의 두꺼운 망을 뚫고 나아가기 시작한다. 그는 그녀를 궤맬 준비가 되었다. 그는 그녀에게서 거의 2,000밀리리터의 조직과 피를 흡입했고, 더 흡입했다가는 그녀가 광범위한 감염과 체액 손실로 쇼크와 사망에 이를 위험이 있다. (…) 그가 그녀의 눈꺼풀에서 붕대를 떼어내자 그녀가 그를 빤히 쳐다보는데 눈을 뜨고도 그를 보지 못한다. "많은 사람이 돌아오는 데 곤란을 겪는다. 마취에서 깨어나게 하는 것이 수술에서 가장 위험한 부분이다." (…) 그로 인해 광범위한 감염과 모세혈관의 과도한 손상, 체액 감소가 일어나 쇼크와 혼수상태에 빠질 수 있다.[68]

지방 흡입술은 미래로 가는 길을 보여준다. 그것은 장차 여성이라면 누구나 받을 수 있는 미래의 많은 시술 가운데 첫 번째 시술이다.

우생학

여성이 성형 후보군인 것은 우리가 열등한 존재로 여겨지기 때문이다. 여성이 다른 배제된 집단과 함께 받는 평가다. 백인이 아닌 인종의 이목구비는 "기형"이다. 푸트니 클리닉의 안내 책자에서는 "쌍꺼풀이 뚜렷하지 않은", "동양인의 눈꺼풀"에 "서양인 같은 외모"를 주겠다고 한다. 그것은 "백인 또는 '서양인'의 코"에 감탄하고, "아시아인의 코"와 "아프리카계 카리브해인의 코('끝이 뭉툭하고 둥글어 교정이 필요하다')", "동양인의 코('끝이 얼굴과 너무 가깝다')"를 조롱한다. 그리고 "고칠 필요가 있는 서양인의 코는 어김없이 (백인이 아닌 사람들의) 코의 특징 가운데 몇 가지를 드러낸다. (…) 좀 더 섬세한 개선이 필요하기는 하지만"이라고 한다. 백인 여성이 흑인 여성이나 아시아인 여성과 함께 수술을 받는 것은 이기적 허영심의 결과가 아니라 신체적 차별에 대한 합리적 반응이다.

성형수술 시대의 언어를 살펴보면 낯익은 비하 과정이 떠오른다. 1938년 독일에서 기형아가 태어나면 가족이 아기의 안락사를 원했다. 제3제국이 "건강할 의무를 강조하고" 국민에게 "낡은 개인주의 원칙인 '자기 몸에 대한 권리'를 포기하라고" 하고, 병약자를 "쓸모없는 식충이"로 몰아붙였을 때였다고 로버트 제이 리프턴은 말한다.[69]

재분류 과정과 폭력이 시작되면 어떻게 범위를 넓혀 나가는지 떠올려보라.[70] 나치 의사들이 처음에는 만성 장애가 있는 사람들만 불임을 시켰다. 그러나 곧 사소한 결함이 있는 사람들로 범위를 넓히더니 다시 "바람직하지 않은 사람들"까지 그랬고, 결국에는 유대인이라는 것만으로도 충분히 병이 된다는 이유로 건강한 유대인 어린이까지 그 그물에 집어넣었다. 병든 사람, 필요 없으면 없애도 되는 사람의 정의가 "느슨해지고, 광범위해졌다", "쓸모없는 식충이들"에게 굶어 죽을 때까지 "기름기 없는 식사"를 주었다. 그들은 "이미 충분히 먹지 못했으니 그들에게 영양을 공급할 필요가 없다는 생각이 널리 퍼져 있었기" 때문이다. 여성의 신체 부위를 이미 손상되거나 무감각하거나 기형이거나 죽은 것으로 보는 것을 떠올려보라. 나치 의사들은 "바람직하지 않은 사람들"을 두고 "이 사람들은 이미 죽었다"[71]고 선언했다. "기준에 맞지 않는 사람", "건강하지 못한 사람"을 이미 살아 있지 않은 사람으로 분류하는 언어는 나치 의사들의 양심을 달래주었다. 그들은 그런 사람들을 "인간 밸러스트(배나 열기구에 무게를 얹고 중심을 잡기 위해 바닥에 놓는 무거운 물건—옮긴이)", "살 가치가 없는 생명", "빈껍데기뿐인 인간"이라고 불렀다. 다름 아닌 "건강"을 이용해 유혈을 합리화하는 것을 떠올려보라. 나치 의사들의 세계관은 로버트 제이 리프턴이 "치료와 살인의 전도"라고 부른 것에 토대를 두었다. 그들은 기형이거나 약한 아이들을 죽이는 것이 정치적으로 한 몸인 국가와 사회를 치유하는 기능이 있다고 강조했다. 그러면 "사람들이 인종적·유전적으로 타고난 재능이 지닌 풍부한 잠재력을 깨달아", "인류의 퇴락을 되돌릴" 수 있다고 했다.[72]

심각한 일을 사소한 일로 치부하는 성형외과 의사들의 언어를 떠올려보라.[73] 독일 의사들이 주사기로 아이들을 도태시킬 때 그것은 "살인이 아니라 잠재우는 것"이었다. 무자격 시술자들이 권위적 태도로 사태를 흐리는 것을 떠올려보라. 심각한 유전병과 선천병을 과학적으로 등록하는 제국위원회는 "무시무시한 의학적·과학적 등록기관 같은 느낌을 주었지만, 그것을 이끈 사람은 (…) 농업경제학 학위 소지자였고[74]

(…) 이런 '조사' 기관들은 (…) 잘못된 것을 의학적으로 조사하는 느낌을 주었지만 실제로는 어떤 실질적인 조사나 검사도 하지 않았다." "결코 인간이 아닌 까닭에 연구하고 고치고 조작하고 불구로 만들고 죽일 수 있는 사람들"에 대한 의학 실험이 "궁극적으로는 인류를 개조하는 데 도움이 된다"는 이유로 정당화되었다. 무감각을 떠올려보라. 희생자나 실험자나 "극히 무감각한" 상태에 있었던 것도 "아우슈비츠의 분위기에서는 어떤 종류의 실험도 가능하다고 여겨졌기 때문이다."[75]

리프턴의 말대로 "의사는 (…) 넘어서는 안 될 선이 아주 분명한 (…) 도덕적 상황에서 살지 않으면 (…) 위험하다."[76]

점진적 비인간화는 기록으로 충분히 입증된 분명한 패턴이 있다. 미용성형수술을 받으려면 몸의 어떤 부분이 살아 있어도 가치가 없다 느끼고 사회가 이에 동의해야 한다.[77] 그런데 이런 생각이 대기 전반에 퍼져 우생학의 악취를 풍기는 것은 성형외과 의사들의 세계가 서양 민주주의에서 찬미해서는 안 될 생물학 지상주의에 토대를 두기 때문이다.

철의 여인이 탈주하다

여성이 지금 철의 여인을 잘못 이해해 위험에 빠졌다. 우리는 아직 미용성형수술이 자연의 한계에 제약을 받는 지점에 있다고 믿는다. 그것도 결국은 "완벽한" 인간 여성의 외형에서 벗어날 수 없다고 말이다. 그러나 이제는 그렇지 않다. "이상형"이 여성의 몸에 관한 것이었던 적도 없지만, 이제는 과학기술을 통해 "이상형"이 늘 하려던 것을 가능하게 해준다. 여성의 몸에서 완전히 벗어나 자유롭게 그것의 돌연변이형을 복제할 수 있다. 더 이상 인간 여성은 판단의 기준이 아니다.

마침내 "이상형"이 완전히 인간이 아닌 것이 되었다. 한 모델은 〈코즈모폴리턴〉에서 "이상형이 오늘날에는 남성적 몸에 큰 유방이 있는 것이다. 자연은 여성을 그렇게 만들지 않는다"[78]라고 말했다. 사실 이제는 여성도 온갖 형태의 철의 여인이 타고난 여성의 몸을 보여준다고 여기지 않는다. 앨버트 아인슈타인 의과대학 병원의 스티븐 허먼Stephen Herman은 "나는 오늘날 인기 있는 모델은 거의 모두 어떤 형태의 유방 확대수술을 받았다고 생각한다"[79]라고 말한다. 또 한 여성지에서도 "많은 모델이 지금은 성형외과 의사와의 시간이 직업에 반드시 필요하다고 본다"라고 시인한다. 미국인 5000만 명이 미스아메리카 선발대회를 보는데, 1989년에는 대회 참가자 가운데 미스플로리다와 미스알래스카, 미스오리건을 포함해 모두 다섯 명이 알래스카에 있는 한 성형외과 의사에게 수술을 받았다.[80] 여성이 자신을, 젊은 남성이 젊은 여성을 새로운 품종이나 여성이 아닌 하이브리드와 비교하고 있다. 여성의 타고난 매력이 아름다움의 신화의 목적이었던 적도 없지만, 마침내 과학기술이 그 태마저 자르고 있다. 이제 그녀가 이게 마음에 안 든다고 하면 그가 자른다. 그녀가 여기 이것은 어떠냐고 하면 그가 자른다.

미래의 공포는 여성이 노예가 아니라 로봇이 될 거라는 거다. 먼저 여성은 자신을 스스로 감시하기 위해 퓨처렉스-5000이나 홀테인의 체성분 분석기 같은 한층 세련된 과학기술의 노예가 될 것이다. 전자는 적외선으로 지방을 분석하는 휴대용 기계고, 후자는 손목과 발목에 전극을 꽂아 전류로 체성분을 분석하는 휴대용 컴퓨터다. 다음에는 대중매체에서 보여주는 "이상형"의 이미지를 한층 정교하고 세련되게 고친 것의 노예가 된다. "가상현실"과 "사진의 수정과 보정"으로 "완벽한 것"이 갈수록 초현실적인 것이 될 전망이기 때문이다. 다음에는 흠 있는 것, 언젠가는 죽을 운명인 여성의 몸을 조금씩 "완벽한" 가공물로 대체하는 기술의 노예가 될 것이다. 이것은 공상과학소설이 아니다. 여성의 대체가 이미 생식기술과 함께 시작되었다. 영국과 미국에서 인공 태반을 개발하기 위한 연구가 활발히 진행되고 있고,[81] 과학기자들에 따르면 "우리는 지금 여성에게 생식할 기회를 주지 않거나 다른 사람의 유전자 물질을 사용해서만 생식할 수 있게 하는 과학기술의 시대로 가고 있다."[82] 이 기술은 백인 부부가 어떤 인종이든 다른 인종의 가난한 여성의 자궁을 빌려 그들의 백인 아기를 잉태하기 위해 존재한다.[83] 출산이 몸매를 "망가뜨리기" 때문에 부유한 여성이 가난한 여성을 고용해 임신과 출산이라는 고된 노동을 하게 하는 시나리오는 곧 실현될 것이다. 그리고 미용성형수술은 사람들이 장기와 피를 팔 듯 가난한 여성이 자기 몸에 있는 재료(유방이나 피부나 머리카락이나 지방)를 팔게 할 거라는 암시를 준다. 만일 이런 이야기가 너무 터무니없게 들리면, 10년 전으로 돌아가 몸에 칼을 대 여성의 유방과 엉덩이를 완전히 고치는 일이 곧 실현될 거라는 말을 듣는다고 상상해보라.

과학기술은 계속 여성 몸의 사회적 가치를 근본적으로 뒤흔들 것이다. 성을 미리 결정하는 제품이 개발되고 있고, 성공률이 70~80퍼센트에 이른다.[84] 그런 제품을 쓸 수 있게 되면 당연히 전 세계에 기록된 성별 선호를 보건대 여성의 비율이 급격히 떨어질 것이다. 한 과학자 집단은 가까운 미래에 "여성을 개량해 수동성이나 아름다움 같은 특정한 특성을 지니게 할 수도 있을 것이다"[85]라고 경고한다. 원하는 대로 조절할 수 있는 유방 보형물이 지금은 현실이다. 이제는 여성이 파트너가 선호하는 모습에 맞추어 자신을 고칠 수 있다. 일본에서는 이미 인공 피부를 가진, 진짜 사람 같은 게이샤 로봇을 완성했다.

그러나 아직 여성의 몸을 대량생산할 조짐은 보이지 않는다. 하지만 여성의 마음을 대량생산하는 일은 널리 퍼져 있다. 여성은 약물에 취해 있다. 1957년부터 1967년까지 향정신성 의약품(진정제, 신경안정제, 우울증 치료제, 식욕 억제제[86]) 소비가 80퍼센트 증가했는데, 이용자의 75퍼센트가 여성이다.[87] 1979년에는 1억 6000만 개의 처방전이 신경안정제를 위해 쓰였고, 항불안제인 발륨 처방전만 6000만 건이 넘었다.[88] 그런데 이런 처방전의 60~80퍼센트가 여성에게 갔고 응급실의 발륨 남용이 문제로 보도된다. 오늘날에는 영국과 미국에서 신경안정제를 복용하는 여성이 남성보다 두 배 많고, 캐나다에서는 여성에게 신경안정제를 과다 처방하는 문제로 시끄럽다.[89] 이들 세 나라에서 모두 여성은 전기 충격 치료와 정신외과 치료, 향정신성 의약품 치료의 주요 대상자다.

여성이 약물 치료의 대상자가 된 이러한 최근의 역사는 릴리 인더스트리Lily Industry의 우울증 치료제 플루옥세틴 같은 "'약품 화장품' 시대라는 새로운 시대"를 여는 발판이 된다. FDA의 승인을 기다리는 플루옥세틴은 시장에서 체중 감량제로 팔릴 것이다. 〈가디언〉은 또 하나 아드레날린 같은 에페드린은 신진대사 속도를 높이고, 세 번째로 DRL26830A는 복용하면 "일시적으로 미세한 떨림"을 유발하지만 날씬하게 해준다고 한다. 물론 제약업계 안에서도 그것들이 심각한 윤리적 문제를 야기할 수 있다는 우려가 있지만, 이들은 이미 "치료용보다

'미용'을 위한 약품을 내놓을" 준비가 되어 있다. 이 기사에서 인용한 한 약물 단속 기관은 "여성이 여성답게 보이려고 약을 먹는다. '여성다운' 여성은 (…) 날씬하고 수동적이고 남성에게 공손하고 '분노나 좌절, 단호함 같은 감정을 드러내지 않는다'"라고 한다. 어쩌면 미용을 위해 처방되는 이런 새로운 물결의 기분 전환제들이 여성 문제를 한방에 해결할지도 모른다. 여성이 스스로 약을 먹고 늘 쾌활하고 공손하고 수동적이며 언제나 말없이 날씬한 상태에 있을 테니 말이다.[90]

미래가 위협하는 것이 무엇이든 우리는 그것을 확신할 수 있다. "가공되지 않은", "자연 그대로의" 여성이 계속 "여성"의 범주에서 "못생긴" 범주로 이동해 수치스러운 나머지 조립 라인에서 대량생산되는 동일한 신체를 갖게 되리라는 것이다. 여성이 압력에 굴복할 때마다 압력은 더욱 거세져 그것이 의무가 될 것이고, 결국 자존심 있는 여성은 고치지 않은 얼굴로는 감히 밖에 나가지 못하리라. 여기에 싸구려 병원까지 가세해 값싸게 여성의 몸을 난도질하려고 경쟁할 것이다. 그런 분위기에서는 음핵의 위치를 바꾸고, 질을 꼭 맞게 꿰매어 붙이고, 목의 근육을 풀고, 구역질 반사 기능을 없애는 것도 시간문제다. 로스앤젤레스에서는 의사들이 몸속에 있는 기관을 볼 수 있게 투명한 피부를 개발해 이식한 적도 있다. 한 목격자는 그것을 "최고의 관음증"이라고 한다.

이런 기계가 바로 문 앞에 있다. 그녀가 미래일까?

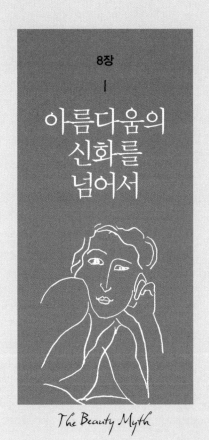

8장

아름다움의 신화를 넘어서

The Beauty Myth

우리가 다른 미래를 펼칠 수 있을까? 그녀는 죽고 우리는 아름답게 살아 있는 그런 미래를?

아름다움의 신화는 여성의 삶에 대한 사회적 제약을 얼굴과 몸에 직접 제약을 가하는 형태로 여성의 새로운 자유에 맞섰다. 따라서 지금 우리는 한 세대 전에 사회에서 우리가 어떤 위치에 있는지 물었듯 우리 몸에서 우리가 어떤 위치에 있는지 물어야 할 것이다.

여성이란 무엇일까? 여성은 자신으로 이루어져 있을까? 여성의 삶과 경험은 가치가 있을까? 만약 있다면 여성이 있는 그대로의 모습에 부끄러워해야 할까? 젊게 보이는 것이 그렇게 중요할까?

여성의 몸에 절대 넘어서는 안 될 경계가 있다는 것은 아주 새로운 생각이다. 우리는 아직 그것을 충분히 받아들이지 않았다. 우리는 이런 생각을 확장할 수 있을까? 아니면 여성은 본래 어떤 형태로든 잘라서 만들거나 신체적 침해를 당해도 좋은 유연한 성일까? 여성의 몸은 남성의 몸처럼 완전하다고 볼 수 없을까? 어떤 옷이 유행하는 것과 어떤 몸이 유행하는 것 사이에 차이가 있을까? 언젠가 여성을 싸게, 고통스럽지 않게, 아무런 위험도 없이 고칠 수 있다면, 그것이 우리가 원하는 것일까? 원숙하고 나이 든 것을 드러내는 일이 사라져야 할까? 그럴 경우 우리는 잃는 게 없을까?

여성의 정체성은 중요할까? 여성이 다른 사람처럼 보이고 싶어 하도록 만들어진 것은 아닐까? 여성의 살결에는 본래 역겨운 것이 있을까? 예전에는 여성의 정신이 미흡했는데 지금은 여성의 몸이 미흡하다. 여성은 '우리의 정신에 열등한 것이 없다'고 주장했는데, 그렇다면 여성의 몸은 정말 열등할까?

"아름다움"이 정말 섹스일까? 여성의 성sexuality이 여성이 어떻게 보이는 것과 일치할까? 여성도 사람이니 당연히 성적 쾌락과 자부심을 가질 권리가 있을까, 아니면 예전에 결혼을 통해 얻었듯이 "아름다움"을 통해 그것을 얻어야 할까? 여성의 성은 어떤 것일까? 그것은 어떻게 생겼을까? 그것은 상업적 이미지가 그것을 나타내는 방식과 어떤 관계가 있을까? 그것이 제품처럼 여성이 살 필요가 있는 것일까? 정말로 남성과 여성이 서로 끌리게 하는 것은 무엇일까?

여성은 아름다울까, 그렇지 않을까?

물론 여성은 아름답다. 그러나 여성이 아름다움의 신화를 넘어서는 첫걸음을 떼기 시작해야 비로소 여성이 제대로 된 방식으로 그것을 믿을 것이다.

그런데 이 모든 것이 여성이 죄책감을 느끼지 않고서는 립스틱을 바를 수 없다는 말일까?

그와 정반대다. 그것은 우리가 신화에서 인질로 붙잡고 있는 것을 분리해야 한다는 말이다. 여성의 성과 여성끼리의 유대, 결과 모양, 색깔에서 느끼는 관능적 즐거움, 깨끗하든 더럽든 여성에게 즐거움을 주는 것을 말이다. 우리는 신화를 해체해 온전할 뿐 아니라 전보다 한층 활기차고 건강한 섹스와 사랑, 매력, 품격을 누리며 살 수 있다. 나는 여성을 기분 좋게 하는 것을 공격하려는 것이 아니다. 내가 공격하려는 것은 처음부터 여성을 기분 나쁘게 하는 것뿐이다. 우리는 바람직하고 싶고 아름다운 느낌이 들고 싶다.

그러나 약 160년 동안 교육받은 서양 중산층 여성들이 여성의 완벽함을 보여주는 다양한 이상형의 통제를 받았다. 이 성공적인 오래된 전술은 여성의 문화에서 가장 좋은 것을 가져다가 남성 지배 사회의 가장 억압적인 요구와 결합시켰다. 이런 형태의 협박을 1920년대에는 여성의 오르가슴에 했고, 1950년대에는 가정과 자식과 가족에, 1980년대에는 아름다움의 문화에 했다. 그 때문에 우리는 세대마다 병보다 증상을 가지고 한층 격렬하게 논쟁하느라 시간을 낭비했다.

바바라 에런라이크와 데어드레이 잉글리시가 그들의 책에서 설득력 있게 지적했듯이, 우리는 이렇게 자기 이익을 위해 이상형을 장려하는 양상이 최근 역사에서 계속 되풀이되는 것을 보았다. 우리는 거기에 아름다움의 신화까지 더해 그것을 한꺼번에 이해해야 한다. 그렇지 않으면 여성이 아름다움의 신화를 무너뜨려도 곧바로 새로운 이데올로기가 나타나 그 자리를 대신할 것이다. 여성의 신비가 집안일에 관한 것이 아니었던 것처럼, 아름다움의 신화도 궁극적으로는 외모나 다이어트나 수술이나 화장에 관한 것이 아니다. 세대마다 여성성의 신화를 만들어낸 사람들도 사실 증상에는 전혀 관심이 없다.

여성의 신비를 설계한 사람들도 우리가 서 있는 마루가 여성의 가장 중요한 미덕을 보여주는 것이라고 정말로 믿은 게 아니다. 우리 시대에 여성운동의 요구를 저지하기 위한 필사적인 수단으로 여성이 생리 중에 정신이 이상해진다는 생각을 어설프게 꺼내들었을 때도 생리가 있으면 정상 생활이 불가능하다는 확신 자체에 정말 관심을 기울인 사람은 아무도 없었다. 마찬가지로 아름다움의 신화도 여성이 몸무게가 얼마나 나가는가에는 눈곱만큼도 관심이 없고, 여성의 머릿결이나 살결의 부드러움에도 관심이 없다. 우리가 만일 직장과 자율권, 오르가슴, 돈 없이 지내겠다고 하면, 아름다움의 신화가 당장 느슨해져 한층 편안해질 것을 직관해야 한다.

이것을 깨달으면 그런 증상 뒤에 있는 진짜 문제를 보고 분석하기가 쉽다. 아름다움의 신화가 실은 여성이 추하다고 생각하는 한 여성이 어떻게 생겼든 관심 없듯이, 우리가 아름답다고 생각하는 한 우리가 어떻게 생겼든 그것은 중요하지 않다는 것을 알아야 한다.

진짜 문제는 여성이 화장을 하고 안 하고의 문제가 아니다. 몸무게가 늘고 줄고, 수술을 하고 안 하고, 옷을 차려입고 대충 입고, 얼굴과 몸매를 예술품으로 만들든 아니든 이런 것과는 전혀 관계가 없다. 진짜 문제는 우리에게 선택권이 없다는 것이다.

여성의 신비 아래서는 거의 모든 중산층 여성이 개인의 성향에 관계없이 가정에 강박적 태도를 보일 수밖에 없었다. 그런데 그런 생각이 무너지자 이제 개인적으로 집안일을 잘하고 싶은 여성은 그렇게 하고, 살림에 눈곱만큼도 관심 없는 여성은 (상대적으로) 한층 많은 선택권을 누린다. 우리가 대충 해도 세상이 끝나지 않는다. 우리가 아름다움의 신화를 무너뜨린 후에도 우리와 아름다움의 문화의 관계에서 비슷한 상황이 올 것이다. 그러나 아주 합리적이고 현재와는 전혀 다를 것이다.

화장의 문제는 여성이 화장하지 않으면 부족한 느낌이 들 때만 존재한다. 운동의 문제도 여성이 운동하지 않으면 자신이 싫어질 때만 존재한다. 여성이 꾸며야 귀를 기울여줄 때, 여성이 자신의 정체성을 지키기 위해 치장할 필요가 있을 때, 여성이 일자리를 잃지 않으려고 굶을 때, 여성이 사랑하는 사람을 매혹시켜야 자식을 돌볼 수 있을 때, 그럴 때 "아름다움"은 여성을 해친다. 아름다움의 신화에서 여성을 해치는 것은 꾸미거나 성을 표현하는 것, 치장하는 데 시간을 들이거나 사랑하는 사람을 매혹하고 싶은 것이 아니다. 많은 포유류가 치장을 하고, 모든 문화에서 장식을 쓴다. "자연스럽고", "자연스럽지 않고"의 문제가 아니다. 실제 투쟁은 고통과 쾌락, 자유와 강요 사이에 있다.

여성에게 바위처럼 단단한 정체성이 인정되면 가벼운 마음으로 즐겁고 편안하게 옷을 입고 꾸밀 것이다. 여성이 스스로 성을 통제할 경우 여성의 성을 부각시키는 옷을 즐겨 입으리라. 여성의 내면에서 일어나는 정당한 열정이라는 것을 이해하면, 여성의 욕망이 선택한 대상을 향해도 낙인찍히지 않으면, 성을 표현하는 옷을 입거나 태도를 취해도 그것을 이용해 우리에게 망신을 주거나 비난하거나 성희롱 대상으로 삼을 수 없을 것이다.

아름다움의 신화는 여성에게 잘못된 선택을 하게 했다. 나는 성적인 사람이 될까 진지한 사람이 될까? 우리는 이런 잘못 강요된 딜레마를 거부해야 한다. 남성의 성은 진지하면 한층 가치 있다고 여기고, 더불어 인간적으로 받아들여진다. 우리에게 악마의 거래를 제안하는 사람들에 맞서 자아의 한 측면을 선택하면 다른 측면은 포기해야 한다는 말을 믿지 말자. 여성이 진정한 선택권이 있는 세상이 되어야 비로소 우리가 우리 외모에 관해 선택하는 것이 있는 그대로 받아들여질 것이다. 이는 어려운 일이 아니다.

우리가 물건인가 아닌가 하는 의문이 없으면 아무 생각 없이 예쁜 물건으로 자신을 장식할 수 있을 것이다. 우리의 얼굴과 옷과 몸을 그저 자신을 표현하는 다양한 형식 가운데 하나로 이용할 수 있을 때 우리는 아름다움의 신화에서 벗어날 것이다. 우리는 자신의 즐거움을 위해 차려입을 수 있지만, 그러려면 우리의 권리를 한층 소리 높여 주장해야 한다.

그동안 많은 작가가 환상과 쾌락, "글래머(황홀한 매력—옮긴이)" 문제를 다루면서 이것들을 여성의 유토피아에서 쫓아내려고 했다. 그러나 "글래머"는 인간이 황홀해질 수 있다는 것을 보여주는 것일 뿐 그 자체로 파괴적인 것이 아니다. 우리는 이것이 필요하지만 새롭게 정의할 필요가 있다. 우리가 금욕주의를 통해 인간을 착취하는 종교나 아무것도 없는 나쁜 시를 퍼뜨릴 수는 없다. 우리는 오로지 순수한 쾌락으로만 고통스러운 쾌락과 싸울 수 있다.

그러나 순진하게 굴지는 말자. 우리가 아무 탈 없이 아름다움의 새로운 의미를 만들어낼 수 있는 환경이 아니니까. 우리가 어떤 식으로든 보이고 싶은 대로 보이려면, 우리에게 당연히 귀를 기울여야 하기에 귀를 기울이게 하려면, 우리에게 다름 아닌 페미니즘의 세 번째 물결이 필요하다.

말하는 것

아름다움의 신화를 둘러싼 논쟁에서 늘 골칫거리는 그것이 반사적으로 써먹는 교묘한 수법이다. 어떤 여성이든 이런 문제를 제기하려 하면 외모를 들먹이며 처벌한다. 놀랍게도 우리는 이런 은밀한 처벌에 대해 아주 잘 알고 있다. 아름다움의 신화가 이러지도 저러지도 못하게 하는 전형적인 상황에서 그것이 어떤 작용을 하는지 아주 잘 안다. 여성의 외모는 그녀가 말하는 것을 훼손하고, 그녀가 사회에서 아름다움의 신화의 여러 측면에 관해 관찰한 것을 개인화(개인적 문제로)한다.

안타깝게도 대중매체가 일상적으로 여성의 외모를 들먹이며 그녀가 하는 말이 하찮게 보이거나 신빙성이 떨어지도록 하는 바람에, 그것을 읽거나 보는 여성 또한 세간의 주목을 받는 여성의 말에 잘 동조하지 않는다. 이것이 아름다움의 신화가 페미니즘에 반대해 궁극적으로 달성하려는 목표다. 신문이나 방송에 나오는 여성의 몸매나 화장이나 옷차림이나 헤어스타일로 우리의 관심을 돌리고 그녀가 말하는 것을 묵살하거나 듣지 않을 때마다 아름다움의 신화는 아주 훌륭하게 제 역할을 한다.

여성이 공개적인 자리에 나가면 원치 않아도 으레 몸을 샅샅이 훑어보는 일을 당한다. 앞서 본 대로 이는 어떤 여성도 피할 수 없다. 여성이 아름다움의 신화에 대해 말하면(여성 문제 전반에 대해서도 마찬가지다) 어떤 식으로도 옳게 보일 수 없다는 말이다. 그런 때는 여성에게 눈에 띄지 않는 또는 중립적인 자리가 허락되지 않는다. 그녀가 너무 "못생겨서" 아니면 너무 "예뻐서" 믿을 수 없다고 한다. 이런 반사적 반응은 정치적으로 아주 효과적이다. 오늘날에는 여성이 여성 중심 집단이나 운동에 더 관여하지 않는 이유를 말할 때 흔히 다루는 의제나 세계관의 차이가 아니라 미적인 것이나 개인적 스타일의 차이에 초점을 둔다. 그러나 이렇게 외모로 관심을 돌리는 것이 원래 페미니즘에 반대하기 위한 것이고 여기에 반동적 목적이 있음을 늘 염두에 두면 우리가 아름다움의 신화를 좌절시킬 수 있다. 우리가 여성의 외모가 그녀가 말하는 것이라는 주장을 거부할 때, 우리가 아름다움의 신화를 넘어 서로 끝까지 들어줄 때, 그 자체로도 우리는 정치적으로 한 걸음 앞으로 나아가는 셈이다.

비난

비난은 아름다움의 신화를 부채질한다. 아름다움의 신화를 박살내려면 아름다움의 신화가 맹렬히 하려는 것을 여성 탓으로 돌리지 말자. 우리가 목표로 삼아야 할 가장 중요한 변화가 이것이다. 앞으로 누가 우리에게 아름다움의 신화를 들이대도 우리가 무엇을 잘못했는지 보려고 거울을 보지 말자. 우리가 외모를 토대로 고용 차별을 당하지 않으려면, 그런 불만에 대한 일반적 반응("왜 너는 그렇게 꽉 끼는 스웨터를 입었어?", "네 자신에게 뭔가 해보지 그래?")을 검토하고 거부해야 한다. 우리가 아름다움의 신화에 대해 목청을 높일 수 있으려면, 먼저 신화가 작동하는 데는 어떤 객관적 근거도 없다는 것을(우리가 너무 못생기거나 너무 예뻐서 우리가 하고 싶은 것을 할 수 없다고 할 때 그것이 우리 외모와 아무 상관도 없다는 것을) 진심으로 믿어야 한다. 여성이 용기를 내 아름다움의 신화에 대해 공개적으로 말하려면, 외모를 공개적으로 공격하거나 칭찬하는 것이 절대 문제의 핵심이 아님을 명심해야 한다. 그것은 모두 개인적인 것이 아니라 정치적인 것이다.

우리가 침묵하게 하려고 개발한 반사적 반응들은 의심할 여지없이 갈수록 강도가 심해질 것이다. "말이야 쉽지", "너는 페미니스트가 되기에는 너무 예뻐", "그녀가 페미니스트라니 놀랍지도 않아", "저 여자는 저렇게 입고 뭘 기대하는 거지?", "자만하니 저러지", "왜 그들이 네게 휘파람을 불었다고 생각해?", "저 여자는 무엇을 입고 있었던 거야?", "어림없어", "착각하지 마", "이제는 여자가 나이를 드러내면 용서할 수 없어", "오기야?", "얼굴만 예쁜 바보", "무뇌아", "그녀는 얻을 수 있는 것은 모두 그것을 이용해서 얻으려고 해." 그러나 왜, 무엇 때문에 이런 반응이 나오는지 인식하면 강압적인 칭찬이나 모욕 또는 둘 다에 용감히 맞서 이미 오래전에 시도했어야 할 것을 하기가 한층 쉬울지도 모른다.

이것이 쉽지는 않을 것이다. 아름다움의 신화에 관한 이야기가 어떤 수준에서는 아주 아픈 데를 건드리기 때문이다. 따라서 우리 자신이나 다른 여성이 "아름다움"에 보이는 애착에 연민을 느끼고 그런 감정에 아주 너그러울 필요가 있다. 아름다움의 신화가 종교라면 이는 아직 여성에게 개방적인 의식이 없기 때문이고, 경제라면 우리가 아직 공정한 보상을 받지 못하기 때문이다. 그것이 성이라면 여성의 성이 아직 미지의 대륙이기 때문이고, 전쟁이라면 여성이 자신을 영웅과 반란자, 저돌적이거나 극기심이 강한 사람으로 보지 못하게 하기 때문이고, 여성 문화라면 남성 문화가 아직도 우리에게 적대적이기 때문이다. 신화가 강력한 것은 여성의 의식에서 가장 좋은 것을 많이 주장했기 때문임을 인식할 때, 우리는 신화에서 벗어나 그것이 대신 하려던 것을 한층 분명하게 볼 수 있을 것이다.

페미니즘의 세 번째 물결

그럼 이제 우리는 무엇을 할 수 있을까?

PBQ(직업에 필요한 아름다움이라는 자격 조건)를 없애고, 여성의 노조 결성을 지지하고, "아름다움"의 성희롱과 나이 차별, 수술 강요 같은 안전하지 못한 노동조건을 노사협상의 의제로 만들고, TV처럼 차별이 심한 직업에 종사하는 여성들이 소송의 물결을 위해 조직하고, 평등한 복장 규정을 주장하고, 심호흡을 하고 우리 이야기를 해야 한다.

흔히들 패션과 광고 이미지에 여성을 포함해야 한다고 하지만 이는 시장이 어떻게 움직이는지 잘 모르고 하는 소리로, 위험할 정도로 낙관적인 발상이다. 여성을 겨냥한 광고는 우리의 자부심을 낮추어야 효과가 있다. 우리의 자부심을 부추기면 효과가 없다. 아름다움의 지표에 우리를 포함시켜 그것을 완전하게 하면 좋을 텐데 하는 희망은 버리자. 그럴 일은 없다. 그러면 그것의 기능이 사라질 테니까. "아름다움"의 정의가 밖에서 오는 한 여성은 계속 조종당할 것이다.

여성은 나이 들어도 성적일 수 있는 자유를 주장했지만, 그것이 "젊게" 나이가 드는 것으로 굳어져버렸다. 여성이 편한 옷을 입기 시작했지만, 다시 불편함이 몸에 자리 잡았다. 1970년대의 "자연스러운" 아름다움은 그 시대의 아이콘이 되었는데, 1980년대의 "건강한" 아름다움은 새로운 병을 유행시켜 "강한 것이 아름답다"가 여성을 근육의 노예로 만들어버렸다. 이러한 과정은 여성이 아름다움의 지표를 개선하려고 할 때마다 계속될 것이다. 우리가 아름다움의 지표와 우리의 관계를 완전히 바꿀 때까지.

시장은 의식화에 개방적이지 않다. 의식화는 시장의 이미지 자체를 공격하는 잘못된 에너지다. 최근 역사를 보면 그것은 그럴 수밖에 없었다.

그러나 여성이 시장의 이미지에 직접 영향을 끼칠 수는 없어도 힘을 뺄 수는 있다. 그것에 등을 돌리고, 스스로를 직접 바라보고, 여성의 하위문화에서 대안이 될 수 있는 아름다움의 이미지를 찾고, 여성을 삼차원적으로 조명하는 연극과 음악, 영화를 찾아내고, 여성의 전기와 여성의 역사, 세대마다 시야에서 사라지는 여성 영웅들을 찾아내 끔찍한 "아름다움"의 공백을 메울 수 있다. 우리가 자신과 다른 여성을 아름다움의 신화에서 건져 올릴 수 있다. 그러나 우리가 대안을 찾아내고, 그것을 지지하고, 그것을 정말로 보려고 할 때만 그것이 가능하다.

우리의 이미지가 아름다움의 신화에 온통 물든 탓에 그것을 넘어 생각하려면 우리의 이미지 풍경이 희미해지기 때문에 그것에서 벗어난 우리의 길을 상상하려면 문화의 도움이 필요하다. 우리의 역사를 보면 여성과 여성의 성, 여성의 참된 아름다움을 표현하는 일이 우리 손에 있었던 적이 거의 없다. 당차게 전진했던 위대한 시기에 여성 스스로 그런 것을 정의하려 했지만, 불과 20년 만에 어떤 예술가 개인보다 영향력이 큰 시장이 우리의 욕망을 정의하는 일을 장악해버렸다. 그렇다고 여성을 혐오하는 이미지가 여성의 성에 대한 저작권을 주장하도록 내버려둘 수는 없지 않은가. 우리는 우리의 욕망에서 나온 문화를 만들겠다고 주장할 필요가 있다. 철의 여인을 무너뜨리고 제압할 수 있을 정도로 강력하고 매혹적이고 진실한 그림과 소설, 연극, 영화를 만들 필요가 있다. 우리의 문화를 확장시켜 섹스를 철의 여인과 분리시키자.

동시에 우리의 대중문화를 아름다움의 광고주들이 얼마나 심하게 검열하는지도 기억할 필요가 있다. 여성을 겨냥한 황금시간대 TV와 주류 신문을 아름다움의 광고주가 지원하는 한, 대중문화에 여성이 어떻게 나올지를 아름다움의 신화가 결정할 것이다. 그러면 당연히 "가공되지 않은" 여성을 중심으로 한 이야기가 만들어지는 일도 아주 드물 것이다. 우리가 60세 여성이 뉴스를 진행하는 것을 볼 수 있다면, 아름다움의 신화에 깊은 균열이 생길 것이다. 그렇지만 그동안은 신화가 방송 전파를 지배하는 것은 오로지 가공된 제품이 그 시간을 사기 때문임을 분명히 하자.

마지막으로 우리가 늘 분석의 눈길을 날카롭게 벼리면 철의 여인의 이미지를 보고 흡수하고 그에 반응하는 방식에 영향을 끼칠 수 있다. 이것을 알면 그것이 있는 그대로, 이차원으로 보이기 시작한다. 그것이 말 그대로 납작해져 지루하고 따분해지면 그것은 여성에게 일어난 상전벽해 같은 변화에 적응하려고 진화할 것이다. 보고 듣는 사람이 없으면 광고주가 대중문화에 영향을 끼칠 수 없다. 여성이 더할 나위 없이 지루하고 따분해하면, 문화의 창조자도 우리에게 다시 영향을 미치려고 여성의 이미지를 삼차원으로 제시하려 할 것이다. 우리가 갑자기 철의 여인에 지루해하면, 대중문화가 실제로 여성을 사람 취급하도록 촉구할 수 있다.

문화를 바꾸는 문제에서 주류 언론에 종사하는 여성은 선도적 역할을 할 수 있는 아주 중요한 위치에 있다. 대중매체에 있는 많은 여성이 아름다움의 신화가 제기하는 문제를 다룰 때 부딪히는 한계에 좌절감을 느끼고, 그런 한계를 뚫고 나가는 일과 관련해 고립감을 호소하는 경우가 많다고 들었다. 그러나 대중매체에서 아름다움의 신화에 관한 논쟁을 한층 정치적으로 새롭게 하고 이를 통해 중대한 결과를 이끌어 낸다면, 신문과 TV와 라디오 밑바닥에서 아름다움의 신화와 열심히 싸우는 여성들을 지지하는 새로운 동맹 세력이 구축될 것이다.

그리하여 우리가 저마다 의미 있는 아름다움의 이미지로 기존 문화에 대항하는 새로운 문화를 구축하면, 철의 여인이 매력 없는 폭력의 이미지로 보이고 사물을 보는 새로운 관점이 등장할 것이다.

- 엄밀히 말하면 로즈메리 펠은 아름답지 않았다. 당신도 그녀가 아름답다고 할 수 없었을 것이다. 예쁘냐고? 글쎄, 하나하나 뜯어보면 (…) 그런데 왜 그렇게 잔인하게 누군가를 하나하나 해체해 봐야 하지? **캐서린 맨스필드**
- 릴리에게는 자신의 아름다움이 무의미해 보였다. 그것이 열정이나 해방감, 연대감, 친밀감에는 하나도 보탬이 되지 않았기 때문이다. **제인 스마일리**
- 그녀는 놀라울 정도로 아름다웠다. (…) 아름다움에도 이런 불이익이 있었다. 너무 쉽게, 너무 완벽하게 온 것이다. 그것이 삶을 정지시켰다. 삶이 얼어붙게 했다. 작은 동요를 잊었다. 얼굴이 붉어지거나 창백해지고 어딘지

기괴하게 일그러지고 어떤 빛이 나고 그늘이 지는 것을, 잠시 얼굴을 알아볼 수 없게 하지만 그 후 영원히 보게 될 어떤 특징을 더해주는 것을. 아름다움 아래 그 모든 것을 숨기기는 한층 쉬웠다. **버지니아 울프**

- 얼굴 뒤에 무언가가 있으면 그런 얼굴은 나이가 들면서 나아진다. 주름살이 그 사람만의 독특한 특성과 성격을 보여준다. 그동안 살았다는 것을, 뭔가 알지도 모른다는 것을 보여준다. **카렌 드크로**
- 그녀는 이제 쉰이 넘었지만 (…) 그동안 그녀가 불어넣은 열정에 관한 얘기가 모두 쉽게 믿어졌다. 사랑을 많이 받은 사람은 나이가 들어서도 뭐라 설명하기 어렵지만 분명히 보이는 어떤 광채를 지니고 있다. (…) 차가운 돌도 하루 종일 햇빛을 받으면 어둠이 내려도 따뜻한 열기를 간직하고 있을 것이다. (…) 이런 따뜻한 광채를. **애설 스미스 부인**

아름다움의 숭배 열풍은 여성의 통과의례와 의식에 대한 정신적 갈증을 증명해준다. 우리는 그런 공허함을 채워줄 더 나은 의례와 의식을 개발해 정교하게 만들 필요가 있다. 우리가 친구끼리, 친구의 친구끼리 여성의 생활사를 기념하고 축하하는 새로운 알찬 의식과 의례를 한층 폭넓게 발전시킬 수 있을까? 우리에게 친구끼리 임신이나 결혼을 축하하는 파티는 있지만 출산과 첫 생리, 처녀성 상실, 졸업, 첫 직장, 큰 슬픔이나 이혼으로부터의 회복, 학위 수여, 폐경을 기념하고 축하하며 정화하고 확인하고 치료하고 새롭게 하는 행사를 하는 것은 어떨까? 그것이 어떤 유기적 형태를 띠든 우리는 여성의 일생에서 큰 획을 그을 때마다 그것을 부정적이 아니라 긍정적으로 기념하고 축하하는 행사가 필요하다.

우리의 성을 아름다움의 신화로부터 보호하려면, 우리가 동물이나 아기를 소중히 여기고 잘 보살피고 잘 먹이듯이 우리의 성도 그럴 필요가 있다. 성은 부동의 것이거나 주어진 것이 아니라 살아 있는 생물처럼 먹는 것과 함께 변화한다. 따라서 우리가 자신에게 쓸데없이 성적으로 폭력적이거나 착취적인 이미지와 거리를 두고 그런 것과 마주치면 그것을 있는 그대로 보고 느끼라고 요청할 수 있다. 우리가 착취나 폭력이 없는 성이 포함된 꿈과 비전을 찾고, 우리 몸에 무엇이 들어오는지 늘 의식하듯이 우리의 상상력에 무엇을 들어오는지 늘 의식하려고 할 수 있다.

지금은 평등한 에로티시즘을 상상하기 어려울지 모른다. 성에 대한 비판도 성이 진화하고 발전할 수 없다는 가정 때문에 멀리 나아가지 못하는 경향이 있다. 그러나 여성 대부분이 대상화나 폭력에 대한 환상을 준 이미지를 통해 피상적으로 배운다. 나는 이렇게 우리를 길들이는 것에 의식적으로 반발하면, 쾌락과 상호 의존성을 계속 연관 지으면, 배운 것도 쉽게 잊을 수 있다고 믿는다. 우리가 생각하는 성적 아름다움이 생각보다 쉽게 바뀔 수 있다.

우리는 벌거벗는 것과 근본적으로 화해할 필요가 있다. 특히 폭식증과 거식증 세대는. 많은 여성이 여성끼리 모두 함께 벌거벗는 경험을 한 번만 해도 순식간에 아주 많은 것을 깨달을 수 있다. 이것은 조롱받기 쉬운 제안이지만, 벌거벗은 철의 여인에 대한 환상을 깨는 가장 빠른 길은 어디 조용한 데 가거나 축제를 하거나 소풍을 가서 다함께 벌거벗는 기회를 만드는 것이다. 함께 수영이나 목욕을 해도 좋고, 햇볕을 쬐어도 좋고, 그냥 편하게 쉬어도 좋다. 남학생 사교 클럽부터 운동

클럽까지 남성 집단은 그런 순간이 만들어내는 가치와 결속력, 자기 성별에 대한 자부심에 대해 잘 안다. 단 한 번이라도 무한히 다양한 우리의 아름다움을 드러내 보이는 것이 말보다 훨씬 값어치가 있다. 그런 경험은 철의 여인이 거짓임을 보여줄 정도로 강력하다. 어린 여자아이들에게는 특히 그렇다.

우리가 아름다움의 신화에 직면했을 때 물어야 할 것은 여성의 얼굴과 몸이 아니라 그 상황의 권력관계다. 이것은 누구에게 도움이 될까? 누가 말하지? 이것은 누구에게 이익이 될까? 어떤 맥락에서 그럴까? 누가 면전에서 여성의 외모를 놓고 이러쿵저러쿵하면 이렇게 자문해볼 수 있다. 이게 이 사람이 상관할 일일까? 그런 권력관계는 평등할까? 나도 상대에게 똑같이 그런 사적인 언급을 하면 마음이 편할까?

대개 여성에게 외모를 환기시킬 때는 진정한 끌림이나 욕망에서 그러기보다는 정치적 이유에서 그럴 때가 많다. 우리는 그러한 차이를 잘 구별하는 것도 배울 수 있다. 그것도 자신을 해방하는 기술이다. 우리는 성욕이나 유혹, 육체적 매력을 비난할 필요가 없다. 그것은 시장이 우리가 발견했으면 하는 것보다 훨씬 민주적이고 주관적인 특성이다. 우리는 정치적 조작만 거부하면 된다.

아이러니한 것은 더 많은 아름다움이 보다 많은 여성이 연대해야 가능하다는 것을 약속한다는 점이다. 아름다움의 신화는 1970년대에 여성이 중심이 된 정치적 행동주의의 전격적 부활을 통해서만, 1990년대의 새로운 문제도 다룰 수 있도록 업데이트된, 같은 또래가 주도하는 페미니즘의 세 번째 물결을 통해서만 영원히 물리칠 수 있다. 1990년대에는 우리가 싸워야 할 적의 일부가 한층 조용해지고 영리해져 파악하기 힘들어졌다. 젊은 여성에게는 특히 그렇다. 따라서 젊은 여성이 이 대열에 참여하게 하려면 우리가 우리의 자부심을 정치적인 것으로 정의할 필요가 있다. 돈과 일자리, 탁아, 안전과 나란히 여성에게 반드시 필요한 자원이지만 일부러 부족하게 공급하고 있다.

나는 어떤 정해진 의제가 있는 척하는 게 아니다. 내가 아는 것은 그저 문제의 일부가 바뀌었다는 것뿐이다. 나는 페미니즘의 고전적 주제와 함께 시대정신의 변화와 아름다움의 반격으로 새롭게 생긴 문제 또한 다룰 페미니즘의 세 번째 물결에 기꺼이 열정적으로 참여할 젊은 여성이 수없이 많다고 확신하게 되었다. 그렇다면 페미니즘 운동이 흡수와 동화로 모호해진 문제들을 다룰 필요가 있을 것이다. 젊은 여성들이 기존 질서에 성난 단결된 외부자가 아니라 겁에 질린 고립된 "내부자"라는 느낌이 든다고 하며, 이 차이는 반발심을 불러일으킨다. 혁명을 멈추는 가장 좋은 방법은 사람들에게 잃어버릴 무언가를 주는 것이다. 그렇다면 운동은 섭식장애, 유례없이 강력한 젊은 여성과 이미지의 관계, 그 이미지가 그들의 성에 미치는 영향을 정치화할 필요가 있다. 먹을 수 없다면 자기 몸에 대한 권리도 많지 않음을 지적해야 한다. 운동이 젊은 여성이 물려받은 반反페미니즘 선전을 분석해, 그들에게 그것을 꿰뚫어볼 수 있는 도구를 주어야 한다. 이전에 물려받은 페미니즘의 유산은 고스란히 전달하되 운동이 모든 페미니즘의 물결과 마찬가지로 같은 또래가 주도할 필요가 있다. 어머니의 충고가 아무리 현명해도 우리는 또래의 말을 듣는다. 따라서 운동은 열심히 일하고 힘들게 싸우는 것만큼이나 즐겁고 재미있게 웃고 떠들고 장난치고 까불며 축하하는 것도 프로젝트의 일부로 만들어야 한다. 이 모든 것을 시작하려면 먼저 젊은 여성을 불구로 만드는 포스트페미니즘이라는 사악한 거짓말, 전쟁에서 모두 승리했다는 터무니없는 희망을 거부해야 할 것이다. 그런 터무니없는 말이 젊은 여성이 또다시 자기 탓을 하도록 만들고 있다. 그들 역시 예전의 문제와 부딪히고 있는데 '그것은 모두 해결되었잖아' 하며 착각하게 해서 말이다. 이는 그들에게서 이론이라는 무기를 빼앗아가 그들이 또다시 혼자인 느낌이 들도록 한다. 우리는 결코 자만하게 민주주의 이후의 시대에 대해 말하지 않는다. 우리는 민주주의 시대가 세대마다 새롭게 해야 할 살아 있는 손상되기 쉬운 것임을 안다. 페미니즘으로 대표되는 민주주의 또한 마찬가지다. 그러니 계속 나아가자.

여성이 오늘날 같은 형태의 "아름다움"을 갈망하도록 배운 것은 우리가 동시에 페미니즘 투쟁이 생각보다 훨씬 힘들 거라고 배우기 때문이다. "아름다움"이라는 이데올로기는 변화를 주장하고 요구하는 여성에게 굳이 힘들게 싸우지 않아도 손쉽게 자신감을 얻을 수 있고, 가치 있는 존재로 여겨질 수 있고, 우리 말을 끝까지 듣게 할 수 있고, 존경받을 수 있고, 두려움 없이 요구할 수 있을 거라고 약속했다. 하지만 그것은 역사적 플라시보였다. (사실 "아름다움"이 진짜 우리가 바라는 것인지도 의심스럽다. 어쩌면 여성이 "아름다움"을 바라는 것은 우리가 다시 우리 몸 안으로 돌아갈 수 있기 때문이고, 완벽을 갈망하는 것은 저 골치 아픈 것들을 모두 잊을 수 있기 때문인지도 모른다. 아마 선택할 수 있다면 여성 대부분이 속으로는 자기만의 개성이 없는 아름다운 일반적 타자이기보다 성적인 용감한 자신이려고 할 것이다.)

아름다움을 광고하는 문구도 용기와 자유를 약속한다. "아름답고 용감한 이들을 위한 수영복", "두려움 없는 생기 넘치는 표정", "파격적이고 멋진 용감함", "급진적 생각", "자유의 투사들, 거리낌 없이 말하고 두드러지는 것을 두려워하지 않는 여성을 위한" 등등. 그러나 이런 용기와 확신은 다른 여성을 경쟁자가 아니라 동맹자로 볼 때만 얻을 수 있는 물질적 이익의 뒷받침이 없으면 진정한 것일 수 없다.

1980년대는 개인주의적 해결책을 약속해 우리를 매수하려고 했다. 그래서 그동안 아름다움의 신화가 약속하는 개인주의적 형태의 여성의 진보가 할 수 있는 최대치를 얻었지만, 그것으로는 충분하지 않다. 다시 한 번 우리가 뭉쳐 위대한 전진을 하지 않으면, 우리가 최고 경영진의 2퍼센트, 정교수의 5퍼센트, 시니어 파트너(법률, 회계, 세무, 자문 회사의 대표와 중진—옮긴이)의 5퍼센트가 될 것이다. 광대뼈가 더 나오고 가슴선이 더 탄탄해져도 그것은 우리가 진정 자신감을 갖고 눈에 띄게 하는 데 필요한 것을 가져다주지 않을 것이다. 오로지 여성의 정치적 진보에 토대가 되는 것들, 보육 시설 확충과 효력이 있는 반차별법, 육아휴직, 임신과 출산에 관한 선택권, 공정한 보상, 성폭력에 대한 진정한 처벌만이 그럴 수 있다. 그리고 이런 것은 다른 여성에게 이익이 되는 것이 우리에게도 이익이 됨을 깨닫고 우리의 타고난 연대의식으로 아름다움의 반격이 우리 사이에 인위적으로 불러일으킨 경쟁이 낳은 조직적 방해를 극복해야 얻을 수 있다.

끔찍한 진실은 시장이 아름다움의 신화를 부추겨도 여성이 그것을 서로에게 강요하지 않았다면 무력했을 거라는 사실이다. 어떤 여성이든 신화에서 벗어나려면 많은 여성의 지원과 지지가 필요하다. 가장 힘들지만 가장 필요한 변화는 남성이나 대중매체가 아니라 우리가 다른 여성을 보고 다른 여성에게 하는 방식에서 올 것이다.

세대 간 협력

우리가 아름다움의 신화에서 서로를 구하려면, 그래서 여성의 진보가 과거의 역사적 운명에서 벗어나려면, 주기적으로 이미 있는 것을 새로 만드느라 시간을 허비하지 않으려면, 여성의 세대 간 관계를 개선할 필요가 있다. 〈컴퍼니Company〉 편집자 길 허드슨Gill Hudson은 아름다움의 반격이 얼마나 젊은이들에게 선전했는지 보여준다. 그녀는 젊은 여성들이 "절대 페미니스트로 알려지고 싶어 하지 않는다"라고 말한다. "페미니즘이 섹시하게 여겨지지 않기" 때문이다. 만일 가까운 미래의 여성이 오로지 젊은 여성이 나이 든 여성과 격리된 탓에 또다시 예전에 했던 전투를 완전히 새로 해야 한다면, 그것은 어리석고 슬픈 일일 것이다. 우리가 지난 20년 동안 여성운동을 "섹시하지 않은" 것으로 그리는 뻔한 선전에(젊은 여성이 원래 누구의 전쟁이 섹스를 섹시하게 만들었는지 잊게 하려는 활동에) 속아 다시 처음으로 돌아가야 한다면, 그야말로 한심한 일일 것이다.

우리의 제도는 세대 간 유대를 장려하지 않을 테니, 번지르르한 잡지들이 우리에게 주는 것보다 유익한 역할모델을 찾아내야 아름다움의 신화에서 벗어날 수 있다. 우리는 세대 간 접촉이 정말 필요하다. 우리의 자유를 가능케 한 여성의 얼굴을 볼 필요가 있고, 그들이 우리에게 고맙다는 말을 들을 필요가 있다. 제도적으로 젊은 여성이 "어머니의 보살핌을 받지 못하도록(어머니의 보호와 지도를 받지 못하도록)" 되어 있어, 그들에게 역할모델과 멘토가 필요하다. 나이 든 여성의 노력과 경험을 학생과 후배, 제자들과 나누어가질 때 그 영향력이 확대된다. 그렇지만 그러려면 두 세대 모두 세대 간 협력에 반발하도록 외부에서 주입한 경향에 저항해야 할 것이다. 우리는 젊은 여성이 나이 든 여성과 동질감을 느끼는 것을 꺼리도록, 나이 든 여성이 젊은 여성을 참지 못하고 무시하며 조금 심하게 다루도록 길들여졌다. 아름다움의 신화는 여성이 세대 간 경쟁을 하도록 만들어졌다. 그러나 우리가 의식적으로 세대 간 유대를 강화하면 아름다움의 신화가 발견하지 못하게 막는 우리 삶의 전체성을 회복할 수 있다.

분할 정복

사실 여성은 서로에게 위험하지 않다. 신화 밖에서 보면 다른 여성이 당연히 자기편처럼 보인다. 여성이 서로 두려워하게 된 것은 다른 여성이 우리에게 쓸 수수께끼 같은 강력한 비밀 무기를 가졌다고 확신하도록 만들었기 때문이다. "아름다움"이라는 가상의 무기를 말이다.

신화의 핵심은 분할에 있다. 우리는 곳곳에서 이런 말을 보고 듣는다. "내가 아름답다고 미워하지 마"(로레알), "나는 우리 에어로빅 강사가 정말 싫어. 그렇지만 미움이 좋은 동기가 될 것 같아", "너도 그녀가 미울 거야. 그녀는 모든 것을 가졌어", "잠자리에서 일어났을 때 아름다워 보이는 여성은 정말 짜증나", "그처럼 먹을 수 있는 여성을 미워하지 마", "구멍 하나 없다니. 역겨워", "키도 크고 금발이라. 그냥 그녀를 죽여버릴 수 없을까?" 아름다움의 신화가 불러일으키는 경쟁심과 분노, 적의는 깊다. 여성들은 보통 둘 중 한쪽이 "예쁜 쪽"으로 불릴 때의 비통함을 기억한다. 어머니도 딸이 한창 꽃필 때 흔히 어려움을 겪는다. 가장 친한 친구들 사이의 질투심은 사랑이 주는 고통 중 하나다. 누군가에게 사랑받는 여성도 미모 경쟁을 이야기한다. 여성이 아름다움을 말하는 것이 괴로운 이유는 신화 아래서는 여성의 몸이 다른 여성에게 상처를 주는 데 쓰이기 때문이다. 우리의 얼굴과 몸은 다른 여성을 벌하는 도구가 되는데, 그것은 대개 우리의 의지와 상관이 없다. 지금은 "아름다움"이 여성의 얼굴과 몸의 "가치"가 자기도 모르게 다른 여성의 가치에 나쁜 영향을 끼치는 경제다. 이렇게 끊임없이 비교해 여성의 가치가 다른 여성의 존재에 따라 출렁이게 하는 것은 분할 정복 정책이다. 이는 여성이 다른 여성이 "선택한" 외모에 아주 비판적으로 반응하게 한다. 이처럼 여성끼리 서로 겨루게 하는 경제는 불가피한 것이 아니다.

이런 분할에서 벗어나려면 여성에게 말하지 못하게 막는 많은 금기를 깨야 한다. 여성이 아름다운 물건으로 취급받을 때 그것의 어두운 면을 이야기하지 못하도록 막는 것도 마찬가지다. 그동안 많은 여성의 말을 들었지만 분명한 것은, 어떤 여성이 아름다움의 신화 때문에 겪는 고통의 양이 그 여성이 문화적 이상형에 비해 어떻게 생겼는가와 아무 상관 없다는 것이다. (어떤 톱 패션모델의 말이다. "내가 이탈리아 〈보그〉 표지에 나오자 다들 내가 얼마나 멋진지 이야기했다. 그러나 나는 '그 모든 주름을 보지 못하다니 믿을 수 없어' 하고 생각했을 뿐이다.") 철의 여인의 화신 같은 여성도 그들의 이미지에 지배받는 여성 못지않게 신화의 희생자일지 모른다. 신화는 여성에게 다른 여성의 "아름다움"을 무작정 적대시하면서도 부러워하도록 한다. 적대감과 질투심은 모두 신화에 기여해 모든 여성에게 상처를 준다.

"아름다운" 여성이 잠시 이런 체제의 정점에 있더라도 그것은 당연히 아름다움의 신화에서 선전하는 신의 은총을 받은 상태와는 거리가 멀다. 살아 있는 예술품이 되었을 때 느낄 수 있는 즐거움, 귀에 들리는 환호성과 피부 표면에 쏟아지는 관심과 찬사도 일종의 권력이다. 권력이 충분하지 않을 때는 말이다. 그러나 그것도 다시 영원히 몸 안으로 돌아가는 즐거움에 비하면 아무것도 아니다. 성적 자부심을 발견하는 즐거움, 여성의 공통된 성이 여성을 분할하는 "아름다움"을 압도하는 기쁨, 사슬 갑옷을 벗듯 자의식과 자기애와 죄책감을 벗는 즐거움, 그 모든 것을 잊을 수 있는 자유의 즐거움에 비하면 말이다.

그리고 이런 즐거움을 누려야 비로소 우리가 "아름다움"이 정말 수반하는 것에 대해 이야기할 수 있다. 우리가 모르는 사람의 관심, 우리가 얻지 않은 것에 대한 보상, 회전목마에서 행운의 고리에 낚아채듯 우리에게 손을 뻗는 남자와의 섹스, 다른 여성의 적대감과 회의적 태도, 지나치게 긴 청소년기, 끔찍한 노화, 정체성을 찾기 위한 길고 힘든 투쟁에 대해. 그러면 우리가 "아름다움"이 제공하는 좋은 것(그것이 약속하는 자신감과 성, 건강한 개성에 대한 자부심)이 사실은 "아름다움"과 특별한 관계가 없다는 것을, 신화가 무너지면 모든 여성이 그것을 누릴 수 있다는 것을 알게 될 것이다. "아름다움"이 제공하는 가장 좋은 것도 여성이라면 누구나 누릴 수 있는 권리다. 여성이 "아름다움"을 성과 분리할 때, 자신의 특성과 특색을 찬미할 때, 우리를 분리하지 않고 결합시키는 우리 몸의 즐거움에 접근할 수 있다. 아름다움의 신화가 역사가 될 것이다.

그러나 여성이 서로 경험하는 것에 대한 진실을 검열하면, "아름다움"이 계속 신비한 것으로 남아 여성을 통제하고 싶어 하는 사람들에게 유익함을 제공한다. 받아들일 수 없는 사실은 우리가 카스트 제도에서 산다는 것이다. 그것은 본래 있었던 것도 영원한 것도 아니다. 성이나 신, 영원한 반석에 토대를 둔 것도 아니다. 그것은 바꿀 수 있고 바뀌어야 한다. 그러한 상황이 우리에게 다가오고 있고, 대화를 미룰 시간이 얼마 남지 않았다.

대화가 시작되면 신화가 만든 인위적 장벽들이 사라지기 시작할 것이다. 여성이 "아름다워" 보인다고 해서 꼭 아름다운 것은 아니며 첫눈에 아름다워 보이지 않아도 아름답게 느껴지기도 한다. 마른 여성이 살찐 느낌이 들지도 모르고, 젊은 여성도 늙어갈 것이다. 여성이 여성을 보아도 안에 어떤 자아상이 있는지 도저히 알 수 없을 것이다. 여성이 부러울 정도로 자신감 있어 보여도 굶주리고 있을지 모르고, 살이 옷 밖으로 흘러넘쳐도 부러울 정도로 성적으로 만족할지 모른다. 여성이 자긍심이 높아서 살집이 있을지도 모르고, 자긍심이 낮아서 그럴지도 모른다. 여성이 질펀하게 놀고 싶어 화장을 할지도 모르고, 욕망을 감추려고 그럴지도 모른다. 여성이라면 누구나 날마다 세상이 어떻게 평가하느냐에 따라 잘해주기도 하고 잘못해주기도 하는 것을 경험했을 것이다. 이러한 경험은 여성의 정체성에 상처를 입히지만, 이는 "아름다움"이 보여주는 스냅사진이 믿게 하는 것보다 훨씬 폭넓은 경험을 할 수 있다는 말이기도 하다. 우리가 지금 외모를 읽는 방식이 우리에게 거의 아무것도 말해주지 않고 우리의 외모가 어떻든 모두 똑같은 감정의 폭을 경험하는 것도 당연하다. 아름다움의 신화가 우리 사이에 무한히 많은 눈금을 매기려 하지만, 그것을 가로지르는 공통성 속에서 우리가 때로는 사랑스럽고 언제나 여성임을 발견하는 것도 마찬가지다.

여성은 남성이 보기만 하고 듣지 않는다고 비난한다. 그러나 여성도 그런다. 어쩌면 여성이 더 그럴지도 모른다. 그러나 이제는 우리가 서로 외모를 읽을 때 외모가 언어나 정치적 성향, 가치, 공격성인 양 읽지 말아야 한다. 여성이 다른 여성에게 말하려는 것이 외모로 전달하는 분명치 않은 메시지보다 훨씬 복잡하고 공감이 갈 가능성이 크다.

먼저 "아름다움"부터 재해석하자. 아름다움은 경쟁적이거나 위계적이거나 폭력적인 것이 아니다. 왜 한 여성의 즐거움과 자부심이 다른 여성의 고통을 뜻해야 하는가? 남성은 성적으로 경쟁할 때만 성적으로 경쟁하는데, 신화는 여성이 모든 상황에서 "성적으로" 경쟁하게 한다. 더구나 특정한 성적 파트너를 두고 경쟁하는 일도 드물며, 보통은 "남성을 위한" 경쟁도 아니라서 그런 경쟁이 생물학적으로 불가피한 것도 아니다.

우리가 이렇게 "다른 여성을 위한" 경쟁을 하는 이유는 처음부터 신화가 만들어낸 블랙홀을 잠시라도 메우기 위해서다. 적대적 경쟁은 현재 우리의 성적 관계 구조에서 억압을 증언하는 것일 수도 있다. 어쩌면 우리가 서로 육체적 매력을 느끼기 때문일지도 모른다. 만일 여성이 성을 새롭게 정의해 우리가 우리끼리 느끼는 매력을 긍정한다면, 신화가 더는 상처를 줄 수 없을 것이다. 이 경우 다른 여성의 아름다움은 위협이나 모욕이 아니라 즐거움이고 찬사를 보낼 대상이다. 여성이 다른 여성에게 상처를 주거나 배신할 위험 없이, 쓸데없는 데 충성한다고 비난받을 위험 없이, 옷을 입고 장식할 수 있을 것이다. 우리가 공유할 수 있는 우리 몸의 즐거움을 찬미하기 위해 차려입고, "다른 여성을 위해" 자신을 긍정적으로 제공할 수 있을 것이다.

우리가 이런 육체적 매력을 경험하면, 시장이 더는 남성의 욕망을 대변하는 것으로 돈을 벌 수 없다. 우리가 다른 여성에게 느끼는 매력이 다양하다는 것을 알면, 더는 우리를 바람직하게 만드는 특성이 돈벌이가 되는 신비로운 것이라고 믿지 않을 것이다.

우리가 서로를 예단하지 않으면 아름다움을 경쟁적이지 않은 것으로 경험할 수 있다. 신화에서는 "다른 여성"을 미지의 위험한 존재로 제시한다. 웰라 염색약 안내 책자에서는 "다른 여성을 만나라"면서 자신의 "염색 후" 모습을 보여준다. 이는 "아름다움"이 다른 여성을(심지어는 자신의 이상적 이미지마저) 정식으로 소개할 필요가 있을 정도로 낯선 존재로 만든다는 의미다. 신화에서 다른 여성은 위협적 존재, 정부, 관계를 파괴하는 매혹적 존재를 뜻한다.

하지만 우리가 이런 미지의 다른 여성에게 다가가면 신화가 깨진다. 여성이 일상적으로 경험하는 추파는 대개 남성이 "아름다움"을 보고 던지는 것이라, 당연히 여성을 말없이 바라보는 것이 적대적으로 다가올 수 있다.

물론 우리는 이런 의심과 거리를 눈 녹듯 사라지게 할 수 있다. 왜 우리가 서로에게 정중하고 예의바르게 추파를 던지면 안 되는가? 남성에게만 보내는 저 반짝이는 관심을 일부라도 우리가 서로를 매혹하는 데 써보자. 서로 칭찬하고 감탄해보자. 우리도 다른 여성과 관계를 맺을 수 있다. 그녀의 눈길을 끌고, 그녀가 히치하이크를 할 때 태워

주고, 그녀가 고투할 때 문을 열어줄 수 있다. 우리가 거리에서 지나칠 때, 경계하며 방어적으로 머리부터 발끝까지 훑어보는 눈길을 주고받을 때, 여성 대 여성으로 서로 마주보면 어떨까? 미소 지으면 어떨까?

아름다움을 경쟁적이지 않은 것으로 보는 이런 움직임은 이미 시작되었다. 아름다움의 신화는 언제나 여성에게 명예를 허락하지 않았다. 그런데 여기저기서 여성이 자신을 보호하려고 명예롭게 행동하는 법을 발전시키고 있다. 손쉬운 비판을 삼가고, 진심으로 한껏 칭찬한다. 우리의 아름다움이 다른 여성을 그늘에 가리는 데 쓰이는 사회적 상황에는 이제 나가지 않는다. 뭇 남성의 관심을 끌려고 다투기를 거부한다. 1989년 미스캘리포니아 미인대회에서는 한 참석자가 수영복 심사에서 "미인대회는 모든 여성에게 상처를 준다"라는 손펼침막을 꺼냈다. 한 여배우는 누드 장면을 찍을 때 그것을 볼 여성에게 보내는 무언의 메시지로 몸 가꾸기를 거부했다고 한다. 여성들은 이미 경쟁자나 도구가 되지 않는 길을 찾기 시작했다.

이런 새로운 시각은 우리가 보이는 방식이 아니라 우리가 보는 방식을 바꾼다. 우리가 다른 여성의 얼굴과 몸을 스스로 보기 시작한다. 이제는 그것에 철의 여인을 겹쳐서 보지 않는다. 여성이 웃는 것을 보고 숨을 멈춘다. 여성이 당당하게 걷는 것을 보면 속으로 응원한다. 거울을 보고 빙그레 웃고, 우리 눈가에 주름이 지는 것을 보고, 우리가 만들어가는 것에 기뻐하며 다시 웃는다.

여성끼리 이런 새로운 시각을 주고받을 수도 있지만, 남성도 신화를 뒤집는 일에 참여한다면 환영이다. 분명히 어떤 남성은 아름다움의 신화를 여성에게 폭력적으로 사용했다. 주먹을 휘두르듯이 말이다. 그러나 남성 사이에나 여성 사이에나 오늘날 실제로 신화를 강요하고 신화가 작동되도록 하는 것은 애인이나 남편인 개인 남성이 아니라 남성 지배에 기댄 제도라는 강한 인식이 있다. 양성 모두 신화의 막강한 힘이 사적인 관계보다는 "저 밖에" 공적 영역에 있는 거대한 문화 경제적 제도에서 나온다는 것을 발견하고 있다. 양성 모두 점점 속고 있다는 것을 깨닫고 있는 것이다.

여성이 신화를 깨뜨리도록 돕는 것이 깊게 들어가면 남성에게도 이익이다. 다음 차례는 그들이기 때문이다. 최근 광고주들이 어떤 성별을 겨냥하든 성적 자신감을 흔들면 효과가 있다는 것을 알았다. 〈가디언〉에 따르면 "남성이 지금 여성 대신 거울을 보고 있다. (…) 이제는 아름다운 남성이 온갖 것을 팔고 있다." 남성 동성애자 하위문화의 이미지를 차용해 광고주들이 그 문화의 아름다움의 신화로 남성의 몸을 그리기 시작했다. 이런 이미지가 남성의 성에 더 가까이 초점을 맞추게 되면 남성 일반의 성적 자부심이 흔들릴 것이다. 남성이 더 자기 몸과 분리되도록 길들여지고 냉혹할 정도로 지나치게 경쟁하도록 길들여져, 어쩌면 아름다움의 신화가 여성보다 남성을 더욱 심하게 해칠지도 모른다.

정신과 의사들도 섭식장애에 시달리는 남성의 비율이 올라갈 거라고 예상한다. 이제 남성이 자기혐오가 열어젖힐 프런티어 마켓(이제 막 떠오르기 시작해 발전 가능성이 높은 시장—옮긴이)으로 이야기되자, 전통적인 이미지가 여성 이성애자에게 남성에 관해 반쪽짜리 진실을 말했듯이 남성 이성애자에게도 똑같이 여성에 대해 반쪽짜리 진실만 말하기 시작했다. 그러나 그들이 그것을 곧이곧대로 믿고 덫에 걸리더라도 그것이 여성에게 승리가 되지는 않는다. 결국 아무도 이기지 못할 것이다.

신화를 깨는 것이 남성에게 이익인 것은 지구의 생존이 달렸기 때문이다. 지구가 이제 성적으로나 물질적으로 만족하지 못하고 계속 낭비하게 하는 소비자 이데올로기를 지탱할 여유가 없다. 우리는 지구가 여성이라고, 모든 것을 주는 어머니 같은 대자연이라고 생각했다. 여성의 몸을 남성을 위해, 남성에 의해 한없이 바뀔 수 있는 것으로 생각했듯이. 그러나 우리가 새로운 여성의 현실(여성의 몸도 그 자체로 완전한 유기적 통일체로서 존중받아야 한다는 것)을 주장하고 이를 토대로 지구를 새롭게 비유하는 것이 우리 자신에게나 우리가 바라는 지구에나 유익하다.

환경 위기는 공동체적이고 집단적이며 대립적이지 않은 새로운 사고방식을 요구하고, 우리도 당장 그것이 필요하다. 우리는 남성의 제도가 몇 년 안에 이런 수준 높은 낯선 사고방식을 발전시키기를 기도하고 희망할 수도 있다. 오히려 지난 5000년 동안 그러한 사고방식을 완성시킨 여성의 전통을 공적 영역에 맞게 고칠 수도 있다. 그런데 아름다움의 신화가 여성의 전통을 완전히 가리고 있어, 그것에 저항할 때 우리가 지구를 위해 중요한 선택을 할 수 있는 여지도 생긴다.

여성은 여성의 몸을 바꿀 필요가 없다. 여성이 바꿔야 하는 것은 규칙이다. 신화가 아니더라도 우리를 비난하려 하는 사람들은 우리의 외모에 대해 비난할 것이다. 따라서 이제 더는 우리를 비난하지 말고 도망가지 말고 사과하지 말고, 우리 자신을 칭찬하자. 신화 아래서는 "아름다운" 여성이 이기느냐 하면 그렇지도 않다. 그 밖의 다른 여성도 마찬가지다. 낯선 사람에게 끊임없이 과찬을 듣는 여성, 주목받기를 거부하는 여성, 유니폼을 입는 여성, 1년 내내 유명 디자이너의 옷을 입는 여성이 이기는 것도 아니다. 카스트 제도의 꼭대기에 올라가려고 발버둥 친다고 이길 수 있는 것도 아니다. 그 덫에 걸리는 것을 거부해야 이긴다. 자신을 아름답게 생각하고 세상에 변화를 요구해 자신을 진실로 보는 여성이 이긴다.

자신과 다른 여성에게 먹어도 되고, 성적이어도 되고, 나이 들어도 되고, 헐렁한 작업복을 입거나 보석 달린 관을 써도 되고, 오페라 극장에 갈 때 걸치는 외투를 입어도 되고, 군화를 신어도 되고, 완전히 가려도 되고, 벌거벗고 지내도 되고, 우리가 자신의 미적 취향에 따라(또는 그것을 무시하고) 선택하는 것은 모두 해도 된다고 해야 이긴다. 여성이 저마다 자기 몸을 가지고 무엇을 하든, 누가 강제로 시키거나 강요해서 하는 것이 아니라면, 그것은 그녀의 일이지 누가 상관할 바가 아니라고 생각해야 이긴다. 많은 여성 개인들이 아름다움의 경제에서 벗어나야 그것이 사라진다. 제도와 일부 남성 및 여성은 계속 우리의 외모를 우리에게 불리하게 이용하겠지만, 그래도 우리가 그것에 걸려들지 않으면 그만이다.

아름다움을 여성 친화적으로 정의할 수 있을까? 물론이다. 그동안 놓친 것은 바로 '노는 것'이다. 아름다움의 신화가 해롭고 거창하고 중요한 것은 아주 많은 것이 그것에 달려 있기 때문이다. 노는 것이 즐거운 것은 그것이 중요하지 않기 때문이다. 놀아도 무엇을 걸고 내기를 하면 그것은 전쟁이나 걷잡을 수 없는 도박이 된다. 아름다움의 신화에서는 놀아도 그것이 생명을 건 게임, 의심스러운 사랑을 건 게임, 절망적이고 정직하지 않은 사랑을 건 게임, 선택의 여지가 없어 도무지 이해할 수 없는 규칙에 따라 놀지 않을 수 없는 게임이었다. 선택권이 없으면 자유의지도 없고, 가볍지 않으면 놀이가 아니다.

그러한 상황에서 우리를 구하려면 가치가 실리지 않은 몸에서 살아가는 삶을 상상할 수도 있다. 넘치는 자기애에서 나오는 자발적인 연극조의 과장을 할 수도 있다. 여성 친화적으로 새롭게 정의된 아름다움에는 우리가 새롭게 정의한 권력이 반영될 것이다. 누가 우리에게 위계질서가 필요하다고 말하는가? 내가 아름다움을 보는 곳에서 너는 아름다움을 보지 않을 수도 있다. 어떤 사람은 너보다 내게 한층 바람직해 보인다. 그러면 어떤가? 내가 보는 시각이 네가 보는 시각보다 권위 있는 것도 아니다. 왜 아름다움이 배타적이어야 하는가? 감탄할 때 거기에는 아주 많은 것이 포함될 수 있다. 왜 보기 드문 것이 인상적인가? 보기 드문 것을 높이 평가하는 것은 남성적 사고방식이고, 그것은 욕망보다 자본주의와 더 관계가 있다. 찾을 수 없는 것을 가장 많이 원하는 것이 뭐가 재미있는가? 아이들은 먼지만큼 흔하지만 아주 가치 있고 아름다운 존재다.

신화를 넘어서면 여성이 어떻게 행동할까? 누가 알겠는가? 그러나 어쩌면 우리 몸이 쪘다 빠졌다 하도록 내버려두고 몸이 변주하는 것을 즐길지도 모르고, 어떤 것이 우리를 해치면 그것이 추하게 보이기 시작해 고통을 피할지도 모른다. 어쩌면 우리가 자신을 장식하며 진정으로 기뻐하고, 이미 아름다운데 더욱 아름답게 하려다 망치는 것 아닌가 하는 느낌이 들지도 모른다. 우리가 우리 몸에 고통을 덜 가할수록 우리 몸이 우리에게 더 아름다워 보일지도 모른다. 우리가 낯선 사람에게서 감탄을 이끌어내는 것을 잊고, 그것을 그리워하지 않을지도 모른다. 우리가 나이 든 자신의 얼굴을 기대하며 기다리고, 몸의 모든 것이 소중해 몸을 불완전한 것투성이라고 볼 수 없을지도 모른다. 더는 안내 책자에서 말하는 "이후"가 되고 싶지 않을지도 모른다.

그렇다면 어떻게 시작해야 할까? 뻔뻔해지자. 탐욕스러워지자. 쾌락을 추구하자. 고통을 피하자. 마음대로 입고 만지고 먹고 마시자. 다른 여성의 선택을 받아들이자. 우리가 원하는 섹스를 찾고, 우리가 원하지 않는 섹스와 맹렬히 싸우자. 자신의 이상과 대의를 선택하자. 규칙을 깨부수고 바꾸어 우리가 아름답다는 느낌이 확고해지면, 그러한 아름다움을 노래하고 꾸미고 과시하고 한껏 즐기자. 감각의 정치학에서는 여성이 아름답다.

여성을 사랑하는 아름다움의 정의는 필사적인 몸부림을 놀이로, 자아도취를 자기애로, 절단과 절제를 온전함으로, 부재를 존재로, 정지를 활기로 대체한다. 봄에 비추어 자아가 희미해지게 하는 조명보다 얼굴과 몸에서 나는 빛을, 광채를 인정한다. 그것은 성적이고 다채롭고 놀랍다. 우리는 다른 여성이 그런 모습을 보아도 겁먹지 않고, 마침내 우리 자신에게서도 볼 수 있다.

한 세대 전에 저메인 그리어가 여성에게 "무엇을 하겠는가?"라고 물었다. 그래서 여성이 한 것이 지난 사반세기 동안 사회에 엄청난 변화를 가져온 혁명을 낳았다. 여성 개인으로서, 전체 여성으로서, 이 행성에 사는 사람으로서, 우리가 나아가야 할 다음 단계는 우리가 거울을 볼 때 무엇을 볼 것인가에 달려 있다.

여성이여, 무엇을 보겠는가?

내가 이 책을 쓴 것은 우리 가족, 레너드와 데보라와 에어론 울프, 대니얼 골먼, 타라 배닛-골먼, 아나수야 웨일과 톰 웨일의 지지와 지원 덕분이다. 특히 할머니 페이 골먼에게 감사드린다. 할머니의 지칠 줄 모르는 격려가 큰 힘이 되었고, 할머니가 가정 복지의 선구자, 교수, 아내, 어머니, 초기 페미니스트로서 살아온 삶은 늘 나를 고무하고 격려해주었다.

내 저작에 크게 기여한 루스 설리번과 에스더 보너, 릴리 리블린, 미셸 랜드스버그, 조앤 스튜어트, 플로런스 루이스, 퍼트리셔 피어스, 앨런 쇼프, 폴리 숄먼, 엘리자베스 앨리그잰더, 론다 개럴릭, 암루타 슬리, 바버라 브라우닝에게도 고마움을 전한다. 제인 미라와 짐 랜디스는 아주 너그럽게도 편집과 관련해 깊은 관심을 기울여주었다. 콜린 트룹은 언제나 편하고 즐겁게 해주고 논쟁도 마다하지 않았다.

더불어 페미니즘의 두 번째 물결에서 여성성을 연구한 이론가들에게도 신세를 졌다. 그들이 이 문제와 씨름하지 않았다면, 나는 시작도 하지 못했을 것이다.

1장 아름다움의 신화

1. *Standard and Poor's Industry Surveys* (New York: Standard and Poor's Corp., 1988).
2. "Crackdown on Pornography: A No-Win Battle," *U.S. News and World Report*, 1984년 6월 4일. 패션과 이미지 컨설턴트 연합회는 1984~1989년 사이에만 회원 수가 세 배 증가했다. (Annetta Miller and Dody Tsiantar, *Newsweek*, 1989년 5월 22일.) 1986년까지 5~6년 동안 소비자 지출은 3000억 달러에서 6000억 달러로 증가했다.
3. 신시내티 의과대학, 1984년: Wooley, S. C, and O. W. Wooley, "Obesity and Women: A Closer Look at the Facts," *Women's Studies International Quarterly*, vol. 2(1979), pp. 69-79. 자료는 "33,000 Women Tell How They Really Feel About Their Bodies," *Glamour*, 1984년 2월호에 다시 실린 것.
4. Dr. Thomas Cash, Diane Cash, and Jonathan Butters, "Mirror-Mirror on the Wall: Contrast Effects and Self-Evaluation of Physical Attractiveness," *Personality and Social Psychology Bulletin*, September 1983, vol. 9, no. 3. 토머스 캐시 박사의 연구는 "여성이 얼마나 매력 있는가"와 "그들 자신이 얼마나 매력이 있다고 느끼는가" 사이에 거의 연관이 없다는 것을 보여준다. 그에 따르면 그가 치료한 여성은 모두 "더할 나위 없이 매력적"이었으나, 환자들은 자신을 다른 여성과 비교하지 않고 오로지 모델과만 비교했다.

5. Lucy Stone, 1855, Andrea Dworkin, *Pornography: Men Possessing Women* (New York: Putnam, 1981), p. 11.
6. Germaine Greer, *The Female Eunuch* (London: Paladin Grafton Books, 1970), pp. 55, 60.
7. Roland Barthes, "Myth Today," *Mythologies* (New York: Hill and Wang, 1972), p. 129. 롤랑 바르트의 정의를 보라. "신화는 역사를 자연으로 둔갑시킨다. (…) 신화는 역사적 의도를 자연스러운 것, 당연한 것으로 정당화해 우연한 것을 영원한 것으로 보이도록 하는 임무를 지닌다."

   Ann Oakley, *Housewife: High Value/Low Cost* (London: Penguin Books, 1987), p. 163. 인류학자 브로니슬라브 말리노프스키(Bronislaw Malinowski)가 정의한 "기원의 신화"도 아름다움의 신화와 관련이 있다: 앤 오클리는 "사회적 긴장이 높을 때, 신화에서 그리는 상황에 의문이 제기될 때" 기원의 신화를 "가장 열심히 이용하는 경향이 있다"라고 밝혔다.
8. 플라톤이《향연》에서 아름다움을 논한 것을 보라. 아름다움의 다양한 기준에 대해서는 다음을 참조. Ted Polhemus, *BodyStyles* (Luton, England: Lennard Publishing, 1988).
9. Cynthia Eagle Russett, "Hairy Men and Beautiful Women," *Sexual Science: The Victorian Construction of Womanhood* (Cambridge, Mass.: Harvard University Press, 1989), pp. 78-103. 84쪽에서 신시아 러셋은 다윈의 말을 인용한다. "남자가 여자보다 정신과 육체가 강하고, 야만 상태에서는 남자가 다른 어떤 동물의 수컷보다도 여자를 한층 굴욕적인 노예의 상태에 둔다. 따라서 그동안 남자에게 선택권이 있었던 것은 놀라운 일이 아니다. (…) 여자들이 아름다움으로 선택되었기 때문에, 대대로 이어지는 변이의 일부가 같은 성에만 전달되었던 것도, 따라서 그들이 아름다움을 그들의 남성 자손보다 여성 자손에게 약간 더 높은 정도로 전달해 한층 아름다워진 것도 놀라운 일이 아니다." 다윈 자신도 이러한 생각이 진화론적으로 일관성이 없다는 것을 눈치챘다. 러셋의 말대로 "사다리를 오르는 길에 웃기는 일이 생겼다. 인간들 가운데서 여자들은 더 이상 선택하지 않고 선택을 당했기 때문이다". 이러한 이론은 "진화의 연속성에 어색한 단절이 일어났음을 뜻했다". "다윈 자신도 그것은 진화의 흐름을 거스르는 약간 놀라운 일이라고 했다"고 그녀는 말한다. Natalie Angier, "Hard-to-Please Females May Be Neglected Evolutionary Force," *The New York Times*, 1990년 5월 8일자와 Natalie Angier, "Mating for Life? It's Not for the Birds or the Bees," *The New York Times*, 1990

년 8월 21일자도 보라.

10. Rosalind Miles, *The Women's History of the World* (London: Paladin Grafton Books, 1988), p. 43; Merlin Stone, *When God Was a Woman* (San Diego: Harvest Books, 1976).

11. Leslie Woodhead, "Desert Dandies," *The Guardian*, 1988년 6월호. 서아프리카의 풀라니족은 젊은 여자들이 아름다움을 토대로 남편감을 고른다. "경쟁자들이 (…) 야크에 참가해, 길게 늘어서서 노래하고 춤추고 발끝으로 서고 표정을 일그러뜨리며 눈알을 굴리거나 좌우로 왔다 갔다 하고, 얼굴을 찡그리며 이를 드러내어 심판들에게 자랑한다. 그들은 이것을 몇 시간 동안이나 하는데 사전에 흥분제를 먹어 도움을 받는다. 이 모든 것을 하는 동안 모인 사람들 가운데 나이 든 여자들이 풀라니족이 생각하는 아름다움에 미치지 못하는 남자들에게 비난을 퍼붓는다."(Polhemus, 위의 책, p. 21.)

Carol Beckwith and Marion van Offelen, *Nomads of Niger* (London: William Collins Sons & Co. Ltd., 1984); National Geographic, vol. 164, no. 4, 1983년 10월호, pp. 483-509도 보라.

선사시대 사회에서 구석기시대 유물들을 장식했던 것은 여자들보다 남자들이었음을 보여주고, 현대 부족사회에서도 남자들이 대체로 여자들만큼 장식을 하며, 남자들이 장식을 "사실상 독점"하고 있는 경우도 많다. 수단의 누바족과 오스트레일리아의 왈리기기(Waligigi)족, 뉴기니의 마운트하겐 사람들도 남자들이 여자들을 유혹하려고 몇 시간씩 공들여서 화장을 하고 머리 모양을 완벽하게 하는데, 여자들은 화장하는 데 몇 분밖에 걸리지 않는다. (Polhemus, 위의 책, pp. 54-55.)

12. Evelyn Reed, *Woman's Evolution: From Matriarchal Clan to Patriarchal Family* (New York: Pathfinder Press, 1986).

Elaine Morgan, *The Descent of Woman* (New York: Bantam Books, 1979). 특히 "the upper primate," p. 91.

13. Beaumont Newhall, *The History of Photography from 1839 to the Present* (London: Seeker & Warburg, 1986), p. 31에 실린 사진 *Academie* (1845년경, 작가 미상).

14. David Brand, "A Nation of Healthy Worrywarts?," *Time*, 1988년 7월 25일. 미국에서는 다이어트 산업의 규모가 1년에 740억 달러에 이르러, 전 국민의 1년 식비 3분의 1이나 된다.

15. Molly O'Neill, "Congress Looking into the Diet Business," *The New*

York Times, 1990년 3월 28일.
16. *Standard and Poor's Industry Surveys*, 위의 책, 1988.
17. "Crackdown on Pornography," 위의 책.
18. Daniel Goleman, *Vital Lies, Simple Truths: The Psychology of Self-Deception* (New York: Simon and Schuster, 1983), pp. 16-17. "불가결한 거짓말은 가족의 침묵과 알리바이, 딱 잡아떼는 부인으로 계속 들통이 나지 않고 온존된다"라는 헨리크 입센의 말이 인용되어 있다.
19. John Kenneth Galbraith, Michael H. Minton with Jean Libman Block, *What Is a Wife Worth?* (New York: McGraw-Hill, 1984), pp. 134-135.
20. Marcia Cohen, *The Sisterhood: The Inside Story of the Women's Movement and the Leaders Who Made It Happen* (New York: Ballantine Books, 1988), pp. 205, 206, 287, 290, 322, 332.
21. Betty Friedan, *The Feminine Mystique* (London: Penguin Books, 1982), p. 79, Elinor Rice Hays, *Morning Star: A Biography of Lucy Stone* (New York: Harcourt, 1961), p. 83.
22. Friedan, 위의 책, p. 87.

2장 일

1. Ruth Sidel, *Women and Children Last: The Plight of Poor Women in Affluent America*, (New York: Penguin Books, 1987), p. 60.
2. U.K. Equal Opportunities Commission, *Towards Equality: A Casebook of Decisions on Sex Discrimination and Equal Pay*, 1976-1981, 소책자. U.K. Equal Opportunities Commission, *Sex Discrimination and Employment: Equality at Wort: A Guide to the Employment Provisions of the Sex Discrimination Act 1975*, 소책자, p. 12.
3. Rosalind Miles, *The Women's History of the World* (London: Paladin Grafton Books, 1988), p. 152.
4. 같은 책, p. 22.
5. 전체 인용문은 "여성이 박쥐나 올빼미처럼 살고 짐승처럼 일하며, 벌레처럼 죽는다"이다. 같은 책, p. 192.
6. 같은 책, p. 155, Viola Klein, *The Feminine Character: History of an*

Ideology, 2d ed. (Urbana: University of Illinois Press, 1971).
7. 같은 책, p. 188.
8. Humphrey Institute, University of Minnesota, *Looking to the Future: Equal Partnership Between Women and Men in the 21st Century*, Debbie Taylor et al., *Women: A World Report* (Oxford: Oxford University Press, 1985), p. 82.
9. *Report of the World Conference for the United Nations Decade for Women*, Copenhagen, 1980, A/Conf. 94/35.
10. Taylor et al., 위의 책, p. 3.
11. Ann Oakley, *Housewife: High Value/Low Cost* (London: Penguin Books, 1987), p. 53.
12. Sidel, 위의 책, p. 26.
13. Sylvia Ann Hewlett, *A Lesser Life: The Myth of Women's Liberation in America* (New York: Warner Books, 1987).
14. Yvonne Roberts, "Standing Up to Be Counted," *The Guardian* (London) 1989, *If Women Counted: A New Feminist Economies* (San Francisco: Harper & Row, 1988)의 저자 매릴린 워링과의 인터뷰. Waring, p. 69.
15. Taylor et al., 위의 책, p. 4.
16. "Obstacles to Economic Parity for Women," *The American Economic Review*, vol. 72 (1982년 5월), pp. 160-165.
17. Arlie Hochschild with Anne Machung, *The Second Shift: Working Parents and the Revolution at Home* (New York: Viking Penguin, 1989).
18. Michael H. Minton with Jean Libman Block, *What Is a Wife Worth?* (New York: McGraw-Hill), p. 19.
19. Hochschild and Machung, 위의 책, p. 4. Sarah E. Rut, ed., *The American Woman, 1988-89: A Status Report*, Chapter 3: Rebecca M. Blank, "Women's Paid Work, Household Income and Household Weil-Being," pp. 123-161 (New York: W. W. Norton & Co., 1988).
20. Claudia Wallis, "Onward Women!," *Time International*, 1989년 12월 4일.
21. Heidi Hartmann, "The Family as the Locus of Gender, Class and Political Struggle: The Example of Housework," in *Signs: Journal of Women in Culture and Society*, vol. 6 (1981), pp. 366-394.
22. Hewlett, 위의 책.

23~24. Taylor et al., 위의 책, p. 4.

25. Minton and Block, 위의 책, pp. 59-60.

26. Wallis, 위의 책.

27. U.K. Equal Opportunities Commission, *The Fact About Women Is...*, 소책자, 1986.

28. Sidel, 위의 책, p. 60.

29. Roberts, 위의 책.

30~31. Wallis, 위의 책.

32. U.K. Equal Opportunities Commission, 위의 책.

33. Sidel, 위의 책.

34. Minton and Block, 위의 책.

35. Rosemarie Tong, *Women, Sex and the Law* (Totowa, N.J.: Rowman and Littlefield, 1984), pp. 65-89.

36. U.K. Equal Opportunities Commission, *Sex Discrimination and Employment*, pp. 12-13. "예를 들면 모델이나 배우의 경우처럼 (a) 체형 혹은 실제로 여성이나 남성이라는 것이 요구되어, 성이 일이나 일의 일부에 '진정으로 직업에 필요한 자격 조건'일 때는 성차별을 허용한다." *Sex Discrimination: A Guide to the Sex Discrimination Act 1975*, U.K. Home Office 소책자 (2775) Dd8829821 G3371, p. 10도 보라.

Australia, Human Rights and Equal Opportunity Commission, *The Sex Discrimination Act 1984: A Guide to the Law*. 1984년 8월. 오스트레일리아에서 1984년에 제정된 성차별 금지법은 외모를 토대로 한 차별은 포함시키지 않았다. 1990년 미국 연방 법무장관은 인권과 기회균등위원회 법의 적용 범위를 넓혀 "나이와 병력, 전과, 장애, 결혼의 유무, 정신적·지적·정신의학적 장애, 국적, 신체 장애, 성적 기호, 노조 활동"을 근거로 한 차별은 포함시켰으나, 외모를 토대로 한 차별은 포함시키지 않았다.

37. Sidel, 위의 책, p. 22.

38. *Sex and the Single Girl* (New York: Bernard Geis, 1962).

39. Marcia Cohen, 위의 책, p. 394. 한 비행기 승무원은 성적으로 조성된 객실 분위기가 명백히 남성 승객들이 비행에 대한 두려움을 덜 수 있도록 설계되었다고 한다. "그들은 성적으로 약간 흥분된 상태가 사람들이 두려움을 떨치는 데 도움이 될 거라고 생각한다." Hochschild, 1983, Albert J. Mills, "Gender, Sexuality and the Labour Process," Jeff Hearn et al., *The Sexuality of*

Organization (London: Sage Publications, 1989), p. 94.
40. *Time*, 1971년 6월 7일, Roberta Pollack Seid, *Never Too Thin: Why Women Are at War with Their Bodies* (New York: Prentice-Hall, 1988).
41. *Weber v. Playboy Club of New York, Playboy Clubs International, Inc., Hugh Hefner*, App. No. 774, Case No. CSF22619-70, Human Rights Appeal Board, New York, New York, December 17, 1971; *St. Cross v. Playboy Club of New York*, CSF222618-70.
42. Gloria Steinem, *Outrageous Acts and Everyday Rebellions* (New York: Holt, Rinehart & Winston, 1983), p. 69.
43. Hewlett, 위의 책.
44. Seid, 위의 책, p. 22. 캐서린 맥더멋은 뉴욕 법원에서 11년 동안 싸운 뒤에야 소송에서 이길 수 있었다. "Dieting: The Losing Game," *Time*, 1986년 1월 20일, p. 54.
45. Hewlett, 위의 책.
46. Christine Craft, *Too Old, Too Ugly and Not Deferential to Men* (New York: Dell, 1988).
47. 같은 책, p. 37.
48. 같은 책, p. 204.
49. Richard Zoglin, "Star Power," *Time*, 1989년 8월 7일, pp. 46-51. 이 기사의 첫 문장은 이렇다. "첫째, 금발에 빼어나면서도 어쩐지 건강해 보이는 미모가 있다. 할리우드의 매혹적인 미녀보다는 고등학교 무도회의 여왕 같은." 그러고는 "그녀가 저널리스트로서 이룬 것들이 그녀의 외모에 가려지는 것이 (소여는) 가슴 아프다"라고 했다. Gwenda Blair, *Almost Golden: Jessica Savitch and the Selling of Television News* (New York: Avon Books, 1988)에서 제시카 새비치의 외모에 집착하는 현상에 대해 말한 것도 보라(이 책의 띠지에는 "그녀는 TV 뉴스의 매릴린 먼로였다"라고 쓰여 있다).
50. 같은 책, p. 77.
51. *Miller v. Bank of America*, 600 F.2d 211 9th Circuit, 1979, Tong, 위의 책, p. 78.
52. *Barnes v. Costle*, 561 F.2d 983 (D.C. Circuit 1977), Tong, 위의 책, p. 81.
53. *Meritor Savings Bank, FSB v. Vinson*, 106 S. Circuit 2399 (1986).
54. *Hopkins v. Price-Waterhouse*, 741 F.2d 1163; S. Ct., 1775. Laura Mansuerus, "Unwelcome Partner," *The New York Times*, 1990년 5월 20일.

55~56. *Nancy Fadhl v. Police Department of City and County of San Francisco*, 741 F.2d 1163, Suzanne Levitt, "Rethinking Harm: A Feminist Perspective," 출판되지 않은 박사논문, Yale University Law School, 1989.

57. *Andre v. Bendix Corporation*, 841 F.2d 7th Circuit, 1988, 같은 책.

58. *Bum v. City of East Chicago, Indiana*, 799 F.2d 1180 7th Circuit, 1986, 같은 책.

59. 1989년 4월 15일 예일대학교 변호인 어슐라 워너(Ursula Werner)와 나눈 대화.

60. U.K. Industrial Relations Law Reports (IRLR), 1977, pp. 360-361.

61. *Jeremiah v. Ministry of Defense*, 1 Queen's Bench (QB) 1979, p. 87. *Stratklyde Regional Council v. Porcelli*, IRLR, 1986, p. 134.

62. U.K. Equal Opportunities Commission, "Formal Investigation Report: Dan Air," 1987년 1월. 댄 항공사는 소송에서 졌다.

63. *Maureen Murphy and Eileen Davidson v. Stakis Leisure, Ltd.*, The Industrial Tribunals, Scotland 1989.

64. Industrial Court Reports, 1983, pp. 628-636.

65. *Snowball y. Gardner Merchant*, Ltd, IRLR, 1987, p. 397; *Balgobin and Francis v. London Borough of Tower Hamlets*, IRLR, 1987, p. 401.

66. *Wileman v. Minilec Engineering, Ltd.*, IRLR, 1988, p. 145.

67. Hearn et al., 위의 책, p. 82.

68. 같은 책, p. 149.

69. 같은 책, p. 143.

70. 같은 책, p. 148.

71. 〈레드북〉 독자 9,000명을 조사했을 때 88퍼센트가 직장에서 성희롱을 당했다고 한다. Hearn et al., 위의 책, p. 80. 앨프리드 막스 사무소에서 조사한 바에 따르면, 성희롱을 금지하는 특정한 법이 없는 영국에서는 관리자의 86퍼센트와 일반 직원의 66퍼센트가 성희롱을 "본" 적이 있었고, 영국 공무원들은 여성 피고용인의 70퍼센트가 성희롱을 당한 적이 있는 것으로 나타났다. British Society of Civil and Public Servants, *Sexual Harassment: A Trade Union Issue*, 소책자, p. 14.

성희롱에 관한 정보를 더 얻으려면 Constance Backhouse and Leah Cohen, Sexual *Harassment on the Job* (Englewood Cliffs, N.J.: Prentice-Hall, 1982)와 Catharine A. MacKinnon, *Sexual Harassment of Working Women* (New Haven: Yale University Press, 1979), 특히 Chapter 3, "Sexual

Harassment: The Experience," pp. 25-55. p. 17, "How many thousands of employers hire women for their 'aesthetic' appeal?"도 참조.
1981년부터 지금까지 성희롱 고소 건수가 거의 두 배 증가했고, 그중 94퍼센트는 대부분이 성폭행이나 신체 접촉, 실직 위협 같은 심각한 공격이었다. 그러나 원고 승소 판결은 31퍼센트에 불과했다. "Harassment Charges: Who Wins?," *Psychology Today*, 1989년 5월호에 인용된 아이다호대학의 데이비드 터프스트라(David Terpstra)와 워싱턴주립대학의 더글러스 베이커(Douglas Baker)의 연구 참조.

72. Nancy DiTomaso, "Sexuality in the Workplace: Discrimination and Harassment," in Hearn et al., 위의 책, p. 78. 캐서린 매키넌은 일하는 여성연합연구소에서 연구한 것을 인용했는데, 거기에는 성희롱을 당한 적이 있는 응답자들이 "그 일이 자기 탓이라고, 자신이 그런 행동을 하도록 이끌거나 부추기는 짓을 한 게 틀림없다고, 그것이 '나의 문제'라고 생각하는 경향이 있다. (…) 어떤 연구에서는 성희롱을 당한 여성 4분의 1이 '죄책감'을 느낀다고 했다." MacKinnon, *Sexual Harassment of Working Women*, p. 47. 강간 사건의 피고 변호인들은 플로리다주를 제외하고는 모든 주에서 여성의 '성적으로 도발적인' 옷차림을 강간 사건의 증거로 제시한다. "Nature of Clothing Isn't Evidence in Rape Cases, Florida Law Says," *The New York Times*, 1990년 6월 3일.
73. Barbara A. Gutek, "Sexuality in the Workplace: Social Research and Organizational Practise," in Hearn et al., 위의 책, p. 61.
74. Deborah L. Sheppard, "Organizations, Power and Sexuality: The Image and Self-image of Women Managers," in Hearn et al., 위의 책, p. 150.
75~76. John T. Molloy, "Instant Clothing Power," *The Woman's Dress for Success Book* (New York: Warner Books, 1977), Chapter 1.
77. 존 몰로이는 "'무얼 입어도 좋다'는 글을 쓰는 사람들은 패션 산업의 대표적 인물들이었다. 그들은 어떤 차림이 다른 차림보다 일하기 좋다고 말함으로써 자신을 구속시키지 않겠다고 한다." Molloy, 같은 책, p. 27.
78. 같은 책, p. 48.
79. Gutek, 위의 책, pp. 63-64.
80. "나는 직장에서 일을 할 때 외모를 유리하게 이용한다"는 여자보다 남자가 더 동의하는 말이다. 로체스터 기술연구소의 심리학자 앤드류 더브린(Andrew DuBrin)의 연구에 따르면, 남녀 300명 가운데서 남성은 22퍼센트가 출세를

위해 자신의 외모를 이용한다고 한 반면 여성은 14퍼센트에 불과했다. 속임수를 이용한다고 한 것도 남성은 22퍼센트, 여성은 15퍼센트였고, 매력을 이용한다는 사람도 남성은 40퍼센트이며 여성은 29퍼센트였다. Marjory Roberts, "Workplace Wiles: Who Uses Beauty and Charm?," *Psychology Today*, 1989년 5월호.

바버라 구텍에 따르면 "여자들이 자신의 성을 이용해 조직에서 어떤 목적을 달성하려고 한다는 증거가 거의 없었다. 더욱이 직장에서 성을 이용해 성공하거나 승진한다는 견해를 뒷받침해주는 증거는 없었다. (…) 어쩌면 남성이 더 직장에서 성을 이용할지도 모르고, 그러는 데 성공할 가능성도 있을지 모른다." Hearn et al., 위의 책, pp. 63-64.

81. Levitt, 위의 책, pp. 31-34.
82. Miles, 위의 책, p. 155.
83~84. Sidel, 위의 책, p. 61.
85~86. Hewlett, 위의 책.
87. Rosabeth Kanter, *Men and Women of the Corporation* (New York: Basic Books, 1977), Sidel, 위의 책, p. 62.
88. 같은 책, p. 63.
89. 같은 책, p. 61.
90. Hearn et al., 위의 책; Hochschild with Machung, 위의 책.
91. Catharine A. MacKinnon, *Feminism Unmodified: Discourses on Life and Law* (Cambridge, Mass.: Harvard University Press, 1987) pp. 24-25. NOW 매춘대책위원회의 프리실라 알렉산더(Priscilla Alexander)는 여성이 이렇게 번 돈도 대부분 포주들이 착복한다고 밝혔다. Moira K. Griffin, "Wives, Hookers and the Law," *Student Lawyer*, 1982년 1월호, p. 18. MacKinnon, 같은 책, p. 238.
92. 같은 책, p. 238.
93. Ellen Goodman, "Miss America Gets Phonier," *The Stockton Record*, 1989년 9월 19일.
94. Liz Friedrich, "How to Save Yourself from Financial Ruin," *The Observer* (London), 1988년 8월 21일.
95. Tong, 위의 책, p. 84.
96. Tong, 같은 책. Zillah R. Eisenstein, *The Female Body and the Late* (Berkeley, Calif.: University of California Press, 1988).

97~98. *Strathclyde v. Porcelli*, 위의 문건.

99. Maureen Orth, "Looking Good at Any Cost," *New York Woman*, 1988년 6월호.

100. 같은 책. 모린 오스는 이런 비용을 보여주는 다른 예도 든다. 일급 개인 트레이닝(1달에 1,240달러), 레틴에이(Retin-A) 크림, 피부과 전문의 방문 여섯 번(매번 75달러), 재닛 사틴(Janet Sartin)의 전기로 얼굴 만들기(한 시리즈에 2,000달러). 그는 "여성 임원들이 이제는 자신을 유지하는 행위를 당연히 써야 할 비즈니스 비용으로 여긴다"라고 말한다. "유지비가 세법에도 들어갔다." "Models and prostitutes," in MacKinnon, *Feminism Unmodified*, p. 24.

101. Wallis, 위의 책.

102. Deborah Hutton, "The Fatigue Factor," 영국판 *Vogue*, 1988년 8월호.

103. Hewlett, 위의 책.

104. Sidel, 위의 책.

105. Taylor et al., 위의 책, p. 14. 영국 여성 노인이 받는 혜택은 U.K. Equal Opportunities Commission, *The Fact About Women Is...*, 1986에 설명되어 있다.

106. Taylor et al. 위의 책, p. 34.

107. Sidel, 위의 책, p. 161.

108. Taylor et al., 위의 책, p. 11, 1982년에 빈에서 열린 노화에 관한 UN 세계회의를 인용.

109. Hewlett, 위의 책.

110. MacKinnon, *Feminism Unmodified*, p. 227. 매키넌은 "여성은 여성이라는 이유로 보상은 임의로 받고 처벌은 체계적으로 받는다. 우리가 흔히 생각하듯이 보상은 체계적으로 받고 처벌은 임의로 받지 않는다"라고 밝혔다.

3장 문화

1. Marina Warner, *Monuments and Maidens: The Allegory of the Female Form* (London: Weidenfield and Nicholson, 1985).

2. John Berger, Ways of Seeing (London: Penguin Books, 1988), p. 47.

3. Jane Austen, Emma (1816) (New York and London: Penguin Classics, 1986), p. 211; George Eliot, Middlemanh (1871-72) (New York and London: Penguin

Books, 1984); Jane Austen, Mansfield Park (1814) (New York and London: Penguin Classics, 1985); John Davie, ed. Jane Austen, Northanger Abbey, Lady Susan, The Watsons and Sanditon (Oxford: Oxford University Press, 1985); Charlotte Brontë, *Villette* (1853) (New York and London: Penguin Classics, 1986), p. 214; Louisa May Alcott, *Little Women* (1868-69) (New York: Bantam Books, 1983), p. 237; Alison Lurie, *Foreign Affairs* (London: Michael Joseph, 1985); Fay Weldon, *The Life and Loves of a She-Devil* (London: Hodder, 1984); Anita Brookner, *Look at Me* (London: Jonathan Cape, 1984).

4. "Bookworm," *Private Eye*, 1989년 1월 19일.
5. Peter Gay, *The Bourgeois Experience: Victoria to Freud, Volume II: The Tender Passion* (New York: Oxford University Press, 1986), p. 99. 하버드의 래드클리프대학과 옥스퍼드의 소머빌대학과 레이디마거릿홀은 1879년에 세워졌고, 케임브리지대학은 1881년에 여성에게도 학위를 주기 시작했다.
6. Janice Winship, *Inside Women's Magazines* (London: Pandora Press, 1987), p. 7.
7. John Q. Costello, *Love, Sex, and War: Changing Values, 1939-1945* (London: Collins, 1985).
8. Cynthia White, *Women's Magazines, 1693-1968*, Ann Oakley, *Housewife: High Value/Low Cost* (London: Penguin Books, 1987), p. 9.
9. Friedan, "The Sexual Sell," in *The Feminine Mystique* (London: Penguin Books, 1982), pp. 13-29. 67쪽까지 인용된 것은 모두 이 자료에서.
10. Magazine Publishers of America, "Magazine Advertising Revenue by Class Totals, January-December 1989," Information Bureau, A.H.B., January 1990.
11. Roberta Pollack Seid, *Never Too Thin* (New York: Prentice-Hall, 1989).
12. Elizabeth Wilson and Lou Taylor, *Through the Looking Glass: A History of Dress from 1860 to the Present day* (London: BBC Books, 1989), p. 193.
13. Marjorie Ferguson, *Forever Feminine: Women's Magazines and the Cult of Femininity* (Gower, England: Aldershot, 1983), p. 27.
"이 모든 것(페미니즘의 의제)에서 여성지는 어떤 역할을 했을까?" 하고 마저리 퍼거슨은 물었다. 어떻게 하면 독자들을 더 꽉 붙잡아둘 수 있을까, 또는 발행부수가 줄어드는 것을 막을 수 있을까 하는 문제를 붙들고 싸우면서 편집자들은 사무실 밖에서 어떤 변화가 일어나고 있다는 것을 알았다. 그러나 그러한 변화의 성격이나 정도에 대해서는 어떤 체계적 정보도 없는 경우가 많았다. (…) 어떤 편집자들 은 사무실 밖에서 여성이 일하러 나가는 것을 여성지에 쓸 '시간'과 여성지의 '필요성'이 줄어드는 것과 연결시켰다."

여성 주간지의 한 편집자는 "여성이 일하는 데 문제가 있다. 일단 일을 하면 시간이 줄어들고 필요한 것도 달라지며, 이런 것을 이미 TV나 신문, 또는 TV 프로그램 안내 책자에서 제공하고 있을지도 모른다"고 술회했다.

〈코즈모폴리턴〉 편집자 헬렌 걸리 브라운은 1965년에 한 달에 70만 부였던 발행부수를 1981년에는 289만 부로 끌어올렸다. 브라운에 따르면 "〈코즈모폴리턴〉은 모든 여자아이들의 교양 있는 언니다. (…) 〈코즈모폴리턴〉은 정말로 얻으려고 하면 엉덩이 깔고 앉아 유리창에 코 박고 있지 않으면 무엇이든 얻을 수 있다고 한다. (…) 우리는 우리의 모습을 비롯한 건강 한 꼭지, 섹스 한 꼭지, 감정 두 꼭지 (…) 남녀 관계 한 꼭지, 직장생활 한 꼭지, 단편소설 한 편과 주요 소설 작품 일부를 싣고, 정기적으로 우리 칼럼도 싣는다." Ferguson, p. 37.

14. Seid, 위의 책, p. 217.

15~17. 같은 책, p. 236.

18~19. Gay, 위의 책.

20. 같은 곳. Barbara Ehrenreich and Deirdre English, *Complaints and Disorders: The Sexual Politics of Sickness* (Old Westbury, N.Y.: City University of New York, Feminist Press, 1973).

21. Gay, 위의 책, p. 227.

22. Marcia Cohen, *The Sisterhood: The Inside Story of the Women's Movement and the Leaders Who Made It Happen* (New York: Fawcett Columbine, 1988), p. 151; *Commentary and The New York Times*, Cohen, 같은 책, p. 261.

23. 같은 책, p. 261.

24. Cohen, p. 287.

25. 같은 책, p. 290.

26. 같은 책, p. 205.

27. 같은 책, pp. 82-83, 133.

28. April Fallon and Paul Rozin, "Sex Differences in Perceptors of Body Size," *Journal of Abnormal Psychology*, Vol. 92, no. 4 (1983). "우리의 자

료는 여성이 잘못된 정보를 받아 남성이 바라는 날씬함의 정도를 과장한다는 사실을 보여준다."

29. Cohen, 위의 책, p. 91.

30. J. Winship, 위의 책, p. 7.

31. Lewis Lapham, *Money and Class in America: Notes on the Civil Religion* (London: Picador, 1989), p. 283.

32. Lawrence Zuckerman, "Who's Minding the Newsroom?," *Time*, 1988년 11월 28일.

33. 토머스 윈십은 전 〈보스턴글로브〉 편집자. Zuckerman, 위의 책.

34. Daniel Lazare, "Vanity Fare," *Columbia Journalism Review* (1990년 5/6월호), pp. 6-8.

35. 같은 책, pp. 6-8. 라자르에 따르면 미국 잡지 〈베니티페어(Vanity Fair)〉는 패션과 화장품 대기업을 아주 좋게 다루어주고, 이렇게 편집에서 홍보 효과를 누린 기업들이 1988년 9월에만 한 쪽에 2만 5,000달러나 하는 광고를 50쪽이나 냈다고 한다.

36~37. Mark Muro, "A New Era of Eros in Advertising," *The Boston Globe*, 1989년 4월 16일.

38. MacKinnon, *Feminism Unmodified*, 위의 책, Galloway and Thornton, "Crackdown on Pornography?A No-Win Battle," *U.S. News and World Report*, 1984년 6월 4일; Catherine Itzin and Corinne Sweet of the Campaign Against Pornography and Censorship in Britain, "What Should We Do About Pornography?," 영국판 *Cosmopolitan*, 1989년 11월호; J. Cook, "The X-Rated Economy," *Forbes*, 1978년 9월 18일(1년에 40억 달러); "The Place of Pornography," *Harper's*, 1984년 11월호(1년에 70억 달러). 지난 15년 동안 이 산업은 1,600배 넘게 성장해 지금은 맥도널드보다 판매점이 많다. Jane Caputi, *The Age of Sex Crime* (Bowling Green, Ohio: Bowling Green State University, Popular Press, 1987).

39. Consumer Association of Penang, *Abuse of Women in the Media* (Oxford: Oxford University Press, 1985), Debbie Taylor et al., *Women: A World Report* (Oxford: Oxford University Press, 1985), p. 67.

40. Angela Lambert, "Amid the Alien Porn," *The Independent*, 1989년 7월 1일.

41. Gunilla Bjarsdal, Stockholm: Legenda Publishing Research, 1989.

42. Taylor et al., 위의 책, p. 67.

43. John Crewdson, *By Silence Betrayed: Sexual Abuse of Children* (New York: Harper & Row, 1988), p. 249.

44. Caputi, 위의 책, p. 74.

45. The Institute for Economic and Political Studies, Italy; research by Mondadori Publishing, 1989.

46. Andrea Dworkin, *Pornography: Men Possessing Women* (New York: Putnam, 1981), 특히 "Objects," pp. 101-128. 허셸 고든 루이스에 대해서는 Caputi, 위의 책, p. 91 참조. 또 포르노와의 경쟁에 관해서는 영화감독 토니 가넷(Tony Garnett)의 말을 들어보라. "Rape: That's Entertainment?," Jane Mills(제작자), *Omnibus*, BBC1, 1989년 9월 15일. 가넷에 따르면 "이 같은 영화가 자금 지원을 받을 가능성이 높은 이유 중 하나는 영화의 중심에 강간 장면이 있다는 데 있다. 그것에 영향력을 행사하는 여러 배급사들로부터 상당한 압력이 (…) 있었다. 그것을 다룬 사람들은 영화에 대부분 실망했다. 특히 강간 장면에. 기대 만큼 성적으로 흥분되지 않는다는 이유로. 나는 그 장면에서 잘라내고 남은 자투리가 있으면 어떻게 다시 집어넣어 영화를 좀 더 성적으로 흥분되게 만들 수 없겠느냐는 질문을 받았다. 그래야 표가 팔리니까 말이다."

47. 네덜란드 정부는 룩셈부르크에서 위성방송으로 포르노와 상업 TV가 들어오는 것에 대해 우려한다. 일부 유럽 외무장관들은 "다음번 10년이 끝나면 미국이 지배하는 미디어 제국이 전 세계 방송의 목을 조를 것이다"라고 믿는다. John Palmer, "European Ministers Divided Over US Media Imperialism," *The Guardian*, 1989년 10월 3일.

   1985년 나이로비에서 열린 '여성의 10년 성과를 검토 평가하기 위한 UN 세계회의'에 제출된 논문 〈Review and Appraisal: Communication and Media〉에서는 전 세계를 조사한 결과 대중매체에서 여성의 역할이 바뀌고 있는 흐름을 거의 반영하고 있지 않음을 발견했다. 멕시코에서는 여성이 "가정의 영혼"이나 "성적 대상"이다. 터키에서는 대중매체에 등장하는 전형적 여성이 "어머니, 아내, 섹스 심벌"이고, 코트디부아르에서는 여성의 "매력, 아름다움, 경박함, 연약함"을 강조한다. Taylor et al., 위의 책, p. 78.

48. "Stars and Stripes Everywhere," *The Observer*, 1989년 10월 8일.

49. Paul Harrison, *Inside the Third World: The Anatomy of Poverty* (London: Penguin Books, 1980).

50. Edward W. Desmond, "Puppies and Consumer Boomers," *Time*, 1989년 11월 14일. (1984년에 인도 광고주들이 프로그램을 후원하기 시작했다.)
51. "Stars and Stripes Everywhere," 위의 곳.
52. "You Must Be Joking," *The Guardian*, 1989년 10월 10일.
53. Cynthia Cockburn, "Second Among Equals," *Marxism Today*, 1989년 7월호.
54. David Remnick, "From Russia with Lycra," *Gentlemen's Quarterly*, 1988년 11월호.
55. David Palliser: *The Guardian*, 1989년 10월 16일.
56. "From Russia with Sex," *Newsweek*, 1989년 4월 17일.
57. "The Queen of the Universe," *Newsweek*, 1988년 6월 6일.
58. Caputi, 위의 책, p. 7.
59. J. Winship, 위의 책, p. 40.
60. Penny Chorlton, *Cover-up: Taking the Lid Off the Cosmetics Industry* (Wellingborough, U.K.: Grapevine, 1988), p. 47; Gloria Steinem, "Sex, Lies and Advertising," *Ms.,* 1990년 9월호.
61. Michael Hoyt, "When the Walls Came Tumbling Down," *Columbia Journalism Review*, 1990년 3/4월호, pp. 35-40.
62. Gloria Steinem, *Outrageous Acts and Everyday Rebellions* (New York: Holt, Rinehart and Winston, 1983), p. 4.
63. Marilyn Webb, "Gloria Leaves Home," *New York Woman*, 1988년 7월호.
64. Lisa Lebowitz, "Younger Every Day," *Harper's Bazaar*, 1988년 8월호.
65. Chorlton, 위의 책, p. 46.
66. *Standard and Poor's Industry Surveys* (New York: Standard and Poor's Corp., 1988). 미국에서는 1987년에 화장품과 화장실 용품, 개인 관리 용품 산업의 규모가 185억 달러에 이르렀고, 그중 화장품 산업이 27퍼센트를 차지했다. Robin Marantz Henig, "The War on Wrinkles," *New Woman*, 1988년 6월호 참조. 그러한 성장은 석유 파생물, 특히 거의 모든 제품의 토대가 되는 에탄올의 가격이 떨어진 탓이 컸다. 1988 *Standard and Poor's Industry Surveys*에 따르면 "이 집단의 성과를 지탱해준 주요인은 그들에게 유리한 비용 및 가격 비율이었다."
67. Chorlton, "Publicity Disguised as Editorial Matter," in Cover-up, 위의 책, pp. 46-47.

68. Pat Duarte, "Older, but Not Invisible," *Women's Center News* (Women's Center of San Joaquin County, Calif.), vol. 12, no. 12 (August 1988), pp. 1-2.
69. 같은 책, p. 2.
70. 〈하퍼스앤퀸〉은 1988년 10월호에만 화장품 회사의 광고를 10만 파운드어치 실었다. Gerald McKnight, *The Skin Game: The International Beauty Business Brutally Exposed* (London: Sidgwick and Jackson, 1987), p. 65.
71. Magazine Publishers of America, 위의 책. 주 309.

4장 종교

1. Roberta Pollack Seid, *Never Too Thin* (New York: Prentice Hall, 1989), p. 107.
2. Carol Gilligan, *In a Different Voice: Psychological Theory and Women's Development* (Cambridge, Mass.: Harvard University Press, 1982).
3. 로마 가톨릭 교회의 기도서
4. 〈잠언〉 3장 10-31절.
5. Nancy F. Cott, *The Bonds of Womanhood: Woman's Sphere in New England, 1780-1835* (New Haven: Yale University Press, 1977), p. 126.
6. Ann Douglas, *The Feminization of American Culture* (New York: Knopf, 1977).
7. Cott, 위의 책, p. 138.
8. 같은 책, p. 139.
9. 〈창세기〉 2장 21-23절.
10. 〈마태복음〉 5장 48절.
11. Gerald McKnight, *The Skin Game: The International Beauty Business Brutally Exposed* (London: Sidgwick & Jackson, 1989), p. 158.
12. Oscar Wilde, *Lecture on Art*, Richard Ellman, *Oscar Wilde* (London: H. Hamilton, 1987).
13. 〈갈라디아서〉 3장 28절.
14. Daniel Goleman, "Science Times," *The New York Times*, 1989년 3월 15일, April Fallon and Paul Rozin, "Sex Differences in Perceptors of Body Size," *Journal of Abnormal Psychology*, vol. 4 (1983). John K.

Collins et al., "Body Percept Change in Obese Females After Weight Loss Reduction Therapy," *Journal of Clinical Psychology*, vol. 39 (1983). 15~65세에 이르는 여성 68명이 모두 자신이 실제보다 뚱뚱하다고 판단했다.

15. "Staying Forever Young," *San Francisco Chronicle*, 1988년 10월 12일.
16. Eva Szekely, *Never Too Thin* (Toronto: The Women's Press, 1988).
17. "Views on Beauty: When Artists Meet Surgeons," *The New York Times*, 1988년 6월 20일.
18. Ronald Fragen, "The Holy Grail of Good Looks," *The New York Times*, 1988년 6월 29일.
19. Dr. Thomas D. Rees with Sylvia Simmons, *More Than Just a Pretty Face: How Cosmetic Surgery Can Improve Your Looks and Your Life* (Boston: Little, Brown, 1987), p. 63.
20. 니오솜 시스템의 안티에이지 광고.
21. *The Obsession: Reflections on the Tyranny of Slenderness* (New York: Harper & Row, 1981), p. 39.
22. Rosalind Miles, *The Women's History of the World* (London: Grafton Books, 1988), pp. 108-109.
23. Elaine Showalter, *The Female Malady: Women, Madness and English Culture, 1830-1980* (New York: Pantheon Books, 1985), p. 212.
24. 〈마가복음〉 13장 35절.
25. Alexandra Cruikshank et al., *Positively Beautiful: Every-women's Guide to Face, Figure and Fitness* (Sydney and London: Bay Books, 1988), p. 25.
26. Cott, 위의 책, p. 136.
27. Seid, 위의 책, pp. 169-170.
28. 〈시편〉 116절.
29. Dale Spender, *Man Made Language* (London and New York: Routledge and Kegan Paul, 1985); Laura Shapiro, "Guns and Dolls," *Newsweek*, 1990년 5월 28일; Edward B. Fiske, "Even at a Former Women's College, Men Are Taken More Seriously, A Researcher Finds," *The New York Times*, 1990년 4월 11일.
30. Willa Appel, *Cults in America: Programmed for Paradise* (New York: Holt, Rinehart & Winston, 1983).
31. 한 광신적 신흥종교 집단의 구성원의 말은 모두 Appel, 같은 책.

32. McKnight, 위의 책, p. 20.
33. 같은 책, pp. 24-25.
34. 같은 책, p. 74.
35. 같은 책, pp. 55-56.
36. 같은 책, p. 17.
37. 같은 책, p. 4.
38. 같은 책, p. 39.
39. 같은 책, pp. 17-29.
40. Deborah Blumenthal, "Softer Sell in Ads for Beauty Products," *The New York Times*, 1988년 4월 23일, p. 56.
41. British Code of Advertising, Section C.I 5.3.
42. Felicity Barringer, "Census Report Shows a Rise in Child Care and Its Costs," *The New York Times*, 1990년 8월 16일.
43. Diana E. H. Russell, *Rape: The Victim's Perspective* (New York: Stein & Day, 1975).
44. Angela Browne, *When Battered Women Kill* (New York: Free Press, 1987), pp. 4-5.
45. Ruth E. Hall, *Ask Any Woman: A London Inquiry into Rape and Assault* (Bristol, U.K.: Falling Wall Press, 1985).
46. Lenore Weitzman, "Social and Economic Consequences of Property, Alimony and Child Support Awards," *University of California Los Angeles Law Review*, vol. 28 (1982), pp. 1118-1251.
47. Ruth Sidcl, *Women and Children Last: The Plight of Poor Women in Affluent America* (New York: Penguin Books, 1987), p. 104.
48. 같은 책, p. 18.
49. Catharine A. MacKinnon, *Sexual Harassment of Working Women: A Case of Sex Discrimination* (New Haven: Yale University Press, 1979); Rosemarie Tong, *Women, Sex and the Law* (Totowa, N.J.: Rowman and Littlefield, 1984).
50. Sidel, 위의 책, p. 17.
51. Debbie Taylor et al., *Women: A World Report* (Oxford: Oxford University Press, 1985), p. 13.
52. Linda Wells, "Food for Thought," *The New York Times Magazine*, 1989

년 7월 30일.

53. Anthea Gerrie, "Inject a Little Fun into Your Marriage," "Male and Femail," *Mail on Sunday*, 1988.

54. McKnight, 위의 책, p. 84.

55. Linda Wells, "Prices: Out of Sight," *The New York Times Magazine*, 1989년 7월 16일.

56. McKnight, 위의 책, p. 66.

57. Appel, 위의 책, pp. 113-137. Chernin, 위의 책, pp. 35-36의 광신적 신흥 종교 집단에 대해 다룬 부분도 참조.

58. 〈시편〉 141장 3절.

59. WW international statistics, 네덜란드판 *Viva*, 1989년 9월호.

60. Appel, 위의 책, p. 1-21, 31, 50, 59, 61, 64, 72, 133.

61. Christopher Lasch, *The Culture of Narcissism: American Life in an Age of Diminishing Expectations* (New York: Warner Books, 1979).

5장 섹스

1. Alfred Kinsey et al., *Sexual Behavior in the Human Female* (Philadelphia: W. B. Saunders Co., 1953); Debbie Taylor et al., *Women: A World Report* (Oxford: Oxford University Press, 1985), p. 62.

2. Rosalind Miles, *The Women's History of the World* (London: Paladin Grafton Books, 1988), p. 115.

3. Elaine Morgan, *The Descent of Woman* (New York: Bantam Books, 1972), pp. 76, 77. 일레인 모건에 따르면 "성교가 아주 기초적이고 '직관적인' 과정이라 학습과 모방에 거의 영향을 받지 않을 거라고 생각할지 몰라도, 섹스에 관한 한 그것은 틀린 생각이다. 적어도 영장류에서는 그렇다. 1950년 해리 할로(Harry Harlow)의 실험은 아기 원숭이가 고립된 상태에서 자라면 또래와 실험을 해볼 수도 없고 나이 든 원숭이들이 교미하는 것도 볼 수 없기 때문에(젊은 영장류들은 기회가 있을 때마다 왕성한 호기심을 가지고 흔히 방해가 될 정도로 가까운 거리에서 그것을 지켜본다), 원숭이가 자라서 성교를 어떻게 시작하는지 전혀 알 수 없고 수컷이면 자식 없이 죽는다는 것을 명백하게 증명했다."

4. Jane Caputi, *The Age of Sex Crime* (Bowling Green, Ohio: Bowling Green

State University Popular Press, 1987), p. 63.

5. 같은 책, p. 84. 소설《레이디 킬러의 고백(Confessions of a Lady Killer)》에서는 섹스 킬러가 페미니스트들을 스토킹하고, 영화 〈연쇄살인〉에서는 남자 주인공이 페미니스트인 상담사를 목 졸라 죽이는 상상을 하고, 1989년 12월에는 캐나다에서 한 남자가 젊은 여성 14명을 총으로 쏘아 죽이고 "나는 페미니스트가 싫다"고 외쳤다.

6. "Actresses Make Less Than Men, New Study Says," *San Francisco Chronicle*, 1990년 8월 2일.

7. "French Without Fears," *The Observer* (London), 1989년 9월 17일.

8. Susan G. Cole, *Pornography and the Sex Crisis* (Toronto: Amanita Enterprises, 1989), p. 37.

9. Anita Desai, "The Family-Norway," in Taylor et al., 위의 책, p. 24.

10. Caroline Harris and Jennifer Moore, "Altered Images," *Marxism Today*, 1988년 11월호, pp. 24-27.

11. Jonetta Rose Barras, "U.D.C.'s $1.6 Million Dinner," *The Washington Times*, 1990년 7월 18일.

12. Caputi, 위의 책, p. 72.

13. Taylor et al., 위의 책, p. 66.

14. Neil M. Malamuth and Edward Don-nerstein, eds., *Pornography and Sexual Aggression* (New York: Academic Press, 1984).

15. Dolph Zillman and Jennings Bryant, "Pornography, Sexual Callousness and the Trivialization of Rape," *Journal of Communication*, vol. 32 (982), pp. 16-18.

16. Donnerstein and Linz: "Pornography: Its Effect on Violence Against Women," in *Malamuth and Donnerstein*, eds., 위의 책, pp. 115-138.

17. Edward Donnerstein and Leonard Berkowitz, "Victim Reactions in Aggressive Erotic Films as a Factor in Violence Against Women," *Personality and Social Psychology Bulletin*, vol. 41, (1981), pp. 710-724.

18. "The Effects of Pornography on Women," 1985년 포르노위원회 한 법무장관의 증언.

19. Carol L. Krafka, "Sexually Explicit, Sexually Violent and Violent Media: Effects of Multiple Naturalistic Exposures and Debriefing on Female Viewers," 박사논문, University of Wisconsin, 1985.

20. Barbara Ehrenreich, Elizabeth Hess, and Gloria Jacobs, *Re-Making Love: The Feminization of Sex* (London: Fontana/Collins, 1986), p. 110.
21. 오르가슴에 대한 통계에 관해서는 다음을 참조. Shere Hite, *The Hite Report* (London: Pandora Press, 1989), pp. 225-270.
22. Helen Singer Kaplan, *The New Sex Therapy* (New York: Brunner/Mazel, 1974).
23. *Understanding the Female Orgasm* (New York: Bantam Books, 1973).
24. Wendy Faulkner, "The Obsessive Orgasm: Science, Sex and Female Sexuality," in Lynda Birke et al., *Alice Through the Microscope* (London: Virago Press, 1980), p. 145; R. Chester and C. Walker, "Sexual Experience and Attitudes of British Women," in R. Chester and J. Peel, *Changing Patterns of Sexual Behaviour* (London: Academic Press, 1979).
25. K. Garde and I. Lunde, "Female Sexual Behaviour: A Study of a Random Sample of Forty-Year-Old Women," *Maturita*, vol. 2 (1980).
26. A. A. Shandall, "Circumcision and Infibulation of Females," Faculty of Medicine, University of Khartoum; Taylor et al., 위의 책, p. 61.
27. Alice Walker, "Coming Apart," in *You Can't Keep a Good Woman Down* (San Diego: Harcourt Brace Jovanovich, 1981), pp. 41-53.
28. Nancy Friday, *My Secret Garden: Women's Sexual Fantasies* (London: Quartet Books, 1985), p. 147.
29. Dr. Thomas Cash, Diane Cash, and Jonathan Butters, "Mirror-Mirror on the Wall: Contrast Effects and Self-Evaluation of Physical Attractiveness," *Personality and Social Psychology Bulletin*, vol. 9 (3), 1983년 9월호.
30. Jane E. Brody, "Personal Health," *The New York Times*, 1988년 10월 20일.
31. Miles, 위의 책, pp. 97, 141.
32. Carol Cassell, *Swept Away: Why Women Confuse Love and Sex* (New York: Simon & Schuster, 1984). 여성의 몸이 다양한 요인에 의해 결정되는 것의 정신분석학적인 설명은 다음을 참조. Dorothy Dinnerstein, *Sexual Arrangements and the Human Malaise* (New York: Harper Colophon, 1977).
33. "Paths to an Abortion Clinic: Seven Trails of Conflict and Pain," *The New York Times*, 1989년 5월 8일.
34. 여성 성폭행에 대한 로스앤젤레스위원회 보고서. Page Mellish, ed.

"Statistics on Violence Against Women," *The Backlash Times*, 1989.
35. Diana E. H. Russell, Angela Browne, *When Battered Women Kill* (New York: Free Press, 1987), p. 100; 미국에서는 아내들 열에 하나가 남편에게 강간을 당한 적이 있다는 것에 대해서는 다음을 참조. David Finkelhor and Kersti Yllo, *License to Rape: Sexual Abuse of Wives* (New York: The Free Press, 1985); 지금은 메나헴 아미르의 수치가 너무 낮다고 생각되는데도 흑인 여성은 50퍼센트, 백인 여성은 12퍼센트, 즉 여덟에 하나가 강간을 당한 적이 있음을 보여주었다. Menachem Amir, *Patterns in Forcible Rape* (Chicago: University of Chicago Press, 1971), p. 44; Diana E. H. Russell, *Rape in Marriage* (Bloomington: Indiana University Press, 1982), p. 66.
36. *Geweld tegen vrouwen in heteroseksuele reaties* (Renee Romkers, 1989). *Sexueel misbruik van meisjes door verwanten* (Nel Draijer, 1988).
37. Research by Gunilla Bjarsdal. Stockholm: Legenda Publishing Research, 1989. 전 세계적으로 부부 사이의 강간이 횡행하는 것을 살펴본 자료로는 다음을 참조. Diana E. H. Russell, "Wife Rape in Other Countries," in *Rape in Marriage*, pp. 333-354.
38. Caputi, 위의 책, p. 54.
39. R. Hall, S. James, and J. Kertesz, *The Rapist Who Pays the Rent* (Bristol, England: Falling Wall Press, 1981). 배우자 강간이 캐나다에서는 1983년까지, 스코틀랜드에서는 1982년까지 범죄가 아니었고, 영국이나 미국의 많은 주에서는 아직도 범죄가 아니다.
40. Ruth Hall, *Ask Any Woman: A London Inquiry into Rape and Sexual Assault* (Bristol, England: Falling Wall Press, 1981).
41. Mellish, 위의 책. Lenore Walker, "The Battered Woman," *The Backlash Times*, 1979, p. 20. 레노어 워커는 여성의 50퍼센트가 일생에 언젠가는 구타를 당할 거라고 추정한다.
42. Browne, 위의 책.
43. 같은 책, p. 8.
44. 같은 책, pp. 4-5.
45. M. Barret and S. McIntosh, in Taylor et al., 위의 책.
46. Browne, 위의 책, pp. 4-5.
47. Linda McLeod, *The Vicious Circle* (Ottawa: Canadian Advisory Council on the Status of Women, 1980), p. 21. 캐나다에서는 17분마다 여성이 하나씩 강

간을 당했다. Julie Brickman, "Incidence of Rape and Sexual Assault in Urban Canadian Population," *International Journal of Women's Studies*, vol. 7 (1984), pp. 195-206.

48. Browne, 위의 책, p. 9.
49. 같은 책, p. 25.
50. 같은 책, p. 28.
51. Kinsey et al., 위의 책, John Crewdson, *Sexual Behavior in the Human Female, By Silence Betrayed: Sexual Abuse of Children in America* (Boston: Little, Brown, 1988), p. 25.
52. Taylor et al., 위의 책.
53. Deanne Stone, "Challenging Conventional Thought," an interview with Doctors Susan and Wayne Wooley, *Radiance*, 1989년 여름호.
54. Joyce Egginton, "The Pain of Hiding Hilary," *The Observer*, 1989년 11월 5일.
55. Caputi, 위의 책, p. 116.
56. Susan Griffin, *Pornography and Silence* (London: The Women's Press, 1988); Susan G. Cole, *Pornography and the Sex Crisis* (Toronto: Amanita, 1989); Andrea Dworkin, *Pornography: Men Possessing Women* (New York: Putnam, 1981); Gloria Steinem, "Erotica vs. Pornography," in *Outrageous Acts and Everyday Rebellions* (New York: Holt, Rinehart and Winston, 1983), pp. 219-232; Susanne Kappeler, *The Pornography of Representation* (Minneapolis: University of Minnesota Press, 1986).
57. "Striking Attitudes," *The Guardian*, 1989년 11월 15일, *The British Social Attitudes Special International Report* by Roger Jowell, Sharon Witherspoon, and Lindsay Brook (London: Social and Community Planning Research, Gower, 1989).
58. Caputi, 위의 책, p. 39.
59. Adam Sweeting, "Blame It on Alice," *The Guardian*, 1989년 12월 1일.
60. Robin Warshaw, *I Never Called It Rape: The Ms. Report on Recognizing, Fighting and Surviving Date and Acquaintance Rape* (New York: The Ms. Foundation for Education and Communication with Sarah Lazin Books, 1988), p. 83; 켄트주립대학교 메리 코스(Mary Koss)가 강간예방억제센터(Center for Prevention and Control of Rape)와 함께한 조사.

61. 같은 책, p. 96.
62. 뉴욕주립대학의 버지니아 그린링거(Virginia Greenlinger)와 윌리엄스 칼리지(Williams College), 도나 빔(Donna Byrne)이 조사했다. Warshaw, p. 93.
63. 같은 책, p. 84. 응답자들이 읽는 포르노는 〈플레이보이〉와 〈펜트하우스〉, 〈시크〉, 〈클럽〉, 〈포럼〉, 〈갤러리〉, 〈제네시스〉, 〈위(oui)〉, 〈허슬러〉로 이루어져 있었다.
64. John Briere and Neil M. Malamuth, "Self-Reported Likelihood of Sexually Aggressive Behavior: Attitudinal versus Sexual Explanations," *Journal of Research in Personality*, Vol. 37 (1983), pp. 315-318.
65. Alfred B. Heilbrun, Jr., Emory; Maura P. Loftus, Auburn University; 같은 책, p. 97. N. Malamuth, J. Heim, and S. Feshbach, "Sexual Responsiveness of College Students to Rape Depictions: Inhibitory and Disinhibitory Effects," *Social Psychology*, vol. 38 (1980), p. 399.
66. Warshaw, 위의 책, p. 83.
67. 같은 책, p. 11.
68. 같은 책, pp. 13-14. 오번대학의 배리 버크하트 교수(Barry Burkhart)는 남자 대학생의 61퍼센트가 여성을 여성의 의지에 반해 성적으로 접촉한 적이 있다는 것도 발견했다.
69. 같은 책, pp. 3, 51, 64, 66, 117.
70. Browne, 위의 책, p. 42.
71. Jacqueline Goodchild 등이 조사한 것, Warshaw, 위의 책, p. 120.
72. Caputi, 위의 책, p. 119.
73. Daniel Goleman, "Science Times," *The Nev York Times*, 1989년 3월 15일.
74. "For Ann Gregory," in *The Collected Poems of W. B. Yeats* (London: MacMillan, 1965).
75. *Final Payments* (London: Black Swan, 1987).
76. Arianna Stassinopoulos, *Picasso: Creator and Destroyer* (New York: Simon & Schuster, 1988).

6장 굶주림

1. Virginia Woolf, *A Room of One's Own* (San Diego: Harcourt Brace Jovanovich, 1981); 1929년 판의 재판.

2. Joan Jacobs Brumberg, *Fasting Girls: The Emergence of Anorexia Nervosa as a Modern Disease* (Cambridge, Mass: Harvard University Press, 1988), p. 20.

3. Brumberg, 위의 책, p. 12.

4. Ms., 1983년 10월호. 캘리포니아대학에서 조사한 바에 따르면 "열여덟 살짜리들이 모두 체중을 조절하려고 구토제나 하제, 다이어트 약을 먹거나 단식을 한다"고 밝혔다. Jane Brody, "Personal Health," *The New York Times*, 1987년 3월 18일.

5. Roberta Pollack Seid, *Never Too Thin: Why Women Are at War with Their Bodies* (New York: Prentice Hall, 1989), p. 21.

6. L. K. G. Hsu, "Outcome of Anorexia Nervosa: A Review of the Literature," *Archives of General Psychiatry*, vol. 37 (1980), pp. 1041-1042. 이 문헌을 전반적으로 철저하게 살핀 것으로는 다음을 참조. L. K. G. Hsu, M. D., *Eating Disorders* (New York: The Guildford Press, 1990).

7. Brumberg, 위의 책, p. 24.

8. Brumberg, 위의 책, p. 26. *The Penguin Encyclopaedia of Nutrition* (New York: Viking, 1985)에 따르면 "위에 있는 것을 토하면 산성으로 인해 치아가 침식된다. 혈액의 화학적 균형이 깨치면 심장박동이 불규칙해지고 콩팥 기능이 떨어질 수 있다. 간질 발작도 드물지 않다. 생리 불순은 불임을 낳는다."

9. Seid, 위의 책, p. 26, Michael Pugliese et al., "Fear of Obesity: A Cause of Short Stature and Delayed Puberty," *New England Journal of Medicine*, 1983년 9월 1일, pp. 513-518; Rose Dosti, "Nutritionists Express Worries About Children Following Adult Diets," *Los Angeles Times*, June 29, 1986년 6월 29일.

10. Julia Buckroyd, "Why Women Still Can't Cope with Food," 영국판 *Cosmopolitan*, 1989년 9월호.

11. Hilde Bruch, The Golden Cage: The Enigma of Anorexia Nervosa (New York: Random House, 1979), Kim Chernin, *The Obsession: Reflections on the Tyranny of Slenderness* (New York: Harper & Row, 1981), p. 101.

12. Cecilia Bergh Rosen, "An Explorative Study of Bulimia and Other Excessive Behaviours," King Gustav V Research Institute, Karolinska Institute, Stockholm, and the Department of Sociology and the School of Social Work, University of Stockholm, Sweden (Stockholm, 1988). "사

회적 은둔과 경제적 문제가 폭식증의 가장 큰 부정적 영향으로 보였다. 신체적 문제가 심각했지만 그들은 그만두지는 않았다. (…) 모든 경우에 폭식증은 사회적 고립과 격리를 낳은 것으로 보고되었다."(p. 77.)

13. Professor N. Frighi, "Le Sepienze," Institute for Mental Health, University of Rome, 1989; 중고등학교 학생들을 4,435명 넘게 조사한 것.

14. Brumberg, *Fasting Girls*, p. 9. 거식증 환자의 90~95퍼센트가 젊은 백인 여성이고, 중산층과 상류층에 쏠려 있다. 이 '전염병'은 미국과 서유럽, 일본 등 "급속한 서양화"를 겪고 있는 지역에만 존재한다.(같은 책, pp. 12-13.) 최근 연구들은 남자의 소득이 높을수록 아내의 몸무게가 적다는 것을 보여준다.(Seid, 위의 책, p. 16.)

15. Ann Hollander, *Seeing Through Clothes* (New York: Viking Penguin, 1988), p. 151.

16. Verne Palmer, "Where's the Fat?," *The Outlook*, 1987년 5월 13일. 조지워싱턴대학에 있는 임상영양학센터 소장 C. 웨인 캘러웨이(C. Wayne Callaway) 박사의 말을 인용; Seid, 위의 책, p. 15.

17. Nicholas Drake, ed., *The Sixties: A Decade in Vogue* (New York: Prentice Hall, 1988).

18. David Garner et al., "Cultural Expectations of Thinness in Women," *Psychological Reports*, vol. 47 (1980), pp. 483-491.

19. Seid, 위의 책, p. 3.

20. 1984년에 신시내티 의과대학 웨인 박사와 수전 울리 박사의 연구: "33,000 Women Tell How They Really Feel About Their Bodies," *Glamour*, 1984년 2월호.

21. "Bills to Improve Health Studies of Women," *San Francisco Chronicle*, 1990년 8월 1일. 하원의원 바버라 미컬스키(Barbara Mikulski, 민주당, 메릴랜드)에 따르면, 거의 모든 심장병 연구가 남성을 대상으로 한 것이라고 한다. 국립보건원은 여성 건강 연구에는 기금의 13퍼센트밖에 쓰지 않는다.

22. "Clinical Depression and Weight Change: A Complex Relation," *Journal of Abnormal Psychology*, vol. 85 (1976), pp. 338-340; Ilana Attie and J. Brooks-Gunn, "Weight Concerns as Chronic Stressors in Women," in Rosalind C. Barnett, Lois Biener, and Grace K. Baruch, eds., *Gender and Stress* (New York: The Free Press, 1987), p. 237.

23. Rudolph M. Bell, *Holy Anorexia* (Chicago and London: The University of

Chicago Press, 1985); Kim Chernin, *The Hungry Self: Women, Eating and Identity* (London: Virago Press, 1986); Marilyn Lawrence, *The Anorexic Experience* (London: The Women's Press, 1984); Susie Orbach, *Hunger Strike: The Anorectic's Struggle as a Metaphor for our Age* (London: Faber and Faber, 1986); Eva Szekeley, *Never Too Thin* (Toronto: The Women's Press, 1988); Susie Orbach, *Fat Is a Feminist Issue* (London: Arrow Books, 1989).

24. Sarah Pomeroy, *Goddesses, Whores, Wives and Slaves: Women in Classical Antiquity* (New York: Shocken Books, 1975), p. 203. 2세기의 한 시설에서는 남자아이들에게는 20세스테르티우스를 주고 여자아이들에게는 16세스테르티우스를 주었다.
25. M. Piers, *Infanticide* (New York: W. W. Norton, 1978)와 Marvin Harris, *Cows, Pigs, Wars and Witches: The Riddles of Culture* (New York: Vintage, 1975).
26. Jalna Hammer and Pat Allen, "Reproductive Engineering: The Final Solution?," in Lynda Birke et al., *Alice Through the Microscope: The Power of Science Over Women's Lives* (London: Virago Press, 1980), p. 224.
27. Debbie Taylor et al., *Women: A World Report* (Oxford: Oxford University Press, 1985), p. 47.
28. While both Kim Chernin and Susie Orbach describe this pattern, they do not conclude that it directly serves to maintain a political objective.
29. Taylor et al., 위의 책, p. 8, E. Royston, "Morbidity of Women: The Prevalence of Nutritional Anemias in Developing Countries," *World Health Organization Division of Family Health* (Geneva: 1978).
30. L. Leghorn and M. Roodkowsky, "Who Really Starves?," *Women and World Hunger* (New York, n.a., 1977).
31. Susie Orbach, 위의 책, pp. 40-41.
32. Seid, 위의 책, p. 175.
33. Anne Scott Beller, *Fat and Thin* (New York: Farrar, Straus and Giroux, 1977). 몸이 일정한 몸무게를 유지한다는 이론에 대해서는 다음을 참조. Seid, 위의 책, p. 182; Gina Kolata, "Where Fat Is Problem, Heredity Is the Answer, Studies Find," *The New York Times*, 1990년 5월 24일.
34. Derek Cooper, "Good Health or Bad Food? 20 Ways to Find Out,"

Scotland on Sunday, 1989년 12월 24일; Sarah Bosely, "The Fat of the Land," *The Guardian*, 1990년 1월 12일.
35. Seid, 위의 책, p. 40.
36. 같은 책, p. 29.
37. Saffron Davies, "Fat: A Fertility Issue," "Health Watch," *The Guardian*, 1988년 6월 30일.
38. Rose E. Frisch, "Fatness and Fertility," *Scientific American*, 1988년 3월호.
39. 영국판 *Medical Journal*, *Cosmopolitan*, 1988년 7월호.
40. Seid, 위의 책, pp. 290-291.
41. Magnus Pyke, *Man and Food* (London: Weidenfeld and Nicolson, 1970), pp. 140-145.
42. Seid, 위의 책, p. 360, Phyllis Mensing, "Eating Disorders Have Severe Effect on Sexual Function," *Evening Outlook*, 1987년 4월 6일.
43. Seid, 위의 책, p. 296, Alayne Yatres et al., "Running-An Analogue of Anorexia?," *New England Journal of Medicine*," 1983년 2월 3일, pp. 251-255.
44. Brumberg, 위의 책, p. 267.
45. Mette Bergstrom, "Sweets and Sour," *The Guardian*, 1989년 10월 3일.
46. Taylor et al., 위의 책, p. 86.
47. Seid, 위의 책, p. 31.
48. 같은 책, p. 266; excerpts from Attie and Brooks-Gunn, *Gender and Stress*, 위의 책.
49. Rosen, 위의 책과 다음을 참조. Daniota Czyzewski and Melanie A. Suhz, eds., Hilda Bruch, *Conversations with Anorexics* (New York: Basic Books, 1988); Garner et al., 위의 책, 483-491.
50. Seid, 위의 책, pp. 266-267.
51. Pyke, 위의 책, pp. 129-130.
52. Lucian Dobrischitski, ed., *The Chronicles of the Lodz Ghetto* (New Haven: Yale University Press, 1984); Jean-Francis Steiner, *Treblinka* (New York: New American Library, 1968).
53. Paula Dranov, "Where to Go to Lose Weight," *New Woman*, 1988년 6월호.
54. Seid, 위의 책, p. 266.
55. Attie and Brooks-Gunn, 위의 책, p. 243. 이러한 시각에 따르면, 다이어트

가 중독이 되어 다음과 같은 요인들로 유지된다. ① 체중 감량에 성공했을 때 느껴지는 행복감: 이것은 더욱 칼로리를 제한해 긴장을 풀어주는 유쾌한 결과를 유지하게 함. ② 몸이 제대로 먹지 못할 때 적응하면서 생기는 생리적 변화. ③ 체중의 빠른 증가, 신체적 불편, 불쾌감 등 음식을 먹었을 때 "도로" 생기는 증상에 대한 두려움.

56. Woolf, 위의 책, p. 10.

57. Raymond C. Hawkins, Susan Turell, Linda H. Jackson, *Austin Stress Clinic*, 1983: "Desirable and Undesirable Masculine and Feminine Traits in Relation to Students' Dieting Tendencies and Body Image Dissatisfaction," *Sex Roles*, vol. 9 (1983), p. 705-718.

58. 브룸버그(위의 책)가 언급한 '대학연합섭식장애회의'에는 많은 대학 대표자들이 모였다. 그러나 아이비리그 대학에 있는 여성센터들에 따르면, 섭식장애가 자조집단에서만 다루어지고 대학 당국 차원에서 다루어지지 않는다고 밝혔다. 예일대학 여성센터의 한 학기 예산도 600달러에 불과하다. 그것도 1984년에 400달러였던 것이 오른 것이다. "다이어트에 관심 있는 여학생들은 단식과 체중 조절, 폭식이 대학 캠퍼스에서 일상적으로 볼 수 있는 생활의 일부라고 한다." Brumberg, 위의 책, p. 264, K. A. Halmi, J. R. Falk, and E. Schwartz, "Binge-Eating and Vomiting: A Survey of a College Population," *Psychological Medicine* 11 (1981), pp. 697-706.

59. Robin Tolmach Lakoff and Raquel L. Scherr, *Face Value: The Politics of Beauty* (London and Boston: Routledge and Kegan Paul, 1984), pp. 141-142, 168-169.

60. Betty Friedan, *Lear's*, "Friedan, Sadat," 1988년 5/6월호.

61. Jean Seligman, "The Littlest Dieters," *Newsweek*, 1987년 7월 27일.

62. Linda Wells, "Babes in Makeup Land," *The New York Times Magazine*, 1989년 8월 13일.

7장 폭력

1. Angela Browne, *When Battered Women Kill* (New York: Free Press, 1987) p. 106.

2. 200만 명이 넘는 숫자는 1986년에 59만 550명이었던 것에서 증가한 것이다

(1984년부터 24퍼센트 증가). *Standard and Poor's Industry Surveys* (New York: Standard and Poor's Corp., 1988)와 Martin Walker, "Beauty World Goes Peanuts," *The Guardian* (London), 1989년 9월 20일. 그러나 처진 눈꺼풀 수술과 얼굴 주름 제거술, 코 수술을 받는 환자의 80퍼센트 이상이 여성이고, 유방수술과 지방 제거술 환자는 거의 모두 여성이라, 남녀의 비율이 실제로는 87퍼센트보다 높을 것이다. 따라서 미용성형수술을 여성을 가공하는 것으로 이해해야 옳을 것이다. 수치에 대해서는 다음을 참조. Joanna Gibbon, "A Nose by Any Other Shape," *The Independent* (London), 1989년 1월 19일.

3. Sarah Pomeroy, *Goddesses, Whores, Wives and Slaves: Women in Classical Antiquity* (New York: Shocken Books, 1975), p. 160.
4. Susan Sontag, *Illness as Metaphor* (New York: Schocken Books, 1988).
5. Barbara Ehrenreich and Deirdre English, *Complaints and Disorders: The Sexual Politics of Sickness* (Old Westbury, N.Y.: The Feminist Press, 1973); "Repulsive and useless hybrid," 같은 책, p. 28.
6. Peter Gay, *The Bourgeois Experience, Volume II: The Tender Passion* (New York: Oxford University Press, 1986), p. 82.
7. Sarah Stage, *Female Complaints: Lydia Pinkham and the Business of Women's Medicine* (New York: W. W. Norton, 1979), p. 68.
8. Elaine Showalter, *The Female Malady: Women, Madness and English Culture, 1830-1980* (New York: Pantheon Books, 1985), p. 18; Mary Livermore's "Recommendatory Letter"와 "On Female Invalidism" by Dr. Mary Putnam Jacobi, in Nancy F. Cott, ed., *Root of Bitterness: Documents of the Social History of American Women* (New York: Dutton, 1972), pp. 292, 304.
9. Showalter, 위의 책, p. 56.
10. Ehrenreich and English, 위의 책, p. 60.
11. "Enclave Esclave," in Elaine Marks and Isabelle de Courtivron, eds., *New French Feminisms: An Anthology* (New York: Schocken Books, 1981), p. 59.
12. Showalter, 위의 책.
13. John Conolly, "Construction," Showalter, 위의 책, p. 59.
14. Stage, 위의 책, p. 75.
15. Ann Oakley, *Housewife: High Value/Low Cost* (London: Penguin Books,

1987), pp. 46-47.

16. Peter Gay, *The Bourgeois Experience, Volume II: The Tender Passion* (New York: Oxford University Press, 1986).

17. Vivien Walsh, "Contraception: The Growth of a Technology," The Brighton Women and Science Group, *Alice Through the Microscope: The Power of Science over Women's Lives* (London: Virago Press, 1980), p. 202.

18. Carlotta Karlson Jacobson and Catherine Ettlings, *How to Be Wrinkle Free* (New York: Putnam, 1987). "주름이 (…) 아주 순수한 의미에서는 생명을 위협하는 것이 아닐지 몰라도, 그것으로 인한 스트레스와 걱정이 (생명을 위협하지 않을지는 몰라도) 삶의 질을 바꿀 수 있다." 저자들은 피부에 "충격을 주는 치료법이 아름다운 형태로 되돌아가게 하는 것"이라고 한다. 저자들에 따르면 스티븐 제넨더는 얼굴 근육에 독소를 집어넣어 감정을 표현하지 못하게 하고, 어떤 의사들은 얼굴 근육을 잘라 얼굴이 무표정하게 한다고 한다.

19. Eugenia Chandris, *The Venus Syndrome* (London: Chatto & Windus, 1985).

20. "Despite Risks, Plastic Surgery Thrives," *The New York Times*, 1988년 6월 29일.

21. "Harvard and Japanese Cosmetics Makers Join in Skin Research," *The New York Times*, 1989년 8월 4일. 펜실베이니아대학도 화장품 제조업체의 기부를 받아들여 20만 달러를 받고 '아름다움과 건강과 행복' 연구의 의장직을 준 적이 있다.

22. Daniel Goleman, "Dislike of Own Body Found Common Among Women," *The New York Times*, 1985년 3월 19일.

23. "Staying Forever Young," San Francisco Chronicle, 1988년 10월 12일.

24. "Coffin Nails," *The New York Times*, 1988년 6월 15일.

25. Carla Rohlfing, "Do the New Liquid Diets Really Work?," *Reader's Digest*, 1989년 6월호; "The Losing Formula," Newsweek, 1990년 4월 30일.

26. 유방에 보형물이 있는 유방암 환자 20명을 연구한 연구자들은 초기에 X선으로 유선종양이 발견된 사람은 아무도 없다는 것을 발견했고, 병이 발견되었을 때 13명은 이미 암이 림프절까지 퍼져 있었다. Michele Goodwin, "Silicone Breast Implants," *The New Haven Advocate*, 1989년 3월 13일. 퍼블릭시티즌 건강연구단은 보형물 제조업체 다우코닝사를 고발하면서 실리콘을 주입

한 실험실 암쥐의 23퍼센트에서 암이 발생했다는 다우코닝사 자체 조사 결과를 들었다. 연구단은 또 보형물을 추적 조사한 지가 10년이나 20년밖에 안 되었고, 그것은 암이 발생할 정도로 긴 시간이 아니라는 사실도 지적했다. 그러나 미국 성형 및 재건 수술 협회의 문건에서는 어떤 위험도 부인한다.

27. Stanley Grand, "The Body and Its Boundaries: A Psychoanalytic View of Cognitive Process Disturbances in Schizophrenia," *International Review of Psychoanalysis*, vol. 9 (1982), p. 327.

28. Daniel Goleman, "Researchers Find That Optimism Helps the Body's Defense System"과 "Science Times," *The New York Times*, 1989년 4월 20일.

29. Daniel Brown, Harvard Medical School, Daniel Goleman, "Science Times," *The New York Times*, 1985년 3월 15일.

30. Maggy Ross, "Shocking Habit," *Company*, 1988년 9월호. 섭식장애가 자해로 돌연변이를 일으켜 자신을 해치는 새로운 물결의 여성들을 낳고 있다. "'자신을 베는' 젊은 여성의 수가 갈수록 증가하여 (…) 한 폭식증 환자는 폭식을 하고 토하기를 거듭하다가 도무지 견잡을 수 없는 느낌에 '칼을 쥐고 (자신의) 배를 찔렀다.'"

Michele Hanson, "An End to the Hurting," *Elle*, 1988년 10월호. "매력적인 젊은 여성" 세 명은 "신체에 대한 역겨움"과 "안에 악이 들어 있는" 느낌에 무감각하고 무심하게 팔뚝을 60번이나 대각선으로 그었다. 그중 하나는 "나는 그렇게 심판을 받는 것을 참을 수 없었다"라고 이야기했다.

31. Gerald McKnight, *The Skin Game: The International Beauty Business Brutally Exposed* (London: Sidgwick and Jackson, 1989).

32. *Standard and Poor's Industry Surveys*, 1988.

33. Ehrenreich and English, 위의 책, p. 26.

34. *The New York Times*, 1988년 8월 1일. Wendy Varley, "A Process of Elimination," *The Guardian*, 1989년 11월 28일과 Aileen Ballantyne, "The Embryo and the Law," *The Guardian*, 1989년 9월 8일.

"문명사회에는 돈으로 살 수 없는 것이 있다." 아기 M 사건의 판결문. *In re Baby M.*, 537 A2d 1227 (N.J.) 1988; *In re Baby M.*, 225 N.J. Super. 267 (S. Ct., N.J., 1988) 73.

35. *Medical Killing and the Psychology of Genocide* (New York: Basic Books, 1986).

36. "Use me to 'experiment'": Maria Kay, "Plastic Makes Perfect," *She*, 1988

년 7월호.

37. Paul Ernsberger, "The Unkindest Cut of All: The Dangers of Weight-Loss Surgery," *Radiance*, 1988년 여름호. 미국 암연구소의 스튜어트 유스파 박사는 레틴에이, 트레티노인을 처방하는 것은 "인간을 실험하는 것"이라고 설명했다. Jane E. Brody, "Personal Health," *The New York Times*, 1988년 6월 16일.

38. 인간 실험 윤리 강령은 1947년 8월 19일에 뉘른베르크 군사재판에서 만들어졌다. David A. Frankele, "Human Experimentation: Codes of Ethics," in Amnon Karmi, ed., *Medical Experimentation* (Ramat Gan, Israel: Turtledove Publishing, 1978). 베를린 의과대학은 "어떤 사람이든 쓸데없는 실험이나 의심스러운 수단으로 (…) 그 사람의 생명을 위협하는 것"을 금지하고 "비도덕적 목적을 위해" 자신의 의술을 사용함으로써 품위를 떨어뜨리는 행위를 비난하는 성명(1803년에 토머스 퍼시벌이 작성)을 채택했고, 미국 의사협회에서도 나중에 그와 같은 것을 채택했다.

 1948년 9월 세계의사협회 총회에서는 제네바 선언을 채택했다. "의사는 어떤 상황에서도 병을 예방하거나 치료하기 위해서가 아니면 인간의 신체적·정신적 저항력을 약화시킬 수 있는 일을 해서는 안 되며, 그런 일을 하도록 인가하거나 용납해서도 안 된다."

 뉘른베르크 강령은 "모든 문명국가에서 받아들이는 기존의 인간 실험에 대한 일반적 원칙을 회복하기 위한" 것이었다. 독일 법원에서는 뉘른베르크 뒤에 "인체에 칼을 대는 수술이나 처치는 모두 원칙적으로 폭행이나 구타로 여겨, 일반적으로 환자에게 고지에 의한 동의를 얻어 정당한 근거를 마련할 필요가 있다고 했다. A. Karmi, "Legal Problems," in *Medical Experimentation*.

 "자유로운 선택"을 할 수 없다면, 수술은 범죄다. "일반적으로 동의하듯이, 과학 실험을 할 경우 피험자에게 충분히 정보를 제공한 뒤에 피험자의 자유로운 동의를 받지 않으면 과학 실험을 할 수 없다." Gerfried F. Scher, Karmi, 위의 책, p. 100. 더군다나 "임상 과학 실험에 참여하기로 하는 결정은 반드시 어떤 종류의 의존 상태에도 영향을 받지 않고 완전히 자유롭게 이루어져야 한다." 같은 책, p. 101.

 미용성형수술은 현재의 의사 윤리 강령도 어기고 있다. 군사재판에서 미국 최고 의학 전문가가 채택한 강령대로 "인간 피험자의 자발적 동의가 절대적으로 필요하다. 이는 관련된 사람이 동의할 수 있는 법률적 능력이 있어야 하고 어떤 폭력이나 사기, 속임수, 무리수의 요소도 없고 어떤 은밀한 형태의 제약이나 강압도 없이 자유로운 선택권을 행사할 수 있는 상황에 있어야 하며, 문제를 충분히 이해하고 깨달은 상태에서 결정을 내릴 수 있을 정도로 관련된 주제에 대한 지식이 있어야 한다는 말이다. 동의의 질을 확인할 의무와 책임은 실험자에게 있다(미성년자는 동의를 해도 동의한 것으로 여길 수 없다). (…) 감수해야 할 위험의 정도가 실험에서 해결할 문제의 인도주의적 중요성에 비추어 합당한 정도를 넘어서서는 안 된다." 사기와 속임수 등에 관해서는 미시건주 법원에서 의학 실험을 둘러싼 "분위기가 본질적으로 강압적이라면, 진실로 고지에 입각한 동의를 하는 것이 불가능하다"라는 판결을 내렸다. 미성년자가 동의할 수 있을 정도로 성숙한가 하는 것에 관해서는 미용성형외과 의사들은 새로운 시장으로 10대 소녀들을 겨냥했고, 그들이 미성년자임에도 부모의 동의를 얻어 그들에게 수술을 한다.

치료를 목적으로 하지 않는 실험에 관해서는 "무릅써야 할 위험이 얻을 수 있는 이익에 비추어 합당해야 한다. 만일 실험이 피험자의 생명에 위협을 가한다면, 이에 대한 고지를 했더라도 피험자의 동의는 효력이 없다. (…) 환자의 건강에 중대하고 지속적인 해를 입힐 위험이 실제로 있을 경우에도 마찬가지다."

환자 자신의 이익을 위해 새로운 치료가 실험적 성격이 있다는 것도 밝혀야 한다. "환자가 치료에 동의해도 치료에 실험직 싱격이 있다는 것을 모른다면 충분하지 않다." 미국에서 의료 행위를 지배하는 법은 주의 의무 기준이라는 개념에 기대어 의료계에서 일반적으로 받아들이는 시술과 수술을 그렇지 않은 것과 구분한다. 마틴 노턴(Martin Norton)에 따르면 "우리는 (…) 환자를 직접 치료해 환자에게 이익이 되거나 환자의 병을 진단하는 데 기여하는 것이 아니라면 무엇이든 실험에 해당된다고 보아야 한다." 같은 책, pp. 107-109.

39. Joanna Gibbon, *Independent Guide to Cosmetic Surgery* (*The Independent*, 1989), 소책자, p. 7. 위의 책에 따르면 유방을 확대할 때 넣는 실리콘이 "몸의 다른 부위에 새고, 그것의 장기적 결과가 알려지지 않았으며" 반흔 조직이 굳어 "크리켓 공"이 되는 바람에 "흉터막을 쪼개는 수술"을 해야 할 가능성이 10~40퍼센트 정도다. 같은 책, p. 8.

McKnight, 위의 책에서는 보형물이 굳을 가능성이 70퍼센트라고 주장한다. 영국 세인트토머스병원의 피터 데이비스(Peter Davis) 박사는 "사망률이 (…) 미국에서는 10퍼센트나 된다"고 주장한다. McKnight, 위의 책, pp. 114, 120. "만일 (미국) 의사들이 10퍼센트 실패율을 인정했다면 (우리의 실험에서는 천 번 얼굴 주름 제거술을 할 때마다 일반적으로 그 정도 실패율이 나온다) 의사라는 직업을 잃었을 것이다. 우리가 유방에 집어넣은 보형물의 합병증 발생률은 70퍼센트다. 그러나 미국에는 1퍼센트라고 말하는 사람들이 있다. 우리 가운데 한쪽이 진실을 말해야 한다."

40. Wenda B. O'Reilly, *The Beautiful Body Book: A Guide to Effortless Weight Loss* (New York: Bantam, 1989).

41. Robin Marantz Henig, "The High Cost of Thinness," *The Near York Times Magazine*, 1988년 2월 28일.

42. McKnight, 위의 책. 내가 미국 성형복원외과의사회 대변인에게 "피막 구축(유방보형물 주위의 이물반응으로 반흔 구축이 생겨 조직이 당기는 현상—옮긴이)"이 생길 가능성이 얼마나 되냐고 물었을 때 그녀는 "말할 수 없다. 어떤 의사들은 10퍼센트이고, 어떤 의사들은 90퍼센트다"라고 설명했다. "합병증 발생률을 연구한 것이 없느냐?"라는 질문에는 "없다. 모든 여성이 다르다. 이런 수치들로 여성에게 수술을 받을 수 없다고 말하는 것은 공평하지 않다"라고 했다.

43. Maria Kay, "Plastic Makes Perfect," *She*, 1988년 7월호. "턱이 빠진 것 같아 아주 고통스럽다. (…) 계속 액체 다이어트를 해야 한다. (…) 꿰맨 데 음식이 조금이라도 끼면 감염이 일어나지만, 어쨌거나 씹을 수도 없다. 웃을 수가 없고, 얼굴이 무지 아프다. 내 얼굴이 햄스터처럼 부어올랐고, 끔찍할 정도로 노랗게 멍이 들고, 정신적 충격도 컸다." 화학 박피술을 하면 "갈색으로 변해서 바삭바삭해진 뒤에 딱지가 앉았다가 떨어진다." "Scalpel Slaves Just Can't Quid," *Newsweek*, 1988년 1월 11일.

44. "Government to Ban Baldness, Sex Drugs," Danbury (Conn.) *News Times*, 1989년 7월 8일.

45. Paul Ernsberger, "Fraudulent Weight-Loss Programs: How Hazardous?," *Radiance*, 1985년 가을호, p. 6; "Investigating Claims Made by Diet Programs," *The New York Times*, 1990년 9월 25일.

46. 영국 의사협회에서 환자가 미용성형 시술소에 직접 접근하는 것을 비난하는 성명을 발표했지만 GMC(General Medical Council, 의사들의 직업윤리 전반에 대해 감독하고 규제하는 기관—옮긴이)는 그것에 대해 아무것도 할 수 없다.

47. 연방거래위원회 보고서 *Unqualified Doctors Performing Cosmetic Surgery: Policies and Enforcement Activities of the Federal Trade Commission*, Parts I, II와 III, Serial no. 101-7.

48. Cable News Network, 1989년 4월 19일; Claude Solnick, "A Nip, a Tuck, and a Lift," *New York Perspectives*, 1991년 1월 11-18일, pp. 12-13.

49. Jeremy Weir, "Breast Frenzy," *Self*, 1989년 4월호.

50. Penny Chorlton, *Cover-up: Taking the Lid Off the Cosmetics Industry* (Wellingborough, U.K.: Grapevine, 1988), p. 244. 미국 성형복원외과의사회의 문건.
51. Gloria Steinem, 'The International Crime of Genital Mutilation,'" in *Outrageous Acts and Everyday Rebellions* (New York: Holt, Rinehart & Winston, 1983), pp. 292-300.
52. Andrea Dworkin, *Woman Hating* (New York: Dutton, 1974), pp. 95-116.
53. Sarah Stage, *Female Complaints: Lydia Pinkham and the Business of Women's Medicine* (New York: W. W. Norton, 1981), p. 77.
54. Fay Weldon, *The Life and Loves of a She-Devil* (London: Coronet Books, 1983). "우리는 막연히 어느 날 빛나는 갑옷을 입은 기사가 말을 타고 달려와 영혼의 아름다움을 꿰뚫어보고 처녀를 간택해 왕관을 씌워주어 그녀가 왕비가 될 거라고 생각한다. 그러나 나의 영혼에 아름다움은 없으며 (…) 따라서 내가 스스로 아름다움을 만들어야 하고, 내가 세상을 바꿀 수 없으니 내가 자신을 바꿔야 한다." (p.56.) 페이 웰던은 〈신여성〉 1989년 11월호에 성형수술을 지지하는 글을 썼다.
55. Stage, 위의 책. Ehrenreich and English, 위의 책, p. 35.
56. *Newsweek*, 1956년 7월 23일. 어떤 행위 개조 프로그램에서는 프로그램 참가자가 좋아하는 음식을 먹으면 전기 충격을 썼다고 한다. Seid, 위의 책, p. 171.
57. Showalter, 위의 책, p. 217, Sylvia Plath, *The Journals of Sylvia Plath*, Ted Hughes and Frances McCullough, eds. (New York: Dial Press, 1982), p. 318.
58. Suzanne Levitt, "Rethinking Harm: A Feminist Perspective," Yale Law School, 출간되지 않은 박사논문, 1989.
59. Andrea Dworkin, 위의 책, p. 140.
60. Adrienne Rich, *Of Woman Born: Motherhood as Experience and Institution* (London: Virago Press, 1977).
61. Lynda Birke et al., "Technology in the Lying-in Room," in *Alice Through the Microscope*, 위의 책, p. 172.
62. Lewis M. Feder and Jane Maclean Craig, *About Face* (New York: Warner Books, 1989). "침모가 필요한 곳을 '잘라내고 여며서' 옷을 고칠 수 있듯이, 성형외과 의사도 얼굴의 피부 윤곽을 고칠 수 있다." (p. 161.)
63. Occupational Safety and Health Act of 1970, United States Code, Title 29, Sections 651-658.
64. "What a shock!," Jeanne Brown, "How Much Younger My Short

Haircut Made Me Look!," *Lear's*, 1988년 7/8월호. Saville Jackson, "Fat Suction—Trying It for Thighs," *Vogue*, 1988년 10월호. "내 허벅지 속이 까맣다. 나는 경악했으나, 의사는 아주 흡족해했다."

미용성형수술을 이른바 '페미니즘' 시각에서 읽은 것도 여럿 있다. 성형외과 의사 미켈레 코플랜드(Michele Copeland)는 "Let's Not Discourage the Pursuit of Beauty," *The New York Times*, 1988년 9월 29일에서 여성에게 유방수술로 "브라를 태워버려라!"라고 했다. 의학박사 캐롤린 클라인(Carolyn Cline)은 "The Best Revenge: Who's Afraid of Plastic Surgery?," *Lear's*, 1988년 7/8월호에서 "자, 이제 자유의 길이 열렸다"며 여성에게 얼굴 주름 제거술을 받으라고 했다.

65. 이 용어는 정신병원을 혁신한 존 코널리(John Conolly)가 만들어냈다. Showalter, 위의 책, p. 48; Phyllis Chesler, Ph.D., *Women and Madness* (Garden City, N.Y.: Doubleday, 1972).
66. Paul Ernsberger, "The Unkindest Cut of All," 위의 책.
67. Harper's Index, *Harper's*, 1989년 1월호.
68. Jill Neimark, "Slaves of the Scalpel," *Mademoiselle*, 1988년 11월호, pp. 194-195.
69. Robert Jay Lifton, *The Nazi Doctors: Medical Killing and the Psychology of Genocide* (New York: Basic Books, 1986), p. 31.
70. 같은 책, p. 56. "과도한 열정"이 널리 퍼져 있었고, 그것이 "시대의 이상"이 낳은 산물로 용서되었다.
71. 나치 의사 카를 분딩(Karl Bunding)의 말, 같은 책, p. 47.
72. 같은 책, p. 26.
73. 같은 책, p. 57.
74. 같은 책, p. 70.
75. 같은 책, p. 294.
76. 같은 책, p. 430. 이러한 결정과 관련해 독자에게 히포크라테스의 선서를 상기시키면 이렇다. "나는 의술의 신 아폴론과 아스클레피오스, 히기에이아, 파나케이아, 그리고 모든 남신과 여신의 이름으로 나의 능력과 판단에 따라 이 선서와 계약을 이행할 것을 맹세합니다. (…) 나는 나의 능력과 판단에 따라 환자를 돕기 위해 치료를 할 것이며, 절대 해치거나 나쁜 짓을 할 목적으로 치료하지 않겠습니다. (…) 나는 나의 삶과 의술을 순수하고 경건하게 지켜가겠습니다. 어떤 집에 들어가든 환자를 돕기 위해 들어갈 것이며, 의도적으로 나

뻔 짓을 하거나 피해를 주는 일을 삼가겠습니다. (…) 이제 내가 이 선서를 지키고 어기지 않으면, 나의 삶과 의술로 내가 모든 사람들에게서 영원히 명성을 얻게 하시고, 선서를 어기거나 포기하면 그 반대가 되게 하소서.

77. 같은 책, p. 302.

78. Catherine Houck, "The Rise and Fall and Rise of the Bosom," *Cosmopolitan*, 1989년 6월호.

79. Dr. Steven Herman, *Glamour*, 1987년 9월호.

80. Ellen Goodman, "Misled America: The Pageant Gets Phonier," *Stockton Record*, 1989년 9월 19일.

81. Jalna Hammer and Pat Allen, "Reproductive Engineering: The Final Solution?," in *Alice Through the Microscope*, 위의 책, p. 221. 인공 피부와 뇌하수체를 조정해 키가 크게 하는 약도 연구되고 있다. 에드워드 그로스만(Edward Grossman)은 인공 태반으로 얻게 될 '이익'을 열거한다; Hammer and Allen, 위의 책, p. 210. 그로스만은 중국과 러시아에서도 인공 태반에 관심을 가지고 있다고 한다.

82. Hammer and Allen, 위의 책, p. 211.

83. 1989년 4월 예일대학 법과대학원에서 캐서린 매키닌이 한 강의. 1990년에 유전적으로 관계가 없는 자궁을 '빌려서' 낳은 아기에 대한 양육권 소송이 제기되었다.

84. Hammer and Allen, 위의 책, p. 215.

85. 같은 책, p. 213.

86. 암페타민은 1938년에 처음 등장했고, 어떤 위험이 있는지 알려지지 않았다. 1952년에는 미국에서 해마다 6만 파운드가 생산되었고, 의사들이 그것을 자주 체중 감량에 처방했다. Roberta Pollack Seid, *Never Too Thin: Why Women Are at War with Their Bodies* (New York: Prentice Hall, 1989) p. 106.

87. Oakley, 위의 책, p. 232.

88. Ruth Sidel, *Women and Children Last: The Plight of Poor Women in Affluent America* (New York: Penguin Books, 1987), p. 144.

89. Debbie Taylor et al., *Women: A World Report* (Oxford: Oxford University Press, 1985) p. 46.

90. John Allman, "The Incredible Shrinking Pill," *The Guardian*, 1989년 9월 22일.

| 참고문헌 |

1. Banner, Lois W. *American Beauty*. New York: Knopf, 1983.
2. Brownmiller, Susan. *Femininity*. New York: Simon & Schuster, 1984.
3. Freedman, Rita Jackaway. *Beauty Bound*. Lexington, Mass.: Lexington Books, 1986.
4. Hatfield, Elaine, and Susan Sprecher. *Mirror, Mirror: The Importance of Loots in Everyday Life*. Albany: State University of New York Press, 1986.
5. Kinzer, Nora Scott. *Put Down and Ripped Off: The American Woman and the Beauty Cult*. New York: Crowell, 1977.

1장 아름다움의 신화

1. de Beauvoir, Simone. *The Second Sex*. New York: Penguin, 1986. (1949)
2. Greer, Germaine. *The Female Eunuch*. London: Paladin Grafton Books, 1985.
3. Reed, Evelyn. *Sexism and Science*. New York: Pathfinder Press, 1978.
4. ———. *Woman's Evolution: From Matriarchal Clan to Patriarchal Family*. New York: Pathfinder Press, 1975.
5. Russett, Cynthia Eagle. *Sexual Science: The Victorian Construction of Womanhood*. Cambridge, Mass.: Harvard University Press, 1989.
6. Stone, Merlin. *When God Was a Woman*. San Diego: Harvest, 1976.

7. Walker, Barbara G. *The Crone: Woman of Age, Wisdom, and Pawer*. New York: Harper & Row, 1988.

2장 일

1. Anderson, Bonnie S., and Judith P. Zinsser. *A History of Their Own: Women in Europe from Prehistory to tie Present*. Vols. I and II. New York: Harper & Row, 1988.
2. Cava, Anita. "Taking Judicial Notice of Sexual Stereotyping (*Price Waterhouse v. Hopkins,* 109 S. Ct. 1775)," *in Arkansas Law Review*. Vol. 43 (1990), pp. 27-56.
3. Cohen, Marcia. *The Sisterhood: The Inside Story of the Women's Movement and the Leaders Who Made It Happen*. New York: Fawcett Columbine, 1988.
4. Craft, Christine. *Too Old, Too Ugly, and Not Deferential to Men*. New York: Dell, 1988.
5. Eisenstein, Hester. *Contemporary Feminist Thought*. London: Unwin Paperbacks, 1985.
6. Eisenstein, Zillah R. *The Female Body and the Law*. Berkeley: University of California Press, 1988.
7. Hearn, Jeff; Deborah L. Sheppard; Peta Tancred-Sheriff; and Gibson Burrell, eds. *The Sexuality of Organization*. London: Sage Publications, 1989.
8. Hewlett, Sylvia Ann. *A Lesser Life*. New York: Warner Books, 1986.
9. Hochschild, Arlie, with Anne Machung. *The Second Shift: Working Parents and the Revolution at Home*. New York: Viking, 1989.
10. Kanowitz, Leo. *Women and the Law: The Unfinished Revolution*. Albuquerque: University of New Mexico Press, 1975.
11. Lefkowitz, Rocheile, and Ann Withorn, eds. *For Crying Out Loud: Women and Poverty in the United States*. New York: Pilgrim Press, 1986.
12. MacKinnon, Catharine A. *Feminism Unmodified: Discourses on Life*

and Law. Cambridge, Mass.: Harvard University Press, 1987.

13. ———. *Sexual Harassment of Working Women*. New Haven: Yale University Press, 1979.
14. ———. *Toward a Feminist Theory of the State*. Cambridge, Mass.: Harvard University Press, 1989.
15. Miles, Rosalind. *The Women's History of the World*. London: Paladin, 1989.
16. Millett, Kate. *Sexual Politics*. London: Virago, 1985.
17. Minton, Michael, with Jean Libman Block. *What Is a Wife Worth?* New York: McGraw-Hill, 1983.
18. Molloy, John T. *The Woman's Dress for Success Book*. New York: Warner Books, 1977.
19. Oakley, Ann. *Housewife; High Value/Low Cost*. London: Penguin, 1987.
20. Richards, Janet Radcliffe. "The Unadorned Feminist" in *The Sceptical Feminist: A Philosophical Enquiry*. Harmondsworth, England: Penguin, 1980.
21. Radford, Mary F. "Beyond *Price Waterhouse v. Hopkins* (109 S. Ct. 1775): A New Approach to Mixed Motive Discrimination" in *North Carolina Law Review*. Vol. 68 (March 1990), pp. 495-539.
22. ———. "Sex Stereotyping and the Promotion of Women to Positions of Power," in *The Hastings Law Journal*. Vol. 41 (March 1990), pp. 471-535.
23. Rix, Sarah E., ed. *The American Woman, 1988-89: A Status Report*. New York: W. W. Norton, 1988.
24. Rowbotham, Sheila. *Woman's Consciousness, Man's World*. Harmondsworth, England: Penguin, 1983.
25. Sidel, Ruth. *Women and Children Last: The Plight of Poor Women in Affluent America*. New York: Penguin, 1986.
26. Swan, Peter N. "Subjective Hiring and Promotion Decisions in the Wake of Ft. Worth (*Watson v. Fort Worth Bank & Trust*, 108 S. Ct. 2777), Antonio (*Wards Cove Packing Co., Inc. v. Antonio*, 109 S. Ct. 2115) and Price Waterhouse (*Price Waterhouse v. Hopkins*, 109 S. Ct. 1775)," in *The Journal*

of College and University Law. Vol. 16 (Spring 1990), pp. 553-72.
27. Taylor, Debbie et. al. *Women: A World Report*. Oxford: Oxford University Press, 1985.
28. Tong, Rosemary. *Women, Sex, and the Law*. Totowa, N.J.: Rowman & Allanheld, 1984.
29. Steinem, Gloria. *Outrageous Acts and Everyday Rebellions*. New York: Holt, Rinehart and Winston, 1983.
30. Waring, Marilyn. *If Women Counted: A New Feminist Economics*. New York: Harper & Row, 1988.

3장 문화

1. Berger, John. *Ways of Seeing*. London: Penguin Books, 1988.
2. Brookner, Anita. *Look at Me*. London: Triad Grafton, 1982.
3. Chorlton, Penny. *Cover-up: Taking the Lid Off the Cosmetics Industry*. Wellingborough, England: Grapevine, 1988.
4. Ferguson, Marjorie. *Forever Feminine: Women's Magazines and the Cult of Femininity*. Brookfield, England: Gower, 1985.
5. Friedan, Betty. *The Feminine Mystique*. London: Penguin Books, 1982.
6. ———. *The Second Stage*. New York: Summit Books, 1981.
7. Gamman, Lorraine, and Margaret Marshment, eds. *The Female Gaze: Women as Viewers of Popular Culture*. London: The Women's Press, 1988.
8. Gay, Peter. *The Bourgeois Experience: Victoria to Freud. Volume I: Education of the Senses*. Oxford: Oxford University Press, 1984.
9. ———. *The Bourgeois Experience: Victoria to Freud. Volume II: The Tender Passion*. Oxford: Oxford University Press, 1986.
10. Kent, S., and J. Morreau, eds. *Women's Images of Men*. New York: Writers and Readers Publishing, 1985.
11. Lapham, Lewis H. *Money and Class in America: Notes on the Civil Religion*. London: Picador, 1989.
12. Oakley, Ann. *The Sociology of Housework*. Oxford: Basil Blackwell,

1985.
13. Reich, Wilhelm. *The Mass Psychology of Fascism*. New York: Penguin Books, 1978.
14. Root, Jane. *Pictures of Women: Sexuality*. London: Pandora Press, 1984.
15. Wilson, Elizabeth, and Lou Taylor. *Through the Looking Glass: A History of Dress from 1860 to the Present Day*. London: BBC Books, 1989.
16. Winship, Janice. *Inside Women's Magazines*. London: Pandora Press, 1987.

4장 종교

1. Appel, Willa. *Cults in America: Programmed for Paradise*. New York: Henry Holt, 1983.
2. Cott, Nancy F. *The Bonds of Womanhood: "Woman's Sphere" in New England, 1780-1835*. New Haven: Yale University Press, 1977.
3. ———. *Root of Bitterness: Documents of the Social History of American Women*. New York: Dutton, 1972.
4. Galanter, Marc, ed. *Cults and Religious Movements: A Report of the American Psychiatric Association*. Washington, D.C.: The American Psychiatric Association, 1989.
5. Halperin, David A., ed. *Psychodynamic Perspectives on Religion, Sect and Cult*. Boston: J. Wright, PSG, Inc., 1983.
6. Hassan, Steven. *Combating Cult Mind Control*. New York: Harper & Row, 1988.
7. Lasch, Christopher. *The Culture of Narcissism: American Life in an Age of Diminishing Expectations*. New York: W. W. Norton, 1979.
8. McKnight, Gerald. *The Skin Game: The International Beauty Business Brutally Exposed*. London: Sidgwick & Jackson, 1989.

5장 섹스

1. Brownmiller, Susan. *Against Our Will: Men, Women and Rape*. New York: Simon & Schuster, 1975.
2. Carter, Angela. *The Sadean Woman: An Exercise in Cultural History*. London: Virago Press, 1987.
3. Caputi, Jane. *The Age of Sex Crime*. London: The Women's Press, Ltd., 1987.
4. Cassell, Carol. *Swept Away: Why Women Fear Their Own Sexuality*. New York: Simon & Schuster, 1984.
5. Chodorow, Nancy J. *Feminism and Psychoanalytic Theory*. New Haven: Yale University Press, 1989.
6. Cole, Susan G. *Pornography and the Sex Crisis*. Toronto: Amanita, 1989.
7. Coward, Rosalind. *Female Desire: Women's Sexuality Today*. London: Paladin, 1984.
8. Crewdson, John. *By Silence Betrayed: The Sexual Abuse of Children in America*. New York: Harper & Row, 1988.
9. Danica, Elly. *Don't: A Woman's Word*. London: The Women's Press, 1988.
10. Dinnerstein, Dorothy. *Sexual Arrangements and the Human Malaise*. New York: Harper Colophon, 1976.
11. Dworkin, Andrea. *Pornography: Men Possessing Women*. London: The Women's Press, 1984.
12. Ehrenreich, Barbara, and Deirdre English. *For Her Own Good: 150 Years of the Experts' Advice to Women*. New York: Anchor/Doubleday, 1979.
13. ———, Elizabeth Hess, and Gloria Jacobs. *Re-Mating Love: Tie Feminization of Sex*. New York: Anchor/Doubleday 1986.
14. Estrich, Susan. *Real Rape*. Cambridge, Mass.: Harvard University Press, 1987.
15. Finkelhor, David. *Sexually Victimized Children*. New York: The Free Press, 1979.
16. ———, and Kersti Yllo. *License to Rape: Sexual Abuse of Wives*. New

York: The Free Press, 1985.

17. Firestone, Shulamith. *The Dialectic of Sex*. New York: Bantam, 1971.

18. Friday, Nancy. *My Secret Garden: Women's Sexual Fantasies*. New York: Pocket Books, 1974.

19. Foucault, Michel. *The History of Sexuality. Vol. 1: An Introduction*. New York: Vintage, 1980.

20. Griffin, Susan. *Pornography and Silence*. New York: Harper & Row, 1984.

21. Hite, Shere. *The Hite Report on Female Sexuality*. London: Pandora Press, 1989.

22. Katz, Judy H. *No Fairy Godmothers, No Magic Wands: The Healing Process After Rape*. Saratoga, Calif.: R&E Publishers, 1984.

23. Kinsey, A. C; W. B. Pomeroy; C. E. Martin; and P. H. Gebhard, eds. *Sexual Behavior in the Human Female*. Philadelphia: W. B. Saunders Co., 1948.

24. Minot, Susan. *Lust and Other Stories*. Boston: Houghton Mifflin, 1989.

25. Mitchell, Juliet, and Jacqueline Rose, eds.; Jacques Lacan and The Ecole Freudienne. *Feminine Sexuality*. London: MacMillan, 1982.

26. ———. *Psychoanalysis and Feminism: Freud, Reich, Lang and Women*. New York: Vintage Books, 1974.

27. Russell, Diana E. H. *The Politics of Rape: The Victim's Perspective*. New York: Stein & Day, 1984.

28. ———. *Rape in Marriage*. Bloomington, Ind.: Indiana University Press, 1990.

29. ———. "The Incidence and Prevalence of Intrafamilial and Extrafamilial Sexual Abuse of Female Children," in *International Journal of Child Abuse and Neglect*, 7 (1983), pp. 133-139.

30. Snitow, Ann; Christine Stansell; and Sharon Thompson; eds. *The Powers of Desire*. New York: Monthly Review Press, 1983.

31. Suleiman, Susan Rubin. *The Female Body in Western Culture*. Cambridge, Mass.: Harvard University Press, 1986.

32. Vance, Carol S., ed. *Pleasure and Danger: Exploring Female Sexuality*. Boston: Routledge and Kegan Paul, 1984.

33. Warshaw, Robin. *I Never Called It Rape*. New York: Harper & Row, 1988.
34. Woolf, Virginia. *Three Guineas*. New York: Penguin Books, 1982.
35. Walker, Alice. *You Can't Keep a Good Woman Down*. San Diego: Harvest, 1988.

6장 굶주림

1. Atwood, Margaret. *The Edible Woman*. London: Virago Press, 1989.
2. Barnett, Rosalind C; Lois Biener; and Grace K. Baruch, eds. *Gender and Stress*. New York: The Free Press, 1987.
3. Bell, Rudolph. *Holy anorexia*. Chicago: The University of Chicago Press, 1985.
4. Bruch, Hilde; Danita Czyzewski; and Melanie A. Suhr, eds. *Conversations with Anorexics*. New York: Basic Books, 1988.
5. ———. *Eating Disorders: Obesity, anorexia Nervosa and the Person Within*. London: Routledge and Kegan Paul, 1974.
6. ———. *The Golden Cage: The Enigma of Anorexia Nervosa*. London: Open Books, 1978.
7. Brumberg, Joan Jacobs. *Fasting Girls: The Emergence of Anorexia Nervosa as a Modern Disease*. Cambridge, Mass.: Harvard University Press, 1988.
8. Chernin, Kim. *The Hungry Self: Women, Eating and Identity*. London: Virago Press, 1986.
9. ———. *The Obsession: Reflections on the Tyranny of Slenderness*. New York: Perennial Library, 1981.
10. Hollander, Ann. *Seeing Through Clothes*. New York: Penguin, 1988.
11. Hsu, L. K. George. *Eating Disorders*. New York: The Guilford Press, 1990.
12. Jacobus, Mary; Evelyn Fox Keller; and Sally Shuttleworth; eds. *Body/Politics: Women and the Discourses of Science*. New York: Routledge, 1990. 특히 Susan Bordo, "Reading the Slender Body," pp. 83-112.

13. Lawrence, Marilyn. *The Anorexic Experience*. London: The Women's Press, 1988.
14. ———, ed. *Fed Up and Hungry*. London: The Women's Press, 1987.
15. Orbach, Susie. *Fat Is a Feminist Issue*, London: Hamlyn, 1979.
16. ———. *Hunger Strike: The Anorectic's Struggle as a Metaphor for our Age*. London: Faber and Faber, 1986 (especially pp. 74-95).
17. Pomeroy, Sarah B. *Goddesses, Whores, Wives and Slaves: Women in Classical Antiquity*. New York: Schocken Books, 1975.
18. Pyke, Magnus. *Man and Food*. London: Weidenfeld & Nicolson, 1970.
19. Seid, Roberta Pollack. *Never Too Thin: Why Women Are at War with Their Bodies*. New York: Prentice-Hall, 1989.
20. Szekeley, Eva. *Never Too Thin*. Toronto: The Women's Press, 1988.
21. Tolmach Lakoff, Robin, and Raquel L. Scherr. *Face Value: The Politics of Beauty*. Boston: Routledge and Kegan Paul, 1984.
22. Woolf, Virginia. *A Room of One's Own*. San Diego: Harvest/HBJ, 1989.

7장 폭력

1. Brighton Women and Science Group. *Alice Through the Microscope: The Power of Science Over Women's Lives*. London: Virago Press, 1980.
2. Chesler, Phyllis. *Women and Madness*. Garden City. N.Y.: Doubleday & Co., 1972.
3. Dworkin, Andrea. *Letters from a War Zone: Writing 1976-1987*. London: Seeker & Warburg, 1988.
4. ———. *Woman Hating*. New York: E. P. Dutton, 1974.
5. Kappeler, Susanne. *The Pornography of Representation. Minneapolis: University of Minnesota Press*, 1986.
6. Karmi, Amnon, ed. *Medical Experimentation*. Ramat Gan, Israel: Turtledove Publishing, 1978.
7. Koonz, Claudia. *Mothers in the Fatherland: Women, the Family and Nazi Politics*. London: Methuen, 1987.
8. Lifton, Robert Jay. *The Nazi Doctors: Medical Killing and the Psychology*

of Genocide. New York: Basic Books, 1986.

9. Rich, Adrienne. *Of Woman Born: Motherhood as Experience and Institution*. New York: Virago Press, 1986.

10. Showalter, Elaine. *The Female Malady: Women, Madness and English Culture, 1830-1980*. New York: Penguin, 1987.

11. Silverman, William A. *Human Experimentation: A Guided Step into the Unknown*. Oxford: Oxford University Press, 1985.

12. Solomon, Michael R., ed. *The Psychology of Fashion*. Lexington, Mass.: Lexington Books, 1985.

13. Sontag, Susan. *A Susan Sontag Reader*. New York: Vintage Books, 1983.

14. Stage, Sarah. *Female Complaints: Lydia Pinkham and the Business of Women's Medicine*. New York: W. W. Norton, 1981.

15. Weldon, Fay. *The Life and Loves of a She-Devil*. London: Coronet Books, 1983.

ㄱ

ㄴ

ㅇ

ㅈ

ㅎ

The Beauty Myth